Découvrez l'histoire par les archives de presse

RETRONEWS

Le site de presse de la BnF

www.retronews.fr

BUREAU INTERNATIONAL DU TRAVAIL

REVUE INTERNATIONALE DU TRAVAIL

VOLUME II

Avril — Juin 1921

GENÈVE
1921

BUREAU INTERNATIONAL DU TRAVAIL

REVUE INTERNATIONALE DU TRAVAIL

VOL. II. N° 1.

AVRIL 1921

GENÈVE
1921

SOMMAIRE

N. D. L. R.

Par suite de difficultés matérielles, le premier numéro de la Revue internationale du Travail, daté de janvier 1921, n'a paru qu'au début d'avril. Ce retard n'a pu jusqu'ici être regagné qu'en partie. Le Bureau international du Travail espère cependant qu'à partir de juillet chaque numéro de la Revue pourra paraître au cours du mois dont il porte la date.

Genève, 12 juin 1921.

REVUE INTERNATIONALE DU TRAVAIL

VOL. II. Nº 1. AVRIL 1921.

L'esprit de collaboration dans l'industrie.

Par John D. ROCKEFELLER jr.[1]

I

Le monde traverse aujourd'hui une période de reconstitution. De graves problèmes, nationaux et internationaux, se posent à nous, mais nous pouvons les aborder avec la confiance d'en découvrir la solution, pourvu que nous restions animés d'un esprit de coopération et de fraternité. Tous nos espoirs futurs reposent sur le maintien de cet esprit et, à moins qu'il ne deviennne de plus en plus la base de la vie politique, sociale et industrielle du monde entier, il n'y aura pas de paix durable, ni de bonne volonté parmi les hommes, soit au point de vue national, soit au point de vue international.

Or, l'esprit de coopération est plus nécessaire dans l'industrie que dans aucun autre domaine des relations entre les hommes, étant donné que l'industrie touche à tous les aspects de la vie. Il n'y a pas, à l'heure actuelle, de problème qui s'impose davantage à l'attention du monde que le problème industriel ; il n'y en a pas de plus important, ni de plus difficile à résoudre. Quelques pessimistes prétendent qu'il ne peut être résolu que par la révolution et le renversement de l'ordre social actuel. Mais, d'après nous, les nations qui se sont montrées capables de si nobles sacrifices, qui se sont données librement et sans compter pendant ces longues années de lutte, ne peuvent manquer d'apporter à l'étude de ce grave problème des qualités de cœur et d'esprit non moins généreuses et non moins sages que celles dont elles ont fait preuve pour résoudre les problèmes de la guerre. Il doit

---

[1] M. John D. Rockefeller jr, est directeur de la « Colorado Fuel and Iron Co », de la « Manhattan Railway Co », de la « Merchants Fire Assurance Corporation »; président du « Board of the Rockefeller Foundation »; administrateur du « Rockefeller Institute for Medical Research » ; Directeur du « General Education Board », du « Bureau of Social Hygiene » et de l'« International Health Board ».

exister une issue à la situation où nous nous débattons, et cette issue sera trouvée.

D'innombrables solutions ont été suggérées depuis le moment où s'est posé le problème industriel. La plupart sont utopiques, certaines sont injustes, d'autres sont dictées par l'égoïsme et ne méritent pas d'être retenues ; quelques-unes, enfin, sont dignes d'être soigneusement étudiées, mais aucune ne doit être considérée comme la panacée universelle. D'aucuns s'imaginent que la législation constitue le remède souverain à tout malaise politique, social ou industriel. Certes, la législation peut beaucoup pour empêcher l'injustice et encourager de justes tendances, mais la législation ne pourra jamais par elle-même fournir la solution du problème industriel. Seul un nouvel esprit dans les relations entre les divers facteurs industriels pourra nous en indiquer la voie : l'esprit de coopération et de fraternité. Telle est l'idée que je me propose de développer dans les paragraphes suivants.

Avant d'aller plus loin, nous avons à répondre à quelques questions fondamentales. Et tout d'abord : Quel est le but de l'industrie ? Nous en tiendrons-nous à la conception qui la représente comme une institution devant avant tout servir les intérêts particuliers et permettre à certains individus d'accumuler des richesses, sans égard, trop souvent, au bien-être, à la santé et au bonheur de ceux qui collaborent à leur production ? Ou bien, adopterons-nous un point de vue plus moderne et estimerons-nous que l'industrie est tout autant un service d'utilité sociale qu'un moyen de produire des revenus ? N'est-il pas vrai qu'une industrie, pour avoir un succès durable, doit assurer au travail un salaire rémunérateur et des conditions raisonnables d'existence, au capital un juste profit et à la communauté des services appréciables ? La meilleure politique industrielle est celle qui s'inspire tout autant du bien-être des travailleurs que de la production de bénéfices et qui peut même, quand des considérations humanitaires l'exigent, subordonner le profit au bien-être des ouvriers. Les relations industrielles sont essentiellement des relations entre êtres humains. Il appartient donc à toute personne chargée de la direction d'une industrie de faire tout en son pouvoir pour améliorer les conditions dans lesquelles des hommes travaillent et vivent. L'heure n'est plus où l'on pouvait considérer l'industrie comme un simple instrument producteur de revenus. Vouloir s'en tenir à une telle conception c'est favoriser le développement des haines et aller au-devant d'un conflit. Tout être pensant doit admettre qu'à notre époque il importe que l'industrie se préoccupe tout autant de développer le bien-être de l'individu que de produire des richesses. Il n'en reste pas moins vrai cependant que, pour qu'elle réussisse, l'industrie doit non seulement servir l'intérêt des travailleurs et de la communauté en général, mais encore accorder une juste rémunération au capital investi.

La seconde question qui se pose est de savoir quels sont les facteurs de l'industrie. Ils sont au nombre de quatre : capital, direction, travail et communauté. Nous connaissons naturellement les théories sociales et les tentatives qui visent à faire du capital et du travail un facteur unique en attribuant la propriété du capital soit à l'Etat, soit aux ouvriers. Mais les difficultés qui s'opposent à la réalisation de ces projets sont considérables et beaucoup d'entre elles sont fondamentales. Sous le régime actuel, le capital est représenté par les actionnaires et l'on admet généralement qu'il implique la direction. Or, celle-ci est un facteur industriel absolument distinct. Ses fonctions sont essentiellement administratives et elle est confiée à des spécialistes qui apportent à l'industrie leurs connaissances techniques et leur expérience des affaires. Le travail comprend les salariés, et, tout comme le capital, il constitue un placement dans l'industrie, mais la contribution du travail, à la différence de celle du capital, n'est pas séparable de son auteur, puisque cette contribution consiste dans un effort physique et qu'elle fait partie intégrante de la force et de la vie même du travailleur.

On a l'habitude de borner à ces trois éléments la liste des facteurs industriels. Le quatrième, à savoir la communauté, dont l'importance est pourtant primordiale et qui domine, en dernière analyse, tous les autres, est trop souvent ignoré. Les droits de la communauté à être représentée au contrôle de l'industrie, ainsi qu'à l'élaboration de toute politique industrielle, sont analogues à ceux des autres partis. Les opérations du capital, de la direction et du travail seraient considérablement entravées, sinon complètement impossibles si la communauté ne leur apportait pas sa contribution en maintenant l'ordre et le respect des lois, en pourvoyant aux divers moyens de communication et de transport, en consentant des capitaux ou des crédits et en rendant divers autres services qui, tous, impliquent un effort continuel.

De plus, la communauté est le consommateur et les sommes dont elle paie les produits de l'industrie servent à rembourser au capital les avances consenties par lui, à rémunérer le travail, à produire les bénéfices qui seront répartis entre les autres facteurs.

Quelles sont enfin les relations entre les divers facteurs de l'industrie ? On affirme fréquemment que ces facteurs sont forcément opposés les uns aux autres, que chacun d'eux doit s'armer pour arracher aux autres sa part du produit d'un labeur commun. Voilà qui est inadmissible et qui est d'ailleurs inexact. Les divers facteurs de l'industrie sont des associés et non des ennemis. Ils ont un intérêt commun, car aucun d'eux ne saurait rien faire sans le secours des autres. Le travail dépend du capital pour la fourniture des outils, des machines et du fonds d'exploitation, sans lesquels il lui est impossible de consentir sa part de contribution à l'industrie, et le capital est tout aussi impuissant à faire mouvoir un seul des rouages de l'immense machine industrielle sans l'aide du travail. La direction est essentielle pour donner l'impulsion et le stimulant à la marche d'une affaire, tandis que, sans le consommateur, représenté par la communauté, les services des autres facteurs ne trouveraient aucun débouché.

On peut évidemment discuter la question de savoir quelle est exactement l'importance relative de la part prise par chacun des facteurs au succès d'une entreprise industrielle et aussi, par conséquent, quelle est la rémunération exacte qui leur revient; mais quelles que soient les divergences de vues sur ce point il est évident que l'intérêt commun ne saurait être servi par les efforts que l'un des facteurs tenterait pour dominer les autres, leur dicter des conditions arbitraires de coopération et les menacer de se retirer dans le cas où l'on refuserait de se soumettre à ses volontés. Le succès dépend de la coopération de tous et chacun doit voir en l'autre un associé et non un concurrent.

II

Pourquoi, si la coopération des facteurs de l'industrie est avantageuse au point de vue des affaires et sage au point de vue économique et social, tend-elle de plus en plus à faire place à un antagonisme entre ces mêmes éléments ? L'étude du développement de l'industrie nous permet de découvrir la réponse. Au début de l'ère industrielle les attributions du capital et de la direction étaient en général confondues entre les mains d'une seule personne qui était le patron. Celui-ci, à son tour, se trouvait en relations constantes avec ses ouvriers. Il constituait avec ceux-ci une partie essentielle de la communauté. Les relations personnelles étaient fréquentes, la confiance réciproque, et quand des différends naissaient ils étaient promptement réglés. Mais le développement graduel de l'industrie nécessita des capitaux toujours plus considérables, qu'une seule personne eût été dans l'impossibilité de fournir. On répondit à ce besoin par la création de sociétés par actions; le capital devint pour ainsi dire anonyme en s'éparpillant entre les mains de nombreuses personnes.

Une évolution parallèle se produisit en ce qui concerne le travail ; au lieu de la poignée d'artisans d'autrefois, l'entreprise absorba des ouvriers innombrables. L'atelier unique fit place à une pluralité d'établissements disséminés à travers le pays entier et placés sous une seule direction. Il est évident que ces transformations suspendirent les relations personnelles qui avaient existé jusqu'alors dans l'industrie et nuisirent aux sentiments de bonne entente en affaiblissant la conscience de l'intérêt commun. C'était la porte ouverte à la suspicion, à la méfiance; l'inimitié ne manqua pas de s'y glisser, l'antagonisme de se développer. Maintes fois le capital abusa de sa puissance pour imposer de longues heures de travail et des salaires dérisoires. Le travail rendit les coups, de son côté,

selon les forces dont il disposait, et les facteurs de l'industrie
en vinrent graduellement à se considérer non comme des amis
et des associés, mais comme des adversaires et à s'imaginer
que leurs intérêts étaient opposés plutôt que solidaires. Les
malentendus surgissent aisément entre gens qui se sentent
étrangers et qui ne possèdent aucun point de contact, tandis
que ceux qui ont coutume de s'asseoir à la même table, se
touchent les coudes, échangent leurs idées et ne se refusent pas
à discuter ce qui leur semble être d'un commun intérêt, parviennent invariablement à aplanir la grande majorité de
leurs différends et à établir entre eux des relations amicales.

Il y a quelques années, une commission chargée par le
président de la République des Etats-Unis de procéder à une
enquête sur certains problèmes du travail me posa les deux
questions suivantes : « Quelle est, selon vous la cause du
malaise industriel ? » et : « Quels remèdes suggérez-vous ? »
Je répondis que, selon moi, la cause principale du malaise
industriel me semblait être que le capital ne s'efforçait jamais
d'envisager les problèmes du point de vue ouvrier et que le
travail, de son côté, n'avait jamais fait aucun effort pour
comprendre le point de vue du capital. Ma réponse à la seconde
question fut que le jour où les patrons parviendront, en
raisonnant, à se mettre à la place des ouvriers et ceux-ci à
la place des patrons, le remède au malaise industriel aura été
découvert. En d'autres mots, quand chacun des facteurs de
l'industrie aura repris à son propre compte ce précepte fondamental : « Agis envers les autres comme tu voudrais qu'on
agisse envers toi-même », il n'y aura plus ni malaise, ni problème industriel.

Il est regrettable que certains capitalistes considèrent le
travail comme leur proie légitime, dont ils sont autorisés à
tirer tout ce qu'ils peuvent en accordant le moins possible en
échange. Il est tout aussi déplorable que le monde ouvrier
ait souvent le sentiment qu'il a le droit d'arracher au capital
tout ce qu'il peut. Partout où une telle attitude a été adoptée,
le fossé creusé entre le capital et le travail a continué de s'élargir.
Chacune des deux forces, travaillant l'une contre l'autre, s'est
orientée uniquement vers des fins égoïstes ; les conséquences
trop fréquentes en ont été les grèves, les lock-outs ou d'autres
incidents de la guerre industrielle.

Une personne qui consacra dernièrement quelques mois à
l'étude du problème industriel et qui fut appelée de ce fait
à entrer en contact avec des milliers d'ouvriers de diverses
industries aux Etats-Unis a déclaré qu'une chose lui apparut
dès le début de son enquête comme absolument incontestable:
c'est que les ouvriers cherchaient quelque chose qui lui sembla,
à première vue, être l'augmentation des salaires; mais, lorsque
le contact avec eux fut devenu plus étroit, il découvrit que
la revendication réelle des ouvriers était qu'on les reconnût
comme des êtres pensants. Et, en effet, quel intérêt l'homme

peut-il bien prendre à son travail, quel enthousiasme peut-il déployer en faveur de son patron, quelle joie, enfin, peut-il trouver à la vie, s'il n'est qu'un simple numéro sur une feuille de paye, qu'un rouage infime dans l'immense machine industrielle, qu'une simple « main ». Quel est l'être humain qui ne chercherait pas à obtenir la reconnaissance de sa qualité, à conquérir le droit d'être entendu et d'être traité comme tel et non comme un instrument passif ?

En outre, comme l'industrie s'est spécialisée toujours davantage, l'ouvrier, au lieu de contribuer comme par le passé à toutes les phases de fabrication d'un article, jusqu'à croire qu'il a été l'unique créateur d'un produit utile, est obligé maintenant de consacrer son énergie à la répétition sans fin d'un procédé unique qui n'est peut-être que le centième des opérations nécessaires à transformer la matière première en un objet défini. L'ouvrier ne peut donc se rendre compte de l'importance du rôle qu'il joue dans l'industrie et il a, fort naturellement, le sentiment de n'être plus qu'un infime rouage dans le fonctionnement complexe du mécanisme industriel. Il est donc indispensable que cet ouvrier ait des relations suivies avec les personnes travaillant à la fabrication d'autres produits ou remplissant d'autres fonctions industrielles, afin qu'il puisse se convaincre que son utilité, pour être moins apparente qu'autrefois, n'en est pas moins essentielle. Dans la guerre moderne, les canonniers des grosses pièces d'artillerie ne s'évertuent point à découvrir la portée en braquant leurs canons sur l'objectif qu'ils veulent atteindre, mais ils obéissent à des formules mécaniques qu'on a élaborées pour eux. Placés derrière une colline ou un monticule ils aperçoivent rarement l'objectif contre lequel leur feu mortel est dirigé. Il est donc facile de comprendre le sentiment de détachement et d'inutilité qui peut s'emparer de ces hommes. Mais quand l'aviateur « cerclant » au-dessus des canonniers parvient à entrer en communication avec eux et à leur décrire le but à atteindre et les résultats obtenus, leur activité prend à leurs yeux une signification nouvelle. En un instant ils prennent conscience qu'ils sont un des éléments de la lutte qui se poursuit, que leurs efforts ont une valeur et qu'ils contribuent au succès de leurs camarades. Un nouvel enthousiasme, un nouvel intérêt les animent dans l'accomplissement de leur tâche. De même, l'impression d'isolement et de détachement qu'engendre trop souvent aujourd'hui le labeur industriel ne peut être effacée qu'en mettant les ouvriers en contact avec les autres facteurs qui collaborent à l'œuvre commune. C'est la seule manière de maintenir l'unité de but, de sauvegarder l'intérêt individuel et de favoriser le bien-être général.

Bien qu'il soit évident que, dans les conditions actuelles, ceux qui ont prêté leurs capitaux à l'industrie et dont le nombre se compte parfois par milliers ne peuvent entretenir de relations personnelles avec ceux qui fournissent leur travail et qui se chiffrent eux-mêmes par dizaines de mille, le contact entre ces deux facteurs intéressés peut et doit être établi, sinon directement, du moins par l'entremise de représentants respectifs. La reprise de ces relations personnelles sous forme de fréquentes réunions et conférences au cours desquelles sont débattues les questions d'intérêt commun telles que les conditions d'emploi, de travail et d'existence, est absolument nécessaire au rétablissement de la confiance réciproque, de la bonne volonté et de la coopération. Les relations personnelles ne pourront reprendre qu'à condition que les travailleurs soient représentés d'une manière qui leur donne satisfaction. La représentation est le principe primordial et essentiellement équitable de toute entreprise industrielle qui vise au succès. C'est, à proprement parler, la démocratie se substituant à l'autocratie par l'intermédiaire de la coopération.

Il n'appartient ni à moi ni à qui que ce soit de déterminer une forme de représentation particulière pouvant s'appliquer à l'ensemble de l'industrie. Une fois le principe admis, il est évidemment sage de laisser aux facteurs intéressés le soin de définir la méthode qui lui semblera le mieux répondre à son point de vue. S'il est possible que la paix et la bonne volonté règnent entre les divers éléments de l'industrie, ce n'est certes pas en imposant à certains groupes une méthode qu'ils peuvent estimer ne pas correspondre à leurs besoins particuliers. En ceci comme en toute autre chose la persuasion constitue l'élément essentiel si l'on veut convaincre. Les développements auxquels l'industrie est sujette de nos jours ne peuvent manquer de transformer graduellement la direction unique et autocratique, que ce soit par le capital, la direction, le travail ou la communauté, en une forme de contrôle démocratique auquel coopéreront les quatre éléments ci-dessus. L'ensemble du mouvement constitue une évolution, dont le principe fondamental doit être l'esprit de collaboration, esprit qui trouvera son expression sous la forme la mieux adaptée à nos conditions, à nos forces et à notre époque.

La coopération du travail, du capital, de la direction et du gouvernement aux Etats-Unis pendant la guerre nous offre un exemple frappant et des plus encourageant à cet égard. Les principes fondamentaux qui doivent présider aux relations entre les divers facteurs de l'industrie peuvent, après tout, conduire aujourd'hui à un résultat tout aussi satisfaisant que par le passé. La question qui se pose à l'heure actuelle c'est comment rétablir les relations personnelles et la coopération en dépit de circonstances différentes. La réponse ne saurait faire l'objet d'aucun doute; elle est très claire : ce sera par la juste représentation des quatre partis dans les conseils d'industrie.

III

Parmi les diverses formes de représentation instituées dans l'industrie, il convient de signaler le rôle prépondérant joué par les associations ouvrières et patronales. A cet égard, on peut affirmer qu'il est tout aussi logique pour le travail que pour le capital de s'organiser pour la défense de ses intérêts légitimes. Ces groupements ouvriers ont pour objet de conclure des accords collectifs en vue d'obtenir des salaires plus élevés, de meilleures conditions de travail, et de créer des organismes permettant de discuter avec la direction les réclamations du personnel, sans porter préjudice à l'ouvrier intéressé. Certains de ces groupements se proposent d'organiser l'assurance contre la maladie et le chômage; d'autres cherchent surtout à accroître les salaires; mais quelle que soit la forme que revête leur activité il convient de les encourager, aussi longtemps qu'ils rechercheront le bien-être des travailleurs, tout en respectant les légitimes intérêts du patron et du public et en laissant à chaque travailleur la liberté de s'associer à eux ou de conserver son indépendance.

Toutefois, l'association des intérêts ne va pas sans danger. Le capital organisé se conduit parfois d'une manière peu louable, contraire aux lois et opposée aux intérêts des travailleurs et de la communauté. De telles organisations ne sauraient être trop sévèrement condamnées, ni être l'objet de mesures trop rigoureuses. Bien que ces organisations soient l'exception, tout acte antisocial du capital est voué à une telle publicité qu'une association capitaliste quelconque, quelles que soient ses intentions, est toujours l'objet d'une certaine suspicion.

Il arrive de même que les organisations ouvrières ne tiennent pas suffisamment compte des droits du patron et du public et qu'elles adoptent des méthodes et des pratiques illégales et déloyales qui attirent la réprobation publique. De telles organisations jettent le discrédit et la suspicion sur celles dont les fins sont utiles et qui se servent de moyens légitimes pour y parvenir. Elles devraient faire l'objet de mesures aussisé vères que les organisations capitalistes dont nous venons de parler. Ne nous laissons pas cependant influencer par les erreurs occasionnelles du travail organisé pour juger du principe d'association, qui, lui, est parfaitement juste.

Les organisations ouvrières et les grandes entreprises industrielles de l'avenir serviront d'autant mieux l'intérêt du public, ainsi que l'intérêt du capital et du travail, qu'elles auront su développer dans chaque ouvrier l'idée de la tâche bien faite, chez tous une meilleure compréhension des intérêts communs aux employeurs et aux travailleurs et le désir sincère de remplacer la méfiance et la haine par la bonne volonté.

Les syndicats ouvriers ont en général procuré de nombreux avantages au travail, relativement aux salaires, aux heures et aux conditions de travail. Cependant, les travailleurs se trouvent encore en majorité en dehors de ces organisations, et, à moins qu'ils ne soient représentés d'une manière quelconque, ils ne peuvent conclure de contrats collectifs. En conséquence, la représentation du travail, pour être complète et faire autorité, devra donc avoir un caractère plus général que ce n'a été le cas jusqu'à présent.

Du côté patronal, la représentation s'est développée sous forme d'associations professionnelles, dont l'objet est de discuter les questions d'intérêt commun et d'envisager toute mesure légale ayant pour but de servir cet intérêt. Mais, de ce côté également, la représentation est insuffisante, car nombre de patrons n'appartiennent à aucune association professionnelle.

Aux Etats-Unis, le « War Labor Board » a réalisé pendant la guerre la collaboration du capital et du travail en réunissant leurs représentants dans des conseils mixtes. Ces Conseils comprenaient des délégués des ouvriers, des patrons et du public en nombre égal. Quand des différends surgissaient dans une industrie où aucune procédure de conciliation n'était prévue, le « War Labor Board » intervenait et formulait des conclusions et des recommandations. De cette manière les opérations purent conserver un caractère de plus grande régularité et le recours aux grèves et aux lock-outs fut beaucoup moins fréquent.

Le gouvernement anglais a procédé au cours des dernières années à diverses enquêtes qui ont fait l'objet de rapports importants, en vue de l'élaboration d'un meilleur système de représentation et d'une collaboration plus complète entre le capital et le travail. L'un est le célèbre rapport Whitley, dont le trait saillant consiste dans l'application du principe de la représentation à l'ensemble de l'industrie. Le projet Whitley cherche à unir les organisations ouvrières et patronales par l'intérêt commun dans une commune entreprise. Il vise à transformer d'un seul coup la politique de ces puissants groupements d'intérêts de classe qui doivent cesser de lutter l'un contre l'autre pour se consacrer au service social. Il crée de nouveaux ordres de relations dans l'industrie. Tous les problèmes, récents ou anciens, dit le rapport, trouveront leur solution dans une franche association des connaissances, de l'expérience et de la bonne volonté.

Un autre rapport a été rédigé par la commission chargée par le premier ministre anglais de procéder à une enquête sur le malaise industriel. Ce rapport contient des recommandations qui présentent un vif intérêt :

1º les principes du rapport Whitley qui ont trait aux conseils d'entreprises doivent être adoptés;

2º chaque profession devrait élaborer sa propre constitution;

3º les travailleurs devraient collaborer à l'industrie en qualité d'associés, plutôt qu'en tant qu'employés, au sens étroit de ce mot;

4° des relations plus étroites devraient être établies entre employeurs et employés.

Un troisième rapport a été élaboré par le ministère du Travail. Il a trait aux comités d'ateliers dans un certain nombre d'industries et constitue un traité de grande valeur sur l'objet, les attributions et la procédure des commissions mixtes.

Les questions générales traitées dans ces divers rapports ont été mises en relief dans un compte rendu publié par la « Garton Foundation » sous le titre de « The Industrial Situation after the War » (La situation industrielle après la guerre). Ce compte rendu renferme une étude sur les causes permanentes de conflits et de mauvais rendement dans l'industrie, ainsi que sur les moyens de les faire disparaître ou de les limiter.

Nous n'avons mentionné ces divers rapports, pris au hasard, que comme une indication de l'étendue et de la variété des études auxquelles le grand problème de reconstitution industrielle a donné lieu en Angleterre. Tous montrent la nécessité d'assurer une représentation plus satisfaisante du travail dans la conduite de l'industrie et d'établir des relations plus étroites entre le capital et le travail.

IV

Une méthode de représentation analogue au projet Whitley, quoique moins étendue, et qui commence aux échelons inférieurs de l'organisation industrielle, est appliquée depuis quelque temps aux Etats-Unis dans un nombre toujours plus grand d'industries. Ce système mérite un examen sérieux. Il débute par l'élection de représentants dans un seul établissement, peut être développé indéfiniment, de manière à répondre aux besoins complexes d'une industrie quelconque, et même être appliqué à l'ensemble des industries. Egalement applicable dans les établissements employant de la main-d'œuvre syndiquée ou non, ou toutes les deux ensemble, il vise à assurer la représentation la plus équitable et la plus juste du travail, du capital et de la direction, sans négliger la communauté. Il est parvenu, jusqu'ici, à développer un esprit de collaboration et de bonne volonté qui le recommande à la fois à l'employeur et au travailleur. Ce projet de représentation, élaboré de façon à répondre aux besoins particuliers de chaque établissement et de chaque compagnie, comporte les caractéristiques suivantes :

Les travailleurs de chaque établissement choisissent un nombre de délégués proportionnel à leur effectif.

Des comités paritaires, composés d'un nombre égal de travailleurs et de dirigeants de l'entreprise, sont constitués dans chaque établissement ou par région.

Ces comités traitent de toutes questions relatives aux conditions d'emploi, de travail ou d'existence, y compris les questions de collaboration, de conciliation, les mesures de sécurité, l'assurance contre les accidents, la salubrité, l'hygiène, le logement, les divertissements et l'éducation.

Des conférences entre représentants des travailleurs et des dirigeants de la compagnie ont lieu plusieurs fois par an dans les divers districts.

Une assemblée générale est également convoquée chaque année pour la discussion des rapports des représentants des divers districts.

Une autre caractéristique importante du projet consiste dans la nomination d'un fonctionnaire jouant le rôle de président des représentants de l'industrie, dont la tâche consiste à visiter les divers établissements, à conférer avec les représentants des travailleurs et à répondre à tout appel de ceux-ci.

Ainsi, les travailleurs, par l'intermédiaire de représentants qu'ils choisissent dans leur sein, se trouvent en relations constantes avec la direction et les représentants des actionnaires pour toutes les questions d'un intérêt commun.

Le droit d'appel qu'a tout travailleur constitue la troisième caractéristique du projet. Tout travailleur ayant des griefs plus ou moins fondés à formuler peut en référer immédiatement à son représentant; il n'est pas rare que ce dernier ne s'aperçoive que la plainte n'a aucune raison d'être et qu'il ne parvienne à convaincre l'ouvrier d'y renoncer. Mais, en supposant que l'ouvrier possède des griefs réels ou qu'il ne s'estime pas satisfait de la manière dont son représentant envisage la chose, la question est soumise au chef d'atelier, contremaître ou surveillant, qui, dans la plupart des cas, parvient à régler l'affaire à l'amiable et d'une manière satisfaisante. Enfin, le travailleur a encore le droit d'en appeler à la direction ou au président, soit personnellement, soit par l'intermédiaire de son représentant, et, s'il ne peut obtenir satisfaction de la compagnie, la question peut être soumise en dernier ressort soit à la commission industrielle nationale (Industrial Commission of the State), soit au Conseil national du travail (State Labor Board), soit à une commission d'arbitrage.

L'expérience a démontré que la plupart des conflits dans un établissement surgissent entre les ouvriers et les contremaîtres qui se trouvent en contact journalier. Les contremaîtres sont parfois injustes et c'est par leurs actes et leur manière de commander que les ouvriers jugent ordinairement la direction et les actionnaires. Il est certain que le droit d'appel contre toute décision d'un contremaître ou d'un surveillant est important, même si l'on y a rarement recours, parce qu'il tend à modifier l'attitude de ces derniers.

Une autre particularité du projet réside dans ce que l'on pourrait appeler la charte des droits du travailleur, qui prévoit en faveur de ce dernier le droit d'avertissement et même de suspension avant le renvoi, sauf pour fautes graves, — qui doivent de toute façon être publiées ; le droit de tenir des réunions dans des endroits appropriés, en dehors des heures de travail; le droit de faire ou de ne pas faire partie de toute société ou syndicat et le droit d'appel.

Voici quelques-uns des résultats obtenus dans les établissements où ce projet est appliqué depuis très longtemps :

1° fonctionnement plus régulier de l'établissement et moindre chômage pour les ouvriers, ce qui entraîne une rémunération plus élevée à la fois pour le capital et le travail ;

2° meilleures conditions de travail et d'existence ;

3° relations étroites et fréquentes entre les travailleurs et la direction ;

4° disparition des petits griefs qui aigrissent les ouvriers ;

5° bonne volonté développée à son plus haut degré ;

6° création de l'esprit de solidarité.

L'application de ce système a eu d'autres avantages. Il a, par exemple, réussi à attirer à l'industrie l'intérêt de tous les partis, à rappeler les anciennes relations entre employeurs et travailleurs, à diminuer les malentendus, la méfiance, l'inimitié et à favoriser l'esprit de collaboration et de fraternité. Sous son influence, les divers éléments de l'industrie se sont convaincus qu'ils étaient essentiellement amis et non ennemis, que leurs intérêts étaient communs et non opposés. Basé sur des principes de justice, son succès ne peut manquer d'être assuré aussi longtemps qu'il continuera à être appliqué avec le même esprit de sincérité et d'équité.

Voilà donc, semble-t-il, un moyen d'instituer une représentation qui soit juste, effective et applicable à tous les travailleurs, organisés ou non, à tous les employeurs, faisant ou non partie d'une association patronale ; un système qui, sans entraver l'action des organisations existantes, peut se développer dans un établissement, s'étendre à une industrie et finalement les englober toutes.

Il reste à définir de quelle manière les organisations ouvrières et patronales peuvent collaborer à l'exécution de ce projet. On devra, de toute manière, s'efforcer de tirer parti de l'expérience, de la force et de l'autorité que ces groupements ont acquises.

Quelles que soient les imperfections de notre projet et bien qu'il puisse exister d'autres méthodes qui serviraient encore mieux les mêmes fins, il prouve, tout au moins, que l'union fait la force et que la coopération dans l'industrie n'est pas seulement juste au point de vue théorique, mais qu'elle peut aussi être réalisée en pratique.

V

Si la thèse que je viens d'exposer est justifiée, pourquoi les quatre partis de l'industrie n'adopteraient-ils pas une profession de foi conçue à peu près en ces termes :

1. Je crois que le travail et le capital sont des associés et non des ennemis, que leurs intérêts sont communs et non opposés et qu'aucun d'eux ne saurait vraiment prospérer aux dépens de l'autre, mais qu'ils ne peuvent y parvenir que par une étroite collaboration.

2. Je crois que la communauté constitue un élément essentiel de l'industrie et qu'elle devrait être représentée d'une manière équivalente à celle des autres partis.

3. Je crois que l'industrie doit tout autant avoir pour but de développer le bien-être des différentes classes que l'intérêt matériel d'une seule et qu'il est nécessaire, à cet égard, de tenir compte des intérêts de la communauté, de garantir le bien-être des travailleurs, de reconnaître de manière convenable la valeur de la direction et d'accorder une juste rémunération au capital. Je crois, en outre, que tout échec de l'un de ces facteurs doit forcément porter préjudice aux autres éléments.

4. Je crois que tout être humain a droit au travail, à un salaire équitable, à des heures et à des conditions de travail raisonnables, à un foyer convenable ; qu'il doit, après son labeur, avoir aussi la possibilité de se distraire, d'étudier, de prier et d'aimer, et qu'il incombe aux chefs de l'industrie, tout autant qu'au gouvernement ou à la société, de veiller à ce qu'aucun de ces biens ne lui fasse défaut.

5. Je crois que l'application au travail, l'initiative et l'habileté professionnelle doivent être encouragées et récompensées d'une manière adéquate; que la paresse, l'insouciance et la diminution de rendement doivent être sévèrement blâmées et que seuls les services que l'on est à même de rendre peuvent justifier l'autorité qu'on détient.

6. Je crois qu'il est essentiel à la bonne marche de l'industrie d'instituer une procédure permettant de découvrir et de régler promptement les griefs des travailleurs.

7. Je crois que pour ramener l'harmonie et la prospérité dans l'industrie il importe avant tout d'établir une juste représentation de ses éléments, et qu'après avoir étudié soigneusement les diverses méthodes de représentation actuelle, on en retienne à cet effet les dispositions qui peuvent s'adapter aux conditions particulières à chaque industrie.

8. Je crois que le système de représentation le mieux approprié est celui qui s'étend de bas en haut, qui comprend en outre tous les travailleurs, qui débute par l'élection de représentants et la constitution de conseils mixtes pour chaque établissement, procède ensuite à l'organisation de conseils mixtes et de conférences annuelles pour chaque compagnie, pour s'étendre à toutes les compagnies d'une même industrie, puis, par la suite, à toutes les industries d'une même communauté, d'une même nation et enfin à plusieurs nations.

9. Je crois que le précepte : « Faites aux autres ce que vous voudriez qu'on vous fît à vous-même » est aussi vrai en affaires qu'en morale, que de bons principes ne peuvent man-

quer d'avoir de bons effets; que « la lettre tue, mais que l'esprit vivifie »; que les formes sont purement secondaires et que seules importent l'intention et la bonne volonté; et qu'enfin les projets que pourront élaborer d'un commun accord les différentes classes de l'industrie ne seront couronnés de succès qu'autant qu'ils auront été inspirés par un esprit de loyauté, de justice et de fraternité.

10. Je crois que c'est rendre à la société un très grand service que de collaborer à une organisation de l'industrie qui permette au plus grand nombre possible d'individus d'atteindre à leur plein développement et de jouir de tous les bienfaits dont les communs efforts auront fait bénéficier la civilisation.

VI

De nos jours, la poursuite de buts égoïstes aux dépens de la communauté ne peut ni ne doit être plus longtemps tolérée. L'autocratie a cessé de régner. Les hommes se rendent de plus en plus compte que la vie a une valeur infiniment supérieure aux richesses matérielles et que la santé, la prospérité et le bonheur de l'individu, si humble que puisse être sa condition, ne peuvent plus être sacrifiés à l'ambition égoïste des riches et des puissants.

La pensée moderne attache de moins en moins d'importance aux considérations purement matérielles. Elle a reconnu que la base de tout progrès national, qu'il soit industriel ou social, réside dans la santé, les capacités et le développement intellectuel d'un peuple. Jamais la vie humaine n'eut autant d'importance qu'aujourd'hui. Que l'effort des hommes soit physique ou intellectuel, ce sont tous des êtres humains, semblables dans leurs désirs, leurs aspirations, leurs haines, leurs joies et leurs souffrances.

Quelle est l'attitude des dirigeants de l'industrie qui ont à faire face à cette période critique de reconstruction ?

Sera-ce celle du rétrograde qui peut ignorer les modifications profondes qui se sont produites dans le monde et dans l'esprit même des hommes et qui, armé jusqu'aux dents, tente de résister à l'inévitable et invite au combat les autres partis en disant « Ce qui a été sera, et nous le défendrons jusqu'à la dernière limite, dussions-nous disparaître ».

Ceux qui agissent de cette manière ne tiennent aucun compte des pertes financières qui en seront sûrement le résultat, ainsi que des souffrances, de l'amertume et de la haine qui ne manqueront pas de surgir par la suite. Ils ne voient pas qu'en fin de compte ils seront peut-être contraints de subir, sous l'action, de la loi ou par contrainte, des conditions beaucoup plus dures que celles qu'ils pourraient obtenir maintenant par une entente amicale et des concessions mutuelles.

Ou bien, leur attitude sera-t-elle celle dans laquelle je crois profondément moi-même. Tiendront-ils compte de la justice

inhérente du principe de coopération qui se trouve à la base
du nouvel état de choses? Admettront-ils que de profonds
changements sont inévitables et que beaucoup sont désirables,
et, sans attendre d'être contraints d'adopter de nouvelles
méthodes, prendront-ils l'initiative de convoquer les parties
en une conférence qui devra se tenir dans un esprit de justice,
d'équité et de fraternité, et qui aura pour but d'élaborer un
plan de coopération pouvant assurer une représentation
satisfaisante à tous les intéressés? Laisseront-ils les travailleurs
donner leur avis dans l'élaboration de la nouvelle politique
industrielle? Leur fourniront-ils le moyen de gagner un salaire
raisonnable, dans des conditions qui permettent non seulement de manger et de dormir, mais encore de se distraire et
de s'intéresser aux choses les plus nobles de la vie?

Jamais l'occasion n'a été plus favorable pour ceux des
chefs d'industrie qui ont une claire vision de l'avenir et un
esprit large; jamais ils ne pourront plus facilement combler
l'abîme qui de jour en jour s'élargit entre les divers facteurs
de l'industrie et établir une base solide] de développement
de la prévoyance sociale, de la prospérité industrielle et de
la solidarité nationale.

Les générations futures vénéreront les hommes qui auront
eu le courage de leurs convictions, qui auront su apprécier la
valeur de l'existence plus que les gains matériels et qui, inspirés par l'esprit de coopération, auront saisi l'occasion qui
leur est offerte aujourd'hui de prendre la tête du mouvement.

Comme conclusion, qu'on nous permette d'affirmer que ce
sera sur ceux des dirigeants — quelle que soit la catégorie
à laquelle ils appartiennent — qui auront refusé de modifier
leurs conceptions industrielles d'après l'esprit moderne que
retombera la responsabilité des mesures rigoureuses qui pourront s'imposer par la suite si l'on ne veut pas étudier et traiter
équitablement les intérêts de tous.

Qui donc, dans ces conditions, osera s'opposer à la marche
du progrès et refusera d'aider à la venue d'une nouvelle ère
de paix et de prospérité dans le monde entier, grâce à l'esprit
de coopération dans l'industrie ?

LA VIE SOCIALE

Le mouvement syndical.

Chronique internationale

Les Fédérations syndicales internationales.

L'internationale d'Amsterdam continue à se préoccuper de la situation des régions dévastées de France et de Belgique, en vue de préparer des plans de reconstruction qui puissent être soumis aux gouvernements et aux centrales nationales intéressés. Les rapports des diverses délégations furent examinés à une conférence spéciale qui se tint à Amsterdam le 31 mars et à laquelle étaient représentés tous les pays que concerne la question des réparations. La conférence vota une motion qui préconisait l'institution d'un bureau de réparations comprenant des représentants des syndicats, de la Fédération syndicale internationale, des patrons, des techniciens et des gouvernements. Ce bureau s'occuperait des questions financières et techniques, ainsi que de la fourniture des matières premières et de la main-d'œuvre. Il émettrait des emprunts internationaux, garantis par la Société des Nations et dont les intérêts devraient être payés par l'Allemagne. L'Allemagne devrait fournir les matières premières et la main-d'œuvre. Dans chaque pays les organisations syndicales devraient faire pression sur leur gouvernement en vue de les amener à adopter cette solution. Des motions similaires furent votées par des conférences spéciales des Internationales politiques : la IIme Internationale et l'Internationale socialiste de Vienne, qui tinrent également un congrès à Amsterdam à la même date.

***

La Fédération syndicale internationale a commencé, en février, la publication d'une revue : *Le mouvement syndical international*, qui paraîtra tous les deux mois. Ce périodique a pour objet de resserrer les liens entre les diverses organisations syndicales nationales en publiant les documents officiels de la Fédération, des articles rédigés par les chefs du mouvement syndical sur l'opinion et la tactique des organisations nationales et la meilleure manière d'atteindre les buts que se propose la Fédération.

La Fédération américaine du Travail vient de se séparer de la Fédération syndicale internationale, à laquelle elle était affiliée depuis 1910. Au Congrès de Londres déjà [1] on avait déclaré que les rapports officiels avec la Fédération américaine du Travail avaient complètement cessé. Ce silence fut rompu le 5 mars par une lettre envoyée à M. Oudegeest par M. Samuel Gompers, dans laquelle celui-ci déclarait officiellement que la Fédération américaine du Travail se retirait de l'Internationale d'Amsterdam, en donnant de cette décision les raisons suivantes :

1) La nouvelle constitution abroge le principe de l'autonomie complète de chaque fédération nationale [2].

2) En publiant des appels et des proclamations, le bureau de la Fédération syndicale internationale a engagé la Fédération dans une direction révolutionnaire à laquelle la Fédération américaine du Travail a toujours été et est encore complètement opposée, et qui ne peut être approuvée par aucune organisation ouvrière guidée par un idéal démocratique.

3) De plus, l'Internationale d'Amsterdam a adopté un système de cotisations qui imposerait à la Fédération américaine du Travail des dépenses trop lourdes.

A la suite d'un vote de ses membres, la Confédération syndicale de Finlande s'est aussi retirée de l'Internationale d'Amsterdam. Cependant, il convient de noter qu'un quart seulement des membres ont pris part au vote et que la majorité dans trois des syndicats les plus importants se prononça en faveur de l'affiliation.

Le bureau de la Fédération syndicale internationale a publié le 23 mars une réponse à la lettre ouverte de Zinovieff [3]. Après avoir montré qu'il était matériellement impossible d'accepter l'invitation de Zinovieff à un débat public pour le 1er février, et après avoir souligné le changement d'attitude de Zinovieff, qui semble disposé à se servir à cet effet de la Société des Nations, de laquelle il est cependant l'adversaire, le bureau demande que les dirigeants de l'Internationale de Moscou modifient leur attitude envers les organisations syndicales occidentales. En réponse à l'accusation d'après laquelle la Fédération ne représenterait qu'un petit groupe bureaucratique soutenant la bourgeoisie contre les travailleurs, il montre que l'attitude du gouvernement envers les syndicats affiliés à l'Internationale d'Amsterdam est une preuve suffisante qu'il ne s'agit pas d'organisations « jaunes ».

---

[1] Voir *Revue internationale du Travail*, vol. I, n° 1, janv. 1921, page 82.

[2] Allusion au règlement d'après lequel toute décision prise par un congrès à la majorité est obligatoire pour toutes les organisations affiliées.

[3] Cf. *Revue internationale du Travail*, vol. I, n° 2, février 1921, pp. 221-222.

La réponse signale la confusion constante qui existe dans les communications des chefs de Moscou entre les organisations politiques et les organisations industrielles. La situation même des syndicats russes est un exemple de cette confusion regrettable de la politique et de l'industrie. Le bureau cite un appel de Losovsky en faveur de l'indépendance des syndicats, demandant de poursuivre la bataille en faveur du socialisme pendant des années et des années, posant à cet effet comme condition *sine qua non* l'indépendance des syndicats. En opposition à cette affirmation, la lettre cite une déclaration de Zinovieff : « Le comité exécutif de l'Internationale communiste affirme que l'Internationale communiste est une organisation qui doit unir aussi étroitement que possible non seulement les partis politiques des travailleurs, mais encore leurs organisations syndicales industrielles. Trois années se sont écoulées, ajoute le bureau, entre l'appel de Losovsky et les paroles de Zinovieff, trois années que vous avez employées à détruire par le fer et par le feu la liberté du mouvement syndical. » Dans ses relations avec le Bureau international du Travail, l'Internationale d'Amsterdam déclare garder une attitude indépendante et se proposer simplement de favoriser les progrès de la législation sociale.

La lettre de Zinovieff parlait du nombre croissant des défections dans les rangs de l'Internationale d'Amsterdam et de la force grandissante de l'Internationale communiste. Le bureau d'Amsterdam fait observer que la seule défection qui se soit produite est celle de la Fédération américaine du Travail, qui s'est retirée en raison du caractère « révolutionnaire » de l'organisation d'Amsterdam. Même sans la Fédération américaine, l'Internationale comprend vingt-quatre millions de membres — contre les huit millions que prétend compter Moscou et sur lesquels sept millions sont en Russie. Le bureau d'Amsterdam déclare qu'il est prêt à entrer en discussion avec les chefs de la IIIme Internationale, à condition que chacun des adversaires rende justice à la bonne foi de l'autre [4].

---

[4]   A propos de cette controverse, il est intéressant de donner les statuts de l'Internationale de Moscou :

I. — *Titre.*

L'association internationale temporaire des représentants des syndicats des divers pays portera le nom de « Conseil international provisoire des syndicats ».

II. — *Objet.*

L'objet du Conseil international provisoire sera :

1º d'entreprendre une propagande et une agitation intenses en faveur de la lutte de classe révolutionnaire et de la révolution sociale, de la dictature du prolétariat, de l'action révolutionnaire en masse, en vue de renverser le système capitaliste et les gouvernements bourgeois;

2º de mener une lutte acharnée contre les fléaux qui ruinent le mouve-

Les Fédérations internationales de métiers.

Il y a eu ce mois-ci une activité considérable dans les Internationales de métiers.

Le bureau de la Fédération internationale du textile s'est réuni à Berlin le 14 mars. On y prépara le prochain congrès qui doit se tenir en Autriche en septembre et on y discuta des propositions relatives à l'établissement d'un secrétariat permanent. Le bureau décida de publier, par l'intermédiaire du secrétariat international, des rapports périodiques sur les progrès de la Fédération du textile.

Le bureau de la Fédération internationale des métallurgistes, représentant plus de trois millions de travailleurs, s'est réuni

---

ment syndical du monde : la coopération des travailleurs avec la bourgeoisie et l'espoir d'une transition paisible du capitalisme au socialisme ;

3° d'assurer l'union des éléments révolutionnaires dans le mouvement syndical et de mener une lutte déterminée contre la Société des Nations, y compris le Bureau international du Travail, aussi bien que contre la politique de la Fédération syndicale internationale d'Amsterdam ;

4° d'inaugurer des campagnes internationales sur les points les plus importants de la lutte de classe, d'entreprendre des quêtes pour soutenir les grèves pendant les grands conflits sociaux, etc. ;

5° de rassembler tous les documents : statistiques, journaux, etc., qui éclairent le mouvement syndical, et de fournir des informations à toutes les organisations affiliées au Conseil international au sujet de la situation du mouvement ouvrier dans les divers pays.

III. — Composition.

Le Conseil comprendra un représentant de chacun des pays suivants : Russie, Italie, Espagne, Amérique du Sud, Bulgarie, Géorgie, et des autres organisations nationales qui s'affilieront à l'association internationale des syndicats. Un siège sera également réservé au Conseil à un représentant de la IIIme Internationale. Le Conseil élira un comité exécutif de trois personnes, dont l'une sera obligatoirement le secrétaire-général du Conseil et l'autre le représentant du Comité exécutif de la IIIme Internationale. (Dans le cas d'organisations syndicales révolutionnaires qui n'ont pas encore clairement exprimé leur opinion sur la question de la dictature du prolétariat, le Conseil demande au Comité exécutif d'inviter ces organisations à soumettre cette question à leurs membres et de les engager à prendre part à la Conférence internationale.)

IV. — Journal.

Le Comité exécutif publiera un journal en quatre langues : *Le journal du Conseil international provisoire des syndicats de gauche.*

V. — Conférence.

Seuls les syndicats qui poursuivent une lutte de classe révolutionnaire dans leur pays et qui ont adopté le principe de la dictature du prolétariat seront invités à prendre part à la Conférence internationale. Les centrales syndicales nationales, les fédérations des syndicats et les fédérations internationales peuvent être représentées à la Conférence aux conditions ci-après : les centrales syndicales nationales, les fédérations ou les minorités de fédérations n'ayant pas moins de 500.000 membres, environ, deux délégués ; celles qui ont plus de 500.000 membres, un délégué de plus par 500.000 membres. Les secrétariats internationaux de syndicats seront représentés par un délégué à voix délibérative. Les syndicats isolés ne seront admis à la Conférence que si la centrale syndicale de leur pays n'y est pas représentée.

à Berne du 15 au 18 mars. Il vota des motions protestant contre la tendance à réduire les salaires et à augmenter les heures de travail. Tout en affirmant sa sympathie pour la révolution russe, et particulièrement pour les métallurgistes russes, le bureau décida d'exclure de la fédération les syndicats adhérant à Moscou, en raison de l'affiliation de la fédération à l'Internationale d'Amsterdam.

Le 1er et le 2 mars les mariniers d'Allemagne, de Hollande et de Belgique tinrent un congrès à Duisbourg. On y vota des motions en faveur d'un repos hebdomadaire payé, de la journée de huit heures et d'un repos de douze heures pendant la nuit. On prépara aussi, au sujet de l'équipage, des salaires, etc., des projets de règlement qui seraient applicables à tous les pays intéressés.

Les verriers se réunirent à Amsterdam le 30 mars 1921. Ils décidèrent d'organiser une fédération internationale dont le siège serait à Paris.

A ce propos il convient de noter qu'à l'heure actuelle, sur les 29 fédérations internationales, 10 ont leur siège en Allemagne, 8 en Hollande, 5 en Suisse, 2 en Belgique, 2 en Grande-Bretagne, une en France et une en Autriche.

*
* *

Il existe d'autre part un certain nombre de fédérations de métiers affiliées à l'Internationale syndicale chrétienne, dont le siège est à Utrecht (Hollande), et qui compte environ quatre millions de membres. Certaines de ces fédérations ont tenu des congrès internationaux pendant le mois dernier.

Du 7 au 10 mars s'est tenu à Dusseldorf le premier congrès international des syndicats chrétiens du textile; il y vint des délégués de Belgique, de Tchéco-Slovaquie, d'Allemagne, de Hollande, de Suisse, de France (Alsace) et du Luxembourg. On décida de créer une Fédération internationale des travailleurs chrétiens du textile dont le siège serait en Hollande. Un comité fut chargé de préparer les statuts et de nommer un secrétaire permanent, si besoin était.

Les 30 et 31 mars se tint à La Haye une conférence des ouvriers verriers chrétiens affiliés à la Fédération internationale des syndicats chrétiens des ouvriers d'usine et de transport. Après avoir discuté de la nécessité d'uniformiser les conditions du travail de la verrerie dans les différents pays, le congrès donna mandat au bureau de mener campagne en faveur de l'abolition du travail de nuit et du travail des femmes et des enfants dans la verrerie.

CHRONIQUE NATIONALE

Les problèmes qui se posent aux fédérations syndicales nationales augmentent en nombre et en importance. Le mouvement de concentration par industrie fait de nouveaux progrès dans la plupart des pays. Un nombre considérable de syndicats au Danemark, en Norvège et en Suède ont créé des fédérations scandinaves, et des unions importantes se sont formées ou sont en cours de formation en Finlande (manœuvres, ouvriers d'usines, de scieries et des transports), aux Etats-Unis (Conférence des officiers américains, comprenant les opérateurs de T. S. F., les techniciens et les officiers de pont), en Grande-Bretagne (trois syndicats des employés de commerce et de magasins comptant en tout plus de 420.000 membres), en Allemagne (graveurs sur bois, xylographes et lithographes, en vue d'une union future de tous les dessinateurs: ouvriers brasseurs, boulangers et bouchers, qui ont l'intention de former une fédération de l'alimentation).

Le congrès des travailleurs agricoles suédois qui s'est tenu à Pâques a décidé d'unir les trois syndicats agricoles actuels et de s'affilier aussitôt que possible à la Fédération des syndicats suédois.

La campagne inaugurée par la Fédération syndicale d'Amsterdam contre les noyaux communistes à l'intérieur des syndicats entraîna une action analogue dans beaucoup de pays. En France, l'adhésion à l'Internationale de Moscou décidée par le conseil exécutif du Syndicat de l'enseignement marque une date nouvelle dans la lutte entre les syndicats adhérant à Moscou et ceux affiliés à la Confédération générale du Travail [5].

Le conseil a l'intention de convoquer un congrès général de l'enseignement en août, mais refuse de s'unir aux autres syndicats français de l'enseignement, comme le demande la Confédération générale du Travail. De même, le Congrès de la Fédération des employés, qui s'est tenu à Limoges le 26 mars, examina la protestation des syndicats adhérant aux comités syndicalistes révolutionnaires contre leur exclusion de la fédération. Le congrès confirma l'exclusion et maintint à nouveau son adhésion à la Confédération générale du Travail et à l'Internationale d'Amsterdam. L'Union des syndicats de la Seine refusa de reconnaître cette décision et les syndicats exclus déclarèrent qu'ils en appelleraient devant le congrès fédéral de Lille.

En Allemagne, la plupart des grands syndicats ont tenu des réunions spéciales des partisans de l'Internationale de Moscou. De telles réunions ont eu lieu parmi les travailleurs des transports [6], les travailleurs du bâtiment, les métallurgistes, les travailleurs du textile, les travailleurs du bois, etc. Tous ceux qui prirent part à des tentatives d'organisation d'un mouvement communiste furent dans la plupart des cas exclus de leur syndicat. Dans certains cas

---

[5] Cf. *Revue internationale du Travail*, vol. I, n° 3, page 355.
[6] Cf. *Der Courier*, 2 avril 1921.

(travailleurs du bâtiment à Chemnitz [7], travailleurs sur métaux à Halle) on a dissous les sections locales importantes qui avaient pris parti pour les agitateurs exclus, et les bureaux des fédérations ont nommé de nouveaux fonctionnaires provisoires. Quelques communistes ont fondé des syndicats dissidents qui n'ont eu jusqu'ici que peu de succès.

Un parti communiste allemand fut fondé en Tchéco-Slovaquie le 12 mars; il décida d'entreprendre une campagne spéciale dans les syndicats. Les orateurs se plaignirent amèrement de l'attitude des chefs des syndicats, qui n'hésitaient pas à expulser les communistes. On décida d'organiser un centre en vue de favoriser l'action communiste dans les syndicats.

Le bureau de la Confédération générale allemande des syndicats (« Allgemeiner Deutscher Gewerkschaftsbund ») a tenu une réunion le 22 mars. Après avoir examiné le rapport annuel, la question du chômage et les grèves « communistes » du centre de l'Allemagne, il s'occupa de la coopération entre l'A. D. G. B. et la Fédération des syndicats libres d'employés (« Arbeitsgemeinschaft Freier Angestelltenverbände »). Les deux organisations convinrent de travailler de concert, tout en conservant une indépendance complète, et d'assurer la coordination de leurs efforts en faisant place dans les bureaux de chaque organisation aux représentants de l'autre. L'A. D. G. B. accepta également l'affiliation de l'A. F. A. à la Fédération syndicale internationale, au sein de laquelle les deux organisations seront probablement représentées par une délégation commune. On discuta également la possibilité d'une coopération similaire avec l'union des fonctionnaires (« Deutscher Beamtenbund »).

La Fédération américaine du Travail vient de convoquer sa « convention » annuelle, qui se tiendra à Denver le 13 juin. L'avis officiel montre la nécessité « de multiplier les efforts pour étendre et renforcer l'organisation des travailleurs encore mal organisés; de défendre et de maintenir par tous les moyens honorables le droit des travailleurs de s'organiser pour leur défense et l'amélioration de leurs conditions de vie; d'affirmer l'égalité devant la loi des travailleurs et des autres citoyens; d'aider les travailleurs que l'on s'efforce dans divers États d'impliquer dans des procès; de restaurer et de réaliser effectivement dans la vie de chaque jour le principe proclamé dans la loi de la république américaine, d'après lequel *le travail d'un être humain n'est pas un article de commerce*; de montrer aux travailleurs et à leurs concitoyens le danger qui menace

---

[7] Cf. *Der Grundstein,* 26 mars 1921.

de restreindre et de supprimer leurs droits et leur liberté;
d'examiner et d'aider à résoudre les problèmes difficiles de la
paix et de la reconstruction; de bien montrer le caractère
essentiellement économique du mouvement ouvrier et d'entreprendre toute action politique qui sera exigée par les intérêts du travail et indiquée par les organisations syndicales;
de résister à l'antagonisme qui se manifeste actuellement
contre les travailleurs et qui s'efforce de miner et d'abattre
la plus grande force constructive de la république américaine :
le parti travailliste américain ».

Le Congrès national des mineurs belges, qui s'est tenu
à Bruxelles du 12 au 14 mars, décida de fortifier l'organisation centrale en supprimant certains privilèges des organisations locales. Il discuta longuement la question des retraites
des mineurs, et demanda une élévation du taux des pensions, ainsi que l'avancement de l'âge minimum de jouissance.
On réclama également des améliorations semblables à la loi
sur les accidents industriels. A la suite de la résolution du
bureau de la Fédération internationale des mineurs[8] concernant
la nationalisation, le congrès demanda au gouvernement
belge d'ouvrir les mines de charbon de Wandre et d'employer
les chômeurs aux travaux préliminaires. Il demanda aussi
que les travailleurs puissent participer à la direction des
mines et que l'on établît un fonds de compensation qui permettrait éventuellement à l'Etat de prendre possession des
mines. En ce qui concerne la crise actuelle de production et
de chômage, le congrès demanda l'institution d'un conseil
économique qui serait chargé de contrôler la direction des
mines et la vente du charbon, l'embauchage des mineurs sans
travail et la réduction de la production par suite de la diminution de la journée de travail.

Au cours d'une conférence tenue à Paris le 21 mars
et convoquée par la Confédération générale du Travail
on discuta les problèmes relatifs aux réparations et à la
reconstruction des régions dévastées. Il y vint des représentants de 95 communes et de 71 coopératives de reconstruction des régions dévastées de la France. Les fonctionnaires de la Confédération générale du Travail soumirent à
la conférence leurs propositions pour la reconstruction de ces
régions. Ils recommandèrent l'institution d'une haute commission qui aurait pour but de coordonner les efforts des victimes de la guerre, tout particulièrement ceux des coopératives
de reconstruction, et d'entreprendre des travaux d'ordre géné-

---

[8] Cf. *Revue internationale du Travail*, volume I, n° 2, février 1921, p. 223.

ral relatifs aux transports, aux communications, etc. On créerait dans les divers districts des commissions locales qui devraient se charger des détails d'application, mais l'organisation devrait être entièrement indépendante de l'Etat. L'Allemagne devrait contribuer en fournissant les matériaux et la main-d'œuvre nécessaires. Ces propositions furent approuvées par la conférence, qui décida de nommer un comité et de convoquer un mois plus tard une conférence plus importante chargée de préciser les détails du problème ainsi esquissé.

La Commission syndicale d'Autriche vient de créer[9] un journal spécial pour les membres des conseils d'entreprise et les fonctionnaires des divers syndicats: *Der Betriebsrat*. Le premier numéro, qui a paru le 29 mars, s'occupe de l'histoire des conseils d'entreprise, des relations entre les conseils d'entreprise et les syndicats, des nouvelles chambres de travail, de l'organisation des ouvrières, du contrôle de l'industrie, du socialisme des guildes, des conseils d'entreprise dans les sociétés coopératives, de l'apprentissage, etc. Le *Betriebsrat* paraîtra tous les quinze jours.

La Fédération des syndicats hollandais publie un nouveau journal hebdomadaire. *De Strijd* « La lutte ». Le premier numéro de cet hebdomadaire a paru le 3 mars et a été tiré à 200.000 exemplaires.

---

[9] Cf. *Etudes et Documents*, série B, n° 6. « Les Conseils d'entreprise en Allemagne », Annexe.

LE CONTRÔLE DE L'INDUSTRIE

Conseils d'entreprise et tribunaux d'arbitrage dans les mines en Tchéco-Slovaquie.

ORIGINES.

LES lois régissant l'industrie minière en Tchéco-Slovaquie[1] constituent, après celle sur la durée du travail dans l'industrie, le commerce et l'agriculture, la partie la plus importante de la législation sociale de ce pays. Elles semblent, en effet, avoir démocratisé considérablement l'industrie minière qui occupe une si large place dans l'ensemble de la vie industrielle de la nation ; cependant, étant donné qu'elles ne sont entrées en vigueur que depuis peu, il n'est pas encore possible de mesurer exactement leur répercussion sur la vie économique et sociale.

Pour comprendre les raisons qui ont amené l'établissement de cette législation minière il faut se rappeler qu'au

---

[1] Voici la liste des lois et décrets relatifs à la participation des ouvriers à l'administration des mines en Tchéco-Slovaquie :

Loi du 25 février 1920 (n⁰ 143) relative à la participation des mineurs à l'administration des mines et à leur participation aux bénéfices nets :

Loi du 25 février 1920 (n⁰ 144) sur les conseils d'entreprise et les conseils de district dans l'industrie minière ;

Loi du 25 février 1920 (n⁰ 145) sur les tribunaux d'arbitrage des mines ;

Décret du 18 mai 1920 (n⁰ 358) établissant le règlement électoral dans les conseils d'entreprise et les conseils de district dans l'industrie minière ;

Décret du 24 juin 1920 (n⁰ 396) établissant le district minier et le siège du conseil de district dans l'industrie minière en Slovaquie;

Décret du 13 juillet 1920 (n⁰ 434) en exécution de la loi du 25 février 1920 (n⁰ 144) sur les conseils d'entreprise et les conseils de district dans l'industrie minière ;

Décret du 3 août 1920 (n⁰ 372) relatif à l'entrée en vigueur de la loi du 25 février 1920 (n⁰ 144) sur les conseils d'entreprise et les conseils de district dans l'industrie minière ;

Décret du 28 septembre 1920 (n⁰ 554) établissant un modèle de statut pour les conseils de districts dans l'industrie minière :

Décret du 12 octobre 1920 (n⁰ 569) en exécution de la loi du 25 février 1920 (n⁰ 145) instituant les tribunaux d'arbitrage des mines; .

Décret du 30 octobre 1920 (n⁰ 598) stipulant la mise en vigueur de la loi du 25 février 1920 (n⁰ 145) instituant les tribunaux d'arbitrage des mines;

Décret du 23 mars 1921 (n⁰ 114) en exécution de la loi du 25 février 1920 (n⁰ 143) relative à la participation des mineurs à l'administration des mines et à la participation aux bénéfices nets.

moment du dernier recensement, effectué en 1910 [2], il y avait en Tchéco-Slovaquie environ 150.000 ouvriers occupés dans les mines. Or, la guerre avait créé dans l'ancien empire austro-hongrois un état économique et psychologique tel qu'il y avait lieu d'appréhender l'influence des idées de la Russie bolchéviste voisine. Il a paru opportun dans ces conditions de permettre aux ouvriers de collaborer à l'administration des mines et même de les y intéresser sérieusement. En outre, comme la plupart des mines étaient la propriété de capitalistes allemands, tandis que les ouvriers mineurs étaient en majorité tchéco-slovaques, la démocratisation de l'administration des mines apparaissait aussi, au point de vue politique, comme un moyen de rapprocher des races jusque-là ennemies.

L'élaboration de ces lois a été précédée d'enquêtes et d'études, ainsi que de nombreuses conférences entre les partis intéressés. On peut donc les considérer comme une œuvre modérée, résultat d'un compromis.

ANALYSE DES LOIS ET DÉCRETS

Loi du 25 février 1920 (N° 143).

Cette loi a introduit l'administration en commun pour les entreprises minières qui emploient de façon permanente plus de cent personnes. Les « conseils mixtes » institués par cette loi comptent sept membres, dont deux pris parmi les ouvriers et un parmi les employés. Les autres membres sont nommés par l'exploitant. Le représentant des employés et les deux représentants des ouvriers aux conseils mixtes sont élus séparément par les « conseils d'entreprise » [3] de chaque établissement par vote direct et secret.

Sont éligibles aux conseils mixtes les personnes ayant travaillé au moins pendant deux ans dans les établissements de l'entreprise et pendant quatre ans dans les mines du bassin en question, âgées de plus de 30 ans et non déchues du droit de vote municipal ou du droit de vote aux conseils mixtes pour non-observation du secret prescrit. Les étrangers aussi sont éligibles, à condition que la législation de leur pays d'origine admette la réciprocité. Les membres sont élus pour deux ans. La fonction de membre du conseil mixte est honorifique. Il n'est dû aux membres du conseil mixte qu'une indemnité pour frais réels et pour la perte de salaire qu'ils ont subie, dont le montant est fixé par le conseil mixte et payé par l'exploitant.

La loi prévoit que sur les bénéfices nets revenant aux propriétaires des établissements miniers, 10 % seront pré-

---

[2] On ne connaît pas encore les résultats du recensement qui a eu lieu le 15 février 1921.

[3] Voir plus loin, pp. 29 et 30.

levés pour le compte du personnel et affectés à des fins présentant un intérêt général pour celui-ci. Le conseil mixte est chargé de calculer le montant de ce prélèvement.

En outre, l'exploitant est tenu de soumettre au conseil mixte :

1º un rapport trimestriel sur la marche commerciale de l'entreprise ;

2º un rapport annuel pour l'année commerciale précédente ;

3º le bilan avec décompte de l'actif et du passif ;

4º un projet de répartition des bénéfices nets.

Tous les membres du conseil mixte sont tenus d'observer un silence absolu sur les renseignements touchant la situation de l'établissement qui leur ont été communiqués à titre confidentiel. Une violation du secret entraînerait l'exclusion du conseil mixte, sans préjudice des sanctions prévues par le code civil.

Les prescriptions de cette loi ont été complétées par le décret du 23 mars 1921 (nº 114). On a pas encore spécifié à quelle date la loi entrera en vigueur.

Loi du 25 février 1920 (Nº 144).

Cette loi a institué des conseils d'entreprise et de district pour l'industrie minière.

I. *Conseils d'entreprise.* — Un conseil d'entreprise est institué dans chaque exploitation indépendante employant au moins vingt ouvriers et existant depuis six mois au moins. Le conseil d'entreprise compte de 3 à 71 membres, suivant le nombre des personnes employées dans l'entreprise. Sur cinq membres du conseil il y a toujours un représentant des employés. Les membres du conseil d'entreprise sont élus par vote direct et secret. Dans les entreprises employant plus de cent personnes l'élection se fait suivant les principes de la représentation proportionnelle. L'élection des représentants des ouvriers et celle des représentants des employés se fait séparément. Ont droit de vote toutes les personnes ayant travaillé au moins pendant trois mois dans l'entreprise et âgées de plus de 18 ans ; sont éligibles les personnes ayant travaillé au moins pendant six mois dans l'entreprise et pendant trois ans dans les mines du district en question, qui sont âgées de plus de 24 ans et non déchues du droit de vote municipal. Les sujets étrangers sont éligibles sous réserve de réciprocité. Le conseil d'entreprise est élu pour deux ans. Toutefois, il peut être dissous si les deux tiers des votants le demandent et déposent un vœu écrit à cet effet. Dans un délai de quinze jours après la demande la dissolution doit être effectuée par les autorités du district minier, qui doivent en même fixer la date des nouvelles élections. La fonction de membre du conseil d'entreprise est une fonction honorifique; les membres n'ont droit qu'à une indemnité compensant la perte de salaire. Les employés et les ouvriers exerçant les fonctions de membre du conseil d'entreprise ne peuvent être renvoyés de leur travail qu'avec l'approbation du tribunal d'arbitrage. La direction de l'entreprise minière envoie au conseil de son entreprise un technicien et un employé commercial à titre de spécialistes.

Les attributions du conseil d'entreprise sont les suivantes :

1º surveillance de l'application des prescriptions concernant la protection des ouvriers et des règlements du travail ;

2º propositions tendant à l'amélioration de la marche de l'entreprise ;

3º surveillance de l'application des contrats de travail ;

4º intervention relative au maintien de l'ordre et de la discipline ;

5º intervention en cas de conflits ;

6º contrôle des renvois d'ouvriers ;

7º administration des œuvres de bienfaisance pour le personnel ;

8º examen du bilan annuel.

II. *Conseils de district.* — Les conseils d'entreprise situés dans un même district minier élisent un conseil de district. Les conseils de district comportent de 10 à 35 membres élus pour deux ans et suivant les principes de la représentation proportionnelle. Leurs attributions consistent :

1º à établir des directives pour l'action des conseils d'entreprise du district ;

2º à statuer sur les conflits entre les directions des entreprises minières et les conseils d'entreprise ;

3º à collaborer à l'introduction d'un règlement de travail unique pour le district entier, règlement qui ne peut être modifié qu'avec l'approbation du conseil de district intéressé ;

4º à intervenir dans la conclusion des contrats collectifs ;

5º à s'occuper du placement de la main-d'œuvre ;

6º à intervenir dans les questions de détermination des prix du charbon et de sa répartition ;

7º à décider de l'emploi de la portion des bénéfices nets revenant au personnel d'après la loi.

Près des conseils de district sont institués des « conseils d'employés » constituant des corps spéciaux composés de trois à six membres et dont les attributions sont les suivantes :

1º recevoir les plaintes des employés et agir dans l'intérêt de ces derniers ;

2º contrôler les renvois ;

3º coopérer à l'administration des œuvres de bienfaisance pour les employés ;

4° intervenir dans la conclusion des contrats collectifs des employés.

Les frais qu'occasionnent les conseils d'entreprise et de district sont couverts par des retenues opérées sur les salaires et appointements. La surveillance de ces conseils incombe aux autorités des districts.

Le *décret du 18 mai 1920 (n° 358)* a établi le règlement électoral pour les conseils d'entreprise et de district miniers..

Les élections sont effectuées sous la direction de bureaux électoraux nommés par les autorités du district minier et sur la proposition des syndicats des ouvriers ou des employés. Le propriétaire de l'entreprise présente au bureau la liste des ouvriers et employés, en indiquant leur âge et le temps depuis lequel ils sont employés dans l'entreprise. D'après cette liste, le bureau électoral attribue le droit de vote à toutes les personnes employées dans l'entreprise depuis trois mois au moins qui sont âgées d'au moins 18 ans le jour de l'élection, et jouissent de tous les droits civiques. Le bureau électoral affiche la liste et édicte les prescriptions en vue de l'élection. Les élections se font au scrutin de liste ; les listes sont présentées soit par les syndicats, soit par un certain nombre d'électeurs (le nombre de signatures requis est de vingt au moins pour les entreprises employant jusqu'à cent ouvriers ; il est de vingt-cinq pour celles occupant un personnel plus considérable).

Les règlements d'application de la loi du 25 février 1920 (n° 144) ont été encore complétés et précisés par le *décret du 13 juillet 1920 (n° 434)*. Celui du *3 août* de la même année (n° 472) en a fixé l'entrée en vigueur au 1er août 1920. Enfin, le *décret du 28 septembre 1920 (n° 554)* a établi un statut modèle pour les conseils de district.

Loi du 25 février 1920 (N° 145).

Cette loi institue des tribunaux d'arbitrage des mines, résidant aux sièges des conseils de district. Leurs attributions sont les suivantes :

1° statuer en appel sur les sentences rendues par les conseils d'entreprise en matière de salaires, de mesures disciplinaires et de renvois ;

2° statuer en appel sur les sentences rendues par les conseils de district au sujet de conflits entre les directions des entreprises minières et les conseils d'entreprise.

Les tribunaux d'arbitrage des mines comptent trois représentants des exploitants, trois représentants des fonctionnaires, trois représentants des ouvriers et un président. Un représentant des autorités du district est attaché d'une façon permanente au tribunal à titre de conseiller. Les membres du tribunal sont nommés sur proposition des organisations intéressées et leur nomination est soumise à l'assentiment du ministre des Travaux publics. Le président, qui est toujours un juge du district dans lequel le tribunal d'arbitrage est institué, est élu par les membres.

La fonction de membre du tribunal d'arbitrage est purement honorifique. Seules les dépenses réelles donnent droit à une indemnité dont le montant est payé aux représentants du personnel par les conseils de district, à ceux des exploitants par leurs organisations et aux fonctionnaires de l'Etat par l'Etat lui-même.

L'application de la loi sus-mentionnée a été réglée par le *décret du 12 octobre 1920 (n° 569)* et le *décret du 30 octobre 1920 (n° 598)* en a fixé l'entrée en vigueur au 10 novembre 1920.

SOURCES

Sbirka zakonu a narizeni 1920. (Recueil des lois et décrets, année 1920. et 1921.)

Socialni Revue (Revue Sociale). Tome I. et II. édit. dr. Teltsik & A Zalud.)

SOUSEK : La conférence du travail et l'Etat tchéco-slovaque 1919.

Dr PICEK : Nasa dalnické zekonoderstvi (Notre législation ouvrière) 1920.

Dr STERN : Socialisace dolu (Socialisation des mines), 1920.

LA PRODUCTION ET LES PRIX

Coût de la vie et prix de détail des denrées alimentaires.

DANS le présent article, de même que dans les précédents[1], nous avons condensé les données les plus importantes que nous avons vu paraître concernant les fluctuations du coût de la vie et des prix de détail des denrées alimentaires.

Le tableau I donne les nombres-indices des prix de détail des denrées alimentaires dans différents pays. C'est le même tableau que celui paru précédemment, mais remanié, complété et mis à jour.

Le tableau II donne les nombres-indices du coût de la vie dans différents pays, portant généralement sur l'alimentation, les vêtements, le chauffage, l'éclairage, le logement, les « divers », etc.

Nous avons indiqué dans l'en-tête de chaque colonne, par des appels de note en lettres majuscules (A, B, C), lesquels de ces groupes étaient compris dans l'enquête de chaque pays. Dans les deux tableaux, également, les nombres-indices ont été, pour la facilité de la lecture et de la comparaison, ramenés à une base commune : juillet 1914 = 100.

La plupart des nombres-indices compris dans les tableaux de cet article sont tirés de sources officielles. Seuls ceux d'Allemagne (Kuczynski) et de Suisse (sociétés coopératives) sont de source privée. Nous donnons du reste, à la fin de l'article, la liste complète des sources auxquelles nos chiffres ont été empruntés.

---

[1] Voir *Revue internationale du Travail*, n° 1. p. 102, et n° 2. p. 228.

TABLEAU I. — NOMBRES-INDICES DES PRIX DE DÉTAIL DES ARTICLES D'ALIMENTATION DANS DIFFÉRENTS PAYS.

Pourcentages ramenés à juillet 1914 = 100

Table (columns 1–11) :

Pays	Afrique du Sud	Allemagne (e)	Australie	Autriche	Belgique (c)	Canada (f)	Danemark (g)	Espagne (h)	États-Unis (c)	Finlande	France (Paris)
Nombre de villes ou de localités	9	200	30	Vienne	1028 ménages	60	100	Chefs-lieux de provinces	51	20	Paris
Nombre d'articles	18	15	46	12	22	29	—	12	43 (i)	37	13
Période de base	1910	1910	1911	Juillet 1914	15 avril 1914	Juill. 1914	Juill. 1914	Avril 1909 mars 1914	1913	Juill. 1914	1910
	(¹)	(²)	(³)	(⁴)	(⁵)	(⁶)	(⁷)	(⁸)	(⁹)	(¹⁰)	(¹¹)
1914 Juil.	100	100	100	100	100	100	100	100	100	100	100
1915 »	107	155	131	181	*	105	128	107	98	*	*
1916 »	116	210	130	386	*	114	146	113	109	*	*
1917 »	128	221	126	622	*	157	166	127	143	*	*
1918 »	134	249	131	1788	*	175	187	151	164	*	*
1919 »	139	433	147	3037	.	186	212	168	186	*	*
1920 Janv.	177	520	160	4620	381	206	251	180	197	898	290
» Fév.	187	588	162	—	400	212	—	*	196	909	297
» Mars	183	667	163	—	450	215	—	*	196	915	339
» Avr.	183	756	173	5454	458	215	—	*	207	920	358
» Mai	188	894	177	—	444	224	—	*	211	914	378
» Juin	194	924	187	—	451	228	—	*	215	926	369
» Juil.	197	1005	194	5570	454	227	253	189	215	982	373
» Août	196	1041	194	5777	492	221	—	*	203	1089	373
» Sept.	195	1091	197	6206	500	215	—	*	199	1134	407
» Oct.	197	1323	192	6184	517	213	—	*	194	1172	420
» Nov.	196	1421	186	7131	505	206	—	*	189	1206	426
» Déc.	188	1472	184	8918	506	200	—	*	175	1233	424
1921 Janv.	172	1520	—	—	493	190	276	—	169	1174	410
» Fév.	165	1431	—	—	484	—	—	—	155	1107	382
» Mars	—	1418	—	—	—	—	—	—	154	—	358
» Avr.	—	—	—	—	—	—	—	—	—	—	—
» Mai	—	—	—	—	—	—	—	—	—	—	—
» Juin	—	—	—	—	—	—	—	—	—	—	—

Table (columns 12–22) :

Pays	France (320)	Inde anglaise	Italie (Rome)	Italie (Milan)	Japon	Norvège	Nouvelle-Zélande (c)	Pays-Bas (k)	Royaume-Uni (d)	Suède (d)(l)	Suisse (d)(m)
Nombre de villes ou de localités	320 (j)	Calcutta	Rome	Milan	[illegible]	30	25	Amsterdam	630	40	23 (n)
Nombre d'articles	13	46	9	38	[illegible]	—	59	27	20	50	37
Période de base	1910	Juill. 1914	1914	1er semestre 1914	[illegible]	Juill. 1914	1909-1913	1913	Juill. 1914	Juill. 1914	Juin 1914
	(¹²)	(¹³)	(¹⁴)	(¹⁵)	(¹⁶)	(¹⁷)	(¹⁸)	(¹⁹)	(²⁰)	(²¹)	(²²)
1914 Juil.	100	100	100	100	100	100	100	100	100	100	100
1915 »	120	123	108	95	*	*	112	114	132	*	119
1916 »	129	142	110	111	*	160	119	117	161	152	141
1917 »	183	184	116	137	*	214	127	146	204	180	179
1918 »	206	244	121	203	325	279	139	175	210	258	222
1919 »	261	289	155	206	310	289	144	196	209	318	250
1920 Janv.	*	153	275	412	—	295	158	197	235	*	238
» Fév.	*	154	299	413	—	294	160	199	233	*	231
» Mars	319	151	300	406	—	298	162	199	235	287	234
» Avr.	*	151	310	423	—	305	162	200	246	*	231
» Mai	*	159	325	445	—	311	163	202	255	*	228
» Juin	379	164	315	458	—	311	163	204	258	287	235
» Juil.	*	170	318	445	—	319	167	210	262	*	239
» Août	*	167	322	454	—	333	171	212	267	*	239
» Sept.	388	166	324	468	—	336	173	217	270	298	248
» Oct.	*	165	341	480	—	339	177	219	291	*	246
» Nov.	*	161	361	515	—	342	176	214	282	*	236
» Déc.	450	—	375	535	—	342	179	202	278	286	230
1921 Janv.	*	—	367	573	—	334	178	193	263	*	224
» Fév.	*	—	376	564	—	308	175	193	249	*	221
» Mars	429	—	386	582	—	—	169	—	238	247	218
» Avr.	—	—	—	—	—	—	—	—	—	—	—
» Mai	—	—	—	—	—	—	—	—	—	—	—
» Juin	—	—	—	—	—	—	—	—	—	—	—

a) Chiffres mensuels se rapportant à la moyenne du mois.
b) Chiffres mensuels se rapportant à la fin du mois.
c) Chiffres mensuels se rapportant au 15 du mois.
d) Chiffres mensuels se rapportant au 1er du mois suivant.
e) De 1915 à 1919, chiffres de novembre, indices de Calwer.
f) Les indices mensuels se rapportent au 15 du mois jusqu'à décembre 1920, et au 1er du mois suivant depuis janvier 1921.
g) Moyennes de plusieurs semaines réparties dans le semestre.
h) Chiffres portant sur les moyennes des périodes : avril-septembre et octobre-[mars].
i) Jusqu'à décembre 1920, 22 articles;
j) Indice trimestriel. De 1914 à 1919, indice du troisième trimestre de chaque année.
k) De 1914 à 1919 les chiffres se rapportent à la moyenne de l'année.
l) Pour 1916, indice de décembre; pour 1917, indice de septembre.
m) De 1914 à 1919, chiffres du 1er juin.
n) De 1914 à 1919 les chiffres se rapportent au pays tout entier.
* Pas de chiffres publiés.

TABLEAU II. — NOMBRES INDICES DU COÛT DE LA VIE DANS DIFFÉRENTS PAYS. —
Pourcentages ramenés à juillet 1914 = 100

PAYS	Allemagne	Allemagne (Berlin (e))	Australie (f)	Belgique (c)(g)	Canada (h)	Danemark	Etats-Unis	Finlande (i)	France (i)	Italie	Norvège (j)	Nouvelle-Zélande (c)	Royaume-Uni (d)	Suède (k)(d)	Suisse (d)(j)
Nombre de villes ou localités	47	Berlin (e)	30	50	60	100	32	20	Paris	Rome	30	25	630	40	23 (l)
Groupes d'articles sur lesquels porte l'enquête (Voir notes)	A.C.D.E.	A.B.C.D.E.F	A.E.	A.B.C.D.G.	A.C.D.E.G.	A.B.C.D.E.F.I.	A.B.C.D.E.F.G.H.	A.B.C.E.J.K.	A.B.C.D.E.F.	A.B.C.D.E.F.	A.B.C.D.E.F.I.	A.C.D.E.	A.B.C.D.E.	A.B.C.D.E.F.I.	A.C.D.
Période de base	Oct.1913 janv. avr. juin 1914	août 1913 juil. 1914	1911	avril 1914	juillet 1914	juillet 1914	1913	juillet 1914	1914	1er semestre 1914	juillet 1914	1909-1913	Juillet 1914	juillet 1914	juin 1914
	1	2	3	4	5	6	7	8	9	10	11	12	13	14	15
1914 Juil.	100	100	100	100	100	100	100	100	100	100	100	100	100	100	100
1915 »	*	*	119	*	97	116	102	*	*	99	117	107	125	*	119
1916 »	*	*	115	*	102	136	109	*	*	116	146	113	148	139	140
1917 »	*	*	116	*	130	155	128	*	*	146	190	119	180	166	180
1918 »	*	*	118	*	146	182	156	*	*	197	253	128	203	219	229
1919 »	*	*	132	*	155	211	175	*	238	205	275	133	208	257	261
1920 Janv.	*	764	*	396	170	242	*	819	*	263	*	139	230	*	245
» Fév.	623	882	*	420	174	*	*	832	*	293	*	141	230	*	238
» Mars	741	1118	143.	445	176	*	*	840	295	296	288	143	232	265	243
» Avril	836	1302	*	461	179	*	*	850	*	306	*	144	241	*	240
» Mai	876	1267	*	471	187	*	*	854	*	318	*	146	250	*	239
» Juin	842	1056	154	462	189	*	214	868	341	311	302	147	252	270	245
» Juil.	842	1125	*	453	190	262	*	911	*	313	*	149	255	*	253
» Août	795	1069	*	463	188	*	*	991	*	316	*	150	261	*	253
» Sept.	777	1038	165	471	186	*	*	1030	363	325	335	152	264	281	262
» Oct.	827	1104	*	477	187	*	*	1063	*	348	*	154	275	*	258
» Nov.	872	1097	*	476	185	*	*	1085	*	369	*	155	269	*	249
» Déc.	916	1140	162	468	181	*	198	1103	370	378	335	157	265	271	243
1921 Janv.	924	1192	—	450	175	264	—	1065	—	374	*	—	251	*	237
» Fév.	893	1090	—	434	—	—	—	1013	—	379	*	—	241	*	234
» Mars	901	1085	—	—	—	—	—	—	—	384	—	—	233	—	231
» Avril	—	—	—	—	—	—	—	—	—	—	—	—	—	—	—
» Mai	—	—	—	—	—	—	—	—	—	—	—	—	—	—	—
» Juin	—	—	—	—	—	—	—	—	—	—	—	—	—	—	—

Groupes d'articles sur lesquels porte l'enquête.

A. Alimentation	C. Chauffage	E. Loyer	G. Articles de ménage	I. Impôts	K. Tabac
B. Vêtements	D. Eclairage	F. Divers	H. Ameublement	J. Journaux	

a) Les chiffres mensuels se rapportent à la moyenne du mois.
b) Les chiffres mensuels se rapportent à la fin du mois.
c) Les chiffres mensuels se rapportent au 15 du mois.
d) Les chiffres mensuels se rapportent au 1er du mois suivant.
e) Nombre-indice de Kuczynski; coût minimum d'existence.
f) Indices portant sur la moyenne du trimestre.
g) nombre-indice est établi par moyenne arithmétique simple.
h) Les chiffres se rapportent au 15 du mois jusqu'à décembre 1920 et au 1er du mois suivant depuis janvier 1921.
i) Pour 1914 et 1919, chiffres du premier semestre de l'année.
j) De 1914 à 1919, chiffres du mois de juin de chaque année.
k) Pour 1916, chiffre de décembre; pour 1917, chiffre de septembre.
l) De 1914 à 1920 les chiffres se rapportent au pays entier.

Les nombres-indices reposent en général sur un budget de base, indiquant les différentes quantités employées pour chaque article, pendant une période donnée, par une famille ouvrière dite normale. Cette famille normale est, le plus souvent, composée de cinq personnes : le père, la mère et trois enfants dont la limite d'âge varie suivant les pays. Les indices pour Berlin Kuczynski, pour Paris et la Suède ne comptent que quatre personnes ; aux Etats-Unis, le nombre de personnes est plus variable. Ces différentes « quantités » qui constituent le budget-type sont fixées soit d'après des observations faites au sein d'un certain nombre de familles ouvrières, soit d'après des calculs théoriques basés, notamment pour les denrées alimentaires, sur le nombre de calories nécessaires à l'existence. On affecte ensuite à ces différentes quantités les prix qui ont été observés aux diverses époques, en admettant que la consommation-type de la famille normale n'a pas changé depuis le début de la guerre. Les dépenses totales ainsi obtenues sont ensuite converties en nombres-indices.

Il est bien évident que ces enquêtes n'expriment pas exactement le coût réel de la vie, car, en premier lieu, elles ne peuvent englober tous les sujets de dépense d'une famille, et, en second lieu, les budgets familiaux sur lesquels elles portent ont dû être assez fortement modifiés au cours de la guerre, à la suite des restrictions générales et de la vie chère elle-même. Des nombres-indices remaniés d'après les nouvelles conditions d'existence de l'après-guerre ont montré que les chiffres basés sur les anciens budgets étaient, en général, trop élevés.

Il faut se montrer très prudent dans la comparaison des nombres-indices entre différents pays, car les méthodes qui ont servi à les établir, le nombre et l'importance des marchés observés, le nombre et le genre des articles enregistrés et la période de base varient d'un pays à l'autre; ces différences rendent les résultats peu comparables [2].

Vue d'ensemble.

Lorsqu'on fait une comparaison internationale des nombres-indices du coût de la vie on est obligé de constater que, dans la plupart des pays observés, les articles d'habillement ont généralement atteint au cours de 1920 les maxima relativement les plus élevés et souvent les plus précoces ;

---

[2] Le Danemark, la Norvège et la Suède, ne publiant que des nombres-indices semestriels ou trimestriels, nous ne pouvons donner sur ce sujet d'indications plus récentes que celles parues dans les numéros antérieurs de la *Revue*. C'est pourquoi nous nous bornons, pour ces pays, à un bref aperçu sur les variations des prix de détail des denrées alimentaires au sujet desquelles il nous est possible de fournir quelques renseignements supplémentaires.

la baisse qui a suivi a généralement été rapide. Les articles de chauffage suivent une évolution analogue, mais moins caractéristique. Par contre, les loyers marquent presque tous des hausses beaucoup plus faibles que les autres groupes. Cela tient probablement aux protections législatives spéciales qui ont été accordées un peu partout aux petits locataires.

Pour les prix de détail des denrées alimentaires seulement, qui constituent un des groupes des nombres-indices du coût de la vie, mais qui sont étudiés dans tous les pays d'une façon beaucoup plus approfondie et beaucoup plus complète, on peut, en raison même des soins spéciaux qui ont été apportés à leur établissement, aller un peu plus loin dans les comparaisons internationales.

Nous avons confronté, dans le tableau ci-dessous, d'une part les maxima atteints dans chaque pays par les prix d'alimentation et la date de ces maxima, d'autre part, le niveau de chaque indice au mois de février (tous les pourcentages étant ramenés à juillet 1914 = 100).

Nous n'avons pas pu prendre les indices du mois de mars, car les données manquaient pour un trop grand nombre de pays. Nous avons dû omettre également le Danemark, l'Autriche et l'Espagne, dont les données trop incomplètes n'étaient pas comparables à celles des autres pays.

De plus, nous avons calculé le pourcentage moyen mensuel de diminution pour la période comprise entre le mois au cours duquel le maximum a été atteint et le mois de février. Cette dernière donnée est obtenue en divisant le pourcentage de diminution que représente l'indice de février par rapport au maximum, par le nombre de mois compris dans cette période ; elle mesure, en quelque sorte, la vitesse de l'évolution du phénomène considéré.

TABLEAU III.

Base : Juillet 1914 = 100.

Pays	Date des maxima	Nombres-indices maxima	Nombres-indices de février 1920	Pourcentage de la diminution mensuelle moyenne
Pays extra-européens				
Etats-Unis . . .	juin 1920	215	155	3,61
Canada	» »	228	190	2,09
Indes	juillet »	170	—	—
Australie	sept. »	197	—	—
Afrique du Sud .	oct. »	197	165	2.33
Nouvelle-Zélande	janv. 1921	178	175	1.71

Pays	Date des maxima	Nombres-indices maxima	Nombres-indices de février 1920	Pourcentage de la diminution mensuelle moyenne
Pays européens neutres pendant la guerre				
Suède	sept. 1920	298	247 [1]	2,85
Suisse	sept. »	248	224	1,92
Pays-Bas	oct. »	219	193	2,97
Norvège	nov. »	342	308	3,68
Pays européens belligérants				
Royaume-Uni . .	oct. 1920	291	249	3,81
Belgique	nov. »	517	484	2,13
France	déc. »	450	429 [1]	2,33
Finlande	» »	1233	1107	5,11
Allemagne . . .	janv. 1921	1520	1431	5,81
Italie : Rome .	févr. »	376	376	0
Milan . .	» »	564	564	0

[1] Chiffre relatif au mois de mars.

Si l'on compare les différents pays quant à la date du maximum, on constate que, d'une manière générale, ces maxima ont été atteints d'abord dans les pays extra-européens (juin-octobre 1920). Seule la Nouvelle-Zélande est considérablement en retard (janvier 1921).

Ensuite viennent les pays européens restés neutres pendant la guerre (septembre-novembre 1920). Le Royaume-Uni est le premier pays ex-belligérant où le maximum ait été atteint (octobre 1920), devançant d'un mois le dernier pays neutre (Norvège, novembre 1920). Puis viennent la Belgique (novembre), la France, la Finlande (décembre) et l'Allemagne (janvier). L'Italie est le seul pays compris dans le tableau où les prix continuent à monter.

Pour ce qui concerne l'intensité du phénomène (la hauteur des maxima atteints), le classement se fait d'une façon analogue ; dans les pays extra-européens, les maxima sont en général le plus bas ; l'augmentation ne dépasse pas 100 % pour les Indes, la Nouvelle-Zélande, l'Australie et l'Afrique du Sud. Les Etats-Unis et le Canada, qui ont été les premiers à baisser, ont atteint des maxima un peu plus élevés (115 et 128 % d'augmentation). Puis viennent les pays européens neutres pendant la guerre, où l'augmentation varie de 119 à 242 % ; enfin les pays européens ex-belligérants, qui se classent tous au-dessus, excepté le Royaume-Uni (191 % seulement d'augmentation).

En somme, au double point de vue de la date à laquelle les prix de détail ont atteint leur maximum et de l'importance même de ce maximum, les pays pour lesquels nous avons des données se divisent en trois grands groupes, — dont les limites, il est vrai, chevauchent légèrement les unes sur les autres ; ce sont : 1° les pays extra-européens ; 2° les pays européens restés neutres pendant la guerre, 3° les pays européens ex-belligérants. Ce groupement correspond, d'ailleurs, sensiblement, aux conditions économico-politiques respectives de ces pays.

Les chiffres de la colonne 4 ont une signification très différente de ceux de la colonne 3. Ces derniers, en effet, représentaient la situation des prix dans chaque pays, observée au cours d'une phase identique de leur évolution (le maximum), mais à des dates différentes. Les nombres-indices de la colonne 4 indiquent, au contraire, les prix saisis à une même date pour les divers pays (février 1921) et, par conséquent, dans des phases très différentes de leur évolution.

Il est donc inutile de chercher à retrouver le même classement que pour la date des maxima. Il est vrai qu'on le retrouverait à peu près intact ; mais ce fait est dû à ce que le mois de février étant peu éloigné des maxima, la situation n'a pas encore pu changer beaucoup. D'ici quelques mois ce classement peut être transformé complètement, car il dépendra de l'allure que prendront les fluctuations dans chaque pays.

Plus intéressantes sont les données de la colonne 5, les pourcentages moyens mensuels de diminution exprimant la rapidité de la baisse.

Les pays où la diminution est le plus rapide, c'est-à-dire dont les pourcentages moyens mensuels sont les plus forts, sont l'Allemagne, la Finlande, le Royaume-Uni, la Norvège et les Etats-Unis. Si l'on excepte le Royaume-Uni, qui se trouve dans une situation spéciale, on constate que ce sont là précisément les pays qui ont marqué les maxima les plus élevés dans chacun de leurs groupes respectifs.

Notes sur différents pays.

AFRIQUE DU SUD

Les prix de détail des denrées alimentaires baissent régulièrement depuis octobre 1920 et le nombre-indice de février n'est plus que de 65 % au-dessus du niveau d'avant-guerre. Le phénomène de hausse des prix a donc été beaucoup moins aigu en Afrique du Sud que dans les divers pays européens. Des chiffres publiés par le département de statistique de l'Union sud-africaine montrent en outre que l'augmentation du coût de la vie (alimentation, chauffage, éclairage, logement) était, en février 1921, de 41 %, par rapport à 1914, pour la moyenne des neuf villes principales.

ALLEMAGNE

Le nombre-indice du coût de la vie publié par le « Statistisches Reichsamt » indique une baisse légère au cours des trois premiers mois de 1921.

Malgré cela, le niveau du coût de la vie se trouve être encore de neuf fois supérieur à celui d'avant-guerre.

Mais les chiffres de février et mars ne sont pas absolument comparables à ceux des mois précédents, car la base de l'enquête a été étendue pour ces deux mois de 39 villes à 47.

D'autre part, les nombres-indices du « Statistisches Reichsamt » ne comprennent pas les articles d'habillement, dont la hausse a été encore plus forte que pour les autres produits; ils donnent donc à la situation des prix un aspect plus favorable que la réalité. Certaines enquêtes spéciales faites dans quelques villes allemandes par les offices municipaux de statistique le montrent nettement.

Nous donnons ci-dessous, à titre d'exemple, les résultats obtenus pour Berlin-Schöneberg.

TABLEAU IV

Base : février 1914 = 100.

Groupes d'articles	1920				1921		
	Mars	Juin	Sept.	Déc.	Janv.	Fév.	Mars
Alimentation	1255	1235	1235	1490	1439	1357	1316
Logement	145	**164**	164	164	164	164	164
Eclairage et chauffage	1053	1158	1158	1211	1211	**1263**	1211
Moyenne de ces trois groupes	875	884	884	**1035**	1006	965	936
Vêtements	**1795**	1436	1197	1197	1197	1197	1077
Moyenne générale . .	**1111**	1024	963	1076	1054	1024	972

On constate que la différence entre les deux moyennes (y compris et non compris les articles d'habillement) est plus grande en 1920 et qu'elle va en s'atténuant en 1921 par le fait que les prix des vêtements diminuent depuis le début de 1920 déjà.

AUSTRALIE

Une baisse légère se fait sentir à la fin de l'année 1920 dans les nombres-indices des prix de détail des denrées alimentaires et des loyers, publiés par le « Commonwealth Bureau of Census and Statistics. (voir tableaux I et II). Le phénomène de hausse des prix est du reste moins marqué en Australie que dans les pays européens, puisque l'indice des denrées alimentaires qui a marqué la plus forte augmentation n'atteint qu'un maximum de 197 % par rapport à l'indice d'avant-guerre.

Autriche

Les seules données de valeur que nous ayons pu recueillir sur le coût de la vie en Autriche sont celles établies pour 12 denrées alimentaires, à Vienne, par la Commission centrale de statistique sur les prix de détail (voir tableau I).

Ces chiffres révèlent une augmentation extrêmement forte, puisque l'indice de décembre 1920 atteint 8918 (base : juillet 1914 = 100).

D'après des données plus complètes portant sur 16 denrées et basées sur un budget théorique, fixant, d'après le nombre des calories, le coût minimum d'existence pour une famille de quatre personnes (père, mère et deux enfants), une hausse de 14 % s'est fait encore sentir de janvier à février 1921. D'autre part les « Oesterreichische Volkswirtschaften » signalent une nouvelle et forte hausse des loyers et des vêtements.

Belgique

Le ministère de l'Industrie, du Travail et du Ravitaillement publie chaque mois des nombres-indices des prix de détail de 56 articles de consommation courante, ordonnés par villes et par province. Pour ce qui concerne les villes de plus de 100.000 habitants (Bruxelles, Anvers, Liège et Gand), on peut classer ces articles de la façon suivante.

TABLEAU V.

Base : avril 1914 = 100.

Groupes d'articles	1920				1921	
	15 mars	15 juin	15 sept.	15 déc.	15 janv.	15 févr.
Articles d'alimentation de première nécessité . . .	471	479	483	496	471	447
Autres articles d'alimentation et articles de ménage . . .	400	415	406	402	398	407
Vêtements, chauffage, éclairage	429	460	470	467	455	433
Moyenne pour les quatre villes	447	463	467	476	456	437
Moyenne pour tout le royaume	445	462	471	468	450	434

D'une façon générale on constate une baisse depuis la seconde moitié de 1920; malgré cela, la moyenne des prix de détail est encore, en février 1921, plus de quatre fois ce qu'elle était avant la guerre.

Les « autres articles d'alimentation et articles de ménage », qui avaient commencé à diminuer avant les deux autres groupes, sont les seuls à marquer en février 1921 une légère hausse.

CANADA

Les nombres-indices du coût de la vie publiés par le « Department of Labour » indiquent depuis août 1920 une baisse régulière de l'indice général, mais elle est due exclusivement aux articles d'alimentation, dont les prix diminuent à partir de juillet. Les loyers, par contre, ont continué à monter jusqu'en novembre et depuis lors sont restés stationnaires. Les frais d'éclairage et de chauffage ont augmenté jusqu'en janvier 1921; ils marquent une légère baisse en février.

TABLEAU VI.

Base : juillet 1914 = 100.

Groupes d'articles	1920				1921	
	15 mars	15 juin	15 sept.	15 déc.	1er janv.	1er févr.
Alimentation	215	228	215	200	195	190
Logement	118	130	134	137	137	137
Eclairage et chauffage	175	188	207	220	221	218
Total :	176	189	186	181	179	175

Il est vrai que l'enquête ne porte pas sur les articles d'habillement, qui ont presque partout très fortement augmenté. Parmi les articles observés, ce sont les denrées alimentaires qui ont marqué les plus fortes fluctuations.

DANEMARK

Les nombres-indices des prix de détail des articles d'alimentation publiés dans la *Statistiske Efterretninger* augmentent jusqu'en janvier 1921. A cette date le niveau des prix est de 176 % au-dessus de celui d'avant-guerre (voir tableau I).

Espagne

L'« Instituto de reformas sociales » a publié des nombres-indices sur les prix moyens pour un semestre pratiqués d'une part dans les chefs-lieux de province et d'autre part dans les villes et localités d'une certaine importance.

L'enquête repose sur douze denrées alimentaires de consommation populaire. L'augmentation se fait sentir graduellement à partir de 1914 ; en avril-septembre 1920, date des derniers chiffres reçus, les prix avaient plus que doublé depuis l'avant-guerre. La hausse semble être plus forte dans les petites villes que dans les grandes.

Etats-Unis

D'après les enquêtes faites, dans trente-deux villes, par le Bureau des statistiques du Travail, l'indice général du coût de la vie commence à baisser en juin 1920 ; il était en décembre de 100 % au-dessus du niveau d'avant-guerre. Il est vrai que les frais de loyer, d'éclairage et de chauffage, ainsi que le groupe des « divers », continuaient encore à monter quoique lentement. La baisse était donc due exclusivement aux articles d'alimentation, d'habillement et aux objets d'ameublement et de ménage. Etant donné que les enquêtes sur le coût de la vie sont semestrielles il n'est pas possible d'avoir des données plus récentes que celles que nous reproduisons ici.

TABLEAU VII.

Base : 1913 = 100.

Groupes d'articles	Décembre 1919	Juin 1920	Décembre 1920
Alimentation	197	219	178
Habillement.	263	287	259
Eclairage et chauffage	125	135	151
Logement	157	172	195
Ameublement et articles de ménage	264	293	285
Divers	190	201	208
Total . . .	199	217	200

Il est intéressant de noter que sur les trois groupes actuellement en baisse il y en a deux (vêtement et ameublement) qui ont marqué les augmentations les plus fortes, et que sur les trois groupes encore en hausse il s'en trouve deux (chauffage éclairage et logement) dont les maxima atteints sont relativement les plus faibles.

Pour avoir des indications plus récentes on peut se reporter soit à l'indice mensuel des prix de détail des articles d'alimentation seulement de notre tableau I, soit aux chiffres publiés par les offices statistiques de quelques Etats.

L'indice des prix de détail des denrées alimentaires publié par le « Bureau of Labor Statistics » montre que la baisse se poursuit régulièrement depuis juillet 1920 jusqu'à mars 1921 ; à cette époque le nombre-indice se retrouve au niveau d'octobre 1917, c'est-à-dire de 54 % au-dessus des prix de 1914.

Nous donnons enfin ci-dessous les nombres-indices du coût de la vie dans l'Etat de Massachusetts

TABLEAU VIII.

Base : 1913 = 100.

Groupes d'articles	1920				1921	
	Mars	Juin	Sept.	Déc.	Janv.	Févr.
Alimentation	199	**208**	203	180	172	159
Habillement	**300**	288	286	226	220	214
Chauffage	162	172	189	**190**	189	**188**
Logement	131	139	148	**152**	152	152
Divers	176	185	188	**192**	192	190
Total	193	**200**	200	184	180	176

La marche y est, jusqu'en décembre 1920, sensiblement la même que pour l'indice se rapportant aux 32 villes des Etats-Unis ; mais, depuis janvier, le chauffage et les « divers » ont commencé à baisser ; les loyers sont restés stationnaires.

Les vêtements, dont les prix étaient en mars 1920 le triple de ceux d'avant-guerre, ont, depuis cette date, baissé assez rapidement.

L'indice global se trouve, en février, de 76 % au-dessus de celui de 1913.

Finlande

Le ministère de la Prévoyance sociale publie depuis peu de temps des nombres-indices mensuels sur le coût de la vie. L'indice général, portant sur une vingtaine de villes, accuse une augmentation très considérable. Les prix ont plus que décuplé depuis 1914.

TABLEAU IX.

Base : juillet 1914 = 100.

Groupes d'articles	1920				1921	
	Mars	Juin	Sept.	Déc.	Janv.	Fév.
Alimentation	915	926	1134	1233	1174	1107
Habillement	958	1022	1100	1126	1089	1059
Chauffage.	1014	1188	1374	1443	1414	1292
Logement.	308	325	374	389	407	414
Tabac	1278	1344	1370	1384	1394	1388
Journaux	401	401	401	401	818	818
Total	840	868	1030	1103	1065	1013

Une baisse assez sensible semble se manifester dans les deux premiers mois de 1921 pour les denrées alimentaires, les vêtements et le chauffage, mais les loyers et les journaux continuent à augmenter et c'est à peine si le tabac marque une légère diminution en février.

FRANCE

Les nombres-indices du coût de la vie à Paris, pour une famille ouvrière de quatre personnes, établis d'après les données de la commission régionale d'études relatives au coût de la vie, montrent que la hausse continuait encore à la fin 1920. Seuls les vêtements, qui avaient marqué la hausse la plus forte (cinq fois les prix d'avant-guerre), ont commencé à diminuer au cours des derniers mois de cette année.

Les chiffres suivants, publiés par la Statistique générale de France pour 1920 le montrent clairement.

TABLEAU X.

Base : 1ᵉʳ semestre 1914 = 100.

Groupes d'articles	1920			
	1ᵉʳ trim.	2ᵐᵉ trim.	3ᵐᵉ trim.	4ᵐᵉ trim.
Alimentation	306	344	358	389
Habillement	405	485	518	445
Chauffage et éclairage	200	296	349	349
Logement	100	100	100	100
Divers	356	444	510	510
Totaux :	295	341	363	370

Le fait que les loyers sont restés exactement à leur niveau d'avant-guerre s'explique par les mesures législatives spéciales dont ils ont été l'objet.

Il est probable qu'une certaine baisse se marquera dans les prochains indices du coût de la vie, car les nombres-indices des denrées alimentaires publiés par la Statistique générale de France pour Paris et pour la France entière indiquent déjà une baisse dans les premiers mois de 1921. (Voir tableau I).

HONGRIE

L'organe de la Confédération des syndicats magyars a publié récemment des nombres-indices du coût de la vie en Hongrie, basés sur les dépenses hebdomadaires d'une famille de cinq personnes (père, mère et trois enfants). Le budget semble avoir été établi d'une façon assez complète ; pour les dépenses en nourriture il repose sur les recherches faites par l'Office de statistique de Hanovre, qui a déterminé en calories les rations journalières nécessaires à l'existence.

TABLEAU XI.

Base : juillet 1914 = 100.

Groupes d'articles	Nombre d'articles	1914 31 juillet	1919 31 déc.	1920 31 déc.	1921 31 janvier
Nourriture . . .	14	100	3.136,7	5.519,7	5.738,5
Eclairage et chauffage	4	100	1.529,0	5.192,0	5.308,0
Autres dépenses ménagères (savon, bain, etc.) . . .	5	100	2.805,6	6.388,9	7.388,9
Habillement . .	1	100	3.250,0	7.714,3	9.719,7
Loyer	3	100	102,9	167,3	167,3
Divers	7	100	1.202,5	2.176,7	2.176,6
Total .	34	100	2.116,5	4.279,9	4.744,6

L'indice général montre que le coût de la vie en janvier 1920 est 47 fois ce qu'il était en juillet 1914. C'est une augmentation très considérable, dépassant largement toutes celles enregistrées dans les pays qui possèdent à ce sujet des données de quelque valeur.

L'augmentation la plus forte s'est fait sentir dans l'habillement, où les prix ont à peu près centuplé depuis 1914. Cependant, il y a lieu de remarquer que ce chiffre n'est basé que sur une seule espèce d'article. Par contre, le prix des loyers est resté presque stationnaire au milieu de cette hausse extraordinaire ; de 1914 à 1921 il n'a augmenté que de 67 %.

Italie

Les seuls nombres-indices concernant l'ensemble du royaume sont ceux publiés par le *Bollettino del Lavoro della Previdenza sociale*, portant sur vingt articles d'alimentation et le combustible ; malheureusement, comme ils ne paraissent qu'assez tardivement, ils perdent beaucoup de leur intérêt. Par contre, les Bulletins des offices municipaux du travail des principales villes italiennes publient chaque mois, sur le coût de la vie, des nombres-indices qui, grâce à leur uniformité de base et de méthode, sont comparables entre eux.

Nous en donnons ci-dessous les plus importants :

TABLEAU XII.

Base : juillet 1920 = 100.

Villes	1920		1921		
	Sept.	Déc.	Janvier	Février	Mars
Rome	106	123	122	124	126
Turin	103	118	119	119	122
Milan	106	118	124	126	128
Florence	103	120	121	121	127
Gênes	108	117	120	119	121
Venise	105	115	119	117	117

La hausse continue donc de mois en mois, excepté pour Venise où une légère baisse se marque depuis février.

Si l'on examine les différents groupes d'articles en 1921 à Turin et à Milan, par exemple, on constate que dans ces deux villes les denrées alimentaires continuent à augmenter, tandis que les vêtements commencent à diminuer en mars et que les logements restent stationnaires. Par contre, à Turin, les frais de chauffage et d'éclairage, vont en diminuant depuis janvier et les « divers » continuent à hausser, alors que les nombres-indices de ces deux rubriques restent stationnaires à Milan.

TABLEAU XIII.

Base : juillet 1920 = 100.

Groupes d'articles	TURIN			MILAN		
	Janv.	Févr.	Mars	Janv.	Févr.	Mars
Alimentation	121	123	130	121	122	129
Habillement	114	114	104	120	120	107
Chauffage et éclairage	127	108	103	170	172	172
Logement	110	110	110	129	129	129
Divers	113	113	119	124	124	124
Total	119	119	122	124	126	128

NORVÈGE

Le nombre-indice des prix de détail des articles d'alimentation montre que la baisse commencée en janvier 1921 se poursuit en février d'une façon plus accentuée, marquant une diminution de 26 points contre 8 points seulement au mois précédent.

NOUVELLE-ZÉLANDE

Les nombres-indices du coût de la vie publiés par le gouvernement de la Nouvelle-Zélande et ramenés à 100 pour 1914 donnent les résultats suivants :

TABLEAU XIV.

Base : 1914 = 100.

Groupes d'articles	1920				1921
	Mars	Juin	Sept.	Déc.	Janv.
Alimentation	156	161	167	174	**176**
Alimentation et loyer	140	144	148	154	**155**
Alimentation, loyer, chauffage et éclairage	143	147	152	157	**158**

On constate bien une hausse générale jusqu'en janvier 1921, mais elle est relativement peu considérable ; l'indice général ne marque qu'une augmentation de 58 % sur son niveau d'avant-guerre. L'augmentation la plus forte semble être dans les produits d'alimentation, mais ceux-ci accusent depuis février 1921 une baisse régulière. (Voir tableau I.)

PAYS-BAS

Les deux nombres des prix de détail publiés dans le *Mandschrift van het Centraal Bureau voor de Statistiek* concernent l'un Amsterdam seulement, avec 27 articles d'alimentation, l'autre la moyenne des principales coopératives du pays, avec 27 articles d'alimentation, plus 5 articles de ménage (huile à brûler, soude, amidon, savon cristal et savon mou).

Le premier indice monte graduellement en 1920 jusqu'en octobre ; le second présente quelques fluctuations jusqu'à cette même date, mais, à partir de là, ils diminuent tous deux, ainsi que le montre le tableau suivant :

TABLEAU XV.

Base : 1914 = 100.

Mois et années	Amsterdam	Coopératives
Mars 1920	199	225
Juin »	204	238
Sept. »	217	232
Oct. »	219	233
Nov. »	214	227
Déc. »	202	218
Janv. 1921	193	203
Fév. »	193	184

Le nombre-indice des coopératives baisse un peu plus rapidement que celui d'Amsterdam. Cela est dû précisément aux articles de ménages compris dans l'enquête et dont la diminution est particulièrement forte au cours des derniers mois.

ROYAUME-UNI

Etant donné que les nombres-indices relatifs au logement, au chauffage, à l'éclairage et aux vêtements sont extrêmement difficiles à établir et sujets à de grandes variations selon les qualités, le ministère du Travail anglais qui les publie ne les donne que comme des chiffres approximatifs.

TABLEAU XVI.

Base : juillet 1914 = 100.

Groupes d'articles	1920				1921		
	Mars	Juin	Sept.	Déc.	Janv.	Fév.	Mars
Alimentation . . .	235	258	270	278	263	249	238
Logement (appr^tif) .	110	118	139	142	142	144	144
Chauffage, éclairage (appr^tif)	183	230	240	240	240	240	240
Habillement (appr^tif)	415	430	430	390	355	340	325
Moyennes générales.	232	252	264	265	251	241	233

L'indice général a atteint son maximum en octobre et, depuis, il décroît sensiblement de mois en mois. En mars il se trouve encore de 133 % au-dessus de son niveau d'avant-guerre.

Les différents groupes suivent une marche à peu près analogue, excepté pour les loyers, qui continuent à augmenter,

mais d'une façon très lente. Cette augmentation n'est causée du reste que par l'élévation des impôts sur le loyer et non
par celle des loyers eux-mêmes. Par contre, les vêtements, qui
avaient marqué un maximum très élevé (plus de quatre fois
les prix d'avant-guerre) décroissent rapidement.

SUÈDE

Le nombre-indice suédois portant sur les denrées
alimentaires (44 articles), le chauffage et l'éclairage (7 articles), indique, à partir de septembre 1920, une baisse qui se
poursuit régulièrement jusqu'en mars 1921. A cette époque,
l'indice est de 153 % au-dessus de son niveau de juillet 1914..

TABLEAU XVII.

Base : juillet 1914 = 100.

1914	Juillet	100	1920	Décembre	294
1920	Mars	291	1921	Janvier	283
»	Juin	294	»	Février	262
»	Septembre	307	»	Mars	253

Les chiffres publiés dans le tableau I ne concernent que
l'alimentation exclusivement ; ils suivent une marche analogue,
en se tenant à quelques points au-dessous de ceux que nous
citons ici.

SUISSE

Les nombres-indices du coût de la vie établis par les sociétés coopératives suisses de consommation portent sur
37 articles alimentaires, plus les combustibles, le savon et le
pétrole; ils indiquent que la baisse se poursuit de mois en mois
depuis novembre 1920 et qu'actuellement l'indice du coût
de la vie est de 131 % au-dessus de son niveau d'avant-guerre,
(voir tableau I). Les articles d'alimentation suivent la marche
de l'indice général du coût de la vie, avec un parallélisme remarquable, se maintenant toujours à 13 points au-dessous, depuis
le maximum d'octobre.

SOURCES

AFRIQUE DU SUD   *Labour Gazette.* 1920-21.
                  Rand Daily Mail. 16 mars 1921.
ALLEMAGNE   *Wirtschaft und Statistik.* Nᵒ 4, 1921.
                  Kuczynski, *Das Existenzminimum und ver-
                      wandte Fragen.* Berlin 1921.
AUSTRALIE   *Quarterly Summary of Australian Statistics*, 1920.
                  Labour Gazette, 1920-1921.
AUTRICHE   *Bulletin mensuel de l'Institut international de
                      statistiques*, La Haye, mars 1921.
                  *Mitteilungen der Statistischen Zentralkommission.
                      Nᵒ. 1, 1921.*

BELGIQUE	*Revue du Travail*, 1920-21.
CANADA	*Labour Gazette of Canada*, 1920-21.
DANEMARK	*Statistiske Efterreninger*, 1920. *Arbejderen*, 26 février 1921.
ESPAGNE	*Boletin del Instituto de Reformas Sociales*, février 1921.
ETATS-UNIS	*Monthly Labor Review*, 1920-21. Communiqués télégraphiques du Bureau of Labor Statistics au Bureau international du Travail. *Rapport de la* Massachusetts Commission on the necessaries of Life.
FINLANDE	*Social Tidskrift*, 1920-21.
FRANCE	*Bulletin de la statistique générale de France*, janvier 1921. Communiqué télégraphique de la statistique générale de France au Bureau international du Travail.
HONGRIE	*Szakszervezeti-Ertesitō*, 1 mars 1921.
INDES	*Labour Gazette*, 1920-21.
ITALIE	*Città di Milano (Bollettino municipale mensile di cronaca amministrativa e statistica)*, mars 1921. *Bollettino mensile dell'Ufficio del Lavoro*, Torino. janvier et mars 1921.
NORVÈGE	*Sociale Meddelelser*, 1920-21.
NOUVELLE-ZÉLANDE	*Monthly Abstract of Statistics*, janvier et février 1921. MACOLM FRASER An Inquiry into Prices in New Zealand, 1891-1919.
PAYS-BAS	*Mandschrijt van het Centraal Bureau voor de Statistiek*, mars 1921.
ROYAUME-UNI	*Labour Gazette*, 1920-21.
SUÈDE	*Sociala Meddelanden*, 1920-21.
SUISSE	*Schweizer Konsumverein*, 1920-21.

CHÔMAGE ET EMPLOI

Le problème de la main-d'œuvre qualifiée dans l'industrie du bâtiment en Angleterre.

LA proposition d'augmenter le nombre des ouvriers qualifiés du bâtiment, en suspendant les règles et coutumes syndicales qui limitent l'admission des apprentis ou l'accès des manœuvres aux occupations qualifiées, soulève l'une des plus importantes questions de l'après-guerre en Angleterre. La mesure proposée est couramment appelée « dilution »; mais c'est là modifier le sens primitif de ce terme. Appliqué pendant la guerre dans l'industrie des munitions il désignait l'accroissement de la main-d'œuvre non qualifiée par rapport à la main-d'œuvre qualifiée, dû à l'emploi d'un grand nombre de manœuvres exécutant des tâches mécaniques sous la direction de quelques ouvriers qualifiés. Mais, dans le cas qui nous occupe, il s'agit d'augmenter le nombre des ouvriers qualifiés, et de ceux-ci seulement.

La question présente un intérêt vital pour plusieurs classes de la société. Ce sont, d'une part, les ouvriers qui redoutent que l'accroissement de leur nombre n'entraîne une diminution de l'ouvrage assuré à chacun; ce sont, d'autre part, les chômeurs, démobilisés ou autres, auxquels le système proposé apporte l'espoir de trouver du travail dans le bâtiment et d'y acquérir une formation professionnelle dont la guerre a privé beaucoup d'entre eux; c'est, enfin, la partie considérable du public qui cherche en vain des logements convenables et qui s'exaspère devant le peu de hâte que l'on met à résoudre la difficulté dont elle souffre.

Le gouvernement se trouve en face du problème qui consiste à donner satisfaction à la seconde et à la troisième catégories, sans nuire aux légitimes intérêts de la première. Il se propose un triple objet : accélérer la solution du problème de l'habitation; placer les démobilisés et leur apprendre un métier; réduire le chômage d'une manière générale.

Il lui faut également tenir compte des intérêts des patrons, puisque aucun système ne pourrait réussir sans leur collaboration.

La controverse à cet égard dure depuis 1919. Tout le monde admet qu'il y a, ou tout au moins qu'il y a eu, manque de main-d'œuvre. Toutefois, la « National Federation of Building Trades' Operatives » (Fédération ouvrière du bâtiment) affirme, comme nous allons le voir, que la vie normale de l'industrie a remédié rapidement d'elle-même à cette situation. Il est établi que le manque de main-d'œuvre est limité à certaines catégories; mais ces catégories, celle des poseurs de briques en particulier, sont précisément celles dont dépend tout le travail du bâtiment. D'après une déclaration du ministre du Travail à la Chambre des Communes (16 février 1921), les 64.000 chômeurs du bâtiment, à la date du 3 février, comprenaient une moitié de manœuvres, 25.000 peintres et seulement 238 poseurs de briques. D'autre part, on avait enregistré, pour cette dernière catégorie, 5.576 offres de places. Les poseurs de briques et les plâtriers étaient les seules catégories où le nombre des places offertes dépassait celui des chômeurs inscrits.

Cette difficulté de trouver des poseurs de briques a beaucoup retardé l'exécution des plans de construction d'habitations en 1919-1920. Le fait a été mis en lumière par de nombreux rapports. C'est ainsi que le « Housing Committee of the London County Council » (Commission de l'habitation de la ville de Londres) déclare, en octobre 1920 [1], que les travaux subissent de grands retards en raison du manque d'ouvriers, et surtout de poseurs de briques; qu'en dix-huit mois, 165 maisons seulement ont été terminées; qu'on a besoin de plusieurs milliers de travailleurs, à moins de renoncer à tout espoir d'exécuter le programme de construction dans des délais raisonnables.

La cause de ce manque de main-d'œuvre, qui affecte aussi les autres métiers qualifiés du bâtiment, et qui opérait déjà d'une manière très notable avant la guerre, est manifestement celle-ci : le bâtiment est considéré comme l'une des plus mauvaises professions, à cause de l'irrégularité de l'ouvrage. De plus, un grand nombre d'ouvriers qualifiés ont été tués à la guerre, et les jeunes ont été détournés de l'apprentissage par les hauts salaires que les usines de munitions leur offraient. La plupart des syndicats ont accepté le principe de l'admission à l'apprentissage des mutilés de la guerre, mais se sont entièrement refusés à aller plus loin dans la voie de la « dilution ». Le gouvernement ayant proposé de remédier au manque de main-d'œuvre en apportant certains tempéraments aux règles limitant le nombre des apprentis, les représentants ouvriers au « Building Trade Re-settlement and Housing Committee » (Commission de l'industrie du bâtiment pour la construction d'habitations et pour le rétablissement des conditions normales dans la profession) affirmèrent leur conviction que l'augmentation de ce nombre n'était ni nécessaire, ni

---

[1] *Times*, 13 octobre 1920.

souhaitable, ni même possible. Une résolution votée par la Fédération ouvrière du bâtiment, réunie à Manchester le 6 février 1920, déclara que les organisations ouvrières entendaient remplir loyalement les obligations de l'accord pour l'apprentissage des mutilés, mais considéraient toute autre mesure visant à augmenter les effectifs de la profession comme inutile et dépourvue de justification économique. Des résolutions analogues furent votées dans les réunions ultérieures.

LES PROPOSITIONS DU « RE-SETTLEMENT COMMITTEE ».

Il est inutile de suivre pas à pas les négociations qui se sont poursuivies, mais l'accord de septembre 1920 entre le « Housing Committee of the Cabinet » (Commission ministérielle de l'habitation) et le « Re-Settlement Committee of the Joint Industrial Council of the Building Trades » (Commission pour le rétablissement des conditions normales du Conseil industriel mixte du bâtiment) en marque une étape importante. Le texte de cet accord parut dans la presse sous forme de mémoire le 13 septembre 1920; il obtint l'assentiment du ministère. Au cours de l'été, le gouvernement avait apporté des propositions positives d'augmentation de la main-d'œuvre, qui comprenaient une demande d'adoption du salaire à la tâche. Le mémoire en question représente un état plus avancé des négociations ; les motifs exposés par le « Re-settlement Committee » à l'appui de ses recommandations mettent bien en lumière les principales questions en jeu, ainsi que l'attitude des organisations du bâtiment.

Les difficultés les plus importantes peuvent se classer de la manière suivante :

1. *Augmentation des effectifs*, y compris la détermination de la mesure que doit atteindre cette augmentation, l'apprentissage des adultes, les privilèges à accorder aux démobilisés, la durée de l'apprentissage.

Les coutumes ou règles syndicales ayant trait au recrutement de la main-d'œuvre qualifiée concernent : les méthodes d'apprentissage, l'âge de début, la durée de l'apprentissage, la proportion entre le nombre des apprentis et le nombre des compagnons (« journeymen »).

Ainsi, les poseurs de briques se recrutent le plus souvent par apprentissage. L'âge de début est de 16 à 18 ans, l'apprentissage dure de trois à cinq ans ; la proportion établie est d'un apprenti par trois, quatre ou cinq compagnons, et même davantage. Le « Re-settlement Committee » a admis qu'il y avait lieu d'augmenter les effectifs de certaines catégories, mais cette commission a rejeté la première proposition du gouvernement qui doublait, pour une année, le nombre coutumier des apprentis. Une demande présentée sous une forme d'une rigidité aussi mathématique risquait en effet de susciter des craintes chez les ouvriers ; d'autre part, elle ne pouvait s'appliquer à certaines catégories, dans lesquelles le nombre des apprentis n'est pas fixé expressément. La commission recommanda de laisser les patrons et les syndicats libres de fixer, d'un commun accord, le nombre des apprentis. Elle accepta l'apprentissage des adultes et le principe de faire passer les mutilés avant les autres. Toutefois, elle estima que ce dernier principe ne devait pas constituer une règle formelle, car on obtiendrait souvent de meilleurs résultats immédiats en prenant, pour en faire des ouvriers qualifiés, des aides-maçons, qui sont déjà familiers avec le métier. La commission a également admis la réduction à trois ans de la durée de l'apprentissage pour les démobilisés et pour tous les hommes âgés de plus de 23 ans.

2. *Paiement des apprentis.* — La difficulté à ce sujet était d'établir un salaire qui fût de nature à attirer les adultes vers l'apprentissage, sans toutefois imposer aux patrons une charge trop lourde. On estima que le salaire de début, pour satisfaire à la première de ces deux conditions, ne devait pas être inférieur à la moitié du salaire d'un compagnon. Afin de permettre aux patrons de garantir ce taux, on recommandait que l'Etat leur assurât de son côté des commandes continues de constructions, au moyen d'un système de répartition des contrats.

3. *Salaire à la tâche.* — Ce mode de rémunération fut définitivement rejeté, pour le motif que les ouvriers ne consentiraient jamais à l'introduction d'un régime si contraire aux usages de la profession.

4. *Indemnités pour mauvais temps.* — La commission adopta le principe d'une indemnité pour les heures perdues par suite de mauvais temps et décida que les frais de cette indemnité devraient être compris dans les programmes généraux de construction d'habitations.

Le « Re-settlement Committee » fut informé dans le courant du mois de l'acceptation de son mémoire par le « Government Housing Committee ». Malheureusement, des difficultés d'interprétation s'élevèrent ; d'autre part, un désaccord entre patrons et ouvriers se produisit au sujet de l'indemnité pour mauvais temps ; les représentants ouvriers déclarèrent que leurs mandants exigeaient au moins les trois quarts du salaire perdu, mais les patrons refusèrent d'aller au delà de la moitié.

LE GOUVERNEMENT ET LES OUVRIERS.

Cependant, la situation s'était modifiée et l'un de ses facteurs avait pris une importance toute nouvelle ; après avoir continuellement décru jusqu'à l'été, le chômage s'était mis à s'étendre. Le gouvernement se vit amené alors à considérer des mesures plus radicales. Le 24 septembre M. Macnamara, parlant des obligations de la nation envers les démobilisés sans travail, fit connaître que leur nombre s'élevait à

160.000 et que le domaine à première vue le plus capable de les absorber était l'industrie du bâtiment, qui souffrait très sérieusement du manque d'ouvriers qualifiés. Les poseurs de briques, à eux seuls, comptaient 20.000 hommes de moins qu'en 1914, alors que le pays avait un besoin urgent d'un demi-million de maisons nouvelles, au bas mot. Faisant allusion au projet émanant de l'industrie du bâtiment, M. Macnamara déclara que ce projet, tout en étant moins radical que les mesures envisagées par le gouvernement, pouvait cependant constituer un remède, à condition qu'il fût appliqué sans tarder, car il était impossible de faire attendre plus longtemps tous les démobilisés valides qui manquaient de travail ; d'autre part, certains indices pouvaient faire craindre que l'hiver ne fût défavorable pour certaines industries. Le ministre fit connaître en terminant que la commission gouvernementale se livrait à une étude approfondie de la question du chômage. Le 19 octobre M. Lloyd George parla dans le même sens, en annonçant les mesures projetées par le gouvernement pour lutter contre le chômage. Le gouvernement, dit-il, étudie de nouvelles propositions « en vue d'employer un nombre encore plus grand de démobilisés dans l'exécution du programme de construction d'habitations ».   Le 26 octobre, à Manchester, M. Addison fit connaître à une conférence de la Fédération ouvrière du bâtiment le système que le gouvernement avait en vue. Le gouvernement proposait de faire un choix parmi les programmes de constructions qui se trouvaient arrêtés par suite du manque d'ouvriers et de les faire exécuter au moyen d'une main-d'œuvre qui serait entièrement composée de démobilisés, à l'exception des instructeurs et des surveillants. Le gouvernement estimait que 50.000 démobilisés pourraient de la sorte être absorbés par l'industrie du bâtiment. La conférence reçut ces informations avec inquiétude ; elle vota une résolution réclamant du gouvernement des garanties contre le chômage, en cas d'acceptation des mesures proposées. Les propositions du gouvernement, y était-il dit, ne pouvaient manquer d'augmenter encore l'insécurité d'une profession « qui a toujours été au premier rang des métiers frappés par le chômage ». Elles comportaient la suspension de règles « dont l'établissement avait coûté aux ouvriers des années d'efforts, de souffrances et de misères ». Le gouvernement était mis en demeure de faire connaître immédiatement les garanties qu'il se disposait à accorder en échange de la suspension de ces règles. Avant d'avoir reçu des assurances à ce sujet, la Fédération ne pouvait pas prendre en considération les mesures projetées.

Cette résolution fut le point de départ d'une nouvelle série de négociations entre l' « Emergency Committee of the Operatives' Federation » (Commission spéciale ouvrière) et le gouvernement. Ces négociations, venant s'ajouter à celles qui étaient déjà en cours entre le gouvernement et le « Joint Industrial Council », avaient pour objet d'établir contre le chômage un système de supplément d'assurance qui constituât la garantie réclamée.

En décembre, le gouvernement présenta ses propositions sous une forme nouvelle. Il s'en tenait à son chiffre de 50.000, mais en échange de la demande de permettre à ces hommes de travailler il offrait d'accorder aux syndicats une subvention d'apprentissage de 5 livres par tête. Ces propositions furent rendues publiques dans la séance du 21 décembre de la Chambre des Communes. Les dirigeants de la Fédération ouvrière du bâtiment avaient été invités à se rencontrer, le 21 décembre, avec le gouvernement, pour discuter les propositions, mais ils s'y étaient refusés. Ils estimaient qu'une telle réunion était sans objet puisque les mesures proposées devraient de toute façon être portées devant une réunion plénière.

Les propositions étaient les suivantes :

1º Cinquante mille démobilisés seront admis dans la profession.

2º En échange de l'engagement pris d'admettre ces démobilisés et de faciliter leur apprentissage, le gouvernement s'engage à verser aux syndicats une subvention de 5 livres par tête, payable de la manière suivante : les deux cinquièmes au début de l'apprentissage et les trois cinquièmes à la fin.

3º Le temps perdu par suite des conditions atmosphériques sera payé à raison de 50 % du salaire pour les 22 premières heures et de 75 % pour les heures suivantes.

4º L'industrie du bâtiment assumera les frais d'un système spécial d'assurance supplémentaire, qui sera établi en vertu de la nouvelle loi sur l'assurance contre le chômage, en vue d'accorder des secours plus élevés que ceux qui sont prévus pour l'assurance d'Etat. Les subventions d'apprentissage pourraient former le noyau du fonds à établir dans ce but [2].

5º Le système ne sera appliqué qu'à la construction des habitations.

La Fédération du bâtiment convoqua immédiatement sa commission spéciale; une conférence des bureaux de tous les syndicats affiliés eut ensuite lieu le 30 décembre. A l'issue de cette conférence la Fédération envoya au ministère du Travail une lettre dans laquelle elle exprimait son regret de constater que les propositions qui lui étaient faites ne contenaient aucune garantie contre le chômage qui pourrait être la conséquence de leur acceptation, et que les indemnités pour mauvais temps n'étaient accordées qu'aux catégories en état d'absorber de nouveaux effectifs. La Fédération posait en principe que tous ses membres avaient droit au même traitement et elle informait le ministre de sa décision de consulter ses membres au sujet des propositions du gouvernement.

---

[2] On notera que cette proposition se rapporte à la question des garanties contre le chômage, déjà en cours de discussion.

M. George Hicks, président de la Fédération ouvrière du bâtiment, déclara que la conférence attachait une extrême importance à la différence de traitement que le gouvernement proposait d'introduire entre les diverses catégories de la profession au sujet des indemnités pour mauvais temps. La conférence voyait là une tentative en vue de diviser le mouvement syndical dans l'industrie du bâtiment. Il fit remarquer en particulier que les peintres en bâtiment, qui comptaient alors plus de 10.000 chômeurs, ne pouvaient évidemment pas admettre de nouveaux membres et seraient par conséquent privés de toute indemnité d'apprentissage, ainsi, du reste, que toutes les autres catégories qui refuseraient de consentir à une augmentation de leurs effectifs. M. Hicks fit connaître qu'en vue du délai nécessaire pour permettre aux syndicats affiliés de se prononcer, la décision de la Fédération ne pourrait être rendue publique avant la fin de janvier.

Les bureaux des syndicats du bâtiment furent convoqués le 3 février pour prendre connaissance du résultat du vote. Les propositions étaient rejetées à une majorité écrasante :

Pour l'acceptation des propositions 2.500
Contre l'acceptation des propositions 310.000

L'assemblée envoya une lettre au ministre de l'Hygiène, lui faisant remarquer que 25.000 poseurs de briques qualifiés avaient quitté le métier au cours de la guerre et étaient prêts à le reprendre dès qu'ils seraient certains de pouvoir en vivre. Le manque de main-d'œuvre avait d'ailleurs déjà fait revenir dans leur profession plus de 9.000 poseurs de briques au cours de 1920 et le mouvement continuait à raison de plusieurs centaines par semaine. La Fédération estimait donc pouvoir présumer à bon droit le retour de 5 à 6.000 poseurs de briques en quelques mois, sans tenir compte des maçons. De plus, au cours des derniers mois, les poseurs de briques avaient admis environ 2.000 novices et apprentis; le bâtiment avait déjà absorbé des centaines de mutilés de la guerre. La Fédération indiquait encore que dans le vote par lequel les propositions du gouvernement avaient été rejetées, une bonne moitié des voix étaient celles de démobilisés; que des preuves absolument sûres, se rapportant à diverses catégories, indiquaient que la main-d'œuvre disponible suffisait à répondre aux demandes; et qu'à cette époque même la profession comptait environ 50.000 chômeurs.

La Fédération faisait de plus remarquer que les travaux de construction et de réparation dans les établissements industriels, qui avaient été interrompus pendant la guerre pour être repris ensuite avec une activité d'autant plus grande, étaient maintenant terminés. De ce fait, une grande quantité de main-d'œuvre devenait disponible pour la construction d'habitations. La Fédération estimait ridiculement insuffisant le chiffre de 140.000 maisons donné par le « Registrar General » comme répondant aux besoins et elle insistait auprès du gouvernement pour que le programme de construction fût exécuté intégralement [3].

« Nous avons enfin, disait la lettre, le devoir de déclarer qu'une augmentation de la main-d'œuvre atteignant les chiffres proposés serait entièrement impossible. Nous venons d'établir que le chômage atteint aujourd'hui des proportions inquiétantes. Nous désirons autant que quiconque voir tout individu valide en état de gagner sa vie par son travail, mais les difficultés actuelles ne seraient nullement résolues en retirant leur travail aux uns pour le donner aux autres. »

LE GOUVERNEMENT ET LES EMPLOYEURS

Le rejet des propositions de « dilution » par les ouvriers ne laissait au gouvernement d'autre alternative que de se faire lui-même entrepreneur ou de s'adresser aux patrons. La première solution aurait sans doute mécontenté tout le monde. En faveur de la deuxième, au contraire, on pouvait relever que les patrons ne s'opposaient pas en principe à l'augmentation de la main-d'œuvre et qu'il suffirait, pour obtenir leur appui, de modifier les conditions du système.

De nouvelles propositions furent donc faites en février à la commission patronale et le ministre du Travail put annoncer le 22 mars à la Chambre des Communes qu'elles étaient acceptées. Voici ce qu'elles contenaient :

1. La mesure qu'on se propose a principalement en vue les démobilisés encore jeunes qui sont sans travail et qui n'ont pas de métier régulier. Toutefois, les démobilisés qui ont déjà trouvé de l'ouvrage en qualité d'aides-maçons pourront également en bénéficier. L'apprentissage se fera dans les catégories qui manquent de main-d'œuvre — et qui sont pour le moment les poseurs de briques, les plâtriers et les couvreurs en tuiles et en ardoises. Le nombre des hommes à admettre est fixé à 50.000.

2. Le système fonctionnera par l'intermédiaire de commissions locales composées de représentants des organisations d'entrepreneurs et aussi, du moins on l'espère, de représentants des syndicats ouvriers. Si les syndicats, contrairement à cet espoir, refusent de collaborer à la formation de commissions mixtes, la Fédération patronale du bâtiment prendra les dispositions nécessaires pour que ses groupes locaux nomment des commissions de district, qui seront chargées de choisir les candidats et de contrôler le fonctionnement du

---

[3] Le ministre de l'Hygiène expliqua le 23 février, à la Chambre des Communes, que le rapport du « Registrar General » ne disait pas que 140.000 maisons pouvaient suffire aux besoins. C'était le chiffre auquel on arrivait en ne tenant compte que de l'accroissement de la population : il ne comprenait pas les constructions nécessaires pour remplacer les 178.000 maisons impropres à l'habitation et pour loger convenablement les deux millions de personnes qui vivaient en 1911 dans des logements surpeuplés.

système dans leurs localités. Le choix des candidats se fera sur la liste des démobilisés sans travail établie par le bureau de placement. La commission pourra également avoir recours à d'autres sources.

3. Un contrat de travail sera établi pour une durée de deux ans. Une disposition spéciale permettra le transfert du contrat d'un entrepreneur à un autre, avec le consentement de l'ouvrier, en vue d'assurer à ce dernier un travail permanent.

Chacun de ces ouvriers aura en tout temps le droit de demander à son patron un certificat constatant son habileté professionnelle et lui donnant droit à un salaire plus élevé que le salaire prévu dans le paragraphe 4.

4. Le salaire de début sera fixé à 50 % du salaire local d'un ouvrier qualifié, pour s'élever jusqu'à ce salaire par augmentations semestrielles. En outre, le gouvernement ajoutera au salaire 10 shillings par semaine pendant une première période de 26 semaines, et 5 shilings par semaine pendant une deuxième période de même durée, sans toutefois que cette addition puisse porter les sommes touchées à plus de 65 % du plein salaire local. Ce versement de l'Etat sera payé en entier pour toute semaine pendant laquelle l'ouvrier se sera tenu à la disposition de l'entrepreneur; toutefois, il ne sera pas payé pour les semaines pendant lesquelles l'ouvrier n'aura fourni aucun travail.

5. La Fédération des employeurs du bâtiment s'engage envers le gouvernement à effectuer le placement du nombre convenu de démobilisés et à veiller à leur apprentissage.

En réponse à une question qui fut posée au sujet de l'offre de verser aux syndicats 5 livres par démobilisé achevant son apprentissage, le ministre du Travail fit connaître que cette offre était retirée.

La situation actuelle est donc la suivante : de longues et difficiles négociations se sont poursuivies entre le gouvernement, les ouvriers et les patrons; deux de ces trois parties se sont mises d'accord sur un système bien défini pour augmenter les effectifs de certaines catégories d'ouvriers. Etant donné que le problème de la main-d'œuvre dans l'industrie du bâtiment se pose aujourd'hui dans plusieurs pays autres que l'Angleterre, il sera intéressant de suivre le fonctionnement du système décrété et d'enregistrer éventuellement les résultats obtenus.

CONDITIONS DU TRAVAIL

Législation italienne relative à l'arbitrage et à la conciliation[1].

L'INTERVENTION directe de l'Etat dans les conflits collectifs d'un caractère économique et leur règlement au moyen d'organismes appropriés avaient déjà attiré l'attention générale avant la guerre, quoique la législation à cet égard fût demeurée à peu près nulle. Les institutions suivantes sont cependant intéressantes à mentionner.

1. *Conseils de prud'hommes.*

L'article 8 de la loi du 15 juin 1893 (n° 295) donne aux commissions de conciliation des conseils de prud'hommes (« Collegi dei Probiviri ») le pouvoir d'agir en qualité de médiatrices pour le règlement des conflits, y compris les conflits collectifs se rapportant à des accords devant être conclus. Malheureusement, cette institution a constitué un échec en pratique, tout au moins en ce qui concerne ses fonctions de conciliation et d'arbitrage. Les raisons de cet échec sont diverses. Beaucoup sont dues à l'organisation défectueuse de l'institution elle-même.

2. *Commission permanente en vue d'assurer le traitement équitable des travailleurs des services de transport en commun.*

Les parties adverses peuvent, dans un conflit collectif, demander à cette commission de faire œuvre de tribunal d'arbitrage. Ses pouvoirs sont identiques à ceux d'un arbitre ayant qualité pour effectuer un règlement amiable, à moins que les parties ne désirent qu'une sentence formelle soit prononcée (art. 9, loi du 14 juillet 1912, n° 835 et 1er paragraphe de la réglementation approuvée par décret royal du 2 janvier 1920).

---

[1] D'après une communication de l'Office du Travail du ministère du Travail italien.

3. *Commissions de conciliation dans les conflits relatifs aux contrats de travail dans les rizières.*

Les commissions sont compétentes pour juger des litiges individuels ou collectifs entre patrons et ouvriers, sous réserve que ces litiges aient trait à l'interprétation, à l'application ou à la mise en vigueur d'accords conclus ou d'usages habituellement reconnus (loi du 17 juillet 1910, n° 487). La juridiction de ces commissions est toutefois limitée à des litiges d'un caractère purement juridique, à l'exclusion des conflits économiques relatifs aux modifications apportées à des contrats en vigueur. Les commissions possèdent les mêmes pouvoirs que des arbitres ayant autorité pour effectuer un accord amiable, et leurs décisions ont la force d'une sentence arbitrale. Si l'une des parties refuse de soumettre le litige à la commission, le dit litige peut être porté devant les tribunaux ordinaires. Il s'agit donc là d'une procédure comparable à celle du compromis prévu par le Code de procédure civile.

La situation particulière créée par la guerre et surtout la nécessité de veiller à ce que les forces de résistance de la nation ne soient pas affaiblies par une interruption soudaine de la production ou par des désordres ouvriers, ont démontré clairement l'insuffisance de la législation en vigueur et forcé le gouvernement à intervenir d'une manière à la fois plus directe et plus efficace, afin d'empêcher ou de régler rapidement tous conflits pouvant surgir entre patrons et ouvriers.

Cette intervention parut d'ailleurs tout à fait nécessaire pour assurer le fonctionnement normal des industries particulières occupées à la fabrication des munitions et qui se trouvaient mobilisées et soumises à un système spécial d'inspection et de contrôle des autorités militaires.

En vertu de l'article 6 des règlements sur la mobilisation industrielle, approuvés par décret du Régent du 22 août 1915, n° 1277, les comités régionaux de mobilisation industrielle avaient le pouvoir de juger de tous conflits économiques à la fois individuels et collectifs entre patrons et ouvriers dans les établissements auxiliaires de munitions [2].

Ces comités devaient tout d'abord tenter de régler les conflits à l'amiable à l'aide d'une procédure très souple et en s'inspirant exclusivement des principes d'équité. En cas d'échec, le comité rendait une ordonnance provisoire contre laquelle un recours n'était possible que devant le comité central de mobilisation industrielle dont la décision était sans appel, à moins qu'elle ne fût annulée par le ministre de la guerre comme contraire aux lois et règlements en vigueur ou préjudiciable à l'ordre public.

---

[2] En vertu du décret du 13 octobre 1918, n° 1672, les conflits individuels furent de nouveau soumis à la juridiction des «Collegi dei Probiviri».

Grâce à leur organisation simple et décentralisée ainsi qu'aux dispositions prises pour que les deux parties y fussent représentées, grâce aussi à leurs relations constantes avec les travailleurs et les patrons, à la simplicité et à la rapidité de leur procédure, ces commissions de conciliation ont répondu admirablement au but en vue duquel elles avaient été créées et rendu des services très appréciables. Les comités régionaux de mobilisation sont intervenus constamment dans les relations entre patrons et ouvriers et ont pu prévenir ou résoudre de nombreux conflits. Leur œuvre de conciliation n'a pas peu contribué au fonctionnement normal des industries mobilisées.

Cependant, la prolongation de la guerre, en rendant de plus en plus impérieuse la nécessité d'empêcher tout désordre qui pût affaiblir la résistance du pays ou détruire son unité, obligea le gouvernement à promulguer une nouvelle législation en vue de prévenir ou de réger à l'amiable les conflits économiques dans les industries dont le fonctionnement était d'une importance primordiale pour la vie économique de la nation.

Les règlements en vigueur applicables aux conflits du travail dans les industries mobilisées furent complétés par le décret du 6 janvier 1918 (n° 46). créant, parallèlement aux comités régionaux de mobilisation de l'industrie, dont la juridiction s'étendait aux territoires de la zone de guerre, une *Commission de conciliation des litiges et des conflits collectifs entre patrons et ouvriers dans les établissements non mobilisés situés également dans la zone de guerre.*

Des commissions identiques furent, par décret du 20 janvier 1918, n° 103, rattachées aux comités régionaux de mobilisation pour agir en qualité de tribunaux de conciliation dans les litiges et conflits collectifs entre patrons et ouvriers, dans les établissements situés *hors de la zone de guerre* et non mobilisés, mais englobant des services d'utilité publique ou comprenant des industries jugées essentielles à la vie économique de la nation.

Ainsi que nous l'avons déjà mentionné, ces commissions — qui d'ailleurs fonctionnent toujours — ont le droit, sur la requête des autorités politiques. (préfets, ministre du Travail) ou de l'une des parties, d'inaugurer une procédure de conciliation dans tous conflits collectifs, qu'ils soient d'un caractère juridique se rapportant à des droits résultant des contrats déjà conclus, ou d'un caractère économique, ayant trait à l'amendement de contrats en vigueur ou à l'introduction de nouvelles conditions du travail.

Si le litige est réglé à l'amiable, la sentence arbitrale a la même force obligatoire qu'un accord entre parties; sinon la commission énonce sous forme de jugement ses conclusions quant aux conditions sur lesquelles elle estime que les parties devraient s'entendre. Appel de ce jugement peut être interjeté par chacune des parties et, en vertu de l'article 5 du décret du 18 mars 1919 (n° 468), la décision en seconde instance appartient au comité permanent du Conseil supérieur du Travail, aux lieu et place du Comité central de mobilisation qui a cessé de fonctionner.

L'importance de ces sentences ou de ces jugements a été encore renforcée par les dispositions de l'article 7 du décret du 20 janvier déjà mentionné, en vertu duquel l'administration d'un établissement industriel où un litige a surgi ne peut introduire des conditions de travail inférieures à celles déterminées par la sentence arbitrale rendue à l'amiable ou suggérées dans le jugement, et par lequel tous accords contraires à ces dispositions sont déclarés nuls et non avenus.

Des sanctions étaient même prévues contre les travailleurs qui ne se conformeraient pas à la sentence arbitrale ou qui n'accepteraient pas les conditions renfermées dans le jugement. Il était prévu en effet que ces travailleurs ne pourraient obtenir d'exemption du service militaire en donnant comme raison le caractère essentiel de leur travail, ni être employés dans les usines auxiliaires de munitions pendant une période de trois mois. Il faut remarquer toutefois que depuis la fin de la guerre ces sanctions ont perdu de leur efficacité.

Les deux décrets que nous venons d'analyser laissaient aux « Collegi dei Probiviri » le soin de trancher les litiges affectant des particuliers. D'autre part, les commissions instituées en vertu du décret du 20 janvier pouvaient être invitées par les deux parties à arbitrer les litiges et les conflits collectifs ayant surgi dans des établissements non visés par le décret. Dans ce cas, la sentence devait s'inspirer des dispositions du code civil.

Malgré l'abolition des comités de mobilisation industrielle, les commissions de conciliation que nous venons de décrire ont continué de fonctionner jusqu'à l'expiration d'un délai de six mois après la cessation de l'état de guerre. Leur composition a été modifiée par décret du 11 avril 1919, le président du comité régional de mobilisation ayant été remplacé par un juge nommé par le président du tribunal et les membres dudit comité à titre consultatif ayant été remplacés par des personnes nommées par le président du comité permanent du Travail.

Ainsi que nous l'avons déjà fait remarquer, ce Comité est compétent pour juger en appel des décisions des commissions de conciliation.

Ces commissions ont sans doute rendu des services très appréciables pendant la guerre en favorisant le règlement amiable des conflits du travail; tout comme dans le cas des comités de mobilisation, leur succès fut dû en grande partie à la simplicité et à la rapidité de leur procédure, ainsi qu'à la représentation égale des classes impliquées dans les conflits. Le fait que leurs attributions étaient limitées à la simple conciliation des conflits a certainement restreint leur juridiction et réduit leur importance pratique, mais, même dans ces limites modestes, les commissions de conciliation ont rendu des services appréciables et coopéré à assurer le fonctionnement normal de l'industrie pendant la guerre, prouvant ainsi la nécessité et l'opportunité de la création d'un mécanisme d'Etat capable de régler à l'amiable les conflits éventuels entre patrons et travailleurs.

La cessation de l'état de guerre et la disparition des raisons pour lesquelles ces commissions furent créées, de même que la grande force du mouvement syndical, ont diminué graduellement leur action.

*
* *

En dépit des dispositions que nous venons de décrire brièvement, la législation relative aux conflits du travail en vigueur en 1918 restait incomplète, car elle ne touchait pas aux problèmes de conciliation qui se posaient entre travailleurs et patrons dans les industries non mobilisées et non visées par les décrets du 6 et du 20 janvier 1918.

Le décret du 13 octobre 1918, n° 1672, combla cette lacune en autorisant les « Collegi dei Probiviri » à régler les conflits collectifs entre patrons et ouvriers, quelle que soit l'importance pécuniaire des intérêts engagés, sous réserve de certaines garanties et pour certains buts déterminés.

En ce qui concerne les règlements à l'amiable ou les jugements prononcés par le tribunal dans les cas où les litiges ou conflits ne pouvaient être réglés de cette manière, on suivit le système adopté dans les décrets du 6 et du 20 janvier 1918. Ces décrets continuèrent d'ailleurs à régir le règlement de tous les conflits auxquels ils s'appliquaient.

Le Comité permanent du Travail fut chargé de statuer en appel sur tous les jugements prononcés par les tribunaux de prud'hommes dans les cas où la procédure de conciliation échouerait.

Le décret ci-dessus renfermait également des dispositions applicables aux industries mobilisées et dont le but était d'alléger la tâche des comités de mobilisation industrielle en créant des organismes plus capables de se prononcer, avec toute la rapidité requise dans les litiges individuels; les litiges furent soumis en conséquence à la compétence exclusive des tribunaux de prud'hommes et l'on créa, partout où ces tribunaux n'existaient pas ou ne fonctionnaient pas, des commissions spéciales de conciliation rattachées aux comités régionaux de mobilisation industrielle, d'après des modalités identiques à celles prévues par les décrets du 6 et du 20 janvier 1918.

*
* *

Ainsi que nous l'avons dit au début de cet article, il n'y avait pas eu non plus avant la guerre d'intervention de l'Etat dans les conflits du travail relatifs à l'agriculture, sauf en quelques cas isolés; mais l'état d'esprit du pays et les conditions économiques anormales résultant de la guerre rendirent

plus évidente cette lacune dans la législation et amenèrent
le gouvernement à prendre des mesures analogues à celles appliquées à l'industrie.

Le décret du 6 mai 1917, n° 871, incorporant plusieurs
décrets antérieurs, y compris les décrets du 30 mai 1916,
n° 645, et du 2 novembre 1916, n° 1480, créa dans chaque
circonscription judiciaire une commission arbitrale présidée
par le magistrat de la région (Pretore) et composée de quatre
membres nommés par ce magistrat après entente avec les principales organisations, deux de ces représentants étant pris
parmi les propriétaires et deux parmi les ouvriers agricoles.

Ces commissions étaient non seulement compétentes pour
trancher les différends relatifs à la prolongation des contrats
agraires et ceux se rapportant à la fourniture de chevaux,
de bétail, etc., aux métayers, mais elles pouvaient aussi, à la
requête de l'une ou des deux parties, ou sur la demande du
préfet, intervenir dans les conflits relatifs aux contrats réglant
les salaires et les conditions de travail, ainsi que dans tout conflit
concernant l'agriculture.

Chaque partie avait le droit de se faire représenter devant
le tribunal par cinq personnes au plus, désignées par elle, ou,
à son défaut, d'office par le « Pretore ».

Le règlement à l'amiable avait la valeur d'un accord entre
parties ; lorsqu'un tel règlement n'intervenait pas, les parties
pouvaient autoriser la commission à trancher le différend
par une sentence arbitrale. La procédure devant cette commission était la même que devant les conseils de prud'hommes.

Le système ainsi adopté par le décret du 6 mai 1917 a
été considérablement modifié par celui du 14 septembre 1919,
n° 1726, qui a institué un comité spécial au sein de chaque
commission provinciale d'agriculture.

Ces comités, présidés par un juge du tribunal, comprennent
quatre personnes : deux propriétaires fonciers ou deux gros
fermiers, et deux ouvriers agricoles, nommés par leurs organisations respectives, ou, à défaut de représentants nommés
par celles-ci, de représentants nommés par la commission
provinciale d'agriculture. Ces comités peuvent intervenir
à la requête des parties intéressées ou du préfet, ou même spontanément, dans les conflits collectifs concernant le travail
agricole, en vue de leur règlement à l'amiable.

Si cette procédure réussit, le procès-verbal de conciliation a la force d'un accord entre les parties, sinon le comité
énonce sous forme d'un jugement son point de vue sur la
solution possible du litige.

Les commissions arbitrales de district, ainsi que les comités
rattachés aux commissions provinciales d'agriculture, se sont
réunis régulièrement et continuent d'ailleurs à fonctionner.
Ils ont aidé à résoudre de nombreux litiges à la satisfaction
des parties intéressées.

Les décrets ci-dessus sont certes loin de constituer une
solution parfaite du problème si complexe des conflits col-

lectifs dans l'agriculture. Ils représentent cependant, — dans les limites étroites qui leur sont imposées en tant qu'institutions créées davantage dans le but de prévenir que de régler des conflits, — une tentative assez remarquable et dont l'influence peut être considérable pour l'élaboration des mesures législatives plus pratiques et plus complètes, qui sont demandées dans de nombreux milieux et qui auraient pour objet la création de conseils de prud'hommes agricoles et, en général, l'arbitrage de tous litiges ou conflits pouvant s'élever dans l'agriculture.

*
* *

Le principe de l'intervention de l'Etat dans le règlement des conflits du travail a reçu pendant la guerre une application remarquable dans le décret du 14 mars 1918, n° 350, sur l'engagement et le placement de la main-d'œuvre dans les rizières des provinces de Novara et de Pavie pour l'année 1918. L'article 4 de ce décret prévoit que les litiges qui peuvent surgir entre les organisations patronales et ouvrières, au sujet des contrats réglant les conditions du travail dans les rizières, doivent être soumis à des commissions mixtes d'arbitrage composées d'un nombre égal de représentants des organisations patronales et ouvrières et présidées par le président du Comité permanent du Travail. Ces commissions ont le pouvoir d'arbitres jugeant à l'amiable et leurs décisions sont sans appel.

L'importance pratique de ces décisions résulte des articles 5 et 6 du décret. En vertu de l'article 5, tout contrat non conforme aux sentences arbitrales ou violant les stipulations des contrats collectifs de travail est déclaré nul et non avenu. En vertu de l'article 6, non seulement un tel contrat est nul et non avenu, mais une amende variant de 10 à 100 lires peut être infligée au chef d'exploitation agricole ou au travailleur coupable de contravention ; l'amende peut être retenue sur les salaires, suivant la manière indiquée par l'autorité judiciaire compétente, sans qu'aucune retenue ne puisse cependant dépasser le 25 % du salaire.

Quelque limité que soit le champ d'application du décret, il constitue une des premières tentatives sérieuses de régler les conflits collectifs du travail par l'intermédiaire d'organismes permanents auxquels on oblige les parties à soumettre les litiges.

*
* *

Deux autres groupes de dispositions méritent encore d'être mentionnés. Ce sont, d'une part, les mesures par lesquelles le gouvernement s'est efforcé, en augmentant la production agricole, d'améliorer les conditions économiques du pays et de faire face au déficit croissant des denrées alimentaires, plus particulièrement des céréales, et, d'autre part, les dispositions qu'il prit pour régulariser le grand mouvement qui se dessina aussitôt après la cessation des hostilités, en vue de faire occuper par les paysans les grandes propriétés privées.

Certes, il ne s'agit plus ici de conflits du travail, et cependant il paraît impossible de passer ces mesures sous silence car elles sont, de toute évidence, destinées à régler de graves conflits collectifs d'un caractère économique incontestable.

En vertu des décrets-lois des 22 avril 1920, nº 515, et 8 octobre 1920, nº 1465, le préfet est compétent pour se prononcer sur toute demande d'occupation temporaire des terres moyennant avis conforme d'une commission provinciale nommée par lui, présidée par le contrôleur des finances et comprenant le directeur des tournées de conférences agronomiques, un inspecteur du cadastre ou un ingénieur civil, deux propriétaires fonciers ou fermiers et deux ouvriers agricoles. Ces commissions, en se prononçant sur les demandes, déterminent également les indemnités dues aux propriétaires et les modalités de paiement, ainsi que la date de l'entrée en jouissance.

Les appels contre toute décision des préfets et les demandes d'occupation permanente des terres sont soumis au ministère de l'Agriculture, qui statuera sur avis conforme d'une commission centrale présidée par un conseiller d'Etat et composée de deux directeurs généraux, d'un directeur chef de division au ministère de l'Agriculture, d'un conseiller à la cour d'appel et de deux experts agronomes choisis parmi les fonctionnaires du ministère.

Une commission régionale spéciale, possédant les attributions de la commission centrale, a été créée en Sicile.

Ces dispositions montrent clairement que les attributions des préfets relativement à l'occupation et à l'allocation de terrains sont de nature essentiellement administrative, de même que celles exercées par les commissions provinciales et la commission centrale sont purement consultatives.

*
* *

En Italie, — tout comme ailleurs, — les conditions particulières créées par la guerre ont donc forcé le gouvernement à intervenir dans les conflits du travail et à tenter de les régler au moyen d'organismes spécialement créés à cet effet.

Alors qu'on avait toujours distingué entre différends juridiques et différends économiques, en donnant à l'Etat, dans le premier cas, des attributions juridictionnelles et dans le second de simples pouvoirs de police, l'expérience de ces dernières années a enlevé à cette distinction beaucoup de son importance, car elle a montré que le devoir de l'Etat est non seulement d'intervenir, mais d'exercer son pouvoir souverain chaque fois que des conflits mettent en péril l'intérêt public et la vie économique de la nation.

Tel fut le principe fondamental de la législation de guerre, bien que son application, il faut l'avouer, n'ait pas toujours été assurée par des mesures appropriées et soit même souvent restée incomprise des masses. Elle était, en effet, incorporée dans une réglementation exceptionnelle dont la forme arbitraire, tout en s'adaptant fort bien à cette période extraordinaire où les nécessités de la défense nationale autorisaient le gouvernement à s'inspirer des intérêts et des droits de la nation plutôt que de ceux des particuliers, ne pouvait guère assurer une paix sociale, basée sur une détermination et une représentation équitable des divers intérêts impliqués dans un conflit, suivant des méthodes prescrites législativement.

*
* *

Non seulement les organes de conciliation deviennent, aujourd'hui, de plus en plus nombreux, mais ils tendent à prendre la forme de véritables tribunaux du Travail.

Un bref aperçu de la législation déjà promulguée et des projets actuellement soumis à l'examen du Parlement permet d'apercevoir cette nouvelle tendance.

Le décret-loi du 9 février 1919, nº 112, concernant les contrats d'engagement dans les entreprises privées, a institué des commissions mixtes spéciales où les chefs d'entreprise et les ouvriers sont représentés en nombre égal. Ces commissions sont compétentes pour élaborer des contrats-types applicables dans chaque entreprise et pour intervenir dans les litiges individuels ou les conflits collectifs se rapportant notamment à l'observation des clauses d'un contrat relatives aux heures et aux conditions de travail.

En ce qui concerne les conflits collectifs, les attributions de ces commissions sont limitées à la simple tentative de conciliation. En cas de litige individuel, au contraire, elles peuvent juger sans appel lorsque l'objet du litige n'est pas supérieur à 300 lires. Lorsqu'il est supérieur à 300 lires, l'affaire est soumise à des tribunaux spéciaux d'arbitrage composés de cinq membres, dont deux nommés par le plaignant, deux par le défendeur et le cinquième d'un commun accord par les membres du tribunal — ou, si ceux-ci ne peuvent s'entendre, par le président du tribunal. Provisoirement, et aussi longtemps que la commission centrale et les commissions provinciales créées en vertu du décret du 1er mai 1916 continueront de fonctionner, ces dernières commissions exerceront les mêmes fonctions judiciaires que celles attribuées aux commissions mixtes.

L'importance de ces dernières commissions, en ce qui concerne les conflits collectifs, semble moins consister dans leurs attributions relatives au règlement à l'amiable que dans leur pouvoir de rédiger des contrats-types, lesquels, quoique n'étant pas obligatoires, peuvent cependant servir de guide aux parties pour conclure des contrats et empêcher ainsi certaines inégalités de traitement d'où résulteraient ultérieurement des désaccords et des conflits.

En pratique, la commission provinciale, et plus tard la commission mixte, ont toutes les deux rendu des services appréciables dans l'exercice de leurs fonctions en contribuant au règlement pacifique de nombreux conflits entre ouvriers et patrons.

* * *

Une autre tentative de solution du problème de l'intervention de l'Etat dans les conflits du travail digne d'être notée a été incorporée dans un projet soumis à la Chambre des députés le 3 février 1920, projet qui se rapporte aux représentations agraires et à l'arbitrage dans l'agriculture, et qui a été repris avec certaines modifications dans un nouveau projet de loi déposé par le ministre du Travail actuel.

Ce projet prévoit la création de chambres régionales d'agriculture dans les principaux centres agricoles dont les fonctions consisteront à étudier les problèmes sociaux et économiques se rattachant à l'agriculture, à favoriser l'amélioration des conditions d'existence des ouvriers agricoles et à veiller à l'observation des lois les concernant. Un comité régional d'arbitrage sera rattaché à chacune de ces chambres; il aura pour principale fonction de régler les litiges et les conflits collectifs se rapportant d'une manière quelconque aux contrats agraires et aux travaux agricoles.

Ce comité se composera de deux membres et de deux suppléants pour chacune des catégories suivantes :

a) grandes et moyennes propriétés;
b) grandes et moyennes métairies;
c) petites propriétés;
d) petites métairies;
e) domestiques de ferme;
f) ouvriers agricoles.

Ces représentants sont nommés par les membres du groupe correspondant de la chambre régionale, ou, à leur défaut, par le président de la chambre.

Les représentants nommés choisissent un président et un vice-président parmi les personnes ne faisant pas partie du comité. Au cas où ils ne parviennent pas à s'entendre, le président de la cour d'appel nomme le président et le vice-président.

Le comité se compose de deux membres de chacune des catégories intéressées à l'examen d'un litige. Au cas où plus de deux catégories seraient impliquées dans un conflit, les membres sont choisis par le président de telle manière que chacun des groupes d'intérêts concernés dans le conflit soit également représenté. Tout litige peut être soumis au comité à la requête d'une ou de plusieurs associations enregistrées et, si de telles associations n'existent pas, à la requête de la Chambre intéressée ou du préfet. Le président de l'association doit avoir été autorisé, pour agir, par une décision de l'assemblée prise à la majorité des voix des membres présents. Le président de la Chambre et le préfet doivent présenter, en même temps que leur demande, une liste des associations et des personnes qu'ils ont l'intention de convoquer. De plus, toute personne pouvant être affectée par le litige a le droit d'intervenir dans l'examen de l'affaire.

Le comité possède les pouvoirs les plus étendus en ce qui concerne les témoignages et il formule ses conclusions en toute équité et conscience. De fait, il peut, dans sa sentence, non seulement nommer les personnes auxquelles la sentence s'applique et indiquer la durée d'application de celle-ci, mais encore déterminer les sanctions nécessaires pour en assurer l'observation. Cette disposition mérite d'être mentionnée parce qu'elle constitue un premier pas vers la solution du problème si sérieux des sanctions capables de rendre efficaces les décisions prononcées par un organisme spécialement créé pour le règlement des conflits du travail.

Les litiges individuels ne sont pas de la compétence des comités d'arbitrage mais sont soumis aux commissions régionales ou interrégionales d'arbitrage qui ont été créées en vertu du décret du 6 mai 1917, n° 871, et que le nouveau projet de loi modifie de la manière la plus opportune. Ces commissions sont compétentes également pour décider de tout litige concernant la non-observation ou la violation des sentences prononcées par le comité régional d'arbitrage.

Telles sont, brièvement exposées, les grandes lignes du projet de loi sur l'arbitrage dans l'agriculture.

*
* *

Un autre projet de loi, déposé devant la Chambre des députés le 10 novembre 1920 par le ministre du Travail et tendant à instituer un Conseil national du Travail, renferme également certaines clauses très intéressantes relativement à l'arbitrage.

L'article premier du projet dispose que le Conseil agira en qualité d'arbitre dans les conflits économiques, à la requête des parties.

Le Conseil nommera à cette fin, au cours de sa première session, une commission de conciliation et d'arbitrage, composée de 12 membres, dont 6 seront choisis parmi les représentants des patrons et 6 parmi les représentants des travailleurs, le président du Conseil national faisant fonction de président de la commission d'arbitrage.

La Commission ou un comité élu par elle peut intervenir, sur la demande du ministre du Travail ou des parties, en vue du règlement à l'amiable des conflits entre patrons et travailleurs, englobant des catégories entières d'industries ou affectant de nombreuses localités ou un très grand nombre d'ouvriers.

Si la conciliation échoue, le ministre du Travail, d'accord avec les parties, peut soumettre le litige à l'arbitrage d'un tribunal spécial constitué, chaque fois qu'il est nécessaire, par les parties elles-mêmes, ou, si celles-ci ne parviennent pas à s'entendre, par le ministre du Travail. Les membres de ce tribunal doivent être choisis dans la commission et comprendre un nombre égal de représentants patronaux et ouvriers. Le président est nommé par les membres mêmes du tribunal, ou, à leur défaut, par le ministre du Travail. La procédure de la commission et des tribunaux d'arbitrage sera fixée par des règlements qui seront publiés ultérieurement.

Les organes ordinaires de conciliation ne paraissent pas encore être adaptés aux conflits économiques visés dans le projet de loi et il est impossible de les soumettre à la même procédure que les conflits limités à une région ou à une catégorie particulière de travailleurs.

* *

L'exposé qui précède permet de mesurer l'importance des progrès qui ont été réalisés au cours des dernières années, sous l'impulsion des conditions résultant de la guerre, vers la création d'organismes de conciliation et d'arbitrage dans les conflits économiques collectifs.

En outre, les attributions que l'Etat est appelé à exercer à cet égard prennent un sens de plus en plus pratique ; elles sont aussi de mieux en mieux définies et les instruments nécessaires à l'exercice de ces fonctions atteignent graduellement une plus grande perfection.

Cependant, une remarque s'impose. Si les mesures déjà prises et celles qui sont sur le point de l'être représentent incontestablement, à de nombreux points de vue, un effort remarquable et même louable de solution du vaste problème de l'intervention de l'Etat dans les conflits du travail, elles ne constituent pas néanmoins une solution intégrale et parfaite du problème. Le législateur l'a d'ailleurs très bien compris puisque les lois les plus importantes à cet égard, par exemple celle se rapportant aux employés des entreprises privées, à la représentation agraire et à l'arbitrage dans l'agriculture dont nous avons parlé ci-dessus, stipulent explicitement que les organismes créés en vertu desdites lois ne continueront de fonctionner que jusqu'au jour où un système de tribunaux de prud'hommes aura été appliqué non seulement à l'industrie, mais au commerce et à l'agriculture.

Cela revient à dire que le législateur a l'intention de réformer le système des prud'hommes de manière à permettre à ceux-ci d'intervenir d'une manière efficace dans tous litiges et conflits.

Le Conseil supérieur du Travail a assumé cette tâche et il étudie actuellement le problème complexe des tribunaux de prud'hommes en Italie. Il soumettra prochainement au ministre du Travail un projet résumant les principes fondamentaux de la réforme.

ASSURANCES SOCIALES

La loi sur les retraites ouvrières et paysannes en France[1].

L A loi du 5 avril 1910 sur les retraites ouvrières et pay--
sannes fut promulguée en France après une lutte
de plusieurs années. Depuis son entrée en vigueur
(3 juillet 1911) elle a subi plusieurs modifications, apportées
notamment par les lois des 27 février 1912, 27 décembre 1912,
17 août 1915 et 20 décembre 1918. Le *Journal officiel* du 14
février 1921 a publié un rapport sur l'application de cette
loi en 1917 et 1918. D'autre part, un projet relatif aux assurances sociales a été déposé le 22 mars devant la Chambre
des députés. Ce projet vise en premier lieu l'assurance-maladie
et invalidité et tend à réformer l'assurance-vieillesse en
englobant la loi du 5 avril 1910 dans la nouvelle organisation.

Le dernier rapport sur les dispositions législatives concernant
les retraites ouvrières et paysannes offre donc un intérêt
spécial. Il nous donne l'occasion de faire l'historique de cette
loi, exposée à de nombreuses difficultés.

L'ASSURANCE OBLIGATOIRE.

Voici un bref exposé du système :

La loi se divise en deux parties : l'assurance obligatoire
et l'assurance facultative.

A l'assurance obligatoire sont assujettis tous les salariés
des deux sexes occupés dans l'industrie, le commerce, l'agriculture, ou exerçant des professions libérales. Elle s'étend
également aux travailleurs à domicile, aux salariés ayant
une activité intermittente, de même qu'aux serviteurs à gages.

---

[1] Sources : *a) Journal officiel*, 14 février 1921. Annexe : « Rapport
sur l'application pendant les années 1917-1918 de la loi des retraites
ouvrières et paysannes », pages 125-148. Ce rapport résume les résultats
obtenus par la loi du 5 avril 1910 et par la législation subséquente
depuis 1911 ; *b)* les rapports annuels publiés sous le titre : « Rapports sur
l'application de la loi des retraites ouvrières et paysannes » 1911,
1912, etc. Paris, Imprimerie nationale.

Bien que son application soit des plus larges, la loi ne vise pas les salariés de l'Etat, pour autant qu'ils sont soumis au régime des pensions civiles et militaires, ou à celui d'autres institutions de prévoyance. Il en est de même pour le personnel des chemins de fer, des mines, pour les inscrits maritimes, les employés des départements et de la plupart des communes.

A l'origine, les travailleurs dont la rémunération annuelle dépassait 3.000 francs n'étaient pas compris dans l'assurance obligatoire. La revision du 20 décembre 1918 a porté cette limite à 5.000 francs pour l'assurance obligatoire et à 6.000 francs pour l'assurance facultative.

Le système adopté pour l'exécution de la loi est conçu sur le principe de la triple collaboration de l'assuré, de l'Etat et de l'employeur.

Chaque assuré doit effectuer un versement annuel de 9 fr. pour les hommes, 6 fr. pour les femmes et 4 fr. 50 pour les mineurs âgés de moins de 18 ans. L'employeur est tenu de verser une contribution égale à celle des assurés qu'il occupe. La part à la charge de l'assuré est prélevée sur son salaire par celui qui l'occupe, et ce dernier, au moyen de « timbres-retraite », appose sur la « carte-contrôle » la valeur du versement, ainsi que celle de sa contribution. Les « cartes de contrôle » sont échangées chaque année et les comptes individuels ouverts aux assurés sont crédités du montant des versements constatés. Les sommes inscrites aux comptes individuels sont capitalisées et constituent ainsi les « réserves mathématiques » relatives aux pensions.

En règle générale, les retraites sont constituées à capital aliéné. Toutefois, sur la demande des intéressés majeurs, elles peuvent être faites à capital réservé jusqu'à concurrence d'un montant équivalent à la « valeur mathématique » des sommes payées par les bénéficiaires.

Au moment de son entrée en vigueur, la loi fixait l'âge normal de la retraite à 65 ans. Contrairement au principe admis par la plupart des législations, elle n'accordait pas d'allocation fixe aux personnes qui, à cette époque, avaient déjà atteint la limite d'âge. En revanche, elle étendait aux intéressés âgés de 65 à 70 ans, dans la mesure où ils en avaient besoin et où ils appartenaient aux catégories visées par l'assurance obligatoire ou facultative, le bénéfice de la loi du 14 juillet 1905 sur l'assurance aux vieillards, aux infirmes et aux incurables. Dans ce dernier cas, ces vieillards ne recevaient que la moitié de l'allocation payée par l'Etat, et cela jusqu'à concurrence de 100 francs. La modification du 27 février 1912 portant l'âge de la retraite à 60 ans a pris effet dès le 1er août suivant. L'assuré ayant atteint cet âge et rempli ses obligations peut donc obtenir le paiement de la rente constituée tant par ses propres moyens que par les contributions patronales. Le montant de la pension annuelle est majoré d'une somme de 100 francs, représentant l'allocation de l'Etat. Si au moment de la liquidation de la retraite l'assuré a élevé au moins trois enfants jusqu'à l'âge de 16 ans, elle est augmentée d'un dixième.

Le bénéfice de cette allocation n'est accordé qu'à la condition que l'assuré puisse justifier d'au moins 30 versements annuels de 15 fr. pour les hommes, 10 fr. pour les femmes et 7 fr. 50 pour les années d'assurance au-dessous de 18 ans.

Si le nombre des versements annuels est inférieur à 30 et supérieur à 15, l'Etat paye une allocation viagère de 3 fr. 33 pour chaque année de versement.

Les assurés qui avaient trente ans ou plus au moment de la mise en vigueur de la loi et qui, depuis trois ans, étaient salariés, ont droit à l'allocation viagère de cent francs payée par l'Etat, à condition qu'ils versent régulièrement leur cotisation annuelle de 15 (10) francs.

Pour les hommes, chaque année de service obligatoire, et, pour les femmes, chaque naissance d'enfant, comptent pour une année dans la détermination du montant de l'allocation viagère.

Les assurés qui ne sont pas visés par la loi du 9 avril 1898 sur l'assurance-accidents et qui sont atteints de blessures graves ou d'infirmités prématurées entraînant une incapacité absolue et permanente de travail, ont droit à la liquidation anticipée de leur retraite. La bonification de l'Etat et le montant de la retraite sont fixés dans ce cas selon des règles spéciales. La bonification ne peut pas excéder cent francs et la rente cumulée avec cette somme ne peut pas dépasser 360 francs.

En outre, la loi accorde aux assurés qui ont atteint 55 ans le droit à la liquidation anticipée. Dans ce cas, l'allocation viagère de l'Etat est réduite. Les assurés de la période transitoire n'ont droit à cette liquidation anticipée que si, pendant les cinq années précédant la liquidation, ils peuvent justifier de leur qualité de salariés et de leurs versements réguliers de 15 (10) francs.

D'autre part, la liquidation peut être ajournée de l'âge de 60 ans à celui de 65 ans. Dans cette circonstance, l'assuré reçoit chaque année l'allocation de l'Etat. Il a la faculté de la faire verser dans une des caisses autorisées à pratiquer l'assurance.

Les survivants d'un assuré décédé qui a effectué ses versements régulièrement, et dont le versement moyen a atteint au moins 9 fr., 6 fr. ou 4 fr. 50 (hommes, femmes ou mineurs) reçoivent les indemnités suivantes :

a) pour les enfants agés de moins de 16 ans :
50 francs par mois pendant six mois, s'ils sont trois ou plus ;
50 francs par mois pendant cinq mois, s'ils sont deux ;
50 francs par mois pendant quatre mois, s'il n'y a qu'un seul enfant.

b) pour la veuve sans enfants de moins de 16 ans :
50 francs par mois pendant trois mois.

LES ORGANES DE L'ASSURANCE.

La Caisse nationale de retraites pour la vieillesse est chargée de l'administration de l'assurance. Elle a constitué à cet effet un service spécial.

Cependant le législateur a voulu faciliter l'exécution de la loi en s'assurant la collaboration des intéressés. C'est pourquoi il a désigné une série de caisses créées par l'initiative privée. Ces institutions ont été et peuvent être autorisées. à assurer directement les pensions prévues par la loi. Ce sont :

    les sociétés ou unions de sociétés de secours mutuels,
    les caisses patronales,
    les caisses de syndicats de garantie patronaux,
    les caisses de syndicats ouvriers.

En outre, la loi prévoit la création de caisses départementales ou régionales administrées par des comités de direction composés, dans la même proportion, de représentants du gouvernement, des assurés et des employeurs. Toutes ces caisses sont soumises à un contrôle actif. Les tarifs sont calculés d'après les tables et dans des conditions déterminées par le gouvernement. Leur gestion financière est confiée à la Caisse des dépôts et consignations, qui effectue gratuitement le placement de leurs fonds.

Ces institutions effectuent le service des pensions et reçoivent les allocations de l'Etat.

Pour l'encaissement des cotisations, deux règles peuvent être appliquées. Les sociétés de secours mutuels, après en avoir obtenu l'autorisation des ministères du Travail et des Finances, ont le droit d'encaisser les versements de leurs adhérents si ceux-ci en font la demande.

Depuis 1916 elles peuvent également percevoir la contribution patronale. Ces encaissements sont faits pour le compte des établissements assureurs. Les sociétés de secours mutuels reçoivent une allocation de 5 % des cotisations ouvrières et de 1 % des contributions patronales pour faire face à leurs frais d'administration, de même qu'une indemnité d'un franc par compte individuel lorsqu'elles en assurent la gestion.

Enfin, ces organes sont admis à effectuer l'assurance obligatoire de leurs adhérents. A cet effet, ils reçoivent de l'Etat une allocation de 1,50 fr. (0,75 fr. pour les mineurs de moins de 18 ans) qui doit être affectée au dégrèvement de la cotisation de l'assuré pour l'assurance en cas de maladie, à condition que cette cotisation ne soit pas inférieure à 6 francs (3 francs pour un mineur). Pour obtenir l'autorisation d'étendre leur activité à l'assurance obligatoire, les sociétés de secours mutuels doivent présenter une requête signée par deux mille sociétaires au moins demandant l'établissement de leur compte individuel par la société.

L'ASSURANCE FACULTATIVE.

Si l'assurance obligatoire s'étend, à l'exception de quelques groupes, sur toutes les personnnes salariées, l'assurance facultative est plus spécialement destinée à attirer au régime de la loi les groupes qui, au point de vue économique, jouissent d'une existence indépendante, mais dont les conditions de vie ne sont pas différentes de celles des ouvriers. La faculté d'adhérer au régime de la loi est donc accordée : *a*) aux fermiers, *b*) aux métayers, *c*) aux cultivateurs, *d*) aux artisans, *e*) aux petits patrons qui habituellement travaillent seuls ou avec un ouvrier ou avec les membres de leur famille (salariés ou non) habitant avec eux.

En outre, les groupes suivants sont admis à l'assurance facultative : *f*) les salariés dont le salaire annuel est supérieur à 5.000 francs et ne dépasse pas 6.000 francs; *g*) les membres de la famille des assurés obligatoires ou facultatifs travaillant et habitant avec eux : *h*) les femmes non salariées des assurés obligatoires ou facultatifs ; *i*) les veuves non salariées qui, au moment du décès de leur mari, étaient assurées : *j*) les femmes et veuves non salariées dont le mari, appartenant aux groupes *a*) — *f*) n'était pas assuré ; *k*) les femmes et veuves non salariées dont le mari est ou était retraité ; *l*) les femmes ou veuves des agents, employés ou ouvriers de l'Etat, des départements, etc., lorsque l'ensemble des salaires et pensions du conjoint n'excédaient pas 5.000 francs.

La loi s'efforce d'accorder aux assurés facultatifs, dans la mesure du possible, les mêmes droits que ceux dont jouissent les assurés obligatoires. Comme ces derniers, ils peuvent choisir entre les caisses autorisées à pratiquer l'assurance, et, s'ils adhèrent à une société de secours mutuels, l'Etat paie pour eux l'allocation de 1,50 fr. destinée au dégrèvement de leurs cotisations relatives à l'assurance en cas de maladie. Comme les assurés obligatoires, ils peuvent ajourner la liquidation de la retraite à l'âge de 65 ans, etc. Les versements annuels sont, pour les métayers, d'au moins 6 fr. Ils comportent le versement d'une somme égale par les propriétaires, et cela jusqu'à concurrence d'un maximum de 9 fr. Pour les autres groupes, le versement annuel est au minimum de 9 fr. et au maximum de 18 fr. L'Etat alloue annuellement une majoration égale à la moitié des versements.

Pour chaque année de service militaire effectuée par les assurés l'Etat paie une allocation supplémentaire correspondant à un versement de 9 fr. à capital aliéné.

Il en est de même en ce qui concerne les femmes assurées et lors de la naissance de chaque enfant.

La rente viagère résultant à soixante ans des majorations ne peut dépasser cent francs. Elle sera augmentée d'un dixième pour l'assuré ou l'assurée ayant élevé au moins trois enfants jusqu'à l'âge de 16 ans. Pendant la période transitoire les droits et les obligations des assurés restent soumis aux dispositions suivantes :

Les fermiers dont le loyer dépasse 600 francs, les cultivateurs, les artisans et les petits patrons qui, âgés au 3 juillet 1911 de plus de 35 ans, ont commencé leurs versements à partir de cette époque et qui faisaient partie depuis au moins trois ans de ces catégories, bénéficient, en sus de la majoration de la moitié de leurs versements, d'une bonification égale à la rente qu'eût produite un versement annuel de 12 fr. depuis l'âge de 35 ans jusqu'à l'âge qu'ils avaient le 4 juillet 1911.

Les métayers et les fermiers dont le fermage total ne dépasse pas 600 francs qui ont effectué dans les mêmes conditions des versements annuels de 9 fr. (femmes : 6 fr.) bénéficient de l'allocation et des bonifications accordées aux assurés obligatoires [2].

L'APPLICATION DE LA LOI.

La loi mise en vigueur le 3 juillet 1911 fut, dès le début, l'objet d'importantes modifications qui donnèrent lieu à une fluctuation anormale du nombre des assurés.

Son développement fut brusquement interrompu par l'ouverture des hostilités. Alors que l'invasion militaire enrayait totalement l'application de la loi dans plusieurs départements, la mobilisation portait la perturbation non seulement dans la masse des assurés, mais aussi dans les préfectures et les mairies, qui étaient, et sont encore, les précieux auxiliaires de la direction des retraites. Enfin, l'application de la loi fut affectée par des dispositions légalatives prises en faveur des assurés mobilisés et par des mesures administratives destinées à donner à la loi le champ d'activité le plus étendu. Il y aura lieu d'insister plus particulièrement sur tous ces points. Les organes chargés de l'administration sont en premier lieu les commissions spéciales, composées, dans chaque commune, du maire, d'un employeur et d'un salarié désignés par le Conseil communal. Ces commissions qui fonctionnent sous les auspices de la mairie, sont chargées de dresser la liste des assurés obligatoires et facultatifs.

Elles sont tenues d'inscrire sur la liste des assurés obligatoires tous les habitants de la commune visés par la loi et de porter sur celle des assurés facultatifs tous ceux qui le réclament de droit. Les préfets doivent contrôler le travail des

---

[2] Allocation viagère de cent francs si le nombre des années de versements est égal au nombre des années écoulées depuis la mise en vigueur de la loi. Lorsque le nombre des versements est inférieur, l'allocation est réduite proportionnellement. Bonification d'un dixième pour l'éducation de trois enfants.

Pour les assurés de la catégorie b) il est fixé une période préparatoire de 5 années s'ils se sont assurés après l'âge de trente ans.

commissions municipales et arrêter les listes. Les réclamations sont portées devant le juge de paix selon la règle du droit commun, à laquelle sont soumis d'ailleurs tous les différends qui dérivent de l'application de la loi.

Le 3 juillet 1911 le nombre total des assurés s'élevait à 5.876.695, dont 5.633.630 assurés obligatoires et 243.065 assurés facultatifs. Ce nombre s'est accru jusqu'à la fin du premier trimestre de 1913; le 1er avril de la même année on comptait 7.084.111 assurés obligatoires et 802.112 assurés facultatifs.

On s'explique facilement les difficultés du début; au moment même de l'entrée en vigueur de la loi les listes dressées par les communes ne mentionnaient pas toutes les personnes visées.

Il résulta de la révision et de la mise au point des listes une augmentation considérable du nombre des assurés. Une nouvelle augmentation du nombre des bénéficiaires provenait du décret du 27 février 1912, lequel permettait aux personnes visées par la loi, mais dont l'inscription n'avait pas eu lieu, d'y adhérer avant le 1er janvier 1913. En outre, les améliorations apportées à l'administration et surtout à la pratique même de la loi, faisaient affluer les inscriptions nouvelles.

Le premier rapport officiel sur les années 1911-1912 parle des méfiances qu'avaient fait naître dans l'esprit de certains assurés des campagnes hostiles; cependant, il constate en même temps, que la liquidation des premières allocations a dissipé les préjugés et causé un nouveau mouvement d'adhésion à la loi [3].

Jusqu'ici nous n'avons cité que des causes normales de l'accroissement du nombre des assurés inscrits. La loi du 27 février 1912, réduisant l'âge normal de la retraite de 65 ans à 60 ans, fut une des principales raisons de l'augmentation constatée dans le recrutement des assurés facultatifs. Ce fut, pour un nombre considérable de fermiers, métayers, petits patrons, etc., la raison qui motiva leur adhésion à l'assurance. L'accroissement normal du nombre des assurés facultatifs devint alors, pendant les années 1911-1912, bien plus rapide que celui des assurés obligatoires. Pendant cette période, le nombre des inscriptions des personnes soumises à la loi des retraites n'augmenta que dans une proportion de 5 à 6, alors que la progression du premier groupe était de 2,5 à 8.

Toutefois, il faut se garder de trop généraliser, car, dans certaines régions, les autorités devaient opposer de la résistance à une trop grande affluence d'inscriptions, non seulement en ce qui concerne les assurés facultatifs, mais également les assurés obligatoires. A plusieurs reprises, dit le rapport, l'administration a dû se préoccuper de véritables abus qui se produisaient dans certains arrondissements, grâce à la facilité avec

---

[3] *Rapport sur l'application de la loi sur les retraites ouvrières et paysannes.* Paris, Imprimerie nationale, 1913, page 9.

laquelle des certificats étaient délivrés aux intéressés par des employeurs souvent trop complaisants.

Voici, à simple titre de curiosité, un des cas qui s'est produit assez fréquemment : les personnes désireuses, en raison de leur âge, de bénéficier de l'assurance obligatoire, se faisaient délivrer des certificats déclarant qu'elles étaient salariées par leurs enfants, alors qu'en réalité il ne s'agissait que d'obligations alimentaires. Si cette constatation se rapporte aux assurés obligatoires, nous voulons citer d'autre part le fait suivant qui concerne les assurés facultatifs [4]. Un arrêt de la Cour de cassation du 13 novembre 1912 refusait la qualité de fermier à un ministre du culte qui tirait ses principaux moyens d'existence du ministère sacerdotal et dont les travaux agricoles ne s'appliquaient qu'à une entreprise d'agrément et d'hygiène [5].

Il existe donc, dans ces premières années, deux tendances opposées qui ont influencé l'application de la loi : d'une part, le rapport parle de campagnes hostiles à la loi, faisant ainsi allusion à la résistance qu'une partie du mouvement ouvrier, après avoir combattu en vain l'adoption de la loi, a opposé à son application; d'autre part, se manifeste chez les personnes d'un certain âge, le désir de bénéficier des avantages découlant de l'allocation de l'Etat. Le résultat de cette dernière tendance s'est fait sentir dans la répartition de l'âge moyen des assurés ayant versé leurs contributions. Si l'on tient compte du fait que les assurés de 50 à 65 ans représentent le 46 % de l'ensemble des bénéficiaires, on ne peut que constater que cette répartition est loin de correspondre aux proportions normales. La statistique fournie par les caisses d'assurance ne fait pas de distinction entre assurés obligatoires et assurés facultatifs, mais dans l'un des services locaux où l'on a procédé à une enquête au cours de l'année 1912 on a pu constater que le nombre des assurés obligatoires âgés de 60 à 65 ans [6] représentait, par rapport au nombre total des assurés de cette catégorie une proportion de 5,47 %. Par contre, le nombre des assurés facultatifs âgés de plus de 60 ans était, par rapport au nombre des inscrits, de 34,41 % [7].

Il est permis de supposer que presque tous les salariés âgés de 60 à 65 ans ont demandé leur inscription sur les listes. En ce qui concerne la disproportion entre le nombre des assurés facultatifs et celui des assurés obligatoires au-dessus de 60 ans. il n'y a qu'une seule conclusion plausible, à savoir que, dans tous les grouppements admis à l'assurance facultative et à même d'attendre de la loi des résultats immédiats, la plupart

---

[4] *Rapport*, 1913, page 18.
[5] *Rapport*, 1913, page 21.
[6] La loi du 27 février 1912 réduisant l'âge normal de la retraite de 65 à 60 ans est entrée en vigueur le 1er août 1912.
[7] *Rapport* 1913, page 40.

d'entre eux ont demandé leur inscription, tandis que les plus jeunes se sont abstenus de recourir à l'assurance.

Le rapport sur l'année 1914 constate que les inscriptions sur les listes ne se sont pas également réparties sur les divers âges d'assurés, en raison du fait qu'elles comprenaient surtout des personnes âgées et notamment la presque totalité de celles appelées à obtenir à bref délai la liquidation de leur pension. Le rapport sur 1917 et 1918 dit encore que la grande majorité des assurés cotisants appartient aux éléments âgés de la population [8].

Les liquidations demandées pendant les premières années se répartissent comme suit :

TABLEAU I

Années	Assurés obligatoires	Assurés facultatifs sans les métayers et petits fermiers	Petits fermiers et métayers
1912	145.097	39.749	1.246
1913	464.251	224.516	17.947
Totaux	609.348	264.265	19.193

Comparons avec ces chiffres le nombre des assurés inscrits dans ces deux catégories. Le 1er avril 1913 on comptait, en chiffres ronds, 7 millions d'assurés obligatoires et 800.000 assurés facultatifs. Il résulte donc de cette comparaison que la proportion entre les assurés obligatoires et les assurés facultatifs était de 9 à 1, alors que, pour les demandes de liquidation, cette proportion se trouvait réduite de 2 à 1.

INSUFFISANCE DE LA LOI

Depuis le premier trimestre de 1913 le nombre des deux catégories d'assurés décroissait lentement. Le 1er avril 1913 on comptait encore un total d'inscrits de 7.886.223. Ce chiffre tombait, en décembre 1913, à 7.710.380 et la diminution continuait encore en 1914, au moment où le conflit européen éclatait. On pourrait attribuer ce résultat à des causes normales, car l'affluence d'inscriptions due à la réduction de l'âge de retraite de 65 à 60 ans et à la concession accordée aux personnes en défaut de demander leur inscription jusqu'au 31 décembre 1912 avait fini par se faire lourdement sentir. Toutefois, il convient de prendre en considération un facteur qui a exercé sur l'application de la loi une influence néfaste. Jusqu'ici nous n'avons donné que le nombre des assurés portés sur les listes officielles. Nous devons maintenant examiner de quelle façon ces assurés ont rempli les obligations qui leur étaient imposées par la loi. C'est en comparant le chiffre des

---

[8] *Journal officiel*, 14 février 1921. Annexe, page 148.

inscriptions à la somme obtenue par la vente des timbres que l'on peut tirer une conclusion.

Avant de poursuivre cet exposé, un bref résumé de la loi s'impose. L'ouvrier détient la carte de contrôle sur laquelle sont apposés les timbres-retraite. Au moment de toucher son salaire il doit remettre la carte à son patron pour que ce dernier applique les timbres, en prélevant sur la rétribution de l'ouvrier le montant de sa cotisation. L'employeur peut être autorisé par le préfet à n'apposer les timbres qu'une fois par trimestre, mais cette disposition ne change en rien le principe admis. La loi menace d'une amende aussi bien l'assuré que l'employeur par la faute desquels l'apposition des timbres n'a pas eu lieu; cette amende est égale aux versements omis, sans préjudice de la condamnation au paiement de la somme restée à la charge du coupable. Si l'ouvrier ne se conforme pas aux dispositions de la loi, l'employeur qui a été dans l'impossibilité d'apposer les timbres peut se libérer de sa participation en en versant le montant, à la fin de chaque mois, au greffe de la justice de paix ou à la caisse à laquelle l'assuré est affilié.

Ces dispositions n'ont cependant pas suffi pour assurer l'application intégrale de la loi. En 1913, pour 7.800.000 assurés régulièrement inscrits, le produit de la vente des timbres ne s'est élevé qu'à 45 ½ millions de francs. Or, la cotisation annuelle moyenne par assuré est évaluée par les actuaires à 15 francs et il faut constater que si les versements des cotisations ouvrières et des contributions patronales avaient eu lieu régulièrement, la vente des timbres aurait dû produire, en 1913, non pas 45 millions et demi, mais bien 117 millions de francs. Ces chiffres laissent supposer une application très incomplète de la loi et cette conclusion est encore confirmée par le fait que, pendant cette année, un nombre considérable d'assurés de 60 à 65 ans ont dû déposer leurs cartes, munies de timbres, à l'appui de leur demande de liquidation.

Si le produit de la vente des timbres donne une indication assez exacte des difficultés auxquelles la législation sur les assurances de retraite s'est heurtée, un autre facteur confirme notre conclusion. Chaque année, l'assuré doit apporter sa carte à la mairie du lieu où il réside, aux fins de faire constater la valeur de ses versements, justifiée par les timbres. La carte usagée est renvoyée à la caisse à laquelle l'intéressé est affilié et ce dernier reçoit alors une nouvelle carte.

Le nombre des cartes annuelles échangées reflète donc assez fidèlement la mesure dans laquelle les obligations de l'assurance sont exécutées. Pour l'exercice de 1913 le nombre des cartes annuelles reçues par les caisses d'assurance s'est élevé à 3.437.384, soit 2.700.646 pour les assurés obligatoires et 736.738 pour les assurés facultatifs.

Ces chiffres montrent que, sur une totalité d'environ 7 millions de personnes soumises à l'assurance obligatoire, 2.700.000 seulement s'étaient conformées aux obligations légales.

Au moment où le décret d'application de la loi atteignait le résultat le plus favorable, le nombre des assurés obligatoires qui s'y conformaient était de 40 %. Nous devons ajouter que l'impression qui se dégage de cette comparaison est plutôt favorable, car, pour l'établissement de ce pourcentage, il n'est pas tenu compte du nombre des cartes qui, tout en étant échangées, n'étaient pas munies de timbres ou en étaient insuffisamment munies.

Pour confirmer ces observations il nous semble nécessaire de donner un résumé des statistiques relatives à l'application de la loi depuis son entrée en vigueur jusqu'à la fin de l'année 1918. Le tableau suivant est composé des données statistiques publiées dans le rapport sur les années 1917 et 1918.

TABLEAU II.

Années	Assurés inscrits.			Cartes échangées.			Pourcentage du total des cartes par rapport au nombre des inscrits
	Obligatoires	Facultatifs	Total	Obligatoires	Facultatifs	Total	
1912	7.077.350	776.782	7.854.132	1.964.506	316.667	2.281.173	29,—
1913	7.013.459	690.921	7.710.380	2.700.646	736.738	3.437.384	44,58
1914	6.127.821	594.511	6.722.332	1.597.772	400.892	1.998.664	29,57
1915 [1]	6.074.573	546.245	6.620.818	1.139.885	310.798	1.450.683	21 91
1916 [2]	6.567.992	510.734	7.078.726	1.184.433	288.936	1.473.369	20,81
1917 [2]	6.887.499	477.283	7.364.782	1.393.789	240.433	1.634.222	22,19
1918 [2]	7.655.807	463.222	8.118.529	1.446.343	201.405	1.647.748	20,29

[1] Moins les départements de l'Aisne des Ardennes et du Nord.
[2] Moins les départements de l'Aisne et des Ardennes.

Le produit de la vente des timbres donne les chiffres suivants :

TABLEAU III.

Années	Produit de la vente des timbres, en francs	Correspondant à un effectif d'assurés d'environ
1911 (3me et 4me trimestres)	12.554.552,73	1.674.000
1912	43.957.201,24	2.980.000
1913	45.525.540,43	3.035.000
1914	27.279.576,15	2.535.000 : 1er semestre 1.105.000 : 2me semestre
1915	19.192.411,36	1.280.000
1916	23.892.733,62	1.592.000
1917	26.185.248,84	1.745.000
1918	24.325.548,02	1.622.000

Ni l'un ni l'autre de ces tableaux ne donne une impression absolument exacte de l'application de la loi. Nous avons déjà remarqué que de l'échange des cartes ne découle nullement la preuve que les obligations ont été acquittées. D'autre part, si le produit de la vente des timbres est divisé par 15, on ne trouve qu'un chiffre approximatif du nombre des assurés. Cependant, cet écart n'a pas une importance telle qu'il enlève toute valeur à la statistique.

Les rapports nous permettent d'analyser les chiffres globaux en ce qui concerne les résultats dans les différentes régions du pays. Nous ne parlerons pas des départements de l'Aisne, des Ardennes et du Nord, où l'assurance fut suspendue pendant presque toute la période de guerre. Les rapports donnent d'ailleurs les statistiques suivantes sur le nombre des cartes échangées dans les départements envahis en totalité ou en partie.

TABLEAU IV.

	1913	1914	1915	1916	1917	1918
Pas-de-Calais . .	65.352	31.022	12.177	16.545	18.281	16.548
Somme	68.158	44.910	30.548	26.000	26.528	18.901
Oise	53.101	24.511	17.958	20.764	23.734	15.825
Marne	60.790	34.717	10.756	17.331	15.468	13.401
Seine-et-Marne .	40.253	24.658	21.962	18.174	15.738	14.793
Meuse	42.719	22.285	10.593	10.248	11.236	11.604
Meurthe-et-Moselle	92.004	56.351	34.309	30.875	40.890	35.545
Vosges	92.650	43.645	16.061	25.010	43.435	44.678

Dans ces chiffres on retrouve, il n'y a pas de doute, l'influence néfaste de la guerre. Cependant, ce n'est pas exclusivement la conflagration européenne qui a nui au développement de la loi des retraites. Si l'on compare les chiffres concernant les départements industriels de l'Est, qui furent particulièrement affectés par la guerre, avec les départements agricoles de l'Ouest, on remarque que, dans l'Est, on s'est conformé aux dispositions de la loi d'une façon bien plus générale que dans l'Ouest. Il serait cependant téméraire d'en vouloir tirer la conclusion que l'industrie s'est conformée à la loi, tandis que la population paysanne est restée réfractaire, car les statistiques des départements agricoles du Centre, et plus particulièrement du massif central, montrent des chiffres aussi favorables que celles de la région industrielle de l'Est.

Voici les pourcentages publiés par les rapports officiels sur les cartes échangées par les assurés dans ces différentes régions du pays :

TABLEAU V.

Départements agricoles du Centre (massif central)

Départements	1914	1915	1916	1918
Aveyron	40,57	37,52	34,76	28,17
Lozère	49,67	48,74	46,80	37,50
Lot	50,81	51,02	53,68	53,81
Hte-Loire . . .	37,26	33,09	33,18	—
Tarn	51,61	37,46	34,45	30,84
Puy-de-Dôme . .	37,61	33,32	29,03	30,04
Corrèze	37,73	35,28	34,79	32,67

Région industrielle de l'Est

Départements	1914	1915	1916	1918
Hte-Saône . . .	49,25	46,56	44,37	37,54
Hte-Marne . . .	54,06	47,28	41,05	56,31
Côte-d'Or . . .	45,79	35,33	30,34	31,32
Doubs	38,71	45,55	38,84	34,92
Saône-et-Loire .	39,58	36,01	31,85	31,52

Région de l'Ouest

Départements	1914	1915	1916	1918
Calvados	—	9,18	10,08	12,25
Mayenne	—	10,07	10,94	9,20
Ille-et-Vilaine .	.	10,54	10,54	18,68
Côtes-du-Nord .	—	13,08	10,85	9,59
Morbihan	—	13,73	14,04	12,73
Manche	—	·13,49	12,58	10,97
Eure	—	13,59	13,82	14,09
Maine-et-Loire .	—	16,52	15.92	14,63
Sarthe	—	.16,62	17,60	18,36
Loire-Inf. . . .	—	17,92	17,48	—
Orne	—	19,32	14,27	13,39

La conclusion qui résulte des chiffres publiés est formulée en ces termes dans le rapport de 1917-1918 :

« Faisant abstraction des départements envahis, il ressort de ces chiffres que c'est la population des régions agricoles de l'Ouest qui se montre la plus réfractaire à l'application de la loi. Par contre, dans les régions industrielles de l'Est, où l'éducation sociale semble plus développée, et dans la région agricole du massif central, où les assurés facultatifs, en forte proportion, ont continué leurs versements, l'application de la loi s'est poursuivie dans des conditions relativement satisfaisantes, eu égard aux circonstances. »

Pour compléter ces statistiques nous faisons suivre un tableau démontrant le mouvement dans l'ensemble des départements [9] :

TABLEAU VI.

Pourcentage des assurés cotisants sur les assurés inscrits	Nombre des départements dans les années					
	1913	1914	1915	1916	1917	1918
moins de 30	10	51	59	62	63	67
30—40	23	20	17	18	20	15
40—50	24	12	6	4	2	1
50 et plus	30	4	2	1	—	2
Total des départements	87	87	84	85	85	85

LES CAUSES DE L'INSUFFISANCE

On incline à attribuer ce résultat peu satisfaisant exclusivement aux conséquences de la guerre. Cependant, en agissant ainsi on perdrait de vue qu'en 1913 le nombre des assurés obligatoires cotisants n'atteignait pas le 40 % du nombre des inscrits. Même pendant le premier semestre de 1914 le produit de la vente des timbres continuait à baisser. Alors que pour le premier semestre de 1913 elle avait produit 24 millions de francs, elle ne donnait que 19 millions de francs au cours du premier semestre de 1914 cette somme correspondant à un ensemble d'environ 2.535.000 assurés obligatoires et facultatifs. Tout en tenant compte de la perturbation causée par l'état de guerre, on doit se demander s'il n'existe pas d'autres causes ayant entravé l'application de la loi.

Le désarroi provoqué en août 1914 par la guerre s'étendit à de nombreuses mairies ; le ministère du Travail déploya alors une rare énergie pour redresser, dans la mesure du possible, les défectuosités causées par la perturbation générale et par la mobilisation d'une grande partie des fonctionnaires. Dans les départements envahis, dans l'Aisne, les Ardennes et le Nord, le fonctionnement de la loi fut suspendu [10]. La direction du service des retraites déploya une activité

---

[9] *Journal officiel* du 14 février 1921. Annexe, page 128.

[10] Le nombre des assurés des départements de l'Aisne, des Ardennes et du Nord s'élevait, au 31 décembre 1913, à 837.284 inscrits obligatoires et 33.235 inscrits facultatifs, soit un total de 870.519 assurés.

considérable pour en assurer le bon fonctionnement dans les autres départements. Elle n'avait pas seulement à se défendre contre les difficultés créées par la situation nouvelle. Le rapport sur les exercices 1917 et 1918, en comparant le nombre des assurés des différentes années résultant du produit de la vente des timbres, fait l'observation suivante : « Il n'est pas douteux que ces chiffres sont encore loin de répondre à la réalité et on peut dire que l'état de guerre a empêché environ un million d'assurés de continuer leurs versements. Ce sont les assurés qui ont été mobilisés ou qui sont restés en pays envahi. Enfin, en dehors de ceux-ci, les assurés qui n'ont pas opéré leurs versements pendant la guerre, soit qu'ils n'aient pas travaillé, soit par négligence ou parce qu'ils étaient persuadés que l'application de la loi était suspendue pendant la période des hostilités [11]. »

Mais si on ajoute au nombre des assurés cotisants de l'année 1918 le million d'assurés indiqués dans le rapport officiel comme n'ayant pas été à même d'effectuer leurs versements, on est encore loin d'atteindre le résultat normal. Le nombre des assurés inscrits dépassait, en 1918, 8 millions, de sorte que les circonstances créées par l'état de guerre ne suffisent pas à expliquer le fait que les deux autres tiers des assurés ne se sont pas conformés aux obligations imposées par la loi.

Nous avons déjà mentionné[12] le fait que le rapport de 1911-1912 parle de la « méfiance qu'avaient fait naître dans l'esprit de certains assurés des campagnes hostiles ».

Le même rapport cite comme catégories de salariés qui se refusent assez fréquemment de se conformer à la loi : les domestiques attachés à la personne, surtout les servantes et les ouvriers agricoles, notamment les domestiques de ferme. En outre, il constate que l'application de la loi est particulièrement difficile lorsqu'on se trouve en présence de salariés intermittents, changeant fréquemment d'employeur et de résidence, et qui, au surplus, appartiennent souvent au groupe le moins prévoyant de la classe ouvrière [13]. Enfin, l'application de la loi a rencontré des difficultés spéciales chez les ouvriers à domicile [14].

Indifférence et hostilité de certains milieux ouvriers, voilà une des causes de l'application insuffisante de la loi. Même indifférence et même hostilité dans certains milieux patronaux, en voici une autre, et, si ce n'est la principale, on peut dire que c'est une des plus importantes. Le rapport officiel, en analysant les informations reçues par les préfets, reproduit une déclaration assurant que de nombreux ouvriers attendent le dernier moment pour faire en bloc leurs versements obligatoires, car ils craignent de s'attirer des ennuis en présentant leur carte aux employeurs. Ils préfèrent donc effectuer le double verse-

---

[11] *Journal officiel* du 14 février 1921, Annexe, page 127.
[12] Voir plus haut, page 80.
[13] Rapport sur 1911-1912, page 36.
[14] *dito*, page 18.

ment auquel, dans leur ignorance de la loi, ils se croient tenus [15].

Un autre préfet écrit : « Si un grand nombre d'ouvriers ne font plus leurs versements, c'est uniquement parce qu'ils connaissent l'hostilité de leurs patrons à l'égard des retraites ouvrières et qu'ils n'osent, par crainte de renvoi, insister auprès d'eux pour obtenir l'apposition des timbres réglementaires. Il en est même qui versent non seulement leur cotisation, mais encore celle du patron, afin d'éviter toute difficulté [16]. »

Et un troisième déclare : « J'estime que l'attitude secrètement hostile de certains employeurs, qui congédieraient leurs ouvriers si ceux-ci réclamaient d'eux le versement de la contribution patronale, est une des causes principales pour laquelle la loi ne reçoit pas son entière application. La crainte de perdre leur emploi fait hésiter ces salariés à revendiquer leurs droits [17]. »

Ces quelques citations se rapportent aux industriels, mais le rapport poursuit :

« Il convient de remarquer que l'application de la loi a rencontré des difficultés particulières dans les milieux agricoles. Le plus souvent, les petits cultivateurs se refusent à effectuer le versement de la contribution patronale au profit des salariés qu'ils emploient. Ce refus de se conformer aux obligations patronales est particulièrement manifeste chez les métayers, dont la condition économique se rapproche souvent de celle des ouvriers qu'ils emploient. Il s'ensuit que, dans les régions agricoles, les salariés qui se conforment à la loi s'abstiennent de présenter leur carte à leurs employeurs et effectuent souvent le double versement [18]. »

Il serait injuste d'attribuer à la totalité de la classe patronale une attitude hostile à la loi. Au contraire, le premier rapport constate que, dans les départements industriels de la région de l'Est, l'application de la loi est heureusement influencée par l'intervention active de l'élément patronal. Dans les agglomérations urbaines, les ouvriers de la grande industrie et du gros commerce sont presque tous assurés, parce qu'ils y sont généralement incités par les employeurs. Ceux de la petite industrie et du petit commerce fournissent moins d'adhésions, du fait que les petits patrons, moins aisés, cherchent à éviter de nouvelles charges et se montrent hostiles à la loi. Un préfet de l'Est signale que, dans son département, la loi est appliquée intégralement dans la grande industrie [19].

« Cette attitude bienveillante de nombreux chefs d'exploitation, dit le rapport, s'est en particulier manifestée par le

---

[15] Rapport sur 1911 et 1912, page 9.
[16] Rapport sur 1911 et 1912, page 34.
[17] Rapport sur 1911 et 1912, page 35.
[18] Rapport sur 1911 et 1912, pages 35 et 36.
[19] Nous avons déjà constaté qu'une partie de la population paysanne se montrait également favorable à la loi.

fait que, dans leurs établissements, les ouvriers n'ont été engagés que s'ils étaient munis de leur carte annuelle et que le prélèvement sur le salaire y ait été considéré comme obligatoire [20] ».

JURISPRUDENCE.

Que doit faire l'employeur lorsque, par méfiance envers la loi, les ouvriers refusent de présenter leur carte ? Certains patrons ont jugé bon de prélever néanmoins la cotisation ouvrière sur les salaires. Etait-ce légal ou illégal ? A Paris et à Marseille la question fut portée devant les conseils de prud'hommes. Ces derniers condamnèrent les patrons à la restitution des sommes prélevées. La Cour de cassation, chambre civile, dans son arrêt du 11 décembre 1911, confirmait cette décision. Un autre arrêt de la Cour de cassation, chambre criminelle, du 22 juin 1912, allait encore plus loin dans la même voie.

L'article 23, § 2, de la loi, dit : « L'employeur qui a été dans l'impossibilité d'apposer le timbre prescrit pourra se libérer de la somme à sa charge en la versant, à la fin de chaque mois, soit au greffier de la justice de paix, soit à l'organisme auquel l'assuré serait affilié. »

La Cour décidait que le fait de ne pas présenter la carte annuelle constitue, de la part de l'employé, une faute qui, en mettant l'employeur dans l'impossibilité d'observer les formalités qui lui sont imposées, exonère ce dernier de toute responsabilité pénale. « Cette jurisprudence, dit le rapport sur 1911 et 1912, a exercé la plus fâcheuse influence sur l'application de la loi [21]. »

Un certain nombre d'employeurs qui effectuaient un prélèvement sur le salaire de leurs ouvriers et obtenaient ainsi que ces derniers se soumissent à la loi ont douté de la légalité de leur action et leur zèle s'en est singulièrement relâché. Ceux des patrons qui désiraient le plus vivement maintenir le système des retraites ouvrières dans leurs établissements ont cherché, dans des stipulations contractuelles insérées au règlement d'atelier, le moyen d'obliger leurs ouvriers à se conformer à la loi, en exigeant la présentation d'une carte à l'embauchage et au moment de la paie. Mais un certain nombre d'employeurs, préoccupés surtout de ce que la loi n'était pas appliquée intégralement dans des entreprises similaires, cessèrent d'en surveiller l'exécution dans leurs propres établissements. « Les patrons ne savent plus exactement quelles sont leurs obligations, déclare un préfet, et il n'y a guère que la grande industrie et les administrations qui opèrent les versements au greffe [22]. »

Le rapport sur l'application de la loi dit également qu'« un grand nombre d'assurés qui avaient d'abord retiré

---

leur carte et effectué des versements deviennent ensuite réfractaires ».

L'exposé officiel concernant l'exercice de 1914 résume de la façon suivante la signification de ces arrêts : « Il résulte de cette jurisprudence que, d'une part, le patron n'a plus à se faire juge de la légitimité de la résistance de l'ouvrier et à effectuer le précompte, si celui-ci ne présente pas sa carte et que, d'autre part, l'employeur n'est pas tenu d'effectuer le versement au greffe de la contribution patronale seule, pour les salariés qui ne présentent pas leur carte [23] ».

La Cour de cassation, par un arrêt du 6 février 1913, a reconnu que l'employeur restait débiteur de sa contribution, même après le règlement du salaire, et que celui-ci pouvait se libérer de la somme à sa charge en la versant, à la fin de chaque mois, au greffe de la justice de paix [24]. Cet arrêt, qui confirmait la responsabilité pécuniaire, sinon pénale, des employeurs, n'a pas su effacer l'effet des arrêts précédents. « En présence de l'interprétation donnée à l'article 23 de la loi par la jurisprudence, dit le rapport sur 1913, l'administration s'est efforcée d'amener progressivement et sans coercition tous les intéressés à adhérer à la nouvelle législation [25] ».

Dans le cas où les patrons sont hostiles à la loi, il est à peu près impossible d'engager efficacement des poursuites contre eux. Le plus souvent, en effet, on ne peut établir, ainsi que l'exige la jurisprudence, que le salarié a présenté sa carte en temps utile et que l'employeur a refusé d'apposer les timbres. En effet, lorsqu'un patron ne veut pas appliquer la loi dans son établissement, le salarié, craignant d'être congédié, s'abstient de présenter sa carte. « La preuve du délit, déclare un préfet, est, la plupart du temps, impossible à établir [26]. » D'autre part, les moyens d'obliger les ouvriers à se conformer à la loi sont peu efficaces. La Justice sait trop bien que le motif pour lequel l'ouvrier ne se conforme pas aux dispositions de la loi n'est pas toujours celui de l'hostilité. Le résultat de ces expériences est formulé dans le rapport des exercices de 1915 et 1916, par la conclusion suivante : « *Tant qu'une modification législative n'aura pas rendu à la loi des retraites son caractère obligatoire, on en sera réduit à compter sur les mesures de propagande et les efforts des mutualistes pour maintenir à la loi son effectif d'assurés* [27]. »

Il faudrait ajouter que si les assurés appartiennent, en grande majorité, aux éléments âgés de la population, cette situation n'a pas échappé à l'attention du gouvernement et que

---

[23] Rapport sur 1914, page 29.
[24] Rapport sur 1913, page 20.
[25] Rapport sur 1913, page 21.
[26] Rapport sur 1911 et 1912, page 35.
[27] Rapport sur 1915 et 1916, page 25.

c'est précisément pour y remédier *qu'il a soumis à l'examen du parlement un projet tendant à rendre à la loi son caractère d'assurance obligatoire*[28].

LE GOUVERNEMENT ET LA LOI.

Le gouvernement a employé tous les moyens à sa disposition pour assurer l'application intégrale de la loi. Dans une circulaire aux préfets datée du 12 avril 1913 le ministère du Travail a rappelé «l'œuvre de propagande poursuivie depuis deux ans par l'administration».

En effet, le ministre n'a négligé aucune occasion d'encourager les préfectures et les mairies par une propagande incessante. En dehors de cela il s'est efforcé d'assurer l'application de la loi dans tous les établissements relevant de l'Etat, des départements et des communes. Il suggéra à ses collègues d'examiner s'il n'y avait pas lieu d'insérer dans les cahiers des charges et les conditions générales des marchés, une clause invitant les adjudicataires ou concessionnaires à n'engager et à n'occuper que des salariés qui se trouveraient en règle avec la loi sur les retraites, cette disposition devant être sanctionnée, dans son esprit, par une clause de déchéance. A la suite de l'arrêt de la Cour de cassation du 11 décembre 1911 mentionné ci-dessus, le ministre préposé saisit de la question le conseil des ministres. Il fut décidé qu'à l'avenir tout le personnel occupé par les administrations publiques serait tenu de se conformer aux dispositions de la loi du 5 avril 1910. En fait, ces dispositions de la loi des retraites ont été appliquées au personnel des diverses administrations et la contribution patronale a été portée sur la carte de l'ouvrier lorsque celui-ci l'a présentée ou versée au fonds de réserve dans le cas contraire.

Il résulte de ces paroles que, même dans les administrations publiques, l'application de la loi était insuffisante. Par suite de l'état de guerre, les diverses administrations ont dû employer un nombreux personnel auxiliaire. Les établissements privés avaient, de leur côté, pour exécuter les commandes de matériel relatives à la défense nationale, augmenté dans des proportions considérables, le nombre de leurs ouvriers. Le ministre a rappelé à ses collègues la décision du Conseil. Il leur a notamment demandé, en ce qui concerne les ministères de la Guerre et de la Marine et les sous-secrétariats d'Etat de l'artillerie et des munitions, de l'intendance et du service de santé, d'assurer l'application de la loi dans leurs administrations. Pour effectuer cette collaboration les ministres et les sous-secrétaires d'Etat ont non seulement désigné des fonc-

---

[28] *Journal officiel* du 14 février 1921, annexe, page 148. Projet de loi présenté à la Chambre des députés le 18 octobre 1918. Document parl. n° 5092. J. O., page 1649.

tionnaires spécialement chargés de veiller à l'application de la loi, mais ils ont inséré, dans tous les cahiers des charges et conditions générales des marchés passés par leurs ministères, une clause obligeant les concessionnaires ou adjudicataires des marchés à appliquer les dispositions de la loi sur les retraites au personnel employé. « Ces mesures, dit le rapport, ont abouti à une augmentation très sensible du nombre des assurés cotisants. » Enfin le ministre a fait savoir aux divers départements ministériels qu'il y avait lieu de continuer à mandater la contribution patronale toutes les fois qu'il y avait, au profit du personnel de l'Etat mobilisé, continuation de salaires. Et ce n'est qu'un côté de l'activité de la direction des retraites. Le rapport officiel de 1914 contient un chapitre spécial portant sur les mesures résultant de l'état de guerre. Il s'agissait d'abord de défendre la loi contre la perturbation du début de la guerre et après d'étendre son application. De nombreuses personnes et certains secrétaires de mairies s'étaient imaginé que la mobilisation suspendait l'application de la loi. Il fallait persuader les assurés non mobilisés de l'importance qu'il y avait pour eux à continuer leurs versements. Il s'agissait également de faire en sorte que les assurés appelés sous les drapeaux ne se trouvassent pas privés des ressources nécessaires au paiement de leur cotisation. Il était tout d'abord nécessaire d'assurer la continuation du paiement des pensions. Au ministère du Travail, sur un effectif de 54 employés à la direction des retraites ouvrières et paysannes, 34 hommes sur 44 ont été mobilisés. Dans les préfectures de quatre départements seulement tout le personnel en service lors de la mobilisation a pu continuer ses fonctions. Dans les autres départements le nombre des mobilisés s'est élevé à 270. Remplacer le personnel mobilisé, instruire les auxiliaires, assurer les paiements, tout cela a exigé un travail énorme auquel la direction des retraites a donné tout son dévouement.

Pour assurer aux mobilisés le bénéfice de la loi, le décret du 14 novembre 1914 a déclaré que la durée pendant laquelle les assurés obligatoires auraient été mobilisés entrerait en ligne de compte pour la détermination du montant de l'allocation viagère. Les intéressés étaient donc dispensés de l'obligation de payer. Ce décret, après ratification par le parlement a pris force de loi le 31 décembre 1915. Si ces mesures tendaient à contribuer au maintien du nombre des assurés, d'autres étaient destinées à étendre le champ d'activité de la loi.

Une deuxième disposition législative du 31 décembre 1915 décrétait que, pour les assurés facultatifs bénéficiant des avantages de la période transitoire, la durée de leur mobilisation entrerait en ligne de compte pour la détermination du montant de la bonification prévue pour les fermiers, les métayers, les cultivateurs, les artisans et petits patrons. Elle accordait les mêmes avantages aux personnes rentrant, avant leur mobilisation, dans la catégorie des bénéficiaires de la loi des retraites, mais n'ayant pas, par suite de circonstances quelconques, demandé avant le 2 août 1914 leur inscription sur les listes officielles. Elle permettait à ces personnes de requérir leur inscription et à celles déjà inscrites de compléter leurs versements au taux réglementaire, en vue de réserver aux ayants droit des mobilisés le bénéfice de l'allocation au décès.

L'assurance de ce dernier risque prévue par la loi constituait une garantie appréciable pour les mobilisés et il n'est pas douteux que les mesures réalisées par les dispositions de la loi du 31 décembre 1915 ont eu pour résultat une augmentation sensible du nombre des assurés cotisants et l'adhésion à la loi de nombreuses personnes qui, par indifférence, avaient jusqu'alors jugé inutile d'en bénéficier [29].

Rappelons, après cette énumération, les chiffres que le rapport sur 1917 et 1918 donne en ce qui concerne les cotisations et les adhésions. La vente des timbres, qui avait produit, en 1913, 45,5 millions de francs et 27,3 millions en 1914, accusait :

> 19,2 millions en 1915
> 23,9   »   1916
> 26,2   »   1917
> 24,3   »   1918.

L'effectif des assurés, qui pouvait être évalué à
> 3.035.000 en 1913
> et à 2.535.000 en 1914, tombait à
> 1.105.000 en 1915, pour monter à
> 1.592.000 en 1916, à
> 1.745.000 en 1917, pour retomber, en 1918, à
> 1.622.000 assurés.

Le résultat de tant d'activité et d'efforts est donc assez médiocre.

Tout en s'efforçant d'amener progressivement, sans coercition, tous les intéressés à adhérer à la législation, l'administration devait bien se demander si elle atteindrait jamais son but par cette voie.

CONCLUSION

Les statistiques reproduites et les témoignages cités n'admettent aucune autre conclusion que celle déjà formulée : la loi sur les retraites ouvrières a été insuffisante. Les auteurs des rapports officiels sur les derniers exercices envisagent encore l'introduction d'une réforme qui rendrait à la loi son caractère obligatoire. Il faudrait donc confirmer la responsabilité pénale du patron qui, même dans le cas où l'ouvrier ne présente pas sa carte, ne prélève pas la cotisation au salaire. On peut se demander si une telle disposition saurait garantir, pour l'avenir, l'application de la loi. Il y aurait lieu d'at-

---

[29] Rapport de 1913, page 21.

tendre un résultat favorable s'il existait parmi les intéressés une vive sympathie pour la législation de 1910 et si les difficultés provenaient seulement de l'hostilité patronale. Mais il faut constater que les faits ne confirment pas cette supposition. Le législateur a voulu s'assurer la collaboration des intéressés. Il a prévu des dispositions favorisant les organisations patronales et mutuelles disposées à se charger de l'assurance. Il faut constater à ce sujet que si les patrons se sont unis pour fonder des syndicats de garantie, aucun syndicat ouvrier n'a été créé dans ce but. Les dispositions de la loi pour encourager la création et le développement de ces organes sont restées sans effet.

En dehors de la caisse nationale, 9 caisses régionales ont été créées et le nombre des sociétés ou unions de sociétés de secours mutuels effectuant l'assurance s'est élevé de 27 au début à 35 en l'année 1915. Depuis cette époque il ne s'est pas augmenté. En ajoutant à ces divers organes six caisses patronales, on connaît le résultat très modeste du concours de l'initiative privée. Les rapports ne contiennent pas de renseignements sur la répartition des assurés dans les différentes institutions. Il n'est donc pas possible de déterminer exactement le degré d'activité et l'influence qu'exercent les intéressés dans l'exécution de l'assurance. Cependant un autre moyen permet de se rendre compte du résultat effectif provoqué par la collaboration des assurés : ce sont les données sur l'encaissement des cotisations ouvrières par les sociétés de secours mutuels. Depuis 1916 ces sociétés ont été autorisées à encaisser non seulement la cotisation de leurs affiliés, mais également celle des membres de leur famille, de même que les contributions patronales. Le tableau suivant indique jusqu'à quel degré elles en ont fait usage :

TABLEAU VII

Années	Sociétés autorisées à l'encaissement	Sociétés ayant effectué l'encaissement	Cartes annuelles échangées	Total des versements	Contributions patronales
1912	3.140	1.360	77.284	526.351	
1913	3.198	2.188	110.899	1.020.932	
1914	3.212	2.151	69.403	646.255	
1915	3.212	1.749	51.320	436.204	
1916	3.215	1.631	44.617	419.674	11.825
1917	3.216	1.471	38.581	385.549	41.165
1918	3.216	1.352	41.856	396.926	81.626

Le nombre total des sociétés de secours mutuels était, au 31 décembre 1910, de 23.275, et l'ensemble des participants adultes s'élevait à 3.700.000 environ. Il est difficile de déter-

miner quelle partie de ces 3.700.000 membres était visée par
la loi des retraites ouvrières et paysannes. Mais l'écart entre
le chiffre des affiliés (3.700.000) et le nombre maximum des
cartes échangées en une année (110.000) est si important
qu'il semble démontrer qu'un grand nombre de sociétés ont
demandé l'autorisation de percevoir les cotisations mais n'ont
pas mis en pratique la faculté qui leur était accordée.

Le rapport sur 1917 et 1918 déclare qu'une cinquantaine
seulement de sociétés de secours mutuels ont recueilli pendant
ces années plus de 1.000 francs. D'autres faits confirment
cette inaction, rendue manifeste par la diminution régulière
du nombre des assurés facultatifs. Alors que, par les mesures administratives et législatives mentionnées, le nombre des assurés obligatoires accusait, pendant les années
1916 à 1918, un léger accroissement, le nombre des assurés facultatifs diminuait régulièrement et n'accusait plus,
pendant l'exercice de 1918, que 200.000 membres. Le nombre
des liquidations déclinait également dans les proportions
indiquées ci-dessous.

TABLEAU VIII

Nombre des liquidations de retraites			
Jusqu'au 31 décembre	Total	Assurés obligatoires	Petits patrons cultivateurs, fermiers, etc.	Métayers et petits fermiers
1912	186.092	145.097	39.749	1.246
1913	706.714	464.251	224.516	17.947
1914	220.925	129.627	84.710	6.588
1915	115.026	72.835	39.498	2.693
1916	97.842	64.534	31.495	1.813
1917	87.017	58.457	26.992	1.568
1918	74.390	51.371	21.813	1.206

Par l'abaissement de l'âge normal de la retraite de 65 à 60
ans, les années 1913 et 1914 accusent un nombre de liquidations
très important. Cependant, ce chiffre diminue continuellement
au cours des années suivantes et l'on ne trouve pas d'explication
autre que celle signalée plusieurs fois dans cette étude. Au
début de l'entrée en vigueur de la loi et surtout lorsque les
avantages qu'elle offrait aux personnes âgées se répandaient
parmi les intéressés, la grande majorité de ceux qui, au
moyen de concessions insignifiantes, pouvaient obtenir le paiement d'une rente viagère et les allocations de l'Etat, se sont
empressés de se conformer aux obligations imposées par la loi.
L'autre partie de la population également visée s'est tenue

à l'écart et la méfiance ouvrière de même que l'hostilité patronale ont constitué un ensemble de faits qui a nui, dans une très grande mesure, au développement rationnel de l'assurance.

Les avantages qu'offrait l'assurance n'ont pas suffi à la rendre populaire et la diminution de la valeur de l'argent a enrayé l'intérêt qui résultait de la subvention de l'Etat. Il serait donc nécessaire d'augmenter sensiblement les prestations accordées en exigeant des sacrifices importants autant de la part des bénéficiaires que des employeurs et de l'Etat lui-même.

Dans ces circonstances, le législateur a fait preuve de sagesse en cherchant à englober la loi des retraites ouvrières et paysannes dans un système nouveau qui, par son organisation autant que par sa valeur effective, soit à même d'éveiller dans la classe laborieuse un réel élan de sympathie.

COOPÉRATION

La coopération de consommation en Pologne.

LES coopératives de consommation ont réalisé dans ces dernières années des progrès marqués dans presque tous les pays, et notamment dans les pays que la guerre et ses conséquences économiques ont le plus éprouvés.

Dans les Etats de nouvelle formation, comme la Pologne, ces progrès ne se sont pas traduits seulement par l'accroissement de ce qu'on pourrait appeler les dimensions du mouvement : nombre de sociétaires, nombre des sociétés et de leurs magasins de vente, chiffre d'affaires, etc., mais aussi par une évolution rapide vers les formes supérieures d'organisation : sociétés régionales à succursales, développement des organes fédératifs pour l'éducation et la propagande, les achats en gros et la production. C'est ainsi que l'histoire du mouvement coopératif polonais reproduit, dans le raccourci d'une dizaine d'années, la succession de différentes étapes qui ont été parcourues suivant un rythme beaucoup plus lent dans les pays où le mouvement coopératif a commencé au cours du XIXᵉ siècle.

La coopération trouve des conditions favorables de développement et sa valeur constructive est particulièrement appréciée dans les Etats de l'Europe qui ont à aménager toute leur vie politique administrative et sociale. La réunion des différentes parties précédemment séparées de la Pologne appelait nécessairement un vaste travail d'unification législative : — il est intéressant de noter que l'une des premières lois votée par la Diète polonaise qui soit applicable à tout le territoire de la Pologne reconstituée est la loi du 29 octobre 1920 sur la coopération.

ACCROISSEMENT DES EFFECTIFS. — EFFORTS VERS

LA CONCENTRATION

Le nombre des sociétaires des coopératives de consommation de l'ancienne Pologne russe s'élevait au 1ᵉʳ janvier 1913 à 95.700 et au 1ᵉʳ janvier 1914 à environ 110.000. Actuellement, d'après une statistique établie au 1ᵉʳ juin 1920, il s'élève à environ 1.100.000.

Dans l'ancienne Pologne autrichienne (Galicie et Silésie autrichienne), le nombre des coopératives évalué pour 1914 à 22.000 atteint actuellement environ 200.000.

Enfin, l'ancienne Pologne allemande (Posnanie, Haute-Silésie et Poméranie) où la coopération de consommation était à peu près inexistante avant la guerre, compte maintenant 36 sociétés groupant 68.000 sociétaires.

Le tableau suivant donne, pour l'ensemble du territoire de la Pologne nouvelle, le mouvement des sociétés et de leurs sociétaires depuis 1904 [1].

TABLEAU I.

Années	Nombre de sociétés	Nombre de sociétaires	Nombre moyen de sociétaires par société
1904	100	10.000	100
1914	1350	132.000	98
1917	2200	250.000	114
1920	4000	1.300.000	325

Si l'on admet qu'à chaque sociétaire correspondent en moyenne quatre personnes, les 1.300.000 membres des coopératives de consommation polonaises représentent une population coopérative de plus de 5 millions de personnes, soit 20 % de la population totale.

Il résulte des données du tableau ci-dessus que l'augmentation du nombre des coopérateurs a été particulièrement marquée entre 1917 et 1920. Pendant la même pérode, la poussée coopérative s'est traduite à la fois par un accroissement du nombre des sociétés et par un accroissement du nombre moyen des sociétaires. A peu près stationnaire jusqu'en 1917, l'effectif moyen des sociétés est passé de 100 à 300 entre 1917 et 1920. Toutefois les forces coopératives sont encore extrêmement dispersées. C'est ainsi que les sociétés groupant moins de 100 membres représentent un quart du nombre total des sociétés, un autre quart étant représenté par les sociétés groupant de 100 à 200 membres.

Cette dispersion des forces coopératives qui peut s'expliquer notamment par le caractère rural d'une partie de la coopération polonaise et le mauvais état des voies de communication, est une cause de faiblesse à laquelle s'efforce de remédier la propagande orale et écrite des dirigeants du mou-

---

[1] Les données pour 1920 ont été établies par « l'Union Polonaise des Sociétés coopératives de consommation » d'après les résultats d'une enquête faite auprès des unions régionales et des sociétés, enquête complétée par le dépouillement des comptes rendus, publiés dans la presse. Les chiffres cités ne sont qu'approximatifs, on peut toutefois être certain que les chiffres donnés sont au-dessous de la réalité; l'Union polonaise n'a, en effet, compris dans sa statistique que les sociétés régulièrement constituées.

vement coopératif en faveur de la fusion des petites sociétés
voisines et la constitution de grandes sociétés à succursales.
Dès maintenant il existe un certain nombre de sociétés à succursales dont le développement est déjà remarquable.

Dans l'ancienne Pologne russe, la société «Jednosc» (Unité)
de Czenstochovie, constituée en 1914 par la fusion de sept sociétés plus petites, groupe 8.500 sociétaires et occupe 180 employés. Elle possède actuellement 34 magasins (dont un magasin de nouveautés, chaussures, vaisselle), une boucherie,
une boulangerie, des restaurants, des ateliers de chaussures,
etc.

Dans la Silésie autrichienne, la société centrale de « Lazy »,
qui résulte d'un mouvement de fusion poursuivi depuis une
dizaine d'années, groupe 12.000 sociétaires, occupe 170 employés et possède 30 magasins.

En Posnanie, la société « Zgoda » (La Concorde) de Posen
groupe 11.000 sociétaires et possède 20 magasins.

Dans la région frontière de l'Est, la société de Bielske
groupe 11.000 sociétaires et possède 44 magasins.

En outre, on compte 22 sociétés groupant plus de 3.000
membres et possédant plus de 5 magasins.

Le travail de coordination des forces coopératives est préparé par la constitution d'unions locales de district et d'arrondissement. Ces unions locales sont actuellement au nombre
de trente et groupent chacune une soixantaine de sociétés.

De sérieux efforts ont été également poursuivis en vue de
rétablir ou de fortifier la situation financière des sociétés
coopératives par l'augmentation du montant des parts sociales
et par l'accroissement des fonds de réserve. Un assez grand
nombre de sociétés ont institué des caisses destinées à recevoir
les épargnes de leurs membres. D'autre part, les unions nationales préparent une action financière dans le but de réunir les
capitaux rendus nécessaires par la dépréciation de l'argent
et les besoins du développement de l'ensemble du mouvement.

LES UNIONS COOPÉRATIVES. — UNIONS NATIONALES
ET UNIONS PROVINCIALES

La fédéralisation des coopératives de consommation polonaises, commencée avant la guerre dans chacune des parties
séparées de la Pologne — et, notamment, dans l'ancienne
Pologne russe, — s'est poursuivie dans le cadre des nouvelles
frontières. Des divergences de tendances ont amené la constitution d'unions multiples, mais le besoin d'unification et
de consolidation du mouvement s'est déjà traduit par des
rapprochements et des ententes en vue d'une action commune.

Les unions de sociétés coopératives de consommation qui
étendent leur champ d'activité à tout le territoire de la nouvelle Pologne, sont au nombre de quatre :

1º *L'Union polonaise des coopératives de consommation* («Zwiazek Polskich Stowarzyszen Spozywcow», Z. P. S. S.), fondée en 1911 sous le nom d'Union varsovienne des coopératives de consommation;

2º *L'Union des coopératives ouvrières de consommation* («Zwiazek Robotniczych Stowarzyszen Spoldzielczych», Z. R. S. S.), fondée en 1919.

3º *L'Union centrale des coopératives des ouvriers chrétiens* («Centrala Stowarzyszen Spozywcow Robotnikow Chrzescjanskich)», fondée en 1919.

4º *L'Union centrale des coopératives des employés de chemins de fer.* («Zwiazek Centralny Stowarzyszen Wspoldzielczo-Spozywczych Pracownikow Polskich Kolei Panstwowych »), fondée en 1919.

L'importance respective des quatre unions nationales au 1er juin 1920 peut être appréciée par les chiffres du tableau suivant :

TABLEAU II.

Nom de la société	Nombre de sociétaires	Nombre de sociétaires fédérés	Nombre moyen de sociétaires	Chiffre d'affaires pour le 1er semestre 1920 (en millions de marks)
Union polonaise (Z. P. S. S.)	709	280.000	395	257
Union ouvrière (Z. R. S. S.)	67	101.000	1507	33
Union centrale des coopératives des ouvriers chrétiens	72	21.000	292	—
Centrale des coopératives des employés de chemins de fer	189	113.000	598	128

L'Union polonaise et l'Union ouvrière n'admettent comme sociétés adhérentes que des sociétés groupant un nombre minimum de membres (200 pour l'Union polonaise et 300 pour l'Union ouvrière) et présentant des conditions jugées suffisantes pour assurer leur développement normal. Toutefois, ces deux unions entretiennent des relations d'affaires et des relations morales avec un assez grand nombre de sociétés qui, pour les motifs qui viennent d'être indiqués, ne peuvent être régulièrement fédérées. L'Union polonaise entretient ainsi des relations avec 1.800 sociétés non fédérées, groupant 410.000 membres, et l'Union ouvrière avec 160 sociétés non fédérées, comprenant environ 100.000 membres. Si l'on ajoute ces chiffres à ceux du tableau ci-dessus on peut constater que l'influence des unions nationales s'exerce au total sur 3.000 sociétés, groupant un million de sociétaires et représentant environ les trois quarts de l'ensemble du mouvement coopératif polonais.

En dehors des quatre unions nationales et aussi des 30 unions locales de district ou d'arrondissement dont nous avons parlé plus haut, il existe un certain nombre d'unions dont le champ d'activité est limité à une province. Les quatre principales unions provinciales sont :

1° *L'Union des sociétés de consommation de Posen*, qui fonctionne comme section autonome de l'Union générale des sociétés coopératives de Posen et groupe environ 50.000 coopérateurs ;

2° *L'Union des sociétés de consommation « Jednosc »*, de Lwow, qui groupe environ 31.000 coopérateurs ;

3° *L'Union des sociétés ouvrières « Le Prolétariat » de Cracovie* ;

4° *L'Union des sociétés polonaises de consommation de Cracovie*.

Il est vraisemblable que les unions provinciales rejoindront dans un délai plus ou moins rapproché les unions nationales. Déjà le « Prolétariat » de Cracovie a décidé d'adhérer à l'Union ouvrière (Z. R. S. S.), tandis que des affinités de tendances rapprochent l'Union de Posen de l'Union polonaise (Z. P. S. S.).

ACTIVITÉ ET TENDANCES DES UNIONS NATIONALES.
CONSTITUTION D'UNE COMMISSION D'ENTENTE.

Union polonaise des coopératives de Consommation (Z. P. S. S.). — Constituée en 1911, à Varsovie, l'Union polonaise des sociétés polonaises de consommation[2] défendit dès son origine, sous la direction de son principal fondateur, M. Stanislas Wozciechowskj[3] et avec l'appui de la propagande théorique de Edw. Abramowsky[4], les principes de la coopération rochdalienne ouverte à tous les consommateurs et neutre à l'égard des partis et des confessions.

L'Union de Varsovie groupait, au 1er janvier 1913, 250 sociétés comptant 34.787 membres. Ces sociétés pouvaient être groupées en trois catégories : 1° sociétés composées en totalité d'ouvriers (73 sociétés avec 13.202 membres); 2° sociétés composées de paysans (80 sociétés avec 6.942 membres); 3° sociétés de composition mixte (97 sociétés avec 15.643 membres). A l'heure actuelle, on peut encore observer les mêmes proportions dans la composition de l'Union polonaise; soit environ un tiers de chacune des trois catégories de sociétés.

Malgré un développement assez rapide, l'Union de Varsovie n'avait groupé à la veille de la guerre qu'environ un quart des

---

[2] Sous le titre d' « Union varsovienne », qui lui était imposé par le gouvernement tzariste.

[3] Ministre de l'Intérieur dans le cabinet Paderewski et Skolsky.

[4] Décédé en 1918.

sociétés de consommation de la Pologne russe. Actuellement, ainsi qu'il résulte des chiffres des tableaux que nous avons donnés plus haut, l'ensemble des sociétés fédérées et des sociétés qui ont des relations avec l'Union polonaise représente environ la moitié du mouvement coopératif polonais (2.500 sociétés sur 4.000 avec 690.000 sociétaires sur 1.300.000).

Depuis son origine, l'Union polonaise édite un journal hebdomadaire : *Spolem*, et, depuis le 1er janvier 1921, une revue mensuelle : *Rzeczpospolita Spoldzielcza* (*La République coopérative*). Une section spéciale de l'Union, créée en 1918, la « Section de l'éducation sociale », est chargée de l'édition des publications, livres et brochures sur la coopération, ainsi que de l'organisation des cours et conférences. En outre, la section pourvoit aux besoins des sociétés en registres de comptabilité, statuts et manuels techniques dont la consommation s'accroît au fur et à mesure que les sociétés éprouvent plus vivement la nécessité de perfectionner leur organisation et d'unifier leurs méthodes.

La section de la révision déploie de son côté une grande activité. Au cours du 1er semestre 1920, cette section a procédé à 723 inspections et dressé 165 bilans. Ses membres organisent, au cours de leurs inspections, des conférences entre les membres des conseils de direction et de surveillance des sociétés. Ils prennent part aux assemblées générales des sociétés et aux réunions régionales. Ils prêtent en outre leur concours pour l'organisation de cours pour les membres des conseils et les employés des sociétés.

La section commerciale de l'Union fonctionne comme organe coopératif d'achats en gros. Elle possède 15 succursales et, depuis le 15 septembre 1920, une fabrique de savon à Kielce.

L'Union polonaise est restée attachée à ses principes de neutralité et d'universalité de la coopération de consommation ouverte à tous les consommateurs sans distinction de classes, d'opinions politiques ou de confessions.

Union centrale des coopératives chrétiennes. — Bien que la Centrale des coopératives chrétiennes n'ait été fondée qu'en 1919, le mouvement coopératif catholique est antérieur à la guerre. Parmi les sociétés non affiliées à l'Union varsovienne figuraient en effet un certain nombre de sociétés à caractère confessionnel, placées statutairement sous le patronage du clergé catholique.

La Centrale des coopératives chrétiennes ne représente qu'une très faible partie du mouvement coopératif polonais. Elle ne groupe en effet que 72 sociétés avec 21.000 membres. Elle est restée en dehors de la commission d'entente des Unions coopératives nationales dont nous parlerons plus loin.

Union ouvrière (*Z. R. S. S.*).— Les coopératives de consommation ouvrières n'avaient pris avant la guerre un développement notable que dans le bassin minier de Dombrowa-Sosnovice, sous l'influence de l'exemple des grandes organisations coopératives du bassin voisin de Silésie. Les grandes cités ouvrières, Varsovie et sa banlieue avec son million d'habitants et Lodz avec son demi-million étaient restées des déserts coopératifs. Toutefois, quelques coopératives s'étaient créées à Pabianice, ville industrielle de la région de Lodz, sous l'influence d'un groupe d'intellectuels, professeurs à l'Ecole de commerce, qui avaient fondé un cercle d'études coopératives.

Pendant la guerre, et, notamment à partir de 1916, après l'évacuation de la Pologne par les autorités de l'armée russe, un mouvement coopératif spécifiquement ouvrier se développa rapidement dans les centres industriels. En novembre 1918, pendant les derniers jours de l'occupation allemande, eut lieu à Varsovie une conférence des coopératives ouvrières qui fut suivie de la création d'un « Secrétariat provisoire des sociétés coopératives ouvrières ». En janvier 1919 cinq coopératives de Varsovie, en relations étroites avec les partis socialistes, constituèrent une union dite « Office de ravitaillement des sociétés coopératives ouvrières ». Un congrès tenu les 10 et 11 mai 1919 décida la transformation de cet Office en « Union des sociétés ouvrières de consommation ». Ce congrès, auquel 69 sociétés étaient représentées, adopta une résolution de principes qui contenait les déclarations suivantes :

Les sociétés ouvrières de consommation doivent se préparer dorénavant à la direction du partage des richesses dans le système social et devenir, dans le domaine économique, les postes avancés servant d'appui au prolétariat victorieux. Les sociétés ouvrières de consommation ne formant qu'une partie du mouvement d'émancipation générale du prolétariat doivent collaborer à la lutte générale de la classe ouvrière et, tout en conservant leur entière autonomie économique et d'organisation, coordonner leur action avec celle du conseil des délégués ouvriers.

Le congrès formulait d'autre part les revendications immédiates ci-après : séquestre des produits du sol; répartition de ces produits par l'intermédiaire des coopératives ouvrières; allocation aux coopératives ouvrières de crédits prélevés sur les ressources financières de l'Etat ou des institutions communales; garanties du gouvernement lors de l'achat de marchandises à l'étranger; etc.

Les 8, 9 et 10 mai 1920, après une première année d'organisation, l'Union ouvrière tint son premier congrès régulier. D'assez fortes divergences d'idées sur l'orientation du mouvement coopératif se manifestèrent au sein de ce congrès entre la majorité, composée de membres du parti socialiste polonais, et la minorité, composée de membres du parti communiste et de l'organisation socialiste juive. Finalement, le congrès décida de proposer à l'Union polonaise la création d'un comité qui serait chargé d'exécuter pour le compte des deux organisations les achats en gros à l'étranger.

Constitution d'une Commission d'entente. — La question d'une entente entre les différentes unions nationales, soulevée par la proposition de l'Union ouvrière, fut portée le mois suivant devant le VIIIe congrès de l'Union polonaise. Alors que la proposition de l'Union ouvrière ne visait que l'établissement d'un organe commun pour les achats à l'étranger, le congrès de l'Union polonaise se prononça en faveur de la fusion des deux organisations, étant entendu toutefois que la section d'éducation sociale de l'Union ouvrière serait maintenue et qu'il lui serait attribué, sur le budget de la section de propagande de la nouvelle union à constituer, une somme proportionnelle au nombre des membres des sociétés provenant de l'Union ouvrière. Le congrès de l'Union polonaise se prononça en même temps en faveur d'un accord avec la Centrale des coopératives des employés de chemins de fer.

L'entente ne put s'établir sur les bases proposées par l'Union polonaise, qui furent interprétées par l'Union ouvrière comme un rejet de ses propres propositions. Par la suite, cependant, les négociations furent reprises; elles aboutirent, en novembre 1920, à la constitution de la « Commission d'entente des Unions nationales coopératives ». Cette commission comprend des délégués de l'Union polonaise (Z. P. S. S.), de l'Union ouvrière (Z. R. S. S.) et de la Centrale des coopératives des employés de chemins de fer. Elle comprend en outre des délégués de la Centrale des coopératives agricoles (« Centrala Wspoldzielczych Stowarzyszen Rolniczo-Handowych »). Cette organisation, qui groupe 85 sociétés avec 106.873 membres, a pour objet de fournir aux petits agriculteurs les machines et outils les semences, les engrais artificiels et autres fournitures agricoles.

Aux termes de l'accord intervenu, la Commission d'entente doit poursuivre les buts suivants :

1o défendre les sociétés coopératives sur le terrain législatif ;

2o déléguer des représentants auprès du département de l'importation et de l'exportation et autres institutions économiques officielles ;

3o effectuer des achats en commun en Pologne et à l'étranger;

4o établir une action commune en vue d'améliorer les méthodes et l'organisation du mouvement coopératif polonais.

La constitution de la Commission d'entente a donné, sous une forme appropriée aux circonstances, satisfaction aux besoins de rapprochement et d'action commune entre les diverses unions nationales. Elle marque une étape importante vers l'unification du mouvement coopératif polonais.

AGRICULTURE

Conditions du travail et contrats collectifs dans l'agriculture en Suède et au Danemark.

Division de la propriété.

Danemark.

La propriété est très divisée en Suède et au Danemark ; la prédominance des petites propriétés dans ce dernier pays résulte, de manière manifeste, du tableau suivant, établi en 1910.

	PROPRIÉTÉS						Total
	de 55 ares ou moins	de 55 ares à 5 hect.	de 5 hect. à 15 hect.	de 15 h. à 60 hect.	de 60 h. à 240 h.	au-dessus de 240 h.	
Nombre de propriétés.	68.380	65.222	46.615	60.872	8.072	249.822	249.983
Superficie totale en hectares .	9.513	166.757	428.308	1.808.625	769.814	425.555	3.608.552

D'après les chiffres ci-dessus, environ 16 % de la superficie totale du Danemark sont occupés par des propriétés de 15 hectares ou moins, lesquelles représentent 72 % du nombre total des propriétés ; les domaines d'une superficie de 15 à 60 hectares forment 25 % du nombre total des domaines et couvrent environ la moitié de la superficie totale cultivée ; ceux dont la superficie dépasse 60 hectares ne constituent qu'environ 3 % du nombre total des propriétés et occupent moins d'un tiers de la superficie totale cultivée.

Les très petits domaines, — au-dessous de 5 hectares, — se rencontrent beaucoup plus fréquemment dans les îles qu'au Jutland. Les exploitations moyennes d'une superficie de 5 à 60 hectares et plus, et celles entre 60 et 240 hectares sont au contraire relativement plus nombreuses au Jutland, tandis que les très grands domaines, au-dessus de 240 hectares, sont répartis d'une manière assez égale dans tout le pays.

Plus de 90 % des fermiers danois sont propriétaires de la terre qu'ils cultivent, mais, d'un autre côté, une ferme d'une importance moyenne est, en général, hypothéquée jusqu'à la moitié de sa valeur ; de la sorte, bien que le cultivateur ait la liberté et la sécurité d'un propriétaire foncier, une partie du produit de son travail sert néanmoins à payer sinon un fermage, du moins l'intérêt des hypothèques.

Le gouvernement danois a consacré des crédits très considérables aux ouvriers agricoles pour leur permettre d'acquérir de petits domaines. En vertu de la loi de 1899, amendée en 1909, des prêts s'élevant à 48.524.797 couronnes[1] furent consentis de 1900 à 1919 pour la constitution de 9.114 petites exploitations ; la superficie moyenne des domaines créés de 1900 à 1912 était de 3 hectares 60 ares.

La petite propriété foncière est, au Danemark, protégée par un ensemble de lois dont la première, votée en 1769, interdit d'absorber les petites fermes dans les grandes propriétés, et la dernière, qui date de 1906, prévoit un remembrement des petites parcelles afin que chaque propriété soit d'un seul tenant. La loi détermine également jusqu'à quel point ces exploitations peuvent être démembrées ou réunies. Quant aux grandes propriétés, les deux tiers sont protégées du fait qu'elles constituent des majorats dont la date est antérieure à 1849, année où toute disposition de ce genre fut interdite ; les grandes propriétés qui constituent le dernier tiers ne peuvent être morcelées, à moins qu'elles ne dépassent une certaine superficie ou qu'elles n'aient une origine relativement récente. En somme, la concentration de grandes propriétés a été rendue très difficile au Danemark.

Suède

La superficie cultivée de la Suède était répartie, en 1919, entre 359.871 exploitations agricoles, dont environ 28 % ne contenaient pas plus de 2 hectares de terres cultivées, 63 % de 2 à 20 hectares, 8 % de 20 à 100 hectares et moins de 10 % plus de 100 hectares.

Si l'on admet que les domaines jusqu'à 10 hectares de superficie sont cultivés principalement par le propriétaire et sa famille, il ressort que 75 % du nombre total des domaines et environ un tiers de la surface cultivée sont exploités de cette manière. Plus d'un sixième de la superficie totale est occupé par des domaines dépassant 50 hectares, et près de la moitié par des domaines moyens comprenant de 10 à 50 hectares de terres arables.

Suivant les régions, ce sont les grands ou les petits domaines qui prédominent. L'on trouve plus particulièrement les grandes fermes dans le centre et dans le sud, où le sol argileux demande un drainage soigné et une main-d'œuvre

---

[1] 67.395.551 francs au pair.

considérable, ce qui exige un capital important. Par contre, le sol est sablonneux dans la plus grande partie du nord de la Suède ; les domaines y sont en conséquence exploités d'une manière plus économique, ce qui facilite la division de la propriété. Beaucoup de petits domaines ont été également créés, au cours des dernières années, dans le voisinage des villes, où les fermiers peuvent trouver des travaux accessoires.

Jusqu'il y a vingt ou trente ans, les petites propriétés tendaient à diminuer et à être de plus en plus absorbées dans les grandes exploitations. Depuis lors, au contraire, elles deviennent plus nombreuses. Les dispositions législatives qui empêchaient de morceler un domaine en lots dont les revenus étaient insuffisants à l'entretien des paysans et de leur famille ou qui ne leur permettaient pas de payer les impôts ont été abolies et l'on a rendu plus facile le partage des grandes propriétés. De plus, les domaines de la Couronne ont été vendus et divisés ; de petites propriétés ont été découpées dans les forêts domaniales et des crédits généreux ont été accordés aux petits propriétaires [2].

Importance comparative de l'agriculture.

DANEMARK

L'agriculture est d'extrême importance au Danemark. En 1913 les produits agricoles formaient 80 % des exportations totales et seulement 8 % des importations ; ce pays pouvait donc presque se suffire à lui-même, tout en produisant des quantités considérables qu'il ne pouvait consommer. D'autres pays européens: la Russie, la France, l'Italie, la Belgique et l'Allemagne sont, certes, de plus grands exportateurs de produits agricoles, mais la France, la Belgique, l'Allemagne et l'Italie sont dans une situation bien différente du Danemark, car ils importent encore plus qu'ils n'exportent. La supériorité du Danemark au point de vue agricole est due surtout au caractère spécialisé et perfectionné de la culture et de l'élevage, notamment de la volaille et des porcs, et aussi au développement de la coopération dans l'agriculture.

SUÈDE

L'agriculture est moins importante en Suède, où les produits agricoles constituaient, en 1913, 38,6 % des exportations totales de ce pays et 30 % du total de ses importations. La

---

[2] D'après la loi de 1904, 18.925 prêts, s'élevant à une somme globale de 50.642.717 couronnes suédoises (68.948.218 francs au pair), ont été consentis de 1905 à 1908, afin de faciliter la constitution de petits domaines et la construction de petites fermes. De 1917 à 1919, 20.200.000 couronnes suédoises (28.035.555 francs au pair) ont été également dépensées dans le même but, et, en 1920, en vertu de la loi de 1919 amendée, 10.700.000 couronnes (14.861.000 francs au pair) ont été également prévues à cette fin.

valeur des exportations suédoises était d'environ les deux cinquièmes de celles du Danemark, tandis que les importations suédoises avaient une valeur cinq fois supérieure à celles du Danemark.

Cette infériorité de la Suède au point de vue agricole est due en grande partie à sa situation géographique, ainsi qu'aux conditions géologiques et climatériques qui ont contribué à reléguer l'agriculture dans la partie sud du pays.

Les six districts administratifs du nord couvrent beaucoup plus de la moitié de la superficie totale du royaume, tandis qu'elles ne comprennent guère que 4.804 km² de terres arables sur un total de 37.000 km². Dans le district le plus septentrional, sur la bande de terre de Norrbotten qui comprend la plus grande partie du Lapland, 0,4 % seulement du sol est cultivé; en descendant vers le sud on trouve 1,7 % de terres arables dans le Västerbotten, 1,2 % dans le Jämtland, 3,5 % dans le Västernorrland, 5,6 % dans le Gävleborg et 3,7 % dans le Kapparborg. Ces six divisions ont une agriculture plus développée dans les régions de l'est, vers la côte de la Baltique, que sur les pentes qui montent vers la frontière norvégienne. Dans la Suède méridionale, où les altitudes sont plus basses et où la différence entre la durée du jour en été et en hiver est moins considérable, le pourcentage du sol cultivé va de 17,4 % dans le comté de Kronoberg à 74,1 % dans celui de Malmöhuss.

Les grandes régions forestières englobent plus de la moitié de la superficie totale du royaume et sont disséminées dans tout le pays. Les forêts sont plus grandes dans le nord, ou plutôt elles s'y succèdent plus régulièrement les unes aux autres que dans le sud.

La population agricole.

Il résulte de cette division de la propriété que les cultivateurs — qui, pour gagner leur vie, sont obligés de travailler la terre pour le compte d'autrui — forment une partie moins importante de la population agricole au Danemark et en Suède que dans les autres pays.

Danemark

En 1911, les 34 % de la population entière du Danemark, c'est-à-dire 935.292 personnes sur 2.757.076 habitants, vivaient de l'agriculture. Le nombre des propriétaires exploitants s'y élève à 171.910, dont 160.049 hommes et 11.861 femmes, ayant à leur charge 363.848 personnes, dont 105.082 hommes ou garçons et 258.366 femmes ou jeunes filles. Le nombre total de salariés employés par ces cultivateurs pendant la même année était de 315.350, dont 218.173 hommes ou garçons et 97.177 femmes ou jeunes filles, ayant eux-mêmes 83.484 personnes à leur charge, dont 26.285 hommes ou jeunes garçons et 57.199 femmes ou jeunes filles.

Emploi de la main-d'œuvre enfantine.

Sur les 487.260 personnes qui formaient la population agricole active du Danemark en 1911, 106.990 n'avaient pas 15 ans; quatre seulement de ces enfants travaillaient hors de chez eux en qualité de journaliers; 88.072 étaient employés par leurs parents; 18.676 étaient employés dans des fermes, logés et nourris par leur patron; 230 suffisaient à leurs besoins et 8 avaient d'autres personnes à leur charge. La fréquentation de l'école, pour les enfants de 7 à 14 ans, pendant 41 semaines par an, est obligatoire dans les districts ruraux, à raison de 18 heures en moyenne par semaine [3], mais on estime que ces 41 semaines signifient simplement 41 fois 18 heures par an, et une très grande latitude est laissée pour la répartition de ces 738 heures. Les tout jeunes enfants passent en général beaucoup plus de temps en classe l'été et les plus âgés l'hiver. Dans une école rurale, pour laquelle nous avons obtenu des données particulières, les trois classes inférieures n'ont, en hiver, que six demi-journées de cours par semaine; en été la classe supérieure a quatre demi-journées et une journée entière; l'avant-dernière classe, trois demi-journées et trois journées entières [4].

L'opinion générale semble être que les enfants ne souffrent aucunement des concessions faites ainsi aux besoins de la petite culture, qu'ils sont bien développés physiquement et convenablement instruits.

La main-d'œuvre adulte.

La population agricole active au-dessous de 15 ans comprend 53.607 filles ou fils de cultivateurs travaillant sur l'exploitation familiale et 91.761 domestiques de fermes, logés et nourris par l'employeur, ainsi que 92 journaliers. Sur l'ensemble de la population agricole active au-dessus de 15 ans, vivant de l'agriculture, de l'industrie forestière et de la pêche, 13,5 % sont des enfants de cultivateurs et travaillent pour leurs parents, 23 % sont des travailleurs étrangers, logés et nourris à la ferme, et 0,3 % sont des journaliers.

Cependant les chiffres ci-dessus ne donnent pas une idée exacte de la population agricole car ils ne comprennent pas la catégorie des petits propriétaires, parmi lesquels beaucoup sont contraints d'aller chercher hors de chez eux un gain supplémentaire dont ils ont besoin pour vivre.

---

[3] En vertu de la loi n° 61 du 29 mars 1904. Voir *Imperial Education Conference Papers*. II. *Memorandum on Compulsory Attendance at School in certain European Countries and American States*. Londres. H. M. Stationery Office 1913.
[4] H. W. Foght, A. H. Hop, I. L. Kandel, W. Russell, Peter Sandiford. *Comparative Education*.

On estime que dans les îles un homme qui exploite 5 hectares sans être obligé de payer de main-d'œuvre peut parfaitement se suffire; mais 80.188 domaines de ces îles n'ont pas cette superficie. Dans les parties du Jutland où le sol est plus léger il faut que l'exploitation ait de 10 à 12 hectares pour subvenir aux besoins de la famille; or, la superficie de 53.414 fermes de cette région ne dépasse pas 5 hectares, tandis que celle de 15.861 domaines est de 5 à 15 hectares. Certaines propriétés de 2 à 3 hectares, — et plus particulièrement celles créées à l'aide de subventions de l'Etat, — constituent des exceptions ; leurs détenteurs parviennent à subvenir aux besoins de leur famille grâce à un système de coopération des plus développés, mais de nombreux petits propriétaires danois sont obligés d'ajouter aux revenus qu'ils tirent de leurs terres en extrayant et en vendant de la tourbe, en travaillant dans les bois, en tenant boutique dans les villages et les villes ou encore en se faisant embaucher comme journaliers.

Nous avons trouvé dans un ouvrage anglais des détails sur la main-d'œuvre employée en 1911 dans des fermes d'importance très diverse. Ainsi, un domaine immense couvrant plus de 2.833 hectares et exploité entièrement par son propriétaire possédait à cette époque un troupeau de 1.100 vaches laitières; il comprenait 170 chaumières, entourées chacune d'un lopin de terre, et qui servaient de logement aux domestiques du fermier. En outre, celui-ci faisait venir tous les ans une centaine de jeunes Polonaises dont il payait le voyage et qu'il occupait du mois d'avril à la fin de novembre; elles étaient logées et recevaient une allocation journalière en nature composée d'environ une livre de lait écrémé, de trois livres de pommes de terre et quatre francs en espèces.

Un autre domaine de 526 hectares, comptant 20 chevaux et 150 têtes de bétail, y compris 70 vaches, employait un personnel de 12 hommes logés et nourris à la ferme, outre un certain nombre de petits propriétaires (deux à six suivant la saison) travaillant en qualité de journaliers et dont les salaires étaient payés partie en argent, partie en nature.

Sur un domaine de 30 hectares le personnel employé se composait d'un régisseur, d'un domestique ordinaire de ferme, d'un vacher et exceptionnellement de journaliers employés à la moisson et au nettoyage de la betterave.

Sur un domaine de 25 hectares de bonnes terres et vingt hectares de terrains rendus à la culture, le fermier employait quatre célibataires, tous nourris et logés à la ferme.

Un autre observateur a noté en 1920 qu'un domaine de 30 à 35 hectares employait 4 hommes logés et nourris à la ferme, et en outre deux ouvriers supplémentaires pendant la saison de la récolte de la betterave.

En général, le régisseur d'un domaine de ce genre habite sur place et sa femme aide à la traite des vaches.

En ce qui concerne les petites propriétés, un domaine de 10 hectares appartenant à cette catégorie, était, en 1911,

exploité par le fermier, sa femme et les parents de celle-ci.
Un domaine de 7 hectares où se trouvaient 5 vaches laitières,
1 veau et 2 chevaux, ainsi que des porcs et de la volaille, était
exploité par le fermier, sa femme, sa fille et un jeune domestique vivant avec la famille.

Suède

Les 48 % de la population totale de la Suède vivaient
de l'agriculture en 1910. Si on laisse de côté les enfants au-
dessous de 15 ans et les femmes des paysans, la population
agricole active pouvait être évaluée à 931.849 personnes, dont
680.603, ou environ 70 %, étaient des hommes, et 251.246, ou
30 %, des femmes; sur cette population, 302.502 personnes
ou 33 % étaient des fermiers, 296.798 ou 32 % des membres
de la famille travaillant avec le fermier, et 332.549 ou 35 %,
des travailleurs salariés.

Les « Torpare ».

Les chiffres ci-dessus n'ont qu'une valeur relative, car
ils englobent comme salariés un certain nombre de petits
propriétaires : les « Torpare », qui paient leurs redevances
en journées de travail sur les grands domaines dont dépendent
leurs fermes. Cette forme de tenure est un vestige du régime
féodal, que l'on rencontrait aussi tout récemment dans
certains autres pays européens. Au point de vue de la législation moderne le « Torpare » est à la fois petit fermier, en
tant qu'occupant un «Torp», et ouvrier agricole en tant que
travaillant sur un grand domaine. Les « Torpare » ont eu une
tendance à disparaître depuis le milieu du XIXme siècle, tout
d'abord parce que les fermiers se sont convaincus qu'un très
grand domaine n'est avantageux que s'il est cultivé sous la
forme d'une unité et aussi parce qu'il leur a été fort difficile,
au cours de ces dernières années, de trouver des travailleurs
acceptant de payer leur tenure en journées de travail. Les
« Torp » ont donc été de nouveau englobés dans le domaine
principal ou loués contre paiement en argent. Il en existait
encore, en 1910, 53.005, dont 33 % seulement payaient leur
tenure en journées de travail; 10 % payaient en nature et
57 % en argent.

Ces tenures existent en général sur les plus grands
domaines, et c'est donc à la main-d'œuvre disponible pour
ces derniers qu'elles contribuent.

Personnel dirigeant des domaines et domestiques de la ferme.

Le personnel dirigeant employé dans les grands domaines :
régisseur, inspecteur, économe et contremaîtres, s'élevait
à 6.120 en 1910; les domestiques de ferme, logés et nourris
par leurs employeurs, s'élevaient à environ 38.289 hommes et
51.193 femmes pour les domaines ne dépassant pas 50 hec-

tares. Dans ces domaines il n'y avait pas de distinction bien marquée entre le travail aux champs et le travail dans les granges et les étables, ni entre le fermier, les membres de sa famille et la main-d'œuvre qu'il employait; tous participaient aux mêmes travaux et les conditions d'existence semblaient être les mêmes pour tous. Dans les plus grands domaines on employait en outre certains travailleurs spécialisés qui étaient nourris et logés. Ces derniers comprenaient 4.961 hommes et 1.211 femmes, occupés généralement à soigner les bestiaux ou en qualité de jardiniers.

Mais le travailleur-type des grands domaines, c'est le « statare », engagé à l'année et dont le gain est calculé partie en nature, partie en argent. Dans le sud de la Suède le logement d'un « statare » comprend en général deux pièces et une cuisine ; dans le reste du pays il ne comporte qu'une pièce et une cuisine. Il y avait, en 1910, 25.465 « statare », dont seulement quelques femmes.

Les journaliers.

Les journaliers suédois sont divisés en deux catégories : les « backstugusittare », qui possèdent ou louent une ferme et un lopin de terre, et les « lägenhetsinnehavare », qui ne possèdent aucune terre. Les premiers, qui tendent à diminuer, comprenaient 22.658 hommes et 10.501 femmes en 1910; les travailleurs ne possédant aucun terrain et dont le nombre augmente de plus en plus comprenaient à la même date 94.434 hommes et 13.022 femmes. La demande en journaliers tend d'ailleurs à augmenter tous les jours avec l'emploi des machines agricoles. Ces journaliers comprennent à la fois des hommes et des femmes, engagés pour plusieurs mois, ainsi que des ouvriers saisonniers. Les travaux saisonniers relatifs à la culture de la betterave étaient, avant la guerre, exécutés en partie par des émigrants polonais et galiciens. On a constaté l'entrée d'environ 1.500 Polonais ou Galiciens sur le territoire suédois, chaque année, de 1911 à 1913; cependant, cette immigration semble avoir complètement cessé depuis lors.

Droits et obligations des travailleurs.

La situation juridique de ces diverses catégories de travailleurs varie assez sensiblement. 75 % environ sont engagés à l'année. Les « statare », ainsi que les hommes et les femmes logés et nourris à la ferme, sont en général engagés de vive voix et restent soumis à la loi de 1833, qui stipule que leurs services durent une année à partir du 24 octobre. Une clause, abrogée en 1919[5], permettait de les poursuivre s'ils quittaient leur place avant la fin de l'année de leur engagement. De leur côté, les fermiers étaient obligés de les loger et de

---

[5] *Sociale Meddelanden*, Stockholm, 1919, p. 433.

les nourrir convenablement et de leur accorder tous les soins nécessaires en cas de maladie. Il leur incombait également de pourvoir à tous les besoins de l'ouvrier après trente années de services ininterrompus. Une autre clause, également abrogée en 1919, permettait aux fermiers de ne payer les salaires qu'à la fin de l'année d'engagement ; quelques-uns d'entre eux profitaient de cette disposition pour retenir en gage une partie des salaires, jusqu'à ce que l'année de service fût entièrement écoulée. Cette coutume a été abrogée.

Dans les grands domaines les ouvriers spécialistes, — logés et nourris à la ferme, — sont en général engagés par contrats écrits, qui énumèrent parfois en détail leurs droits et leurs obligations. Les « torpare » tombent sous l'application de la loi de 1917 relative aux tenanciers ; ils sont, en général, engagés par contrats écrits spécifiant le montant et la nature de leur fermage, qu'il consiste en argent, en produits ou en services. Ce contrat est conclu à vie ou pour un nombre d'années qui ne peut en aucun cas dépasser cinquante ; le tenancier sortant n'a, en général, droit à aucune compensation pour les améliorations qu'il a pu apporter à la terre. Aucune législation particulière ne vise les journaliers, qui sont généralement engagés par contrat verbal pour de courtes périodes et par contrat écrit pour des périodes de longue durée. Le contrat écrit est d'usage pour les immigrants.

Emploi des femmes et des enfants.

La main-d'œuvre féminine a une importance considérable dans le sud de la Suède, où on l'emploie en particulier à la culture de la betterave. Cette main-d'œuvre est, par contre, moins importante dans l'est et l'ouest du pays. Sur l'ensemble de la population ouvrière agricole employée d'une manière permanente en 1911, 6 % seulement comprenaient des individus au-dessous de 18 ans ; un très grand nombre d'enfants cependant, occupés à des travaux saisonniers, sont employés à la journée.

Insuffisance de main-d'œuvre dans quelques régions.

Une enquête effectuée en 1919 dans 2.229 communes, sur environ 2.410 communes rurales que compte la Suède, a montré que la main-d'œuvre était abondante dans 139 communes, suffisante dans 1.301 communes, insuffisante dans 714 communes et indéterminable dans environ 4 % des communes.

La main-d'œuvre disponible a augmenté depuis lors, plus particulièrement en 1917 et 1918, et cette amélioration a été attribuée à la réduction des besoins de l'industrie ainsi qu'à la crise du logement et à la rareté des vivres qui sévissaient dans les villes et les agglomérations industrielles. Cependant, l'agriculture eut en 1918 à faire face, pour le recrutement de sa main-d'œuvre, à la concurrence de nouvelles industries, telles que l'industrie de la tourbe et les coupes de bois temporaires ordonnées par la commission du combustible ; il en résulta un manque appréciable de main-d'œuvre agricole dans la région du nord et les régions boisées. De même que dans quelques autres pays, ce phénomène est de date récente en Suède ; il n'est apparu que vers 1860, lorsque l'émigration commença à prendre des proportions considérables.

Les heures de travail.

La même enquête a porté également sur la durée du travail des ouvriers employés aux champs ou dans les granges, des charretiers qui sont en général chargés de soigner les chevaux qu'ils conduisent et des bouviers.

Les journaliers et les hommes engagés à l'année, classés dans le premier groupe, faisaient, en 1919, pendant les trois mois d'été, 12 heures par jour, avec un repos de 2 heures au milieu du jour, soit 10 heures nettes de travail. La journée de travail pour ce même groupe était d'environ 8 heures, déduction faite du repos pendant le restant de l'année. Ce système était néanmoins sujet à de nombreuses dérogations locales, plus particulièrement dans les deux provinces du sud, la Scanie et le Blekinge, ainsi que dans les régions du nord du lac Mälaren, où la journée d'été est plus courte et la journée d'hiver plus longue qu'ailleurs. Les enquêtes auxquelles on a procédé prouvent que les heures de travail des ouvriers des champs ont diminué pendant les neuf dernières années [6] et que leur diminution a précisément été le plus sensible dans les régions où le travail était le plus long.

Les charretiers composant le deuxième groupe étaient obligés, en de nombreux endroits, de passer une demi-heure à une heure et demie à atteler leurs bêtes avant de pouvoir commencer leur journée de travail proprement dite, qui se trouvait allongée de ce fait. Et cependant, cette journée était supposée être la même que celle des autres travailleurs, soit parce que le temps passé à soigner leurs chevaux ne leur était pas compté, soit parce qu'on leur permettait de commencer leur travail un peu plus tard que les autres hommes.

Les hommes et les femmes occupés aux soins des bestiaux travaillaient en 1919 de 13 à 14 heures par jour. Il est vrai qu'ils n'avaient rien d'autre à faire pendant la plus grande partie de la journée qu'à surveiller les bestiaux et qu'en outre cette journée comportait de longs intervalles de repos s'élevant à environ 3 heures par jour, ce qui réduisait leur journée de travail réelle à 10 ou 11 heures.

---

[6] On estime que cette diminution est d'environ une demi-heure par jour.

Des contrats collectifs du travail.

Le syndicalisme est très développé parmi les populations agricoles du Danemark et de la Suède et les lois et usages qui déterminent les relations entre les fermiers et leurs employés sont constamment modifiés ou définis par des contrats collectifs.

Danemark

L'Union danoise des travailleurs de la ferme fut fondée en 1911; elle comptait alors 784 adhérents. Le nombre de ceux-ci s'élevait à 38.000 au commencement de 1919. Les fermiers s'organisèrent de leur côté vers la fin de 1918 et créèrent l'Association patronale des propriétaires agricoles et forestiers danois, qui possède quatre sections dans le pays. Ces deux organisations sont affiliées, la première à la Fédération des syndicats danois et la seconde à l'Association des employeurs et patrons danois.

Les patrons et les ouvriers signèrent, le 13 février 1919, un accord pour une durée d'un an à partir du 1er mai 1919, accord qui limitait la journée de travail pour l'agriculture et prévoyait un minimum de salaire pour toutes les catégories de travailleurs. Il a été remplacé par un accord plus détaillé appliqué depuis le 7 mai 1920.

Les principales dispositions de cet accord sont groupées en quatre parties qui concernent le logement et l'alimentation des ouvriers agricoles, les heures de travail et les salaires, le règlement des conflits et le droit d'association.

Logement et nourriture des domestiques de ferme.

L'accord stipule que les hommes et femmes nourris à la ferme devront toujours être des célibataires; qu'ils auront droit à des logements convenables et bien aérés, pouvant être éclairés et chauffés pendant l'hiver; en outre, dans toutes les constructions postérieures à la conclusion de l'accord, les logements du personnel ne pourront être directement reliés aux étables. Dans les autres, une entrée spéciale devra être aménagée, si les occupants en expriment le désir. Chaque pièce devra être parquetée et son ameublement devra comprendre une bonne table, un lavabo, au moins une chaise et un bon lit pour chaque travailleur; une même pièce ne pourra servir à plus de trois personnes. Les ouvriers auront droit à des draps propres au moins une fois par mois et à des serviettes propres au moins une fois par semaine. Le fermier est responsable de la propreté, de l'entretien convenable, du chauffage et de l'éclairage des pièces. Les travailleurs nourris par l'employeur devront recevoir une alimentation saine et abondante.

Tout homme marié, employé avec sa famile dans un domaine, aura droit à un logement comprenant au moins deux pièces — trois dans le cas où le logement aura été construit après la date de l'accord — ainsi qu'à une cuisine, un cellier et toutesfacilités nécessaires pour faire la lesssive, un endroit spécial pour emmagasiner le combustible et des dispositions sanitaires convenables. L'usage d'un puits parfaitement couvert devra également être accordé, ainsi qu'un poulailler.

Les logements comprenant deux pièces devront avoir au moins un bon poêle, et ceux de trois pièces, deux poêles. Chaque maison devra posséder son jardin — ou, si la chose est impossible, le travailleur aura droit à une compensation appropriée. Une indemnité de logement pourra, s'il est nécessaire, être allouée au domestique de ferme au lieu du logement auquel il a droit. Les travailleurs auront droit à l'usage d'un véhicule pour aller chercher le combustible qu'il leur faut ou le docteur en cas de maladie, dans un rayon de 7 km. ½ de leur maison, et même au besoin de 12 km.

L'ouvrier agricole aura le droit d'acheter à son patron, au prix de gros, le lait et les pommes de terre nécessaires à sa consommation, ainsi que le maïs pour la nourriture de ses volailles et de ses porcs, dans la limite des disponibilités du fermier.

Chaque fois que le travailleur aura l'usage de terrains ou de bâtiments annexes, outre son logement et son jardin, un inventaire en sera fait, au moment de l'arrivée et du départ, et ce dernier aura droit à ce moment à une compensation pour toute amélioration qu'il aura pu apporter aux bâtiments, d'accord avec le fermier.

Il devra payer le loyer pour les terrains qui lui auront été ainsi concédés, à raison d'une couronne danoise par are [7]. Cette somme sera déduite de son salaire hebdomadaire pendant les six mois d'été, et le fermier devra l'autoriser à employer les chevaux et l'outillage nécessaires pour la culture des dites terres.

L'accord prévoit en outre que toute ferme devra comprendre une pièce confortable et convenablement meublée qui pourra être éclairée le soir et chauffée l'hiver, et dans laquelle les travailleurs pourront passer leurs instants de loisir.

Ces dispositions concernent les grands domaines employant un certain nombre de salariés. D'autres clauses stipulent que l'unique vacher employé dans les petites fermes du comté de Maribo et dans le diocèse de Sjelland — et qui en général soigne de 15 à 30 vaches laitières ainsi qu'un nombre correspondant de taureaux et de veaux depuis au moins deux ans — a droit pour lui-même à une chambre entièrement gratuite, chaque fois que la chose est possible, et en tout cas lorsque la ferme est construite depuis la conclusion de l'accord.

---

[7] 1 fr. 389 au pair.

Fixation de la journée de travail.

Pour la fixation de la journée de travail on a adopté le principe d'une durée de travail normal, variant selon les saisons et coupée par des repos obligatoires.

Le contrat prévoit que, sous certaines réserves, le fermier peut contraindre les ouvriers à faire des heures supplémentaires payées à un tarif supérieur. La journée de travail fixée par le contrat est de 9 h. ½ (6 h. du matin à 5 h. ½ du soir) du 1er mars au 15 novembre; de huit heures (7 h. du matin à 5 h. du soir) du 16 novembre au 15 février; et de neuf heures (6 h. ½ du matin à 5 h. ½ du soir) pendant la dernière quinzaine du mois de février.

Dans les régions où l'on cultive la betterave, la journée de travail peut au besoin être augmentée d'une heure, pendant la dernière quinzaine de novembre, afin de permettre l'arrachage et le transport des betteraves, à condition que cette journée de travail soit diminuée d'une demi-heure du 15 février au 15 mars. Pendant les six semaines de la moisson sa durée peut être de dix heures consécutives, entre 8 h. du matin et 8 h. du soir.

Les ouvriers agricoles employant des chevaux ont le droit de quitter leur travail vingt minutes avant les autres ouvriers, afin de leur permettre de dételer et de soigner leurs bêtes. Les repos ont été fixés à raison d'une demi-heure pour le petit déjeuner et d'une heure à une heure et demie pour le déjeuner. Les règlements limitant la journée de travail ne s'appliquent pas à l'unique vacher employé dans les petites fermes du comté de Maribo et dans le diocèse de Sjelland. Les autres bouviers n'ont droit à aucune rétribution pour heures supplémentaires, à moins qu'ils ne travaillent plus de neuf heures et demie par jour; ils doivent travailler les dimanches et jours de fête au même tarif que les autres jours de la semaine; mais ils ont droit à une journée de congé payée tous les mois. Les femmes et les jeunes filles occupées à la traite ont également droit à ce congé. Les bouviers ont droit à un repos d'au moins une demi-heure après quatre heures consécutives de travail; ils peuvent, en outre, réclamer un supplément de salaire pour chaque vache traite au-dessus de la dix-huitième.

Salaires et heures supplémentaires.

Les barèmes déterminant les salaires relatifs à la journée de travail normale, aux deux premières heures supplémentaires au-dessus de deux, au travail exécuté le dimanche ou pendant les jours de fête, comportent des tarifs différents, soit qu'il s'agisse : 1º de travailleurs engagés à l'année ou pour six mois, ou par contrat écrit pouvant prendre fin par consentement mutuel ou être dénoncé par l'une des parties après trois mois de préavis, que ces travailleurs soient ou non logés par leurs employeurs; 2° pour les femmes appartenant à cette catégorie; 3° pour les travailleurs temporaires dont l'engagement peut se terminer sans préavis; 4° pour les femmes employées temporairement.

C'est le patron qui apprécie la nécessité des heures supplémentaires; mais il ne peut les exiger sans raison plausible, ni y avoir recours trop fréquemment; les heures supplémentaires ne peuvent notamment être exigées à des périodes régulières, alors que le travail pourrait être accompli autrement, ni tous les jours ou toutes les semaines pendant une période de plus de trois semaines.

Le patron fixe le nombre des heures supplémentaires nécessaires pendant la moisson. Il peut également exiger une heure supplémentaire chaque jour pendant la saison de l'arrachage de la betterave, pendant les semailles et durant les opérations de battage exécutées avant le 15 novembre. Certains travaux peuvent être exécutés après la journée normale de travail par le personnel fixe du domaine, à un taux moindre que celui prévu pour les heures supplémentaires. La traite des vaches et l'attelage des chevaux sont payés à des taux spéciaux; divers tarifs ont été également prévus pour les travaux pouvant s'exécuter à la tâche. Les tarifs à l'heure ont été fixés pour les hommes au-dessus de 18 ans et les femmes au-dessus de 16 ans, mais il est entendu que le patron peut payer à des taux inférieurs, après accord, tout travailleur âgé, infirme ou invalidé en partie, qu'il emploie sur ses terres. Les enfants au-dessous de 14 ans ne devront pas être employés aux machines ni à la conduite des chevaux.

Les ouvriers agricoles devront, autant que possible, être affiliés à une société d'assurance contre la maladie approuvée par l'Etat ; il incombe aux fermiers de les assurer contre les accidents, en vertu de la loi générale sur les accidents du travail.

Arbitrage.

En ce qui concerne le règlement des conflits entre patrons et ouvriers, les parties signataires de l'accord ont décidé qu'aucun litige ne pourra être suivi de grève, de lock-out ou de toute autre mesure de pression, avant qu'un règlement à l'amiable n'ait été tenté. L'accord prévoit tout d'abord la constitution d'une commission de conciliation composée de deux membres, dont un représentant l'association patronale et un le syndicat ouvrier. Cette commission devra se réunir à l'endroit même où le litige s'est élevé, dans le but de tenter la conciliation, dans les huit jours de la réception d'une plainte de l'une ou de l'autre des parties. Si cette commission ne réussit pas à établir l'accord, le litige devra être ensuite soumis à un tribunal d'arbitrage. Aucune cessation de travail ne pourra avoir lieu avant qu'on n'ait eu recours à cette procédure, à moins que les patrons n'aient suspendu le paiement des salaires, que des considérations urgentes affectant la vie, le bien-être ou l'honneur de l'une des parties ne soient en jeu et que celles-ci n'aient pu tomber d'accord pour soumettre la question en suspens à l'arbitrage. Quand les parties diffèrent sur le point de savoir si la question en litige tombe sous l'application du contrat collectif, le point de vue de chacune des parties peut être soumis à l'arbitrage.

Le tribunal d'arbitrage sera composé de cinq membres, dont deux choisis parmi les patrons et deux parmi les ouvriers. Le cinquième sera élu par les quatre premiers et présidera de droit le tribunal, avec voix prépondérante. Aucune des personnes possédant un intérêt quelconque dans le domaine où le litige s'est élevé ne pourra faire partie du tribunal. En général, ce tribunal devra se réunir dans les six jours après réception d'une demande de l'une ou l'autre des organisations patronale ou ouvrière. Toutes les stipulations relatives à l'arbitrage sont néanmoins soumises à une restriction: les deux associations signataires du contrat s'engagent à prendre part à toute suspension de travail qui pourra être ordonnée par l'organisation à laquelle elles sont respectivement affiliées, c'est-à-dire soit par l'Association des patrons danois, soit par la Fédération des syndicats ouvriers danois.

Le droit d'association.

Le droit d'association des patrons et des travailleurs est garanti par une clause spéciale qui stipule que chacune des organisations signataires reconnaît sans réserve l'autre partie et qu'aucune d'entre elles ou l'un quelconque de leurs membres ne devra, en aucune circonstance, causer d'ennuis à un membre quelconque de l'autre organisation, en vue de forcer celui-ci, directement ou indirectement, à quitter son organisation.

L'accord ci-dessus devait rester en vigueur jusqu'à ce que l'une ou l'autre des parties signataires le dénonçât, moyennant préavis de six mois devant expirer le 1er mai de chaque année. L'accord fut effectivement dénoncé en décembre dernier par l'Association des employeurs de l'agriculture et de l'industrie forestière du Danemark; il cessera donc ses effets le 1er mai prochain [8]. Il est probable que les employeurs feront tous leurs efforts pour le modifier en leur faveur avant la moisson prochaine.

SUÈDE

Les organisations ouvrières.

Des accords collectifs du travail existent depuis une vingtaine d'années en Suède. Les ouvriers de quelques fermes obtinrent une augmentation de salaires en 1898, grâce à l'action de leur syndicat. Celui-ci fut dissous dans la suite, mais se reconstitua en 1904 sous le nom d'Union des ouvriers

---

[8] *Social Demokraten*, Copenhague, 29 décembre 1920.

agricoles de Scanie et réussit, pendant les quatre années suivantes, à enrôler un grand nombre d'ouvriers. L'Union des ouvriers agricoles de la Suède centrale, qui comprend entre autres des ouvriers travaillant dans des entreprises qui sont à la fois agricoles et industrielles, fut fondée en 1906 ; elle fusionna, en 1908, avec l'organisation ouvrière de Scanie, sous le nom d'Union suédoise des ouvriers agricoles et s'affilia, par la suite, lorsqu'elle comprit 10.000 membres, à la Fédération des syndicats suédois. A partir de 1907 les ouvriers agricoles de diverses régions qui se trouvaient en rapport étroit avec les centres industriels réussirent à conclure des accords collectifs du travail avec les employeurs. Trente-cinq contrats conclus de la sorte réglaient, en 1909, les relations entre 92 fermiers et 2.095 ouvriers agricoles. Mais, par la suite, les travailleurs se désintéressèrent de leur organisation syndicale, après que leurs salaires et leurs conditions de travail eurent été améliorés ; dans le sud de la Suède, la solidarité qui les unissait semble avoir été ébranlée par la grève des travailleurs municipaux de Malmoë, qui eut lieu au mois d'août 1909. Les membres de l'Union suédoise des ouvriers agricoles démissionnèrent en si grand nombre, après la grève générale de 1909, que le syndicat, obligé de faire face à un déficit énorme dans ses revenus, dut se retirer de la Fédération suédoise des syndicats et mener, jusqu'en 1918, une existence des plus précaire. En 1915, parmi les contrats collectifs qui avaient été signés, cinq seulement étaient encore observés.

L'Union suédoise des ouvriers agricoles fut réorganisée en 1918 ; elle comptait en 1919 10.000 adhérents, recrutés en majeure partie dans les cinq provinces du sud et du centre de la Suède, c'est-à-dire en Scanie, dans le Blekinge, dans l'Œstergötland, dans le Södermanland, dans le Västmanland, en Dalécarlie, ainsi que dans certaines parties du Västergötland, du Värmland et du Halland. On croit que le nombre des adhérents s'élève maintenant à 20.000. Un syndicat d'ouvriers agricoles existait également en 1919 dans l'Uppland ; il comptait alors 4.000 adhérents. Il existe enfin, à l'heure actuelle, d'autres syndicats agricoles ou forestiers dans le Västmanland et en Dalécarlie. Une commission mixte s'est réunie en novembre dernier dans le but d'examiner les possibilités de fusionnement de ces diverses associations et il est presque certain que ces tentatives aboutiront.

Les organisations patronales.

Les patrons se sont également organisés de leur côté. L'Association des employeurs agricoles de Scanie fut la première organisation patronale créée et son exemple fut suivi par d'autres associations locales dans la plupart des comtés. Une organisation centrale fut fondée en 1908, sous le nom d'Association des représentants des entreprises agricoles suédoises. Il existait environ dix associations patronales en

1919, avec un nombre total de 1.500 affiliés, dont quelques-uns dirigeaient à la fois des usines et des domaines. Une organisation centrale beaucoup plus forte, la Fédération centrale des employeurs agricoles suédois, fut créée en 1920.

Les accords de 1919.

Un mouvement en faveur de la conclusion d'accords collectifs et d'une augmentation de salaires, en rapport avec le coût toujours croissant de la vie, s'est déclanché en 1919 dans la région de l'Uppland; il dégénéra en grève locale, puis en grève d'un caractère plus général, au mois de juillet de la même année. Un certain nombre de travailleurs des provinces de Västmanland, de Scanie et de Södermanland se joignirent par la suite au mouvement. Le gouvernement intervint au mois d'août et nomma une commission spéciale de médiation entre patrons et ouvriers, tout en stipulant que les patrons devaient, au préalable, reconnaître le principe des accords collectifs. Ces derniers acceptèrent, et comme c'était justement là la principale cause du conflit, le travail fut immédiatement repris et des négociations furent entamées, le 8 août, à Stockholm.

Un accord pour l'ensemble du pays fut conclu, par la suite, entre les représentants patronaux et ouvriers. Les lignes générales de cet accord furent complétées par divers accords locaux pour l'Uppland, le Södermanland, le Västmanland, la Scanie et l'Œstergötland: l'accord concernant cette région a été signé sans l'intervention de la commission gouvernementale. L'accord général a été conclu pour la période comprise entre le 24 octobre 1919 et le 24 octobre 1922. Il doit se renouveler ensuite par tacite reconduction, d'année en année, à moins que préavis contraire accompagné de nouvelles propositions ne soit signifié par l'une ou l'autre des parties contractantes avant le 24 octobre de chaque année.

Logement des ouvriers agricoles.

L'accord national suédois ne renferme aucune stipulation particulière quant au logement qui doit être accordé aux ouvriers logés et nourris par les fermiers ; les accords locaux de 1919 sont encore, à cet égard, beaucoup moins complets que l'accord général du Danemark. Ils stipulent néanmoins que l'habitation du « Statare » devra comprendre au moins une chambre, une cuisine, un jardin attenant et un lopin de terre pour la culture des pommes de terre; en outre une certaine quantité de combustible et de litière doit être ajoutée au salaire en nature ou en espèces de ces travailleurs.

Le « Statare » et sa famille ont en outre droit aux soins médicaux gratuits et ils peuvent, sans frais, envoyer chercher un docteur ou une sage-femme ; ils ont également droit au transport gratuit pour se rendre à leur travail.

Congés et heures de travail.

L'accord général prévoit que tout travailleur aura le droit de cesser le travail à midi, la veille de Noël, du jour de l'An, de Pâques, de la Pentecôte, du 21 juin; qu'en outre, le premier samedi du mois de juin sera considéré comme jour de congé général; que les travailleurs devront avoir le temps nécessaire pour voter aux élections municipales; qu'un congé de sept jours leur sera accordé chaque année; ce congé, qui ne pourra avoir lieu pendant la moisson ou les semailles, pourra être réparti, d'un commun accord, en deux périodes. Les bouviers auront droit en outre à un jour de congé au moins, le troisième dimanche du mois. L'accord spécifie que la durée normale de la journée de travail sera fixée par arrangements locaux, mais stipule que tout patron ou son représentant aura le droit de faire faire des heures supplémentaires, payées par demi-heure suivant un tarif à fixer par accords spéciaux dans chaque localité. Il stipule également que tout travail exécuté entre neuf heures du soir et cinq heures du matin devra être payé à un taux supérieur de 50 % au tarif ordinaire des heures supplémentaires. Tout comme l'accord danois, l'accord général suédois stipule que les bouviers n'ont aucun droit au paiement des heures supplémentaires pour le soin du bétail. Il établit en outre que le soin des chevaux avant le commencement de la journée normale de travail ou tout travail nécessité soit par un incendie, soit par l'inondation ou une maladie sérieuse ou toute autre cause analogue, ne donnera aucun droit au paiement d'heures supplémentaires.

Le but des parties contractantes, en laissant fixer la durée normale de la journée de travail suivant les localités, a été de conserver à l'accord une certaine élasticité nécessitée par la nature même du sol en Suède. La seule réglementation prévue à cet effet dans les accords locaux de 1919 était que tout travail devait cesser dans les champs après six heures du soir pendant les six mois d'été, ce qui ne constitue en rien une tentative d'adaptation de la journée de huit heures ou de neuf heures à l'agriculture.

Les salaires et les contrats d'engagement.

L'accord général stipule que des taux minima de salaires doivent être fixés dans chaque localité pour les catégories suivantes de travailleurs au-dessus de 18 ans: 1º les « statare », qui sont charretiers; 2º les « statare » bouviers, conducteurs et garçons d'écurie; 3º les domestiques logés et nourris à la ferme; 4º les journaliers logés qui reçoivent en outre une certaine quantité de combustible; 5º les journaliers payables uniquement en espèces; 6º les femmes ou les jeunes filles employées à la traite des vaches.

Il a été décidé également, dans l'accord, que 55 % du salaire annuel total doivent être payés pendant l'été et 45 %

pendant l'hiver. On a voulu ainsi empêcher les travailleurs de quitter leur emploi au printemps. Une clause spéciale stipule que les tarifs pour le travail à la tâche devront faire l'objet d'un accord spécial entre employeurs et ouvriers. Quant au statut légal des travailleurs, l'accord national établit que ceux-ci devront être engagés par contrat individuel, pour une période définie ou jusqu'à ce que l'une des parties contractantes ait donné congé à l'autre. Mais comme les contrats peuvent toujours être élaborés en vertu de la loi de 1833, le statut des travailleurs ne semble pas avoir été considérablement modifié par les nouvelles méthodes d'engagement. Les employeurs doivent assurer leur personnel contre les accidents du travail, conformément à la loi générale d'assurance contre les accidents, leur procurer gratuitement tous les soins médicaux et les médicaments dont ils peuvent avoir besoin et leur payer, en cas de maladie, une fraction de salaire qui, jointe aux secours de l'assurance, ne dépasse pas leur salaire normal.

Arbitrage.

En ce qui concerne le règlement des litiges qui pourraient s'élever au sujet de l'interprétation et l'application des accords locaux, l'accord national stipule qu'aucune grève, lock-out ou autre suspension de travail ne pourra avoir lieu avant que des négociations n'aient été entamées entre les parties intéressées. Dans le cas où les parties ne parviennent pas à s'entendre, la question doit être soumise aux organisations locales et, si celles-ci ne peuvent aboutir à un accord, aux organisations nationales. Si ces dernières échouent à leur tour, chacune d'elles devra nommer deux arbitres, lesquels nommeront un cinquième arbitre qui sera de droit leur président. Si les parties ne parviennent pas à s'entendre sur le choix du président, celui-ci sera nommé en vertu de la loi relative aux arbitrages. La décision du tribunal d'arbitrage ainsi constitué sera obligatoire en toutes circonstances. Les deux parties paieront chacune la moitié des frais nécessités par l'arbitrage.

Droit d'association.

L'accord national reconnaît explicitement le droit d'association des patrons et des ouvriers, mais il a apporté au droit d'association des travailleurs une restriction, d'ailleurs assez courante, en stipulant que le patron ne sera pas considéré comme contrevenant s'il empêche certains travailleurs, notamment ceux engagés pour son service personnel, ses contremaîtres ou son régisseur, qui sont ses représentants vis-à-vis des travailleurs, de faire partie de l'Union des ouvriers agricoles. Il pourra, en particulier, chaque fois qu'il engagera un régisseur pour des terres non rattachées à son domaine, stipuler que ledit régisseur ne pourra faire partie du syndicat ouvrier, quelle que soit la part que ce dernier puisse prendre lui-même à la culture du sol.

Les accords de 1920.

En dépit des conditions que l'accord national et les accords locaux de 1919 assuraient ainsi à la population rurale, celle-ci s'estima peu satisfaite et la cherté persistante de la vie contribua, dans une large mesure, à augmenter son mécontentement. Une nouvelle grève des ouvriers agricoles eut lieu en 1920 et le gouvernement se vit obligé de nommer une deuxième commission de conciliation. Les travailleurs n'obtinrent cependant aucun nouvel accord général et la plupart d'entre eux continuèrent à observer celui de 1919. Des accords locaux ont néanmoins été conclus ou amendés dans la majorité des provinces. Les seules exceptions sont le Södermanland, le Värmland et le Skaraborgsland, dans la province de Västergötland, où il n'a été jusqu'ici possible de conclure que des accords pouvant s'appliquer à de toutes petites régions, accords qui n'ont d'ailleurs pas été approuvés par les organisations centrales.

Les accords locaux nouvellement conclus sont valables pour un an à partir du 24 octobre 1920 et ne pourront être dénoncés par l'une des parties sans avis préalable de quatre mois. Les négociations en vue d'un nouvel accord ne pourront commencer qu'un mois après l'expiration du préavis.

Les nouveaux accords, signés le 30 août et le 17 septembre de l'année dernière, dans les provinces de l'Uppland, de Scanie, de Halland, de Alvsborgsland, dans le Västergötland, dans l'Œstergötland, dans le Närke et le Västmanland, constituent cependant pour les travailleurs un progrès par rapport aux accords de 1919, car ils ont établi des taux de salaires plus élevés et renferment des stipulations beaucoup plus détaillées en ce qui concerne le logement des travailleurs et la limitation de la journée de travail.

Logement des domestiques de ferme.

Ces accords stipulent que le « statare » doit être logé dans une maison renfermant au moins deux chambres et une cuisine, ou seulement une chambre et une cuisine, si la superficie totale du logement est au moins de 375 pieds carrés. Dans les fermes où il est impossible d'accorder de telles conditions aux travailleurs, ceux-ci ont droit à une allocation annuelle dont le montant varie selon le degré d'infériorité du logement qu'ils occupent. Les accords stipulent également que ces logements doivent être en bon état et que toutes les mesures d'hygiène doivent y être observées ; qu'ils doivent pouvoir être chauffés et posséder toutes les facilités nécessaires à l'emmagasinage du combustible et à la lessive; qu'en outre une étable à porcs et un lopin de terre pour la culture des pommes de terre doivent y être attachés. Les travailleurs logés et nourris par les fermiers doivent pouvoir jouir de chambres convenablement meublées et chauffées et chacun d'eux a droit à un lit. Le fermier doit les soins médicaux à tout homme ou femme qu'il engage pour une période d'au moins un mois.

Limitation de la journée de travail.

Le nombre total des heures de travail dans le centre de la Suède peut être évalué à environ 2.650 par an. La journée de travail, non compris les repos, y est fixée à 7 h. ½ en décembre. à 8 heures en novembre et janvier, à 8 h. ½ en février, à 9 heures du commencement de mars au milieu d'avril et pendant le mois d'octobre et à 10 heures du 15 avril au 30 septembre.

Les travailleurs de Scanie font environ 50 heures de plus de travail par année, la durée moyenne de la journée de travail ayant été fixée à 8 heures du 1er décembre jusqu'à fin février, à 9 heures du 1er octobre à la fin de novembre et à 10 heures du 1er mars à la fin de septembre.

Les accords stipulent que la journée de travail ne pourra commencer avant 7 heures du matin ni finir après 7 heures du soir et qu'elle devra prendre fin à 6 heures du soir le samedi. jour où elle ne devra pas dépasser plus de neuf heures. Une journée de travail de plus de 9 heures devra être interrompue par un intervalle d'une heure et demie pour le repas ; une journée de 9 heures ou moins, par un intervalle d'une heure. Sauf en Scanie, le travail est, en outre, interrompu par deux pauses d'un quart d'heure quand la journée dure plus de neuf heures et par une seule quand elle n'atteint pas cette durée. Dans les limites des dispositions qui précèdent, le patron a le droit de fixer comme il l'entend le nombre des heures de travail et leur répartition. Il peut même, dans les cas de travaux spéciaux, déroger aux stipulations et répartir la journée de travail selon la coutume établie.

Les bouviers et valets d'écurie et les femmes employées à la traite ne sont pas soumis aux règles ordinaires limitant la journée de travail; les accords stipulent qu'un bouvier ne doit pas, en règle générale, travailler plus de dix heures, ou. exceptionnellement, plus de onze heures par jour et que les femmes ne sont pas obligées de traire plus d'une certaine quantité de lait.

Les accords permettent au patron de prévoir, dans le contrat d'engagement, des heures supplémentaires, qu'il doit payer à un taux plus élevé. Ces heures supplémentaires ne doivent pas dépasser une demi-heure par jour pendant quatre mois de l'année ou une heure pendant deux mois; de toute façon, elles ne doivent jamais être faites pendant les mois au cours desquels la durée normale de la journée de travail a été fixée à 10 heures. Il est en outre déclaré qu'aucune des stipulations de l'accord n'a pour but de prolonger la durée de la journée de travail au delà de celle fixée auparavant par les coutumes locales.

Le droit d'association.

Une clause acceptée par les deux parties a été ajoutée à cet accord. Elle vise à garantir le droit d'association que les coutumes et les usages avaient quelque peu ébranlé. Elle stipule que le renvoi d'un travailleur, sous prétexte qu'il est dirigeant ou membre d'une organisation, constitue une violaton du droit d'association et qu'en conséquence le refus d'un employeur de fournir, par l'intermédiaire de son organisation à l'organisation ouvrière, les raisons du renvoi d'un tel travailleur, constitue également une violation du droit d'association. ;

Arbitrage.

Les nouveaux accords locaux ont confirmé les clauses de l'accord général relatives au règlement des conflits.

Accords locaux plus étendus.

Il existe un certain nombre d'ouvriers agricoles qui ne s'estiment pas encore satisfaits et qui espèrent toujours une révision de l'accord national en leur faveur. Une preuve de cet état d'esprit nous est fournie par l'accord que quelques centaines de travailleurs de la province de Södermanland ont conclu dernièrement avec un certain nombre d'employeurs. Bien que cet accord n'ait été approuvé par aucune organisation, il est destiné à rester en vigueur pendant un an à partir du 4 octobre 1920. Cet accord prévoit que tous les travailleurs logés dans les fermes peuvent demander que le logement dont ils disposent soit inspecté, le patron payant les deux tiers et l'organisation ouvrière l'autre tiers des frais nécessités par l'inspection. Le même accord limite la journée de travail à 7, 8 ou 9 heures selon la saison et spécifie l'heure à laquelle elle doit commencer et se terminer, ainsi que les heures pendant lesquelles les repos doivent avoir lieu.

Entre temps, le groupe parlementaire des fermiers a déposé plusieurs motions relatives à la législation concernant les conventions du travail applicables à l'agriculture. Leur intention est de faire voter une loi qui réponde aux nécessités actuelles et qui tende, par conséquent, à enlever leur raison d'être aux grèves ou aux accords collectifs. Cette loi obligerait les deux parties à observer certains délais avant toute suspension du travail. Elle imposerait également l'arbitrage chaque fois qu'il y aurait désaccord touchant l'interprétation d'une convention [9].

*
* *

Les accords scandinaves montrent les conditions de vie exigées actuellement par les ouvriers agricoles danois et suédois ; chaque homme ou femme logé à la ferme doit être bien

---

[9] *Industria,* Stockholm (22 février 1921).

nourri et coucher dans un lit séparé, dans une pièce propre, chaude et saine; les hommes mariés doivent être logés dans des bâtiments en bon état, renfermant au moins deux pièces et une cuisine et disposer d'un jardin et de dépendances.

Le nombre des heures de travail est moins élevé au Danemark qu'en Suède; de mars ou avril jusqu'à la fin de septembre la journée de travail est de 10 heures en Suède, tandis qu'elle est de 9 h. ½ au Danemark, sauf pendant les six semaines que dure la moisson ; cette différence n'est pas contre-balancée entièrement par le fait qu'en décembre la journée de travail est un peu plus courte en Suède qu'au Danemark et que la longue journée de 9 heures ½ est appliquée pendant six semaines de plus que la journée correspondante de dix heures en Suède. La journée de travail la plus courte est de 7 heures ½ en Suède et de 8 heures au Danemark. Les accords prévoient dans les deux pays et dans de certaines limites des heures supplémentaires payées à un tarif spécial.

Le droit d'association n'est pas limité au Danemark, mais, en ce qui concerne la Suède, il est soumis à une réserve qui en excepte les domestiques attachés à la personne du maître et les régisseurs. Enfin, les accords relatifs à ces deux pays renferment des stipulations identiques pour le règlement amiable des différends entre employeurs et ouvriers.

SOURCES

Pour le Danemark :

Statistisk Aarbog, 1919, Copenhague 1920.

Folketaellingen i Kongeriget Danmark den 1 Februar 1911, Service statistique du Danemark, Copenhague 1914.

The Journal of the Ministry of Agriculture, Londres, février, avril et mai 1920.

Volkswirtschaftliche Chronik für das Jahr 1909, pages 451 et suivantes, Iéna 1905.

Le Musée social, Paris, mars 1914.

Rider Haggard : Rural Denmark and its Lessons, Londres 1917.

Overenskomst mellem Arbejdsgiverforeningen for Land og Skovbrug i Danmark og Landarbejderforbundet i Danmark angaende Lon- og Arbejdsforhold for de hos Arbejdsgiverforeningens Medlemmer beskaeftigede Medlemmer af Landarbejderforbundet, Copenhague 1920.

Pour la Suède :

Sweden, Historical and Statistical Handbook, Stockholm, 1914.

Bulletin des Institutions économiques et sociales, Institut international d'agriculture, Rome, février, mars et avril 1916.

Sveriges officiella statistik : Arbetartillgang, arbetstid och arbetslon inolm Sveriges jordbruk ar 1918, Stockholm 1920. D° 1919, Stockholm, 1920.

Sociala Meddelanden, n°° 5-8, 1919, et n° 1, 1920, Stockholm.

Rapport communiqué par le président de l'Union des ouvriers agricoles de la Suède (*Svenska Lant arbetareforbundet*). Nyköping.

Mémoire sur certaines questions du travail relatives à l'agriculture en Suède, communiqué par le Dr. Bertil Nyström, chef de la section des statistiques agricoles au ministère du Travail.

Accords collectifs :

Riksavtal, och Lokalavtal for Uppland och Södermanland, Stockholm, 1919.

Riksavtal och Dokalavtal for Skane, Norrköping 1919.

Riksavtal och Lokalavtal för Ostergötland, Stockholm, 1919.

Lokalavtal mellan Orebro Iäna Lantmäns Arbetsgivareförening och Narkes districkt av Svenka Lantarbetareforbundet, Orebro, 1920.

Lokalavtal mellan Ostergötlands läns Lantarbetsgivareförening och Ostergötlands Distrikt av Sv. Lantarbetare förbundet, Norrköping, 1920.

Lokalavtal mellan Alvsborgsläns lantarbetsgivareförening samt Vastergötlands distrikt av Svenska Lantarbetareförbundet, Göteborg, 1920.

Lokalavtal mellan Skenska lantmännens arbetsgivareforening och Skanes distrikt av Svenska lantarbetare förbundet. Norrköping, 1920.

Un système financier pour faciliter l'écoulement des récoltes [1].

L'ASSOCIATION des producteurs de blé de l'Etat de Washington ("Washington Wheat Growers' Association"), qui constitue une société coopérative n'ayant pas en vue la réalisation de profits directs, a été fondée par un groupe d'agriculteurs de la région Nord-Ouest des Etats-Unis dans le but de faciliter l'écoulement de leur blé sur le marché sans avoir à craindre la spéculation ou l'agiotage.

Lors de la crise financière sérieuse de l'hiver dernier cette association, ayant jugé nécessaire de mettre à la portée de ses membres un moyen de se procurer des avances pécuniaires, résolut le problème par l'émission de bons à court terme; et c'est ainsi que, pour la première fois, des agriculteurs des Etats-Unis purent obtenir des capitaux du public sans avoir recours à des intermédiaires.

---

[1] D'après un article de M. Aaron Sapiro dans *The Survey*, 12 mars 1921.

Jusqu'à cette époque, les agriculteurs étaient obligés, par les termes mêmes des contrats de l'association, de livrer leur blé aux entrepôts publics (elevators), où il leur était remis en échange des reçus ordinaires spécifiant la qualité et la quantité du grain livré. En possession de ces reçus, les membres de l'association pouvaient alors tirer sur cette dernière des traites dont le montant était calculé à raison de 1 dollar à 1 dollar 50 par «bushel» (environ 36 litres). Ces traites, une fois acceptées par l'association, les agriculteurs les remettaient aux banques rurales, qui les escomptaient aux conditions ordinaires en prenant, comme garantie supplémentaire, les reçus du grain livré aux entrepôts. Quand une banque escomptant une traite de ce genre n'appartenait pas au « Federal Reserve System », elle pouvait soit négocier la traite par l'entremise de ses correspondants de la ville, soit la garder ; dans l'un et l'autre cas la traite était payée ou renouvelée à l'échéance. En général, les traites tirées sur l'association par les agriculteurs étaient, suivant l'ancien système, payables à 90 jours; il arrivait cependant que le délai fût porté à six mois, période autorisée par la loi dans les cas d'effets agricoles négociables par l'intermédiaire du « Federal Reserve System ». Lorsqu'une traite était escomptée par une banque appartenant à ce système, celle-là la cédait à son tour à la Banque de réserve fédérale, et la traite suivait alors la filière ordinaire des effets de commerce.

Dans l'ensemble, les banques rurales du Nord-Ouest prêtaient une aide réelle aux agriculteurs et s'efforçaient par tous les moyens en leur pouvoir de garantir ces derniers contre la spéculation. Toutefois, dans de nombreux districts ruraux, le blé constituant la seule récolte négociable en espèces, il s'ensuivait que les demandes d'avances de la part des agriculteurs se produisaient toutes à la même époque; pour cette raison, il arrivait fréquemment que certaines banques rurales se trouvaient promptement à découvert vis-à-vis de la Banque de réserve fédérale, ce qui les mettait dans l'impossibilité de consentir toutes nouvelles avances aux agriculteurs de leur région.

Quelque difficile que fût la situation à l'époque de la crise, il était essentiel néanmoins que les membres de l'association pussent se procurer des avances leur permettant de faire face aux dépenses d'exploitation de leurs fermes et d'acheter les provisions qui leur étaient nécessaires. Ce fut pour résoudre ce problème que M. Jewett, directeur-gérant de la « Washington Wheat Growers' Association », décida de recourir à une émission de bons spéciaux à ·court terme (Wheat Gold Bonds) et prit les dispositions nécessaires pour mettre sur le marché 500.000 dollars de bons, datés du 1er décembre 1920 et remboursables au 1er juin 1921, qui devaient porter intérêt à 8 % par année et être signés conjointement par la « Washington Wheat Growers' Association » et la « Idaho Wheat Growers' Association », lesquelles se portaient garantes solidairement de leur remboursement à l'échéance.

Ces bons furent déposés à la « Lincoln Trust Company », de Spokane, en vertu d'un contrat par lequel cette compagnie s'engageait à rendre aux deux associations les bons livrés par elle contre remise de reçus certifiant la livraison de blé aux entrepôts publics, — la valeur des bons rendus par la compagnie devant être calculée à raison de 1 dollar par bushel de blé livré aux entrepôts.

C'est ainsi que la compagnie était tenue, par exemple, de remettre à l'association 10.000 dollars de bons, dont chacun aurait une valeur nominative variant de 100 à 1000 dollars, si cette association déposait entre les mains des fondés de pouvoir de la compagnie des reçus certifiant qu'au moins 10.000 bushels de blé avaient été livrés aux entrepôts. Ajoutons que, de son côté, l'association devait prendre toutes les dispositions nécessaires pour garantir les détenteurs de bons dans le cas où se produirait une baisse anormale des prix du blé.

A mesure que les reçus des entrepôts étaient remis à la « Lincoln Trust Company », celle-ci délivrait une quantité correspondante de bons à la « Washington Wheat Growers' Association », qui les écoulait immédiatement sur le marché. Jusqu'à présent, l'association a vendu au pair (plus l'intérêt dû sur les coupons non détachés) tous les bons qui lui ont été rendus par la compagnie. Les acheteurs sont des capitalistes de Spokane et de la région Est de l'Etat de Washington, qui estiment que ces bons à courte échéance, dûment garantis par des marchandises non périssables, constituent des valeurs parfaitement sûres et beaucoup plus rémunératrices que des placements effectués à la caisse d'épargne ou dans des institutions du même genre.

Il se peut que cette initiative marque le début d'un nouveau système financier, grâce auquel les agriculteurs pourront, après avoir épuisé les réserves que la Banque fédérale met à leur disposition, faire appel aux ressources importantes qu'offre la masse de capitalistes, sans être obligés de recourir à des intermédiaires, ce qui permettrait aux producteurs de blé des Etats-Unis d'écouler dans les meilleures conditions possibles les produits de leur récolte.

Les banquiers et les experts en valeurs et effets de commerce ont approuvé sans restriction cette intéressante initiative. Il est évident cependant que des émissions de bons de ce genre pourraient comporter des dangers si elles n'étaient garanties par des gages sérieux, moraux et matériels, tels que ceux que peuvent fournir les associations coopératives agricoles; d'autre part, toute tentative analogue serait à décourager qui porterait sur des produits périssables et n'ayant pas en tout temps une valeur marchande internationale.

Il arrive fréquemment que des capitalistes de l'Est américain achètent pour des millions de dollars d'effets de commerce, émis par des fabricants de conserves de Chicago et autres manufacturiers, sans avoir d'autre garantie que le crédit de ces industriels. Il semble donc que ces bons agricoles, garantis formellement par un produit non périssable, d'un écoulement facile et d'une valeur constante, doivent constituer des placements beaucoup plus intéressants que toutes les autres valeurs à court terme émises aux Etats-Unis, exception faite des « Bons du Trésor » de ce pays.

NOTICES BIBLIOGRAPHIQUES

PUBLICATIONS OFFICIELLES

ETATS-UNIS

*Women's Bureau; Department of Labor; Bulletin No. 11. Women Street
Car Conductors and Ticket Agents (Bureau des questions féminines. Ministère
du Travail, Bulletin n° 11, wattwomen et receveuses des tramways publics)*,
90 pp., Washington, Government Printing Office, 1921.

Résultats d'une enquête sur les heures de présence, les salaires et les
conditions de travail des wattwomen et receveuses des tramways de Detroit
(Mich.), Kansas City (Mo.), Boston et Chicago.

GRANDE-BRETAGNE

*Reports of the Industrial Fatigue Research Board, No. 11. Preliminary notes
on Atmospheric Conditions in Boot and Shoe Factories. (Rapports du Comité
d'étude sur la fatigue dans l'industrie, n° 11. Notes préliminaires sur les
conditions atmosphériques dans les manufactures de chaussures)*. 69 pp. & dia-
grammes. Londres, H. M. Stationery Office, 1921. Prix : 3 s.

Le comité d'études sur la fatigue dans l'industrie (*Industrial Fatigue
Research Board*) fut créé au début de 1918 par le Département des enquêtes
scientifiques et industrielles et le Comité des enquêtes médicales (*Department
of Scientific and Industrial Research et Medical Research Committee*) avec le
programme suivant : « Etudier et examiner l'influence des heures de travail
et autres circonstances, y compris les méthodes de travail, sur l'apparition
de la fatigue, du double point de vue du rendement industriel et de la protection de la santé des ouvriers. » Le présent rapport est basé sur les observations faites dans un grand nombre de manufactures de chaussures dans
des conditions variables et aussi, à titre de comparaison, dans des ateliers
de construction d'avions. Il contient une description détaillée du « ther-
momètre-kata », qui permet de connaître les conditions de l'atmosphère
et leurs conséquences physiologiques; cet appareil sert à mesurer la capacité
réfrigérante de l'atmosphère, afin de l'étudier au point de vue de la fatigue
et de la production. Les observations faites par le comité constituent le premier essai systématique d'études sur la ventilation. Le rapport étudie les
conditions constatées dans diverses régions, dans des usines de types
différents (à un seul étage ou à plusieurs étages), en été ou en hiver, et
donne des conclusions et des suggestions provisoires au sujet des conditions
de température, d'humidité et de ventilation les plus convenables suivant
les cas.

INDES

*Bulletin of Indian Industries and Labour. The International Labour
Organisation (Bulletin de l'industrie et du travail. L'Organisation internationale
du travail)*. 123 pp.. Calcutta 1921.

Dans les séries du « Bulletin of Indian Industries and Labour », publiées
sur l'initiative du gouvernement de l'Inde, un numéro spécial (n° 4) a été
entièrement consacré à l'Organisation internationale du Travail. Ce volume
contient un excellent exposé de l'histoire de l'organisation, jusqu'à et y
compris la Conférence internationale du Travail de Washington, ainsi que les

textes du rapport de la Commission de législation internationale du Travail, les résolutions de cette Commission, le Pacte et la Partie XIII du traité, les projets de convention et les recommandations adoptés à Washington et enfin l'ordre du jour de la Conférence.

Comme il était naturel, la délégation de l'Inde à la Conférence de Washington et les questions affectant ce pays ont fait l'objet d'une étude particulière dont les résultats ont été réunis dans un chapitre intitulé : « An account of the Washington Conference » (Compte rendu de la Conférence de Washington). Ce chapitre a été rédigé par l'honorable Sir A. R. Murray, C. B. E., président de la Chambre de commerce du Bengale et représentant les employeurs de l'Inde à Washington. Il y a lieu d'ajouter que le même auteur a consacré un autre chapitre plein de lucidité et d'intérêt aux « Etapes conduisant à l'établissement d'une Organisation internationale du Travail ».

ROUMANIE

Ministère de l'industrie et du commerce. Office des études et enquêtes. La Roumanie économique, 173 pp., Bucarest, Imprimerie de la Cour royale F. Göbl, 1921.

Cet ouvrage, très documenté, dû à la collaboration de plusieurs spécialistes et préparé par les soins du Dr Marcel Nitzesco, constitue un recueil de considérations générales et particulières sur les différentes branches de l'activité nationale de la Roumanie. Il comprend des études très intéressantes qui, appuyées sur de nombreuses statistiques, précisent la situation et l'avenir économiques de la Roumanie aux points de vue de l'agriculture, du commerce, des finances, des mines, des voies et communications, de la presse et des publications. Cette étude est complétée par une série de tableaux statistiques qui comportent des renseignements très à jour sur l'agriculture, les forêts, le cheptel, la pêche, le commerce, les finances, la coopération, les banques populaires, la situation industrielle, les monopoles de l'Etat, les chemins de fer, la navigation et enfin les postes, télégraphes et téléphones.

PUBLICATIONS NON OFFICIELLES

Amonn, Alfred Dr. — *Die Hauptprobleme der Sozialisierung. (Les problèmes principaux de la socialisation.)* 111 pp., Leipzig, Auelle und Meyer, 1920. Mk 3,50.

Après avoir discuté le principe de la socialisation, l'auteur étudie les divers problèmes que pose la relation entre le socialisme scientifique et la socialisation. Il résume le fondement, les conditions, les méthodes, la portée et les limites de la socialisation et montre comment on peut passer de la théorie à l'application pratique : en expropriant les moyens de production accaparés par des intérêts privés et en en confiant à la société l'administration et la gestion. Après quelques mots sur la répartition de la production dans une économie socialisée et sur l'avenir réservé à la socialisation, l'auteur résume les efforts tentés jusqu'ici en faveur de cette réforme et donne, dans une annexe, le texte des lois les plus importantes se rapportant à la socialisation.

Askwith, Lord. — *Industrial Problems and disputes (Problèmes et conflits industriels).* 494 pp., Londres, John Murray, 1920.

Lord Askwith a été mêlé en qualité d'arbitre ou de médiateur a un très grand nombre des conflits industriels qui se sont produits en Grande-Bretagne depuis trente ans. Dans ce volume il rend compte, en s'appuyant surtout sur son expérience personnelle, de l'histoire de ces conflits, depuis la grève des dockers de 1889 jusqu'à la grève des cheminots de 1919. Il est fermement opposé à toute intervention politique dans les questions industrielles et il tire des faits qu'il décrit des arguments en faveur de sa thèse; il serait possible d'éviter la guerre et de réduire les motifs de conflits industriels si la jeunesse recevait une meilleure préparation intellectuelle, si l'éducation et la sélection professionnelles étaient mieux organisées, si patrons et ouvriers se connaissaient mieux et avaient plus d'intérêts communs, si chaque industrie prenait la responsabilité de s'occuper des problèmes qui la concernent spécialement, y compris le chômage, et si l'on développait, avec la volonté d'y recourir, un système honnête et loyal d'arbitrage pour toutes les difficultés et les conflits de l'industrie.

Bulow Friedrich. — *Die Entwicklung der Hegelschen Sozialphilosophie.* (*Le développement de la philosophie sociale de Hegel*). 156 pp. Leipzig, Félix Meiner, 1920.

L'auteur se propose essentiellement de suivre le développement de la philosophie sociale de Hegel jusqu'à l'élaboration de son système définitif. L'étude de cette évolution est suivie d'un exposé succinct des principes essentiels du système définitif. A signaler particulièrement les pages consacrées d'une part aux ouvrages écrits par Hegel pendant sa jeunesse sur des sujets théologiques et d'autre part à l'étude du rôle joué par la « phénoménologie de l'esprit » dans l'ensemble de sa philosophie sociale.

Compère-Morel.—*Le socialisme agraire*, 176 pp., Paris, Rivière,1920. 9 fr.

Après avoir comparé le rendement de l'agriculture française aux statistiques de production des autres nations agricoles et constaté que les résultats obtenus en France sont insuffisants, l'auteur étudie les conditions du développement de l'agriculture française et passe successivement en revue les problèmes se rattachant au remembrement, à la motoculture, à l'utilisation des forces hydrauliques, à l'amélioration du drainage et de l'irrigation, à l'emploi des engrais, à la question forestière, aux associations agricoles et à l'enseignement agricole. Puis, dans un second chapitre, il expose le programme socialiste de réformes agraires : rénovation agricole par l'intervention de l'Etat sous forme d'une collaboration des pouvoirs publics avec les producteurs, reconnaissance totale des syndicats ouvriers agricoles et extension de leurs droits, revision des fermages en faveur des exploitants, restriction des saisies, transformation du métayage, et, enfin, réalisation d'un programme de mesures générales et de réformes fiscales.

Delisle Burns C. — *International Politics* (*La politique internationale*) X-181pp. (Library of Social Studies Series, edited by G. D. H. Cole), Londres, Methuen & Co, 1920. Prix : 6/-net.

Exposé serré, par un écrivain spécialiste des sciences politiques, de la situation internationale et des principaux problèmes de politique internationale. Dans la première partie, après un exposé du système de l'hégémonie des grandes puissances, vient une analyse des problèmes soulevés par le contact de pays différents par la race, la religion, le développement social et économique (un chapitre est consacré aux pays peu développés et un autre au commerce international). La deuxième partie décrit l'organisation des rapports intionaux — diplomatie et organisations internationales officielles ou non officielles, en particulier la Société des Nations et le Bureau international du Travail — et contient une brève étude chronologique des Internationales socialistes et du mouvement syndical international. Cet ouvrage comporte une bibliographie (pp. 184-186) et plusieurs tableaux statistiques intéressants.

Feld, R. C. — *Humanizing Industry* (*L'humanisation de l'industrie*), 390 pp. New-York. E. P. Datton & Co, 1920.

Sous une forme anecdotique, ce livre retrace les difficultés et le succès final d'un essai tenté pour « humaniser » une usine américaine où les relations entre le patron et les ouvriers étaient extrêmement mauvaises. Un patron qui ne voit rien de bon chez ses ouvriers, et un contremaître qui prête toujours une arrière-pensée à son patron chaque fois que ce dernier fait quelque chose, arrivent peu à peu à collaborer, grâce aux arguments et à l'esprit constructif d'un ami de ce patron qui connaît parfaitement les hommes et l'industrie. La sécurité, l'hygiène, l'enseignement, le problème du logement, la participation aux bénéfices et la représentation industrielle sont parmi les questions traitées dans l'ouvrage.

FONTEGNE Julien. — *L'orientation professionnelle et la détermination des aptitudes* (Préface de F. Buisson). 263 pp., Paris et Neuchâtel : Delachaux et Niestlé, S. A., 1921. 8 fr.

Etude minutieuse et documentée d'un problème d'actualité : « Comment doit s'opérer le passage de la classe à l'atelier ? » L'auteur répond à cette question en étudiant en détail les éléments souvent presque imperceptibles qui doivent déterminer le choix d'une profession : d'un côté les aptitudes physiques et morales de l'enfant, ses intérêts, ses goûts; d'un autre côté la connaissance parfaite de la profession et des qualités qu'elle suppose, de façon à donner « à l'apprenti la profession et à la profession l'apprenti qui lui convient ». Après cet examen théorique du problème, une seconde partie est consacrée aux réalisations pratiques où sont étudiées, d'une part, la technique employée en France et à l'étranger pour la mesure des aptitudes d'où dépendra l'excellence du travail et le succès du travailleur; d'autre part, les réalisations tentées dans l'industrie des transports, des tramways, de l'aviation, de l'automobilisme et dans diverses professions industrielles ou commerciales. L'ouvrage s'achève par une étude approfondie de la sélection et de l'orientation professionnelles des téléphonistes, et par un examen de l'aspect pédagogique du problème étudié. Cette documentation très précise est complétée par une série d'annexes.

FRANÇOIS-PONCET, André. —*Une formule nouvelle : le contrôle syndical.* 18 pp., Paris, Société d'études et d'informations économiques, 1921.

A l'occasion du refus opposé par l'Union patronale des industries métallurgiques et minières à la demande que lui avait soumise la Fédération des ouvriers des métaux d'instituer le contrôle syndical dans les usines, l'auteur étudie la portée et les conséquences de la formule nouvelle et critique le projet défendu par les organisations ouvrières. Il considère que c'est plutôt dans l'élaboration de formules analogues à l'institution des délégués ouvriers qu'il faut chercher la solution du problème posé par les revendications de la Fédération des métaux.

GODDART, H. H. — *Human Efficiency and Levels of Intelligence. (Les aptitudes de l'homme et le niveau intellectuel).* 128 pp. Princeton, Princeton University Press. Londres, Humphrey Milford, Oxford University Press, 1920.

La thèse soutenue dans cet ouvrage est la suivante : le principal facteur déterminant la conduite de l'homme est l'intelligence, attribut naturel qui échappe à peu près complètement aux influences ultérieures. L'auteur cite, comme exemple de classification des intelligences, la détermination des aptitudes (tests of intelligence) organisée dans l'armée américaine. Il discute l'application d'une classification de cette nature aux différents problèmes sociaux. Il conclut notamment qu'à chaque personne correspond une mentalité spéciale et qu'à chaque mentalité doit correspondre, comme condition de succès et de bonheur, un genre de vie particulier.

GOODRICH CARTER L. — *The Frontier of Control : A Study in British Workshop Politics, with a foreword by R. H. TAWNEY. (Les limites du contrôle : étude de la situation dans l'industrie anglaise. Introduction de R. H. TAWNEY),* XVI, 277 pp., Londres, George Bell ; New-York, Harcourt, Brace & Howe, 1920. Prix: 7s. 6d.

L'auteur, qui est américain, s'est posé la question suivante : « Quelle est la portée actuelle et quelles sont les limites du contrôle exercé sur l'industrie par les ouvriers anglais et leurs organisations ? » Il y répond par une analyse des rapports dans l'industrie, des règles préconisées par les syndicats et les associations patronales, des conditions particulières dont l'ensemble constitue pour chaque industrie « la charte du métier », et des transformations qui ont été réalisées au cours de la guerre dans les différentes industries. Cet ouvrage est une étude sérieuse et impartiale des faits et s'appuie en grande partie sur une documentation de première main fournie par des membres des « Conseils Whitley » et des commissions de contrôle, des Chambres de commerce et des commissions royales, des syndicats ouvriers et des associations patronales. Il renferme un grand nombre de renseignements précis qui n'avaient pas encore été recueillis ; l'auteur dégage notamment l'expérience des cinq dernières années sur l'importance, au point de vue du progrès économique, du consentement corporatif des ouvriers.

HERBELOT, L. et FRANÇOIS, G. — *Les monnaies, les changes et les arbitrages.* 237 pp. Paris, Gauthier-Villars & Cie, 1921.

Ouvrage destiné à familiariser le lecteur avec la pratique des opérations de change. A signaler : un chapitre consacré à l'étude des causes influant sur le cours des changes, aux conséquences de ces fluctuations et aux diverses solutions susceptibles de ramener la stabilité dans les pays à circulation dépréciée.

HERBELOT, L. et FRANÇOIS, G. — *Barèmes pratiques sur les changes, les monnaies et les arbitrages.* 180 pp. Paris, Gauthier, Villars & Cie, 1921, 13 fr. 50.

Annexe de l'ouvrage *Les monnaies, les changes et les arbitrages.* Comprend, avec un tableau général des divers systèmes monétaires, des tables de parité, de conversion, d'intérêt et diverses autres tables utiles pour la solution rapide des problèmes concernant les opérations du change.

HILL, David Spence. — *Introduction to Vocational Education (Introduction à l'enseignement professionnel),* 483 pp. New-York, Macmillan, 1920. Etude scientifique du problème de l'enseignement professionnel considéré sous ses différents aspects, y compris ses rapports avec l'enseignement général, la démocratie et les problèmes sociaux, son application aux individus, à la société et à certaines formes de travail. Des citations d'un grand nombre d'autorités et des références à une bibliographie très complète précisent le caractère préliminaire de cet ouvrage, destiné à rendre des services aux professeurs, aux spécialistes de l'enseignement aussi bien qu'au public en général.

INDUSTRIAL RELATIONS ASSOCIATION OF AMERICA. — *Proceedings of the Annual Convention, 1920.* (ASSOCIATION AMÉRICAINE CRÉÉE POUR FACILITER LES RAPPORTS ENTRE PATRONS ET OUVRIERS.) (*Compte rendu de la Conférence annuelle de 1920*).

Sous les auspices de l'« Industrial Relations Association of America » une conférence des directeurs d'entreprises et chefs du personnel eut lieu à Chicago au mois de mai 1920. L'association comprend près de deux mille membres, groupés en associations locales fonctionnant dans les diverses régions.

Au cours des réunions plénières du congrès, des hommes et des femmes connus et représentant toutes les nuances d'opinion prononcèrent des discours sur des sujets intéressants. Au cours des réunions par section et par sujet, on discuta de questions particulières à certaines professions, ainsi que de sujets spéciaux tels que l'apprentissage, l'orientation professionnelle, les comités d'usine et de métier, les salaires et les échelles de salaires. Les faits, les considérations et les idées échangées fournirent des indications précieuses aux membres présents; ils constituent, en outre, l'une des meilleures sources de renseignements en ce qui concerne l'organisation du travail.

INTERNATIONAL TRANSPORT WORKERS' FEDERATION (FÉDÉRATION INTERNATIONALE DES OUVRIERS DES TRANSPORTS). — *Documents* : 1° *Wages, Working Hours and Conditions of Employment on Railways in Austria, Holland, Sweden, Spain, Belgium (Salaires, durée et conditions du travail des employés de chemins de fer en Autriche, Hollande, Suède, Espagne, Belgique).* 24 pp. 2° *Wages, Working Hours and Conditions of Employment of Transport workers in Great Britain, Sweden, Holland (Salaires, durée et conditions du travail des ouvriers des transports en Grande-Bretagne, Suède, Hollande).* 21 pp. Amsterdam, Fédération internationale des ouvriers des transports, 1921.

Au lieu des volumineux rapports qu'elle publiait avant 1914, la Fédération internationale des ouvriers des transports (F. I. T.) publie maintenant une série de brochures intéressantes, traitant respectivement d'un aspect particulier du mouvement ou des conditions du travail dans différents pays.

KAMPFFMEYER, Paul. — *Die Sozialpolitik im Lichte der Kulturentwicklung. Geschichte, Politik u. Literatur der Sozialdemokratie. (La politique sociale examinée à la lumière du développement de la culture. Histoire, politique et littérature de la démocratie sociale).* 5e édition revue et corrigée. 165 pp. Berlin, Buchhandlung *Vorwärts*, 1920.

Dans cet ouvrage la démocratie sociale est surtout considérée comme un mouvement des masses. Depuis le siècle passé, la démocratie sociale a profondément modifié sa théorie et sa tactique ; son attitude envers le syndicalisme et la coopération a évolué; elle a étendu et approfondi son programme de politique communale; elle a adopté une politique nouvelle en ce qui concerne la question des habitations; enfin elle s'est préoccupée de la question agraire. En outre, elle a pris des décisions fondamentales en matière de commerce, d'impôts et de politique coloniale. Ce livre a pour but de familiariser le lecteur, sous une forme brève et objective, avec ces différents problèmes et leur évolution jusqu'aux élections de juin 1920.

KASKEL Walter. — *Das neue Arbeitsrecht. Systematische Einführung. Zweite, unveränderte Auflage (Le nouveau droit ouvrier. Introduction systématique, 2me édition).* XVI, 323 pp., Berlin, Verlag von Julius Springer, 1920.

L'auteur étudie scientifiquement le nouveau droit ouvrier allemand sans aborder le côté politique de la question. Il met en lumière les principes juridiques communs aux nombreux règlements particuliers et les réunit en un système, travail préliminaire indispensable à l'application rigoureuse de la nouvelle législation, à l'étude systématique du droit ouvrier et à l'élaboration d'un code du travail.

Dans l'introduction, l'auteur étudie l'origine, les principes et l'objet du nouveau droit ouvrier. Puis, en ce qui concerne les problèmes de la main-d'œuvre, il étudie le rôle de l'État (amélioration des bureaux de placement, primes pour l'entreprise de travaux agricoles, création de chantiers pour chômeurs) et le rôle des employeurs (obligation d'annoncer les emplois vacants, interdiction d'occuper des travailleurs agricoles dans l'industrie, réintégration des anciens combattants, etc.

Après avoir examiné l'assurance-chômage et l'assurance-maladie, la réglementation des heures de travail et du taux des salaires, ainsi que l'organisation du travail, l'auteur discute les problème importants des conflits du travail ; puis il étudie la législation concernant certaines professions particulières (travailleurs agricoles, domestiques, mineurs, ouvriers à domicile). L'annexe est un résumé très clair du nouveau droit international ouvrier, avec étude spéciale de l'Organisation internationale du Travail. Un index très détaillé facilite la consultation de ce livre.

LEITCH, John. — *Man to man (La démocratie industrielle)*, **249 pp.** Londres, G. P. Putman's Sons, 1920.

Etude approfondie de la théorie et de la pratique de ce qu'on appelle le « Plan Leitch » d'une démocratie industrielle. Les ouvriers sont représentés suivant un système analogue au gouvernement des Etats-Unis. Les économies réalisées sur les prix de revient sont réparties en parts égales entre la société industrielle et les ouvriers ; ces « dividendes » sont payés à de fréquents intervalles, par exemple tous les quinze jours. L'introduction d'une « démocratie industrielle » et l'adhésion entière à son principe, en gagnant la confiance et la bonne volonté des employés n'ont jamais manqué, d'après l'auteur, de réaliser au minimum cinq améliorations: 1º augmentation de la production ; 2º diminution des prix de revient ; 3º plus grande stabilité du personnel ; 4º création d'une bonne réputation en faveur de l'établissement et, par suite, plus grande facilité à recruter du personnel ; 5º garantie contre les grèves et autres conflits industriels.

MAHAIM, Ernest. — *L'organisation du Travail de la Société des Nations et la Conférence de Washington.* 65 pp. (Extrait de la *Revue économique internationale*). Bruxelles, Goemare, 1920.

L'auteur, délégué du gouvernement belge à la Conférence de Washington, retrace les vicissitudes au milieu desquelles fut élaborée, conformément au traité de paix, l'Organisation internationale permanente du Travail. Cet historique, très net et très clair, se divise en deux parties. La première est consacrée à l'étude du mandat, de la composition et des travaux de la Commission internationale du Travail de la Conférence de la paix, dont le rôle consista à établir un projet de convention créant un organisme permanent pour la réglementation internationale du Travail, et, d'autre part, à formuler les principes généraux d'une charte du Travail. La deuxième partie est un compte rendu de la Conférence de Washington. Après avoir étudié l'organisation, la composition et l'ouverture de cette Conférence, en notant quel était alors l'état d'esprit aux Etats-Unis, l'auteur fait un tableau de l'œuvre accomplie : d'une part les résolutions adoptées, d'autre part la constitution du Conseil d'administration du Bureau international du Travail, et souligne la portée sociale incalculable de cette nouvelle institution.

MELLOR William. — *Direct Action (L'action directe).* 156 pp. Leonard Persons, Londres 1920. Prix : 4/6.

L'auteur, qui est rédacteur en chef pour les questions industrielles au *Daily Herald*, donne dans cet ouvrage des arguments philosophiques en faveur de l'action directe. Il souligne que le fait saillant de l'époque contemporaine est la lutte de classe et que cette lutte étant avant tout économique doit être menée avec des armes économiques. Il examine les conséquences pratiques de cette théorie, y compris la grève générale et la grève partielle, l'action solidaire et le sabotage; il s'élève non seulement contre le système actuel de production, mais contre les méthodes et l'organisation même du mouvement ouvrier. A ce propos, il insiste sur la nécessité d'avoir une philosophie, un idéal bien net et un pouvoir exécutif central pour coordonner et exécuter le programme ouvrier.

MYERS, Charles-S.— *Mind and Work : The Psychological Factors in Industry and Commerce. (L'intelligence et le Travail : les facteurs psychologiques dans l'industrie et le commerce).* 204 pp., Londres, University of London Press, 1921. 6 s.

Le Dr. Myers, directeur bien connu du laboratoire psychologique de Cambridge, est membre du Comité d'études sur la fatigue dans l'industrie (Industrial Fatigue Research Board). Pendant la guerre il fut attaché en qualité de médecin psychologue au corps expéditionnaire anglais. Cet ouvrage, qui renferme la matière de différentes conférences faites au cours de ces deux dernières années, constitue un examen rapide, mais clair et de grande valeur, des rapports de la psychologie avec le bien-être et la valeur productive des ouvriers de l'industrie et du commerce. Les questions étudiées sont les suivantes : le mouvement, la fatigue, la sélection professionnelle, la limitation de la production (soit de la part des patrons soit de la part des ouvriers, tantôt volontairement, tantôt inconsciemment) et les remèdes possibles; les systèmes de paiement; les conflits industriels. L'auteur discute l'influence du facteur psychologique sur ces différentes questions; il donne des exemples des procédés les plus importants employés pour la détermination des aptitudes en faisant ressortir que l'on substitue ainsi à des jugements personnels, souvent capricieux et partiaux, des méthodes scientifiques d'une portée universelle. Les objections soulevées soit par les patrons, soit par les ouvriers, sont étudiées et des suggestions proposées pour résoudre les difficultés. Chaque chapitre est suivi d'une bibliographie.

POSTGATE, R.-W. — *The Workers' International (L'Internationale ouvrière)*, 125 pp. Londres, Swarthmore Press, 1920, prix 2/6.

Historique de l'internationalisme ouvrier depuis le second quart du XIXme siècle jusqu'à 1920. En ce qui concerne la première Internationale, l'auteur a consulté les copies de lettres et documents et certaines autres sources de documentation. Ouvrage suivi d'un appendice comportant une liste de sociétés affiliées, de congrès, etc., et d'une bibliographie annotée.

SAWYER, DR. — *Fundamental requirements for successful medical work in Industry (Les bases fondamentales de la médecine industrielle)*. (Modern Medicine), Chicago, Janvier 1921.

Les conditions nécessaires à la réussite des services médicaux dans l'industrie sont nettement définies par le Dr Sawyer, médecin-chef de la Société Eastman Kodak. Ces conditions sont les suivantes : 1° la coopération sympathique de la direction ; 2° un personnel compétent et approprié ; 3° une installation adaptée aux besoins de l'entreprise ; 4° un programme toujours en évolution et un idéal à atteindre.

Un examen complet et minutieux des ouvriers est d'importance primordiale. Il doit comprendre d'une part des visites médicales préliminaires ayant pour but d'admettre ou de refuser les travailleurs et de les renseigner sur leurs tares physiques et, d'autre part, des visites périodiques portant sur l'ensemble des travailleurs et permettant de suivre les employés pour s'assurer que le travail n'est pas toxique et que les conseils du médecin sont bien suivis.

L'auteur énumère les nombreux avantages résultant, pour l'individu, la famille et la société, d'un service médical fonctionnant d'après ces principes.

ZAGORSKY, Simon. — *La République des Soviets. Bilan économique* (Bibliothèque du Bureau économique russe), 350 pp., Paris, Payot, 1921.

Ouvrage consacré exclusivement à l'étude de la politique économique des Soviets. La documentation est tirée des rapports et statistiques publiés par le gouvernement soviétique.

L'auteur trace un tableau précis de l'évolution du régime économique de la République des Soviets, depuis la dictature du prolétariat jusqu'à l'étatisation, la centralisation et le bureaucratisme. Puis il étudie l'influence de cette politique sur le régime de la production, sur le système d'échange et de répartition des produits, sur la situation des transports, sur les conditions du travail, sur le budget et la politique financière de l'Etat. Au point de vue de l'économie nationale de la Russie cette politique se traduit non par la réalisation du communisme, mais par une renaissance du capitalisme et du principe de la propriété privée ; non par le nivellement des classes sociales, mais par la création d'une nouvelle bourgeoisie égoïste et l'apparition d'un profond antagonisme de classe.

LE SYSTÈME MÉTRIQUE ET LE SYSTÈME ANGLAIS DES POIDS ET MESURES

A *Mesures métriques exprimées en mesures anglaises.*			B *Mesures anglaises exprimées en mesures métriques.*		
Unités de mesure	Val. correspondantes exactes	Valeurs correspondantes approximatives	Unités de mesure	Val. correspondantes exactes	Valeurs correspondantes approximatives
A. Mesures linéaires.					
1 millim.	0,0394 pouce (inch)	$^1/_{25}$ de pouce	1 pouce (inch)	0,025399 m.	4 pouces = 0 m. 10
1 centim.	0,3937 pouce (inch)	0,10 m. = 4 pc. env.	1 pied (foot)	0,30479 m.	0 m. 30
1 mètre	39,371 pouce (inch)	11 mèt. = 12 yards	1 yard	0,9144 m.	11 yards = 10 mèt.
1 kilom.	0,6214 mille (mile)	5 furlongs (201 = 16 m.)	1 mille (mile)	1,6093 km.	5 milles = 8 kilom.
B. Mesures de surface.					
1 mètre² (centiare)	1,196 yard² (sq. yds.)	1 $^1/_5$ yard carré	1 pouce² (sq. inch)	0,06451 m²	
			1 yard² (sq. yard)	0,836 »	6 yards carrés = 5 m²
1 are	3,954 perches (poles)	10 ares = $^1/_4$ d'acre	1 acre	0,40467 hect.	1 acre = 2 $^1/_2$ hect.
1 hectare	2,471 acres	2 $^1/_2$ acres	1 mille² (sq. mile)	2,5899 km²	100 milles carrés = 260 km²
C. Mesures de capacité.					
1 litre	1,76 pinte (pint)	4 $^1/_2$ litres = 1 gallon	1 pinte (liquide) (pint)	0,5679 litre	1 litre = 1 pinte $^3/_4$
			1 quart (liquide)	1,1359 »	
1 décal.	2,201 gallons	5 décalitres = 11 gallons	1 gallon (liquide)	4,5435 »	4 $^1/_2$ litres. 22 gallons = 1 hectol.
			$^1/_4$ boisseau solide (peck)	9,087 »	9 litres
1 hectol.	22,01 »	22 gallons	1 boisseau solide (bushel)	36,34766 »	36 litre
D. Mesures de poids.					
1 gramme	0,0353 once	454 grs = 1 livre anglaise (lb.)	1 once (ounce)	0,02835 kg.	7 onces (ozs) = 200 grs.
1 hectogr.	3,527 onces	$^1/_4$ livre anglaise (lb.) environ	1 livre (pound anglaise)	0,45359 »	$^1/_2$ kilo 22 livres = 10 kilos
			1 quintal (hundred-weight)	50,802 »	50 kilos
1 kilogr.	2,2046 livres (lbs.)	2 $^1/_5$ livres (lbs) 5 kg. = 11 liv. (lbs)	1 petite tonne (2000 livr. anglaises)	907,6 »	900 kilos
1 tonne métrique	2.204,6 livres (lbs)	1 long ton	1 grande tonne (2240 livr. anglaises)	1016,04 »	1000 kilos

Publications du Bureau international du Travail

Le Bureau international du Travail a entrepris diverses séries de publications dont la liste est la suivante :

Publications périodiques régulières.

1º *REVUE INTERNATIONALE DU TRAVAIL. — Publication mensuelle.*

Cette revue, qui est à la fois une revue scientifique et une revue de vulgarisation, contient des articles, des statistiques et des informations sur l'industrie et le travail, de nature à intéresser les gouvernements, les employeurs et les ouvriers. Certains de ces articles sont l'œuvre du Bureau international du Travail lui-même ; d'autres, n'engageant que la responsabilité de leurs auteurs, sont dus à la collaboration d'économistes ou de personnalités éminentes du monde patronal ou ouvrier. Cette revue paraît mensuellement, en français et en anglais, depuis le mois de janvier 1921. Conformément au traité de paix, elle pourra être ultérieurement publiée en d'autres langues.

2º *BULLETIN OFFICIEL. — Publication hebdomadaire.*

Le *Bulletin officiel* a pour objet d'éclairer le public sur l'activité de l'Organisation internationale du Travail. Il contient le texte de documents officiels, les comptes rendus des séances du Conseil d'administration et des différentes commissions internationales (chômage, émigration, etc.), ainsi que des informations diverses sur les progrès des travaux du Bureau ; il signale enfin la suite donnée par les Membres de l'Organisation aux décisions de la Conférence annuelle. Le *Bulletin officiel* paraît régulièrement en anglais et en français depuis le 8 septembre, en allemand depuis le 20 octobre. Le Bureau a en outre l'intention de publier des éditions italienne et espagnole du *Bulletin* dans le courant de l'année 1921.

3º *INFORMATIONS QUOTIDIENNES.*

Cette revue donne au jour le jour de brèves notations sur les événements les plus importants de la vie économique et sociale. Elle a paru dactylographiée en français depuis le 1er septembre 1920. Elle paraît imprimée en anglais et en français depuis le 15 novembre 1920.

Publications périodiques irrégulières.

4º *ÉTUDES ET DOCUMENTS. — Paraissant à des dates irrégulières mais très rapprochées.*

Les *Études et Documents* comprennent de courts rapports et articles sur des sujets d'importance immédiate au point de vue du travail. Ils sont répartis en treize séries :

a) Vie sociale (vie syndicale, ouvrière et patronale, vie politique dans ses rapports avec les questions du travail) ; *b)* vie économique ; *c)* marché du travail : *d)* conditions du travail ; *e)* assurances sociales, indemnisation et rééducation des mutilés ; *f)* sécurité et hygiène industrielles: *g)* conditions de vie : *h)* coopération : *i)* protection des femmes et des enfants ; *j)* enseignement ; *k)* agriculture : *l)* marine.

5º *SÉRIE BIBLIOGRAPHIQUE.*

La *Série bibliographique* comprend : *a)* des bibliographies générales et sommaires contenant la liste des publications officielles ou non et paraissant aussi souvent qu'il sera désirable et possible, en principe tous les huit jours. Ces notices seront reproduites chaque mois dans la *Revue internationale du Travail* : *b)* des bibliographies spéciales, sur des sujets déterminés, tels que les salaires minima, la journée de huit heures, l'enseignement professionnel, la participation des ouvriers dans la gestion des entreprises, l'hygiène industrielle, etc. Ces bibliographies spéciales paraîtront irrégulièrement à la demande des circonstances.

6º *SÉRIE LÉGISLATIVE.*

La *Série législative* donne, au fur et à mesure de leur entrée en vigueur, les textes et traductions des lois, arrêtés, règlements ou circulaires administratives concernant le régime du travail dans les différents pays du monde. La *Série législative* paraît en français, en anglais et en allemand. C'est, sous une forme renouvelée, la suite des publications de l'Office de Bâle, dont la charge a passé au Bureau international du Travail.

7º *DOCUMENTS DE LA CONFÉRENCE INTERNATIONALE DU TRAVAIL.*

Ces documents comprennent:

a) les rapports préparés par le Bureau international du Travail en vue de la Conférence annuelle :

b) les comptes rendus sténographiques des séances de la Conférence :

c) le texte définitif des projets de convention et des recommandations adoptés par la Conférence.

Publications non périodiques.

8° *ÉTUDES SPECIALES.*

Les résultats des enquêtes spéciales importantes ou des recherches effectuées par le Bureau international du Travail, ou autres études similaires faites en dehors du Bureau, seront publiés sous forme d'*Etudes spéciales*, s'ils présentent un intérêt suffisant.

9° *PUBLICATIONS DIVERSES.* — Comprenant toutes les publications qui ne rentrent dans aucune des catégories citées plus haut. Tels sont par exemple les *Statuts et règlements de l'Organisation permanente du Travail*, ainsi que les études destinées à faire connaître la fonction et l'activité du Bureau international du Travail et de l'Organisation permanente du Travail.

Conditions d'abonnement.

Abonnement global.

Un abonnement global est prévu pour l'ensemble des publications du Bureau. Cet abonnement donne droit non seulement aux publications périodiques régulières ou irrégulières, mais aussi aux Etudes spéciales et aux publications diverses paraissant pendant la période couverte par l'abonnement.

Abonnement partiel.

Des abonnements spéciaux peuvent être pris également à l'une ou l'autre des diverses séries de publications périodiques régulières ou irrégulières. De tels abonnements ne donnent pas droit aux publications non périodiques. Toutes les publications peuvent dans tous les cas être achetées au numéro.

A moins d'indication contraire de l'abonné, tout abonnement reçu partira du 1er du mois en cours.

Prix des abonnements.

Le Bureau a éprouvé certaines difficultés à fixer les prix des abonnements à ses publications. Il lui a paru impossible de s'en référer simplement au cours du change en prenant comme base le franc suisse. Un tel système aurait imposé une charge trop lourde aux ressortissants des pays dont la monnaie est dépréciée : en outre, les fluctuations journalières du change auraient provoqué des variations constantes dans les prix. Le Bureau n'a pas cru possible, d'autre part, de prendre comme base unique la valeur au pair des devises étrangères par rapport au franc suisse. La solution à laquelle il s'est arrêtée constitue, en réalité, un compromis destiné à permettre d'accroître, dans la mesure du possible, la circulation des publications du Bureau, tout en évitant à ce dernier des pertes financières trop élevées. Cette solution tient compte dans une certaine mesure de la dépréciation des changes, mais évite d'imposer à aucun pays des prix prohibitifs.

Les prix des abonnements annuels ont été fixés provisoirement comme suit :

	Allemagne	Belgique	Espagne	Etats-Unis	France	Grande-Bretagne	Italie	Pays Bas	Suisse
Devises	Marks	Francs	Pesetas	Dollars	Francs	Livres st.	Lires	Florins	Francs
Revue internationale du Travail	75	50	30	5.00	50	1/4/0	65	15	30
Bulletin officiel	38	25	15	2.50	25	0/12/0	32.50	7.50	15
Informations quotidiennes	250	165	100	17.00	165	4/0/0	215	50	100
Etudes et Documents	300	200	120	20,00	200	4/16/0	260	60	120
Notices bibliographiques	15	10	6	1.00	10	0/5/0	13	3	6
Série législative	50	35	20	4,00	35	0/16/0	45	10	20
Documents de la Conférence annuelle	50	35	20	4.00	35	0/16/0	45	10	20
Abonnement global	750	500	300	50,00	500	12/0/0	650	150	300

Sauf pour les abonnements globaux les frais de port seront comptés en sus.

Des prix spéciaux seront établis pour d'autres pays sur demande.

Il est à remarquer que ces prix ont été fixés de manière à accorder un avantage considérable aux souscripteurs à l'abonnement global. Non seulement ces souscripteurs paient une somme inférieure au total des prix des abonnements partiels qui donnent droit aux publications périodiques, mais ils reçoivent en outre toutes les publications non périodiques, parmi lesquelles les *Etudes spéciales* sont appelées sans doute à prendre une importance considérable.

Les demandes d'abonnement, quelle que soit leur nature, doivent être adressées avec leur montant au Bureau international du Travail, à l'ordre duquel les chèques ou mandats doivent être établis.

PUBLICATIONS DÉJA PARUES

PUBLICATIONS PÉRIODIQUES RÉGULIÈRES.

	Frs suisses	Frs français Frs belges
REVUE INTERNATIONALE DU TRAVAIL.	3.—	5.—
Paraît tous les mois en français et en anglais.		
BULLETIN OFFICIEL	0.60	1.—
Paraît hebdomadairement en français, en anglais et en allemand.		
INFORMATIONS QUOTIDIENNES.	0.50	1.—
Paraît tous les jours en français et en anglais.		

PUBLICATIONS PÉRIODIQUES IRRÉGULIÈRES.

ÉTUDES ET DOCUMENTS.	1.—	1.50

Série A.

Nº 1. *Le pacte des organisations ouvrières espagnoles*, paru le 24 septembre 1920. En anglais et en français.

» 2. *Le conflit des métallurgistes en Italie. Le contrôle syndical dans l'industrie*, paru le 25 septembre 1920. En anglais et en français.

» 3. *Le congrès annuel des trade unions en 1920*, paru le 4 octobre 1920. En anglais et en français.

» 4. *Le congrès international des ouvriers et ouvrières de l'alimentation*, paru le 11 octobre 1920. En anglais et en français.

» 5. *Le gouvernement britannique et la fédération des mineurs de Grande-Bretagne. Conférence entre Sir Robert Horne et la Fédération des mineurs*, paru le 13 octobre 1920. En anglais et en français.

» 6. *Le congrès de l'Internationale ouvrière et socialiste*, paru le 14 octobre 1920. En anglais et en français.

» 7. *Le congrès international des mineurs*, paru le 19 octobre 1920. En anglais et en français.

» 8. *L'Organisation internationale du Travail. Un parallèle*, paru le 21 octobre 1920. En anglais et en français.

» 9. *Le congrès international des ouvriers sur métaux*, paru le 22 octobre 1920. En anglais et en français.

» 10. *Le gouvernement britannique et la Fédération des mineurs de Grande-Bretagne. Conférence entre le gouvernement et la triple alliance syndicale*, paru le 27 octobre 1920. En anglais et en français.

» 11. *Le conflit des métallurgistes en Italie. Le contrôle syndical dans l'industrie*, paru le 4 novembre 1920. En anglais et en français.

» 12. *Le 4me Congrès international des relieurs*, paru le 26 novembre 1920. En anglais et en français.

» 13. *La grève des mineurs en Grande-Bretagne*, paru le 21 décembre 1920. En anglais et en français.

» 14. *XVe Congrès de la Confédération générale du Travail (France)*, paru le 23 décembre 1920. En anglais et en français.

» 15. *Le congrès international des « ouvriers d'usine »*, paru le 24 janvier 1921. En anglais et en français.

» 16. *Les tendances de la législation du travail en Europe depuis la guerre*, paru le 11 février 1921. En anglais et en français.

» 17. *L'accroissement de l'effectif des syndicats au cours des années 1910-1919*, paru le 16 février 1921. En anglais et en français.

No 18. *Congrès syndical international extraordinaire* tenu à Londres du 22 au 27 novembre 1920, paru le 15 mars 1921. En anglais et en français.

» 19. *Le programme minimum de la Confédération générale du Travail de France,* paru le 18 mars 1921. En anglais et en français.

» 20. *Congrès international des cheminots, tenu à Londres les 29 et 30 novembre 1920,* paru le 11 avril 1921. En anglais et en français.

Série B.

No 1. *La production du charbon dans la Ruhr,* paru le 1er septembre 1920. En anglais et en français.

» 2. *Documents relatifs aux projets d'organisation internationale pour la répartition des matières premières ou des denrées alimentaires,* paru le 5 octobre 1920. En anglais et en français.

» 3. *Les conditions de travail et la production dans le bassin minier de la Haute-Silésie,* paru le 10 décembre 1920. En anglais et en français.

» 4. *La socialisation des mines de charbon en Allemagne,* paru le 25 janvier 1921. En anglais et en français.

» 5. *Le Mémoire d'Essen sur la socialisation des mines (6 novembre 1920)* paru le 28 janvier 1921. En anglais et en français.

» 6. *Les conseils d'entreprise en Allemagne,* paru le 29 janvier 1921. En anglais et en français.

» 7. *Le projet de loi sur le contrôle ouvrier en Italie,* paru le 28 février 1921. En anglais et en français.

» 8. *Une demande de contrôle ouvrier en France,* paru le 31 mars 1921. En anglais et en français.

» 9. *La réforme du Conseil supérieur du Travail en Italie. Vers un Parlement technique du Travail,* paru le 14 avril 1921. En anglais et en français.

Série C.

No 1. *La législation britannique sur l'assurance-chômage,* paru le 26 octobre 1920. En anglais et en français.

» 2. *L'action gouvernementale dans la lutte contre le chômage en Italie,* paru le 27 octobre 1920. En anglais et en français.

» 3. *La loi bulgare sur le travail obligatoire,* paru le 2 novembre 1920. En anglais et en français.

» 4. *L'action de l'administration fédérale dans la lutte contre le chômage en Suisse,* paru le 13 novembre 1920. En anglais et en français

» 5. *L'organisation de l'assurance-chômage et du placement des travailleurs en France,* paru le 21 février 1921. En anglais et en français.

Série D.

No 1. *Le statut du personnel des chemins de fer français,* paru le 4 septembre 1920. En anglais et en français.

Série E.

No 1. *L'indemnisation des infirmités de guerre en France. La loi du 31 mars 1919,* paru le 28 février 1921. En anglais et en français.

» 2. *L'organisation du placement des invalides par l'obligation d'emploi dans les services publics et dans les entreprises privées,* paru le 25 avril 1921. En anglais et en français.

Série F.

No 1. *Le cancer de la vessie chez les ouvriers travaillant dans les fabriques d'aniline,* paru le 23 février 1921. En anglais et en français.

Série H.

Nº 1. *Les coopératives de consommation en 1910. Danemark et Suède* paru le 8 septembre 1920. En anglais et en français.

Nº 2. *Le VIIe congrès de l'Office coopératif belge,* paru le 25 septembre 1920. En anglais et en français.

Série K.

Nº 1. *Premier congrès international des syndicats des travailleurs de la terre adhérant à la Fédération syndicale internationale,* paru le 9 novembre 1920. En anglais et en français.

» 2. *Les conditions agraires en Espagne,* paru le 10 novembre 1920. En anglais et en français.

» 3. *Les petites tenures en Ecosse,* paru le 12 novembre 1920. En anglais et en français.

» 4. *Les huit heures dans l'agriculture italienne,* paru le 17 décembre 1920. En anglais et en français.

» 5. *La journée de huit heures des travailleurs agricoles devant la Chambre française,* paru le 10 février 1921. En anglais et en français.

» 5. *Documents relatifs à la réglementation du travail dans l'agriculture en France,* paru le 23 avril 1921. En anglais et en français.

SÉRIE BIBLIOGRAPHIQUE.

	Frs suisses	frs franç. belges
Des « Notes bibliographiques » hebdomadaires paraissent depuis le 10 janvier 1921.	0.30	0.50

SÉRIE LÉGISLATIVE.

1919. (Edition anglaise seulement)

Brochures déjà parues (le port n'est pas compris dans les prix indiqués).

Allemagne.

			Frs suisses	frs franç. belges
Nº	1.	Regulations : Hours of Work	0.10	0.20
»	2.	Order : Control of Mining Industry .	0.10	0.20
»	3.	Act : Agricultural Labour	0.15	0.25
»	4.	Act : Socialisation	0.10	0.20
»	5.	Order : Continuation Schools	0.10	0 20
»	6.	Act : General Holiday	0.10	0.20
»	7.	Act : Maternity Benefit	0.20	0.35

Argentine.

Nº	1.	Act and Decree : Home-work	0.25	0.40

Autriche.

Nᵒˢ	1.	Instructions : Conciliation Boards. . .	0.10	0.20
»	2.	Instructions : Sunday Rest	0.10	0.20
»	3.	Instructions : Eight-hour day	0.10	0.20
»	4.	Act : Work-books and Contracts of Work	0.10	0.20
»	5.	Act : Socialisation	0.10	0.20
»	6.	Act : Hours of Work, Bakeries . . .	0.15	0.25
»	7.	Act : Night-work of Women and Young Persons	0.10	0.20
»	8.	Act : Minimum Rest Period, Closing Time for Shops and Sunday Rest .	0.20	0.35
»	9-10.	Act and Order : Works Councils . . .	0.45	0.75
»	11.	Act : Employment in Mines	0.15	0.25
»	12.	Act : Workers' Holidays	0.15	0.25

			Frs suisses	frs franç. » belges
Belgique.				
Nᵒˢ	1.	Act : Sunday Rest	0.10	0.20
»	2.	Act : Employment of Women and Children	0.20	0.35
»	3.	Act : White Phosphorus Matches	0.10	0.20
»	4.	Decree : Employment of Women and Children	0.10	0.20
Canada.				
Nᵒ	1.	(Québec) Act : Minimum Wage	0.10	0.20
Danemark.				
Nᵒ	1.	Act : Eight-hour day (Continuous Industries)	0.10	0.20
Espagne.				
Nᵒ	1.	Decree : Eight-hour day	0.10	0.20
»	2.	Decree : Night-work in Bakeries	0.10	0.20
»	3.	Decree : Old Age Insurance	0.20	0.35
France.				
Nᵒ	1.	Act : Collective Agreements	0.20	0.35
»	2.	Act : Night-work in Bakeries	0.10	0.20
»	3.	Act : Eight-hour day	0.10	0.20
Grande-Bretagne.				
Nᵒ	1.	Act : Workmen's Compensation (Silicosis)	0.15	0.25
»	2.	Act : Education (extracts relating to juvenile labour)	0.20	0.35
»	3.	Regulations : Crushing Refractory Materials	0.10	0.20
Italie.				
Nᵒ	1.	Decree : Mutual Share Funds	0.10	0.20
»	2.	Act : Invalidity and Old Age Insurance	0.40	0.70
»	3.	Act : Contracts of Service of Employees	0.20	0.35
Luxembourg.				
Nᵒˢ	1-2.	Decree : Eight-hour day	0.10	0.20
Norvège.				
Nᵒ	1.	Act : Hours of Work	0.20	0.35
Pays-Bas.				
Nᵒ	1.	Act : Hours of Work and Dangerous Trades	0.60	1.00
Pérou.				
Nᵒ	1.	Act : Employment of Women and Children	0.20	0.35
Pologne.				
Nᵒ	1.	Decree : Eight-hour day	0.10	0.20
Portugal.				
Nᵒ	1.	Decree : Eight-hour day	0.15	0.25
Suède.				
Nᵒ	1.	Order : Accident Insurance of Fishermen	0.15	0.25
»	2.	Eight-hour day	0.20	0.35

			Frs suisses	frs franç. belges

Suisse.

			Frs suisses	frs franç. belges
Nᵒˢ	1.	Resolution : Unemployment of Employees.	0.20	0.35
»	2.	Act : Hours in Factories	0.20	0.35
»	3.	Resolutions : Unemployment in Industry	0.20	0.35
»	4.	Order : under Factory Act of 1914	0.90	1.50

Tchéco-Slovaquie.

Nᵒˢ	1–3.	Act, Order and Circular : Eight-hour day	0.30	0.50

1920

Il a semblé désirable de faire correspondre exactement la *Série législative* 1919 (édition anglaise) avec la collection publiée dans le Bulletin de l'Office international du Travail de Bâle de la même année. Un certain nombre de lois et arrêtés non compris dans cette collection seront contenus en conséquence dans la *Série législative* 1920. Dorénavant, la *Série législative* de chaque année ne comprendra que les lois et arrêtés ayant paru dans le cours de cette année.

En anglais :

Allemagne.

Nᵒˢ	1–2.	Act and order : Works Councils	0.50	0.85
»	3.	Regulations : Compressed Air Work	0.30	0.50
»	4–6.	Lead compounds : order, notice and notification	0.30	0.50
»	7.	Order : Accident Insurance	0.10	0.20
»	8.	Notification : Accident Insurance	0.10	0.20
»	9.	Act : Employment of Disabled men.	0.20	0.35
»	10.	Act : Employment of Women in Public Houses	0.10	0.20
»	11.	Administrative Orders : Works Councils	0.20	0.35
»	12.	Order : Home Work	0.10	0.20
»	13.	Order : Federal Employment Board	0.10	0.20
»	14.	Order : Federal Economic Council	0.15	0.25
»	15.	Act : Maternity Benefit	0.20	0.35

Autriche.

Nᵒˢ	1–7.	Act and Instructions : Unemployment Insurance	0.30	0.50
»	8.	Administrative Instruction : Night work of Women and Young Persons	0.10	0.20
»	9.	Administrative Instruction : Sundays and Public Holidays	0.10	0.20
»	10.	Administrative Instruction : Contracts of employment	0.15	0.25
»	11.	Administrative Instruction : Renewal of Conventions	0.10	0.20
»	12–15.	Act and Instructions : Eight-hour day	0.20	0.35
»	16.	Act : Employment of disabled men	0.20	0.35
»	17.	Administrative Instruction : Child Labour	0.20	0.35
»	18.	Domestic Servants' Act	0.20	0.35

			Frs suisses	frs franç. belges
Belgique.				
Nos	1–3.	Orders : Industrial Medical Service . .	0.20	0.35
»	4–6.	Orders : Mines (First Aid and Safety) .	0.30	0.50
»	7.	Order : Controllers of Labour	0.10	0.20
»	8–10.	Order : Dangerous Trades	0.10	0.20
»	11.	Order : Medical Service of Friendly Societies	0.10	0.20
»	12–13.	Act and Decree : Miners Old age pensions	0.20	0.35
»	14.	Act and Decrees : Old Age Pensions .	0.15	0.25
Brésil.				
Nos	1–2.	Decrees : Compensation for Industrial accidents	0.20	0.35
Bulgarie.				
No	1.	Act : Compulsory Labour Service . . .	0.20	0.35
Danemark.				
No	1.	Act : Unemployment Funds	0.30	0.50
Espagne.				
Nos	1.	Order : Hours in Coal Mines	0.10	0.20
»	2.	Regulations : Seamen's Labour . . .	0.20	0.35
»	3.	Order : Employment Exchange . . .	0.15	0.25
»	4–5.	Order : Eight Hour Day	0.25	0.40
»	6–7.	Decrees : Emigrants' Insurance. . . .	0.15	0.25
Etats-Unis d'Amérique.				
No	1.	Act : Industrial Rehabilitation	0.15	0.25
Finlande.				
Nos	1.	Act : Unemployment Funds	0.10	0.20
»	2.	Act : Commercial Assistants	0.15	0.25
»	3.	Resolution : Continuous Industries . .	0.10	0.20
France.				
Nos	1–2.	Decrees : Saturday afternoon Rest . .	0.15	0.25
»	3.	Act : Hours in Mines	0.10	0.20
»	4.	Act : Collective Agreements (Amendment)	0.10	0.20
»	5.	Act : Seamen's Eight-hour day . . .	0.10	0.20
»	6.	Decree : Commission of Industrial Diseases	0.15	0.25
»	7.	Act : Compensation for Industrial Diseases	0.20	0.35
»	8.	Act : Industrial associations	0.10	0.20
»	9.	Act : Industrial accidents (Amendment).	0.10	0.20
»	10.	Decree : National Labour Council . .	0.10	0.20
»	11.	Decree : Ministry of Health	0.10	0.20
»	12.	Regulations : Seamen's Eight-hour day	0.20	0.35
»	20.	Decree : Immigration commission . .	0.10	0.20
Grande-Bretagne.				
Nos	1.	Act : Industrial Courts	0.20	0.35
»	2.	Act : National Health Insurance . . .	0.30	0.50
»	3.	Act : Unemployment Insurance . . .	0.75	1.25
»	4.	Act : Mining Industry	0.25	0.40
»	5.	Act : Scottish Fishing Boats	0.10	0.20
»	6.	Regulations : Coal Mines	0.20	0.35
»	7–8.	Regulations : Unemployment Insurance	0.20	0.35
»	9.	Act : Employment of Women and Children	0.20	0.35
»	10.	Act : Lead Processes	0.15	0.25
»	11.	Act : Unemployment Insurance Amendment	0.10	0.20

			Frs suisses	frs franç. belges
Grèce.				
Nᵒˢ	1.	Act: Trade Unions	0.20	0.35
»	2.	Act: Liberty to Work	0.10	0.20
»	3-4.	Act and Decree: Contracts of Employment.	0.20	0.35
Hongrie.				
Nᵒˢ	1.	Order: Management of the Coal Industry	0.15	0.25
»	3.	Order: Contracts of Service of Commercial Employees	0.20	0.35
Italie.				
Nos	1.	Act: Emigration	0.50	0.85
»	2.	Decree: Unemployment Insurance . .	0.40	0.70
»	3.	Decree: Maternity Benefit	0.10	0.20
»	4-5.	Decrees: Railways Administrative Council	0.10	0.20
»	6-7.	Decrees: Ministry of Labour.	0.15	0.25
»	8.	Act: White Phosphorus (prohibition) .	0.10	0.20
Lithuanie.				
Nᵒ	2.	Act: Hours of Work	0.15	0.25
Luxembourg.				
Nᵒ	1.	Decree: Works Councils	0.20	0.35
Norvège.				
Nᵒ	1.	Act: Works Councils	0.15	0.25
Pays-Bas.				
Nᵒ	1.	Decree: Superior Labour Council . . .	0.15	0.25
Pologne.				
Nᵒˢ	1-3.	Act: Eight-hour Day	0.20	0.35
»	2.	Order: Industrial Poisons	0.10	0.20
Roumanie.				
Nᵒˢ	3.	Acts: Ministry of Labour	0.10	0.20
»	4.	Act: Labour Disputes	0.25	0.40
Royaume des Serbes, Croates et Slovènes.				
Nᵒ	1.	Order: Hours of Work	0.15	0.25
Russie.				
»	1.	Order: Wages	0.40	0.70
Suède.				
Nᵒˢ	1-3.	Act and Orders: Seamen's Hours of Work	0.25	0.40
»	4.	Act: Hours of Work in Bakeries . . .	0.15	0.25
»	5.	Notification: Unemployment Benefit .	0.15	0.25
Suisse.				
Nᵒˢ	1.	Act: Hours of Work on Railways . . .	0.20	0.35
»	2-3.	Act and Order: Hours of Work (Basle Town)	0.20	0.35
»	4-5.	Resolution and Instructions: Unemployment Benefit	0.40	0.70
«	6	Resolution: Federal Labour Office . .	0.10	0.20
»	7.	Act: Sickness and Accident Insurance.	0.10	0.20
»	8.	Order: Accident Insurance	0.15	0.25

			Frs suisses	frs franç. belges
Tchéco-Slovaquie.				
Nos	1.	Act : Home Work	0.25	0.40
»	2.	Act : Child Labour	0.20	0.35
»	3-5.	Act and Orders : Mines Councils	0.40	0.70
»	6.	Act : Mines, Allocation of Profits, etc.	0.15	0.25
»	7.	Act : Mining Arbitration Courts	0.15	0.25
»	8.	Act : Social Insurance	0.10	0.20
International.				
Nos	1.	(France-Pologne) Convention : Emigration and Immigration	0.20	0.35
»	2.	(France-Italie) Treaty : Migration of Workers	0.20	0.35
»	3.	(France-Tchéco-Slovaquie) Convention : Emigration et Immigration	0.15	0.25

En français :

Allemagne.				
Nos	1-2.	Loi et ordonnance : Conseils d'entreprises	0.85	1.40
»	4-6.	Ordonnance, avis et notification : Industries du plomb	0.40	0.70
»	7.	Ordonnance : Assurances	0.10	0.10
»	8.	Notifications : Assurance accidents	0.10	0.10
»	9.	Loi : Emploi obligatoire des mutilés	0.25	0.40
»	11.	Ordonnances et loi : Conseils d'entreprise	0.20	0.30
»	12.	Ordonnance : Hardes et chiffons	0.10	0.10
»	13.	Ordonnance : Office fédéral de placement	0.10	0.15
»	15.	Loi : Secours de maternité	0.25	0.40
Autriche.				
Nos	1-7.	Loi et règlements : Assurance contre le chômage	0.40	0.70
»	8.	Règlement d'exécution : Travail de nuit des femmes et des adolescents	0.10	0.10
»	9.	Règlement d'exécution : Repos du dimanche et des jours fériés	0.10	0.10
»	10.	Règlement d'exécution : Contrats de travail	0.15	0.20
»	11.	Règlement d'administration publique : adoption de conventions	0.10	0.10
»	12-15.	Loi et règlement d'exécution : Journée de huit heures	0.30	0.50
»	16.	Loi : Emploi obligatoire des mutilés de guerre	0.25	0.40
»	18.	Loi : Contrat de travail des gens de maison	0.40	0.70
Belgique.				
Nos	1-3.	Arrêtés : Service médical du travail	0.20	0.30
»	4-6.	Arrêtés : Mines	0.50	0.80
»	7.	Arrêté royal : Contrôleurs du Travail	0.10	0.10
»	8-10.	Arrêtés royaux : Etablissements classés	0.10	0.15
»	11.	Arrêté royal : Service médical des mutualités	0.10	0.15
»	12-13.	Loi et Arrêté : Pensions de vieillesse pour mineurs	0.25	0.40
»	14.	Loi : Pensions de vieillesse	0.20	0.30
Brésil.				
Nos	1-2.	Décrets : Accidents du Travail	0.20	0.30

			Frs suisses	frs franç. › belges
Bulgarie.				
Nº	1.	Loi : Travail obligatoire	0.20	0.30
Espagne.				
Nᵘˢ	1.	Décret : Durée du travail dans les mines de charbon.	0.10	0.10
»	2.	Règlement : Travail des marins . . .	0.20	0.30
»	4–5.	Décret : Journée de huit heures . . .	0.50	0.80
»	6–7.	Loi . Emigration	0.20	0.30
Etats-Unis d'Amérique.				
Nº	1.	Loi : Rééducation professionnelle . . .	0.20	0.30
Finlande.				
Nᵘˢ	1.	Loi : Caisses de chômage	0.10	0.10
»	2.	Loi : Employés de commerce	0.15	0.20
France.				
Nᵒˢ	1–2.	Décret : Repos du samedi après-midi	0.15	0.20
»	3.	Loi : Durée du travail dans les mines	0.10	0.15
»	4.	Loi : Conventions collectives du travail	0.10	0.10
»	5.	Loi : Durée du travail dans la marine	0.10	0.15
»	6.	Décret : Maladies professionnelles . .	0.10	0.10
»	7.	Loi : Maladies professionnelles	0.20	0.30
»	8.	Loi : Syndicats professionnels	0.15	0.20
»	9.	Loi : Accidents du travail (modification)	0.10	0.10
»	10.	Décret : Conseil national de la main-d'œuvre	0.10	0.15
»	11.	Décret : Ministère de l'hygiène, de l'assistance et de la prévoyance sociale .	0.10	0.10
»	12.	Décret : Durée du travail dans la marine	0.25	0.40
»	20.	Décret : Commission permanente de l'immigration	0.10	0.15
Grande-Bretagne.				
Nᵘˢ	1.	Tribunaux industriels	0.25	0.40
»	2.	Loi de 1920 sur l'assurance	0.40	0.70
»	3.	Loi : Sur l'assurance contre le chômage 1920	1.20	2.—
»	4.	Loi : Industrie minière	0.30	0.50
»	5.	Loi : Bateaux de pêche en Ecosse . .	0.10	0.15
»	6.	Arrêté concernant les mines de charbon	0.30	0.50
»	9.	Loi : Emploi des femmes et des adolescents.	0.25	0.40
»	10.	Loi : Saturnisme	0.10	0.10
»	11.	Loi : Assurance chômage (amendement)	0.10	0.10
Grèce.				
Nᵘˢ	1.	Loi : Syndicats	0.30	0.50
»	2.	Loi : Liberté du travail	0.10	0.15
Hongrie.				
Nᵘˢ	1.	Ordonnance : Administration de l'industrie du charbon	0.15	0.20
»	2.	Ordonnance : Droit de réunion . . .	0.15	0.20
Italie.				
Nᵘˢ	1.	Loi : Emigration	1.40	2.40
»	2.	Loi : Placement et assurance-chômage	0.90	1.45
»	3.	Décret : Augmentation de l'allocation aux femmes en couches	0.10	0.10
»	4–5.	Décrets : Conseil d'administration des chemins de fer	0.10	0.15
»	6–7.	Décrets : Ministère du Travail	0.20	0.30
»	8.	Phosphore blanc	0.20	0.30

			Fr. suisses	fr. franç. » belges
Luxembourg.				
	N° 1.	Arrêté : Conseils d'usine	0.20	0.30
Norvège.				
	N° 1.	Loi : Conseils d'entreprise	0.20	0.30
Pays Bas.				
	N° 1.	Décret : Conseil supérieur du Travail	0.20	0.30
Pologne.				
	N°ˢ 1.	Loi : Durée du travail	0.20	0.30
	» 2.	Arrêté : Maladies professionnelles	0.10	0.15
	» 3.	Loi : Assurance maladie	0.85	1.40
Roumanie.				
	N° 2.	Loi : Conflits du travail	0.30	0.50
Suède.				
	N° 4.	Loi : Heures de travail dans les boulangeries	0.15	0.20
Suisse.				
	N°ˢ 1.	Loi : Durée du travail dans les transports	0.20	0.30
	» 4-5.	Arrêté : Assistance aux chômeurs	0.30	0.50
	» 6.	Arrêté : Office fédéral du travail	0.10	0.15
	» 7.	Loi : Assurance en cas de maladies et d'accidents	0.10	0.10
	» 8.	Ordonnance : Assurance-accidents	0.20	0.30
Tchéco-Slovaquie.				
	N° 2.	Loi : Travail des enfants	0.20	0.30
International.				
	N° 1.	(France-Pologne) Convention : Emigration et immigration	0.30	0.50

En allemand :

			Fr. suisses	fr. franç. » belges
Allemagne.				
	N°ˢ 1-2.	Gesetz und Verordnung : Betriebsräte	0.50	0.85
	» 3.	Verordnung : Pressluftarbeit	0.30	0.50
	» 4-6.	Verordnung und Bekanntmachungen : Bleifarben	0.30	0.50
	» 7.	Verordnung : Unfallversicherung	0.10	0.20
	» 8.	Bekanntmachung : Unfallversicherung usw	0.10	0.20
	» 9.	Gesetz : Beschäftigung Schwerbeschädigter	0.20	0.35
	» 10.	Gesetz : Weibliche Angestellte in Gastwirtschaften	0.10	0.20
	» 11.	Verordnungen : Betriebsräte	0.15	0.25
	» 12.	Verordnung : Hausarbeit	0.10	0.20
	» 14.	Verordnung : Reichswirtschaftsrat	0.15	0.25
	» 15.	Bekanntmachung : Gesetz über Wochenhilfe	0.20	0.35
	» 16.	Verordnung : Stillegung gemeinnötiger Betriebe	0.10	0.20
Autriche.				
	N°ˢ 1-7.	Arbeitslosenversicherungsgesetz	0.25	0.40
	» 8.	Vollzugsanweisung : Nachtarbeit von Frauen und Jugendlichen	0.10	0.20
	» 9.	Vollzugsanweisung : Sonn- und Feiertagsruhe	0.10	0.20
	» 10.	Vollzugsanweisung : Kündigung von Dienstverhältnissen	0.10	0.20
	» 12-15.	Gesetz und Vollzugsanweisung : Achtstundentag	0.20	0.35

			Frs suisses	frs franç. belges
Belgique.				
Nos	1–3.	Erlasse : Arbeitsärztlicher Dienst . .	0.20	0.35
»	4–6.	Erlasse : Bergwerke (Erste Hilfe und Sicherheit)	0.30	0.50
»	7.	Erlass : Arbeitskontrolleure	0.10	0.20
»	8–10.	Erlasse : Gefährliche Betriebe	0.15	0.25
»	11.	Erlass : Arztlicher Dienst der Hilfskassen	0.20	0.35
Brésil.				
Nos	1–2.	Arbeitsunfallgesetz	0.20	0.35
Bulgarie.				
No	1.	Arbeitspflichtgesetz	0.20	0.35
Danemark.				
No	1.	Gesetz : Arbeitslosenkassen	0.30	0.50
Espagne.				
Nos	1.	Erlass: Arbeitszeit in Kohlengruben . .	0.10	0.20
»	3.	Erlass : Arbeitsnachweisdienst	0.15	0.25
»	4–5.	Erlasse : Achtstundentag	0.25	0.40
Etats-Unis.				
No	1.	Gesetz : Berufsertüchtigung	0.20	0.35
Finlande.				
Nos	1.	Gesetz : Arbeitslosenkassen	0.10	0.20
»	2.	Gesetz : Handelsgehilfen	0.15	0.25
»	3.	Beschluss : Ununterbrochener Betrieb. .	0.10	0.20
France.				
Nos	1–2.	Erlass : Samstagnachmittagsruhe . . .	0.15	0.25
»	3.	Gesetz : Arbeitszeit in Bergwerken . .	0.10	0.20
»	4.	Gesetz : Kollektive Arbeitsverträge (Abänderung)	0.10	0.20
»	5.	Gesetz : Achtstundentag der Seeleute .	0.10	0.20
»	6.	Erlass : Ausschuss für Berufskrankheiten	0.10	0.20
»	7.	Gesetz : Haftpflicht für Berufskrankheiten	0.20	0.35
»	8.	Gesetz : Berufsvereine	0.15	0.25
»	10.	Erlass : Landesrat für die Beschaffung von Arbeitskräften	0.10	0.20
»	11.	Erlass : Ministerium für soziale Gesundheitspflege	0.10	0.20
»	12.	Verordnung : Achtstundentag der Seeleute	0.20	0.35
Grande-Bretagne.				
Nos	1.	Gewerbehofgesetz	0.20	0.35
»	2.	Krankenversicherungsgesetz	0.30	0.50
»	3.	Arbeitslosenversicherungsgesetz . . .	0.80	1.35
»	9.	Gesetz : Beschäftigung von Frauen, Jugendlichen und Kindern	0.20	0.35
»	10.	Gesetz: Bleivergiftung von Frauen und Jugendlichen	0.15	0.25
»	11.	Gesetz : Abänderung des Arbeitslosenversicherungsgesetzes	0.10	0.20
Grèce.				
Nos	1.	Berufsvereingesetz	0.20	0.35
»	2.	Gesetz : Arbeitsfreiheit	0.10	0.20
»	3–4.	Gesetz und Erlass : Arbeitsvertrag der Privatangestellten	0.20	0.35

			Frs suisses	fr. franç. belges
Hongrie.				
Nᵒˢ	1.	Verordnung : Leitung der Kohlenangelegenheiten	0.10	0.20
»	2.	Verordnung : Abhaltung von Versammlungen	0.10	0.20
»	3.	Verordnung : Dienstverhältnis der Handelsangestellten	0.30	0.50
Italie.				
Nᵒˢ	1.	Gesetz : Auswanderung	0.60	1.00
»	2.	Erlass : Arbeitslosenversicherung	0.40	0.70
»	3.	Erlass : Erhöhung des Wochengeldes	0.10	0.20
»	4–5.	Erlass : Verwaltungsrat der Staatseisenbahnen	0.10	0.20
Luxembourg.				
Nᵒˢ	2–4.	Gesetz and Beschlüsse : Dienstvertrag der Privatangestellten	0.25	0.40
Norvège.				
Nᵒ	1.	Arbeiterausschussgesetz	0.15	0.25
Pays-Bas.				
Nᵒ	1.	Erlass : Oberer Arbeitsrat	0.15	0.25
Pologne.				
Nᵒ	2.	Erlass : Gewerbliche Gifte	0.10	0.20
Roumanie.				
Nᵒ	4.	Gesetz : Arbeitsstreitigkeiten	0.25	0.40
Royaume des Serbes, Croates et Slovènes.				
Nᵒ	1.	Verordnung : Arbeitszeit	0.15	0.25
Suède.				
Nᵒˢ	1–3.	Gesetz und Erlasse : Arbeitszeit der Seeleute	0.25	0.40
Suisse.				
Nᵒˢ	1.	Gesetz : Arbeitszeit der Eisenbahner usw	0.20	0.35
»	2–3.	(Basel-Stadt). Arbeitszeitgesetz	0.20	0.35
»	4–5.	Beschluss und Ausführungsvorschriften: Arbeitslosenunterstützung	0.30	0.50
»	6.	Beschluss : Eidgenössisches Arbeitsamt	0.10	0.20
»	7.	Abänderung des Kranken und Unfallversicherungsgesetzes	0.15	0.25
»	8.	Verordnung : Unfallversicherung	0.10	0.20
Tchéco-Slovaquie.				
Nᵒˢ	1.	Gesetz : Heimarbeit	0.25	0.40
»	2.	Kinderarbeitsgesetz	0.20	0.35
»	3–5.	Gesetz : Betriebsräte beim Bergbau	0.40	0.70
»	6.	Gesetz : Gewinnbeteiligung im Bergbau	0.15	0.25
»	7.	Gesetz : Bergbau-Schiedsgerichte	0.15	0.25
»	8.	Gesetz : Sozialversicherung	0.10	0.20
Série internationale.				
Nᵒˢ	1.	(*France-Pologne*). Übereinkommen : Aus- und Einwanderung	0.20	0.35
»	2.	(*France-Italie*) Vertrag : Arbeiterwanderungen	0.20	0.35

1921

En allemand :

		Frs suisses	frs franç. belges
Allemagne.			
Nᵒˢ 1.	Verordnung : Anstreicherarbeiten in Schiffsräumen	0.15	0.25
» 2.	Gesetz : Betriebsbilanz	0.10	0.20

En anglais :

Grande-Bretagne.			
Nᵒ 1.	Act : Unemployment Insurance . . .	0.20	0.35
Pays-Bas.			
Nᵒ 1.	Decree : Superior Labour Council .	0.10	0.20
Pologne.			
Nᵒ 1.	Order : Strikes and Lock-Outs	0.10	0.20

DOCUMENTS DE LA CONFÉRENCE INTERNATIONALE DU TRAVAIL

En français et en anglais.

Conférence internationale du Travail. — Première session, tenue à Washington 1919.

	Frs suisses	frs franç. belges
Compte rendu sténographique des séances	10.—	20.00
Rapport I sur la journée de huit heures ou la semaine de quarante-huit heures. (1ʳᵉ question inscrite à l'ordre du jour de la Conférence de de Washington.)	2.50	4.50
Rapport II sur le chômage. (2ᵉ question inscrite à l'ordre du jour de la Conférence de Washington.)	2.50	4.50
Rapport III sur le travail des femmes et des enfants et sur les conventions de Berne de 1906. (3ᵉ, 4ᵉ et 5ᵉ questions inscrites à l'ordre du jour de la Conférence de Washington.)	5.50	10.00
Projets de convention et recommandations adoptés par la Conférence internationale du Travail à Washington	2.50	4.50
Idem (format du Bulletin)	0.75	1.25

Conférence internationale du Travail. — Deuxième session, tenue à Gênes 1920.

	Frs suisses	frs franç. belges
Compte rendu sténographique des séances . . .	18.00	35.00
Rapport I sur les heures de travail et répercussion sur les effectifs et le logement. (1re question inscrite à l'ordre du jour de la conférence de Gênes.)	2.75	5.00
Rapport II sur le contrat d'engagement, le placement, le chômage et l'assurance contre le chômage. (2me question inscrite à l'ordre du jour de la Conférence de Gênes.)	1.50	2.50
Rapport III sur l'emploi des enfants à bord. (3me question inscrite à l'ordre du jour de la Conférence de Gênes.)	0.60	1.00
Rapport IV sur la possibilité d'établir un statut international des marins. (4me question inscrite à l'ordre du jour de la Conférence de Gênes.) . .	3.25	5.50
Projets de convention et recommandations adoptés par la Conférence internationale du Travail à Gênes	2.50	4.50

	Frs suisses	frs franç. » belges
Procès-verbaux de la commission relative aux heures de travail de la Conférence de Gênes . . .	5.75	0.00
Guide officiel à l'usage des délégués à la Conférence de Gênes	0.60	1.00
Liste des membres des délégations à la Conférence internationale du Travail à Gênes.	0.60	1.00
Conférence internationale du Travail. — Troisième session (devant se tenir à Genève, 1921)		
En français, anglais, allemand, italien et espagnol.		
Questionnaire II — Questions agricoles	2.50	4.50
Questionnaire IIIA — Désinfection des laines contaminées par les spores charbonneuses . . .	1.25	2.00
Questionnaire IIIB — Interdiction de l'emploi de la céruse dans la peinture	1.25	2.00
Questionnaire IV — Le repos hebdomadaire dans l'industrie et le commerce	0.60	1.00
Questionnaire V — *a*) Emploi des jeunes gens au travail dans les soutes et les chaufferies.		
» *b*) Visite médicale des enfants employés à bord	0.60	1.00

PUBLICATIONS NON PÉRIODIQUES

ÉTUDES SPÉCIALES

	Frs suisses	frs franç. » belges
Les conditions du travail dans la Russie des Soviets. Questionnaire méthodique et bibliographique préparé pour la mission d'enquête en Russie. En anglais et en français	8.00	18.00
L'admission de l'Allemagne et de l'Autriche dans l'Organisation permanente du Travail. En anglais, en français et en allemand	0.40	0.75
Enquête sur la production : I. Mémoire introductif. En anglais, en français et en allemand . . .	6.00	10.00
Statut International des Marins. Communication adressée aux Gouvernements par le Bureau International du Travail. En anglais et en français	2.00	3.50
La Production et le Travail dans l'Industrie minière de la Ruhr de 1918 à 1920. En français . . .	3.00	5.00
Enquête au sujet de l'application de la loi sur la journée de huit heures dans la Marine marchande française. En français et en anglais	3.00	5.00
La Liberté syndicale en Hongrie. En français et en anglais.	3.00	5.00

PUBLICATIONS DIVERSES

	Frs suisses	frs franç. » belges
Statuts et règlements de l'Organisation permanente du Travail. En anglais et en français	1.50	2.50
Rapport présenté à la Conférence de la paix par la commission de législation internationale du travail. En anglais et en français	0.75	1.25
Clauses des traités de paix relatives au Travail. En anglais et en français	0.75	1.25

BUREAU INTERNATIONAL DU TRAVAIL

REVUE INTERNATIONALE DU TRAVAIL

VOL. II. Nᵒˢ 2-3.

MAI-JUIN 1921

GENÈVE
1921

SOMMAIRE

REVUE INTERNATIONALE DU TRAVAIL

Vol. II. N° 2-3.   Mai-Juin 1921.

Le développement de la législation sociale dans la République d'Autriche depuis la révolution.

Par le Docteur LEDERER,

Chef de la section de politique sociale au ministère des Affaires sociales à Vienne.

L A fin de la guerre mondiale amena la chute de la monarchie austro-hongroise. L'ancien empire se d'sagrégea en un certain nombre d'Etats et, par là même, furent détruites les anciennes relations économiques qui réalisaient l'unité des diverses provinces de l'empire. La fermeture des frontières, les entraves apportées à l'importation et à l'exportation, l'adoption de tarifs douaniers prohibitifs suspendirent toute activité commerciale et la République d'Autriche se ressentit profondément de cet arrêt des affaires.

La nouvelle république, formée après la révolution, par la réunion des pays de Basse-Autriche et de Haute-Autriche de la province de Salzbourg, du Vorarlberg, des pays de langue allemande du Tyrol, de la Styrie et de la Carinthie. se compose, si l'on met à part les villes et un certain nombre de centres industriels, de terres montagneuses où prairies, pâturages et forêts sont cultivés d'après des méthodes quelque peu surannées. La production nationale ne peut donc assurer le ravitaillement d'une population de six millions d'habitants ni fournir les matières premières ou le charbon nécessaires à l'industrie si importante d'articles de luxe. Depuis des temps immémoriaux, la capitale de l'Empire avec ses deux millions d'habitants, recevait la plus grande partie de son ravitaillement des plaines fertiles des provinces de la Moravie (spécialement de la Hannakei), des greniers de la Galicie et des champs de blé des plaines hongroises; d'autre part, les mines de charbon d'Ostrau-Karwin, dont une partie appartient maintenant à la Tchéco-Slovaquie et l'autre partie à la Pologne, les mines de lignite du nord-ouest de la Bohême, fournissaient depuis longtemps une grande quantité de charbon à l'industrie autrichienne, aux chemins de fer, aux fabriques de gaz et d'électricité et à la consommation domestique. Soudain, toutes ces

sources de ravitaillement se fermèrent. Il en résulta une raré-
faction des produits alimentaires qui, dans les villes, alla
presque jusqu'à la famine. Les transports furent considérablement entravés, il fallut prendre des mesures économiques
rigoureuses pour réglementer la consommation du charbon,
du gaz et de l'électricité; un grand nombre d'entreprises
industrielles furent obligées de fermer ou de réduire leur production. Au milieu de cette situation critique, deux facteurs principaux contribuèrent à maintenir la paix et l'ordre
et empêchèrent de terribles révoltes populaires, malgré les
dangereux mouvements bolchevistes qui éclatèrent dans les
Etats voisins de Bavière et de Hongrie.

Ce fut d'abord l'aide généreuse fournie par les pays neutres
ou antérieurement rivaux. Ce fut, d'autre part, la situation
politique intérieure qui aboutit à l'adoption rapide de nombreuses lois de progrès social.

Après les élections de février 1919, le parti social-démocrate
et le parti socialiste-chrétien formèrent une coalition qui
réunit plus des quatre cinquièmes des voix et qui rendit
beaucoup plus facile le vote d'une législation sociale.

Il en résulta qu'en automne 1919, lorsque la première
Conférence internationale du Travail se réunit à Washington,
la République d'Autriche avait déjà réalisé un grand nombre
des réformes sociales qui formèrent l'objet des résolutions
de la Conférence. Depuis cette époque les conditions de la
politique intérieure se sont modifiées. Le parti socialiste-chrétien a obtenu la majorité aux élections d'octobre 1920 et a pris
la direction du gouvernement, tandis que le parti social-démocrate s'est rangé du côté de l'opposition. Mais ce changement de situation n'a pas entravé le progrès continu de la
législation sociale.

Chômage

Après la révolution, le premier soin du nouvel Etat fut
d'adopter, pour la démobilisation industrielle, une série de
mesures d'urgence qui, destinées à l'origine à faire face à une
situation exceptionnelle, devinrent ensuite le germe d'institutions permanentes. Jusqu'à la révolution il n'existait en
Autriche aucune mesure de prévoyance contre le chômage.
Les syndicats distribuaient des secours sur leurs fonds, mais
ces secours étaient tout à fait limités et temporaires; de plus,
le système des bureaux de placement était très défectueux et
manquait d'une organisation administrative. Des réformes
furent entreprises sur ces deux points. Le premier numéro du
Staatsgesetzblatt, publié par les soins de la République autrichienne, contenait le texte du décret du 4 novembre 1918
concernant les bureaux de placement et des décrets des
6 et 20 novembre 1918 concernant les secours de chômage
accordés par l'Etat. Ces mesures étaient des improvisations
hâtives; elles réussirent toutefois à résoudre le problème dif-

ficile de canaliser le flot des soldats démobilisés vers les diverses activités de la vie civile et à secourir les travailleurs que le bouleversement du marché du travail avait réduits au chômage. Par la suite, ces mesures provisoires se transformèrent en lois définitives.

Les mesures administratives mentionnées plus haut confiaient le placement des travailleurs à des « Commissions industrielles de district » composées de six à dix représentants patronaux et ouvriers et dont le siège et le ressort étaient déterminés d'après les conditions locales et la répartition des industries. Ces commissions reçurent le pouvoir d'organiser des bureaux locaux dans certains districts et des conseils d'entreprise dans certains établissements industriels importants. On ne leur confia pas seulement le placement des travailleurs, mais aussi l'organisation et la distribution des secours-chômage et particulièrement la surveillance des bureaux locaux de chômage. Les commissions industrielles de district reçurent par la suite des pouvoirs encore plus étendus. Elles eurent le droit d'accorder des dérogations à l'embauchage obligatoire des chômeurs dans les entreprises industrielles prévu par le décret du 14 mai 1919 et d'autoriser les entreprises industrielles, capables de prouver leur situation difficile, à réduire leur personnel par mesure d'exception. Les commissions s'acquittèrent de leurs fonctions, parfois très délicates et très difficiles, avec une habileté si remarquable que l'on peut considérer leur activité comme un modèle d'administration de l'industrie. Elles ont eu le grand mérite de réaliser une étroite coordination entre les services du placement et la distribution des secours-chômage.

Le développement de l'assistance aux chômeurs présente en Autriche des caractéristiques sur lesquelles il est intéressant de s'arrêter, car les phases successives du chômage aident à comprendre les crises qui se produisirent dans la vie économique du pays. Il fut tout d'abord nécessaire de secourir le grand nombre des hommes à qui le bouleversement économique du pays ne permit pas de trouver du travail, quand ils rentrèrent dans leurs foyers à la démobilisation. A Vienne, en particulier, et dans certains centres autrichiens de l'industrie métallurgique qui perdirent subitement leur prospérité quand la fabrication des munitions cessa, le nombre des chômeurs était considérable. D'après les statistiques officielles il y avait 46.303 chômeurs au 1er décembre 1918. Ce nombre s'éleva rapidement jusqu'à 162.104 au 1er février 1919 et atteignit un maximum de 186.030 au 1er mai 1919. Le gouvernement pouvait d'autant moins rester passif devant cet état de choses que la misère des chômeurs était considérablement accrue par la disette générale et l'augmentation des prix.

La distribution des secours de chômage accordés par le gouvernement fut organisée par les décrets des 6 et 20 novembre 1918. Les personnes ayant droit aux secours étaient les ouvriers ou employés, assurés obligatoirement selon le système de l'assurance contre la maladie; ils devaient de plus être domiciliés dans la République d'Autriche, être chômeurs et dans l'incapacité de suffire à leurs besoins. Le montant du secours accordé correspondait au secours de maladie auquel l'assuré avait droit. A Vienne, ces secours s'élevaient en moyenne à 6 couronnes par personne et par jour; ailleurs, ils atteignaient environ 5 couronnes. Le chômeur recevait en outre des secours supplémentaires pour les membres de sa famille qu'il avait à entretenir. A Vienne et dans certaines autres villes on accordait également des indemnités supplémentaires sur les fonds municipaux. Ces secours supplémentaires augmentaient ceux du gouvernement d'environ 50 %.

Comme nous l'avons vu plus haut, le service de distribution des secours de chômage et le service de placement des travailleurs étaient étroitement coordonnés en vue d'empêcher les abus. Les commissions industrielles de district veillaient strictement à ce que les secours fussent donnés exclusivement à ceux à qui les bureaux de placement ne pouvaient pas fournir de travail; les chômeurs étaient tenus de se présenter régulièrement aux bureaux de placement. Le gouvernement autrichien fit de son côté tous ses efforts pour réduire le chômage. Le 14 mai 1919, c'est-à-dire à l'époque où le nombre des chômeurs avait atteint son maximum, le gouvernement rendit obligatoire l'embauchage des chômeurs dans les entreprises industrielles. Les patrons qui, à la date du 26 avril 1919, employaient au moins quinze ouvriers ou employés, furent obligés d'engager, par l'intermédiaire des bureaux de placement, un nombre supplémentaire d'ouvriers égal au cinquième de l'effectif déjà employé.

Ces mesures furent couronnées de succès, malgré l'opposition de certains patrons et de certains groupes d'ouvriers qui considéraient l'engagement obligatoire du personnel comme une mesure injuste. Le nombre des chômeurs commença à diminuer et cette diminution s'accusa, grâce à une reprise d'activité, dans quelques branches de l'industrie. Le 1er août 1919 il n'y avait plus, selon les statistiques officielles, que 133.362 chômeurs; ce nombre tomba à 112.347 au 1er octobre 1919 et, au 22 novembre, il était de 87.266. La reprise graduelle de la vie économique, l'action énergique des commissions industrielles de district, ainsi que les mesures rigoureuses de surveillance, produisirent une amélioration encore plus marquée, si bien qu'en mars 1920 il n'y avait plus que 54.000 chômeurs en Autriche, dont 43.000 pour Vienne seulement.

Le moment était venu de transformer en institution permanente le système provisoire d'assurance contre le chômage, organisé pour faire face à une situation temporaire et qui avait coûté à l'Etat et aux autorités municipales une somme d'environ 500 millions de couronnes pendant la première année de son existence. Le 24 mars 1920 [1], l'Assemblée nationale

---

[1] *Série législative*, *1920*, Aut. 1.

autrichienne a donc voté une nouvelle loi sur l'assurance-chômage qui est entrée en vigueur le 9 mai suivant. Elle a rendu permanent l'ancien système de secours-chômage, mais, au lieu d'en faire supporter toute la charge à l'Etat, elle a prévu qu'un tiers des frais serait dorénavant couvert par le patron et un tiers par l'ouvrier. Ces versements seraient recueillis par les caisses de maladie en même temps que les versements pour l'assurance contre la maladie. Une autre innovation importante est la suivante : l'assurance-chômage est restreinte aux personnes qui ont été employées pendant vingt semaines au cours de l'année précédant celle où elles commencent à avoir droit à l'indemnité et qui ont ainsi prouvé leur volonté de travailler. La nouvelle loi ne prévoit pas de secours pour une période illimitée, mais seulement pour trente semaines par an au maximum. De plus, le secours n'est dû qu'après un délai d'une semaine à partir de la cessation du travail. La loi contient également des dispositions destinées à prévenir les abus. Tout travailleur qui abandonne son travail volontairement et sans raison suffisante est privé du droit à l'indemnité pendant quatre semaines.

Le montant de l'indemnité fut d'abord calculé sur la base du secours quotidien de maladie dû à l'ouvrier assuré dans son dernier emploi. Les ouvriers ou employés célibataires avaient droit à 60 % de cette somme et les chefs de famille à 80 %. Les dispositions transitoires de la loi prévoyaient que ces proportions pourraient être augmentées jusqu'à 75 et 100 % du montant du secours de maladie. Le montant maximum des indemnités de chômage s'élevait donc, pour les classes les plus privilégiées de travailleurs, respectivement à 9 et 12 couronnes par jour pour les ouvriers célibataires et les ouvriers mariés. Il était évidemment impossible de fixer ces sommes d'une manière permanente : elles devaient être modifiables selon les fluctuations du coût de la vie. Ce coût continuant à s'accroître à cause de la dépression du change autrichien, les secours durent être relevés à plusieurs reprises. Deux lois supplémentaires furent votées : celle du 1er octobre 1920 qui éleva le secours maximum jusqu'à 15 et 18 couronnes respectivement, et celle plus récente du 17 mars 1921, qui l'augmenta encore en raison de la situation difficile des chômeurs. Cette dernière loi fixa le secours-chômage à 125 % du secours légal de maladie pour les ouvriers ayant charge de famille et à 75 % de ce même secours pour les autres catégories. La loi n° 6, portant complément à la loi autrichienne sur l'assurance-maladie du 11 mars 1921, venait d'autre part d'augmenter considérablement les secours minima de maladie. L'indemnité due actuellement aux catégories d'ouvriers privilégiés est de 90 couronnes par jour pour les chefs de famille et 68,50 couronnes pour les célibataires. Un nombre considérable de chômeurs étant des métallurgistes appartenant à ces catégories, la somme distribuée en secours de chômage a quadruplé ou quintuplé.

Quoique ce fardeau financier soit très lourd pour l'Etat, il n'est cependant pas écrasant. L'Etat, en effet, ne verse qu'un tiers de la somme totale et, de plus, le nombre des chômeurs ayant droit au secours est allé en décroissant au cours de l'année dernière. Nous avons dit plus haut qu'en mars 1920 il y avait encore 54.000 chômeurs ayant droit à l'indemnité; mais après l'application de la nouvelle loi ce nombre diminua d'une manière considérable. Le 1er juillet 1920 il n'y avait déjà plus que 24.000 chômeurs; le 1er novembre 1920, 16.000, et le 1er janvier 1921, 15.000. Une nouvelle diminution a été constatée au cours de cette année; le 1er mai 1921 le nombre total des chômeurs touchant l'indemnité n'était plus que de 11.000 dont 8.500 pour Vienne seulement. Cette diminution remarquable est due à des causes diverses. En premier lieu, la nouvelle loi exclut du droit à l'indemnité toutes les personnes qui l'ont touchée pendant plus de trente semaines au cours de l'année. Le nombre des personnes se trouvant dans ce cas doit donc, si l'on veut obtenir le nombre total des chômeurs, être ajouté au nombre de ceux qui touchent actuellement l'indemnité. De plus, il ne faut pas perdre de vue qu'un certain nombre de chômeurs ne remplissent pas les conditions stipulées par la loi, particulièrement en ce qui concerne la durée minimum d'emploi et leur situation par rapport à l'assurance-maladie. Il est donc probablement exact d'estimer le nombre des chômeurs au triple de ceux qui touchent l'indemnité. Mais, même si le nombre des chômeurs atteint à l'heure actuelle 30.000, il est encore comparativement faible, puisqu'il est inférieur au chiffre normal d'avant-guerre. Ce résultat, cependant, ne doit pas être interprété comme un symptôme de renaissance économique. Il n'est que la conséquence d'une situation économique anormale.

La dépréciation du change, facilite en effet, à l'industrie autrichienne la lutte avec les industries étrangères, d'autant plus que les salaires sont généralement moins élevés en Autriche qu'ailleurs, et cette circonstance, ajoutée à l'augmentation de la production en charbon, permet d'intensifier le travail des différentes branches d'industries et d'occuper un plus grand nombre d'ouvriers. Enfin, l'afflux des ouvriers étrangers a maintenant cessé, la dépréciation du change autrichien n'étant pas faite pour les attirer. Ce phénomène est particulièrement sensible dans l'industrie du bâtiment qui recevait autrefois un contingent important de travailleurs italiens et tchécoslovaques

Il est à noter que des économies ont été réalisées grâce à la collaboration des syndicats qui ont assuré le fonctionnement des bureaux locaux de placement, en liaison avec leurs bureaux privés. Il faut signaler, enfin, que des accords réciproques assurant aux ressortissants des Etats signataires des droits équivalents au point de vue de l'indemnité de chômage ont été conclus avec la Tchéco-Slovaquie et l'Allemagne; un accord analogue est sur le point d'être conclu avec la Suisse. La législation autrichienne sur le placement et l'assurance-chômage donne donc entière satisfaction aux projets de convention adoptés par la Conférence de Washington.

LA JOURNÉE DE HUIT HEURES

Une autre date importante dans la législation sociale inaugurée par la République d'Autriche est l'introduction de la journée de huit heures, qui fut appliquée dans les entreprises industrielles peu de temps après la révolution, conformément à la loi du 19 décembre 1918 [2].

Cette mesure fut tout d'abord purement temporaire; elle ne devait rester en vigueur que jusqu'à la signature de la paix; il était en effet impossible de prévoir alors quelle serait l'attitude des autres pays sur la question, et l'Autriche ne pouvait s'engager à adopter seule une loi qui la mettrait en état d'infériorité économique dans la concurrence avec ses voisins. Mais quand la Conférence internationale de Washington eut voté le principe de la journée de huit heures, la réforme fut définitivement réalisée en Autriche par la loi du 17 décembre 1919, qui rendit obligatoire la journée de huit heures dans toutes les entreprises industrielles, même dans les établissements de moyenne et de petite importance ou dans les entreprises industrielles et commerciales gérées par l'Etat, les provinces, les municipalités ou autres services publics.

Une certaine liberté fut laissée aux organisations professionnelles pour l'exécution de cette réforme qui bouleversait profondément l'ancien ordre de choses. Une commission consultative, composée de six représentants de ces organisations, reçut le droit de faire des propositions aux autorités administratives au sujet des dérogations à accorder à certaines catégories d'entreprises.

La loi s'occupe spécialement des femmes et des enfants dont la semaine de travail est réduite à quarante-quatre heures et qui jouissent de la semaine anglaise. Dans les chemins de fer, la marine, les postes et les télégraphes, on a adopté la semaine de quarante-huit heures au lieu de la journée de huit heures. La loi prévoit également des dérogations soit en cas d'interruption imprévue du travail, soit pour les industries saisonnières. Les heures supplémentaires donnent droit à un salaire supérieur de 50 % au tarif normal.

La loi autrichienne satisfait aux dispositions essentielles des résolutions de Washington sur la journée de huit heures. Deux décrets du 28 juillet 1920 [3] et du 9 novembre 1920 [4]

---

[2] *Bulletin de l'Office international du Travail.* Bâle, vol. XIII, 1918, p. 10.

[3] *Série législative*, 1920. Aut. 14.

[4] *Série législative*, 1920. Aut. 21.

résultèrent des discussions et des propositions de la commission consultative ; ils constituent une sorte de liste des dérogations accordées, soit d'une manière générale, soit pour certaines industries stipulées. La plus importante de ces dérogations est celle qui prévoit, dans certains cas, la non-application de la semaine de quarante-quatre heures accordée aux femmes et aux enfants par la loi sur la journée de huit heures. Les industries visées par cette dérogation sont celles où le travail des femmes et des enfants est si étroitement solidaire de celui du personnel masculin que l'application de la semaine de quarante-quatre heures aux femmes aurait pour résultat une diminution du nombre des heures de travail des hommes ou risquerait d'exclure de l'atelier les femmes et les enfants. Cette dérogation, cependant, n'est applicable que si elle est prévue dans les conventions collectives, ou, à défaut de telles conventions, dans les contrats individuels. De cette manière, les travailleurs ne peuvent pas être, contre leur volonté, privés du bénéfice de la loi. La même dérogation ne s'applique pas non plus aux industries dans lesquelles les deux tiers au moins des travailleurs sont des femmes ou des enfants de moins de 16 ans.

Une autre dérogation générale concerne les travaux continus où les heures de travail peuvent être réparties de manière à permettre de relayer les équipes, sans toutefois excéder 168 heures en trois semaines. Le travail des concierges, veilleurs de nuit, cochers, chauffeurs, conducteurs dans les transports et autres industries fait également l'objet de dérogations. L'unique disposition concernant la durée de travail de ces ouvriers est qu'elle ne doit pas excéder 96 heures en deux semaines.

Les dispositions spéciales concernant les dérogations accordées dans certaines industries sont très complexes. Elles ont égard à la nature de l'industrie et aux procédés techniques employés. Les principales industries pour lesquelles des dérogations sont accordées sont celles du papier, de la poterie, du sucre, de l'alcool, de la levure, ainsi que le travail des brasseries, des hauts fourneaux, des tourbières, des minoteries, du gaz industriel, du bâtiment, de la boucherie, des hôtels et restaurants et des banques. Des dérogations aux dispositions de la loi sur la journée de huit heures sont également prévues pour le commerce de détail, spécialement à la campagne, ainsi que pour les coiffeurs et commissionnaires expéditeurs. On tient également compte des nécessités particulières des industries rurales.

L'opportunité des dérogations fut préalablement discutée entre les commissions consultatives et les industries intéressées. En général ces dérogations furent accordées sans grande difficulté et l'on peut dire que, dans l'ensemble, elles ne portent pas atteinte au principe de la journée de huit heures : elles se bornent, en effet, à tenir compte des nécessités pratiques.

Conditions générales du travail

Une importante réforme en faveur des personnes réclamant une protection spéciale fut réalisée le 14 mai 1919 par l'application de la loi interdisant le travail de nuit aux femmes et aux enfants de moins de dix-huit ans[5] (on entend par nuit la période comprise entre 8 heures du soir et 5 heures du matin). Dans les industries où le travail s'effectue au moyen de deux équipes ou plus, le relai des équipes comprenant des femmes ou jeunes gens de plus de 16 ans peut se faire à une heure du matin, mais la durée du repos nocturne ne doit jamais être inférieure à onze heures consécutives. Des dérogations à l'interdiction du travail de nuit ne peuvent être accordées que dans le cas d'interruption de travail par suite d'accident de machine ou quand les produits courent le risque de se détériorer. Même dans ce cas, les dérogations ne peuvent être admises que pendant huit jours au maximum.

La loi du 28 juillet 1919 [6] institue des mesures de protection similaires concernant le travail de nuit des femmes et des enfants dans les mines. On voit ainsi que la législation autrichienne répond aux deux projets de convention adoptés par la Conférence de Washington sur le travail de nuit des femmes et des enfants.

La loi du 15 mai 1919 [7] introduit une autre réforme, étroitement liée à la réglementation des heures de travail. Cette loi concerne la durée minima des repos, les heures de fermeture des magasins et le repos dominical, en particulier dans les établissements commerciaux. Elle assure à toutes les personnes occupées dans ces établissements un repos ininterrompu d'au moins 12 heures ; elle avance l'heure de fermeture des magasins, la fixant en général à 6 heures du soir, et elle établit un repos dominical plus complet qu'auparavant. En ce qui concerne les établissements de gros, les banques, les bureaux d'assurance, les études d'avocats et de notaires, etc., la loi stipule que le repos hebdomadaire doit commencer le samedi à deux heures de l'après-midi. Elle procure ainsi un repos suffisant à des milliers de travailleurs dont l'état de santé se trouve déprimé par un ensemble de mauvaises conditions, en particulier par la sous-alimentation. Mais la durée des repos établie par cette loi fut bientôt augmentée par les dispositions de la loi du 17 décembre 1919 sur la journée de huit heures [8], laquelle s'étend à tous les établissements de commerce, de banque et d'assurance.

La protection légale accordée aux employés travaillant dans des établissements privés a aussi été considérablement renforcée. Les conditions de leur travail sont réglées sur des

---

[5] *Série législative*, 1919. Aut. 7.
[6] *Série législative*, 1919. Aut. 11.
[7] *Série législative*, 1919. Aut. 8.
[8] *Série législative*, 1920. Aut. 12.

bases nouvelles très avancées au point de vue social. Ce mouvement remonte d'ailleurs à la loi de 1910 [9] sur les employés de commerce, qui introduisit une première et considérable amélioration. Cette loi régla d'une façon équitable la question des délais-congés et des renvois ; elle détermina le droit à des vacances et certaines garanties en cas de maladies; elle réglementa le commissionnement et les obligations des employés en regard des concurrences patronales, etc. Elle représentait donc, à l'époque, un progrès considérable. Néanmoins, un certain nombre de mesures supplémentaires s'imposèrent par la suite, en vue de protéger les employés contre les conséquences de la guerre et de l'armistice. Comme tous les travailleurs intellectuels, ils étaient, en effet, spécialement menacés par l'arrêt des affaires et la ruine générale de l'économie publique. Le règlement d'exécution du 18 novembre 1918 édicta donc diverses dispositions ayant pour objet de prévenir les congédiements ou tout au moins d'en augmenter les délais préalables et d'assurer des indemnités. Les établissements qui renvoyaient un grand nombre de leurs employés afin de transférer leur siège à l'étranger durent verser des indemnités particulièrement élevées. En outre. en vertu d'un règlement d'exécution spécial, chaque établissement fut tenu de réintégrer ses employés après leur démobilisation et de leur payer un salaire correspondant à celui qu'ils touchaient avant la guerre.

La plupart des dispositions qui précèdent n'étaient introduites que pour une période limitée; elles durent en conséquence être renouvelées fréquemment. Elles n'étaient, en somme, que des palliatifs, dont l'intérêt social est presque nul en regard de celui que présente la nouvelle loi sur le contrat de travail des employés dans les établissements privés. Cette loi, qui fut votée le 11 mai 1921 par le Conseil national, après de longs travaux préparatoires, constitue un effort important pour établir, sur des bases équitables, les conditions de travail desdits employés. Cette mesure a pour origine deux propositions qui furent soumises au Parlement autrichien, il y a environ un an, par le parti social-démocrate et par le parti socialiste-chrétien. Ces propositions furent discutées en détail par la Commission des affaires sociales; après une enquête approfondie, poursuivie avec le concours de toutes les catégories intéressées, elles aboutirent au vote d'une loi unique. Cette loi est conforme dans ses grandes lignes à la loi de 1910 sur les employés de commerce, mais son domaine est beaucoup plus étendu puisqu'elle s'applique non seulement à ces derniers, mais également à toutes les catégories d'employés d'entreprises privées à la seule exception des employés agricoles, auxquels une loi antérieure demeure applicable. C'est pourquoi le titre de la loi nouvelle ne contient plus aucune men-

---

[9] *Bulletin de l'Office international du Travail*, Bâle, 1910, p. 255.

tion des employés de commerce ; elle s'intitule simplement :
« Loi concernant les employés ».

La loi, en principe, proportionne les droits des employés
à la durée de leurs services, du moins dans une certaine mesure.
Ainsi, le délai en cas de congédiement, le nombre des jours
de congé, l'indemnité due en cas de maladie ou de renvoi,
augmentent avec la durée des services.

La nouvelle loi contient également au sujet de la protection
des femmes avant et après l'accouchement, des dispositions
d'une portée considérable et conformes aux résolutions de la
Conférence de Washington. Le parti social-démocrate proposa
de fixer un minimum de salaire égal au revenu considéré
comme minimum strictement indispensable à l'existence,
et, pour cette raison, dégrevé d'impôts (32.000 couronnes par
an actuellement) ; mais cette proposition fut repoussée.
La loi ainsi votée entrera en vigueur le 1er juillet prochain.

La loi du 30 juillet 1919 [11] étend à toutes les catégories
de travailleurs le droit aux congés reconnu déjà aux employés
de commerce par la loi de 1910. La masse de la population
est ainsi mise en état de jouir d'un repos effectif. Cette loi
qui s'applique aux ouvriers et employés des établissements
industriels, ainsi que des entreprises de l'Etat, des provinces,
des municipalités ou autres services publics, accorde à ces
travailleurs une semaine de vacances après un an de service et
deux semaines après cinq ans. Les jeunes gens de plus de seize
ans ont droit à deux semaines de vacances au bout d'une
année de service. Les salaires, bien entendu, sont payés pendant les vacances. Dans le cas où l'employé est logé, il reçoit
par jour de congé la même indemnité que pour un jour de
maladie. Cette mesure, qui fut saluée par les travailleurs comme
une réforme depuis longtemps désirée, fera bientôt sentir ses
bienfaits par une amélioration de la santé publique.

La loi du 3 avril 1919 [12] institue une réglementation
spéciale du travail dans les boulangeries. Les ouvriers boulangers, en Autriche, luttaient depuis de longues années pour
obtenir une protection légale qui s'imposait d'autant plus
qu'en règle générale les journées étaient trop longues et le travail de nuit fréquent. La nouvelle loi introduisit la journée
de huit heures dans toutes les boulangeries et pâtisseries avant
même que la loi générale sur la journée de huit heures fût votée.
En outre, elle interdit en principe le travail de nuit et le travail
du dimanche et comporte des dispositions importantes relatives
à la protection des apprentis : ceux-ci doivent être soumis
à une visite médicale préalable, et, d'autre part, ne peuvent
être employés au colportage.

Enfin, la loi du 26 février 1920 [13] sur les gens de maison

---

[11] *Série législative*, 1919, Aut. 12.
[12] *Série législative*, 1919, Aut. 6.
[13] *Série législative*, 1920, Aut. 18.

s'applique à un grand nombre de salariés. Bien qu'elle s'applique également à des personnes plus instruites vivant chez leurs employeurs, tels que les gouvernantes, les précepteurs, les femmes de charge, la loi vise principalement les domestiques au sens étroit du terme, qui étaient, jusque-là, presque entièrement privés de la protection des lois ouvrières. Les quelques règlements antérieurs sur le travail domestique en effet, étaient pour la plupart trop incomplets ou trop anciens. En outre, le soin de les appliquer était confié à la police, dont l'attitude, au temps de l'empire austro-hongrois, ne s'inspirait pas de principes sociaux fort élevés. La nouvelle loi fit disparaître cet état de choses. Elle régla les conditions de travail et de salaire des gens de maison; elle posa, en principe que leur nourriture doit être celle de la famille qu'ils servent. Elle fixa également les conditions de logement, ainsi que la durée du repos et des congés. Le repos nocturne doit être de neuf heures et comprendre, en principe, l'intervalle de 9 heures du soir à 6 heures du matin. En outre, les travailleurs domestiques ont droit à deux heures par jour pour les deux repas principaux. Le repos nocturne est porté à onze heures, et les périodes de repos, pendant la journée, à trois heures pour les domestiques de moins de 16 ans. La loi accorde, un dimanche sur deux, huit heures de liberté, devant commencer au plus tard à trois heures de l'après-midi. Elle accorde également quatre heures de liberté par semaine, à prendre dans l'après-midi d'un jour ouvrable, pour permettre au bénéficiaire d'effectuer des achats individuels. En ce qui concerne les vacances, les travailleurs domestiques sont même relativement favorisés. En effet, pendant leurs vacances, ils ont droit à leurs gages, augmentés d'une indemnité égale à 50, 100 ou 150 % du montant de leurs gages mensuels, suivant la durée des vacances (une. deux ou trois semaines).

Il faut encore noter les dispositions importantes relatives à la cessation du service. Le délai-congé égal pour les deux parties, est en général de deux semaines; il peut être réduit d'un commun accord, sans pouvoir être inférieur à huit jours. Tout domestique qui quitte ses maîtres sans qu'il y ait eu faute de sa part après dix ans de services ininterrompus, a droit à une indemnité s'élevant au quart de ses gages annuels. Cette indemnité est majorée de 5 % par année de service au-dessus de dix ans, jusqu'à concurrence de la totalité des gages d'une année. La loi abolit le livret qui rappelait les anciens livrets des ouvriers, et qui, devant également rester en la possession du maître pendant toute la durée des services, avait un caractère blessant. Le livret est remplacé par une « carte de service » délivrée par les autorités municipales et munie, pour identification, de la photographie du domestique. Les différends qui s'élèvent entre maîtres et serviteurs ne sont plus réglés par la police, mais par les tribunaux ordinaires. Enfin, la loi institue des comités de conciliation.

LE TRAVAIL A DOMICILE

La plupart des lois qui précèdent ont pour objet principal la réglementation des heures de travail et des périodes de repos. Mais un certain nombre d'autres réformes légales introduites en Autriche visent à supprimer les abus dans divers domaines de la vie sociale. Ainsi, les conditions des travailleurs à domicile étaient fort mauvaises; ne travaillant pas en atelier on ne pouvait leur faire observer un horaire régulier de travail; d'autre part, faute d'organisation, ils touchaient des salaires dérisoires. La loi du 19 décembre 1918 [1], sur le travail et les salaires des ouvriers à domicile modifia profondément cet état de choses. Cette loi institue une comptabilité précise du travail : tout patron donnant à travailler à domicile, directement ou indirectement, doit fournir à l'inspection du travail la liste exacte et constamment tenue à jour de tous les travailleurs employés par lui dans ces conditions. D'autre part, les salaires payés, ainsi que le système suivant lequel ils sont calculés et toutes les autres conditions réglant le travail et la livraison des articles, doivent être affichés d'une manière apparente à l'endroit où s'effectuent la distribution du travail, la livraison des articles terminés et le paiement des salaires. La loi contient encore diverses autres dispositions relatives à la protection des travailleurs à domicile, et dont l'application est contrôlée par les inspecteurs des fabriques. Mais la partie de beaucoup la plus importante est celle qui concerne la réglementation officielle des salaires pour le travail à domicile. La loi institue à cet effet des commissions mixtes centrales du travail à domicile pour les diverses catégories de travailleurs. Ces commissions sont chargées de fixer un minimum légal des salaires, qui est ensuite soumis à l'approbation du ministre des Affaires sociales. Cette disposition a été appliquée sur une échelle considérable dans l'industrie du vêtement et de la mode.

Quatre commissions furent instituées pour les vêtements de confection, pour les sous-vêtements, pour les chaussures et pour les plumes et fleurs artificielles. Ces commissions comprennent des experts impartiaux, des représentants des employeurs et des représentants des contre-maîtres, des travailleurs à domicile et des travailleurs en atelier. Elles sont présidées par des fonctionnaires. Les salaires fixés jusqu'à présent concernent principalement la fabrication des sous-vêtements, des blouses, des vêtements de toile et des sous-vêtements pour l'armée. En outre, un minimum de salaires a été fixé pour la confection des uniformes militaires. Les accords collectifs ont suffi dans les autres catégories des industries du vêtement et de la mode, en raison de la situation

---

[1] *Bulletin de l'Office international du Travail.* Bâle, Vol. 1918, p. 12.

favorable de l'industrie autrichienne du vêtement, qui permit aux travailleurs à domicile d'obtenir satisfaction dans la plupart de leurs revendications. Mais s'il se produit un ralentissement des affaires, les salaires baisseront inévitablement; les commissions centrales du travail à domicile auront alors à intervenir pour la fixation de taux officiels.

Le travail des enfants

La loi du 19 décembre 1918 [15] sur le travail des enfants présente également une grande importance morale. Elle vient, en effet, combler une lacune de la législation autrichienne et la met à l'abri du reproche d'être rétrograde par rapport aux autres pays. Le congrès autrichien de la protection de l'enfance, qui eut lieu à Salzbourg en 1913, avait révélé une situation terrible. Des voix s'étaient élevées à maintes reprises au sein de l'ancien parlement pour réclamer que des mesures législatives immédiates missent un terme à l'emploi des enfants aux travaux insalubres. Néanmoins, ce n'est qu'après la révolution que la réforme fut réalisée. La loi de 1918 interdit d'une manière générale d'employer régulièrement des enfants de moins de 14 ans à un travail salarié. Dans quelques cas exceptionnels il est permis d'employer des enfants aux travaux légers, en particulier dans l'agriculture ou dans les travaux domestiques exécutés chez leurs parents. Mais la loi prévoit alors un repos nocturne d'une durée suffisante, ainsi que le temps nécessaire à la fréquentation scolaire. Elle contient également des dispositions spéciales concernant l'emploi d'enfants « étrangers » [16], de manière à empêcher l'exploitation des orphelins et des pupilles. Elle limite d'une manière rigoureuse le travail des enfants dans les spectacles. Afin d'établir un contrôle efficace il est interdit au patron d'employer un enfant ne faisant pas partie de sa famille sans avoir obtenu une carte spéciale délivrée par les autorités locales. Celles-ci ont le droit de refuser la carte si le médecin ou le maître d'école estiment que le travail réservé à l'enfant peut exercer une influence pernicieuse sur son développement physique, intellectuel ou moral. Cette loi pourvoit donc amplement à la protection de l'enfance.

Elle est complétée par la disposition de la loi du 4 février 1919 sur la protection des pupilles et des enfants illégitimes. Cette loi place sous une surveillance officielle tous les enfants qui sont élevés hors de leur famille, dont un grand nombre sont des orphelins de la guerre et en empêche ainsi d'une manière efficace l'exploitation. On peut signaler que

---

[15] *Bulletin de l'Office international du Travail*, Bâle, vol. XIII, 1918, p. 19.

[16] Tous les enfants autres que ceux vivant chez l'employeur, faisant partie de sa famille (jusqu'au 4ᵐᵉ degré) ou adoptés par lui.

beaucoup de maîtres d'école se sont volontairement chargés de la surveillance de ces enfants et ont ainsi considérablement facilité l'application de la loi, spécialement dans les campagnes.

ABOLITION DES LIVRETS DE TRAVAIL

Pendant de longues années les travailleurs d'Autriche ont lutté pour obtenir la suppression du livret de travail, qu'ils considéraient comme une inique institution policière, et l'abolition des lois rendant la rupture du contrat de travail passible de sanctions pénales et permettant de forcer l'ouvrier à reprendre son travail. La loi du 25 janvier 1919 est venue satisfaire à ces deux revendications. Le livret est remplacé par une carte d'identité qui n'est délivrée que sur la demande de l'ouvrier lui-même et qui n'a donc plus aucun caractère obligatoire. La rupture du contrat de travail devient un simple délit civil, passible seulement de dommages-intérêts. L'ouvrier se trouve donc soumis à son tour au régime du droit commun qui, auparavant, n'était appliqué qu'aux patrons. Ainsi disparaît l'inégalité qui existait à cet égard entre l'employeur et l'ouvrier.

SOCIALISATION. — CONSEILS D'ENTREPRISE

Les lois autrichiennes relatives à la socialisation ne sont pas sans intérêt pour les autres pays. Il faut citer en première ligne la loi du 14 mars 1919 [17] sur les mesures préparatoires à la socialisation. Cette loi pose en principe que les établissements industriels peuvent être expropriés pour cause d'utilité publique et placés sous la direction de l'Etat ou des autorités provinciales ou municipales. L'application de cette disposition devait être réglementée par des lois spéciales sur l'expropriation, la réforme agraire et la colonisation intérieure. Une « Commission de socialisation » fut instituée pour préparer ces mesures. Elle comprenait des représentants des ministères et des administrations publiques intéressées, et des experts choisis parmi les travailleurs, les employés et les patrons, ou d'autres spécialistes; tous ces membres possédaient le droit de vote. La commission accomplit un travail méritoire, en dépit de l'influence défavorable que la situation économique du moment ne pouvait manquer d'exercer sur tous les projets de socialisation.

Les études préliminaires de la commission aboutirent à la loi du 15 mai 1919 [18] sur les conseils d'entreprise, à la loi du 30 mai 1919 sur l'expropriation des établissements industriels, et à la loi du 29 juillet 1919 sur les établissements placés sous la direction d'organismes publics. Cette dernière loi visait à introduire une nouvelle forme d'organisation économique.

---

[17] *Série législative*, 1919. Aut. 5.
[18] *Série législative*, 1919. Aut. 9 et 10.

On ne saurait, sans excéder les limites de cet article, exposer en détail ces diverses mesures. Néanmoins, la loi sur les conseils d'entreprise se rapporte directement au sujet qui nous occupe et mérite une brève discussion, étant du reste, parmi les lois autrichiennes de socialisation, la seule qui fut appliquée d'une manière complète et qui exerça une certaine influence sur la législation des autres pays. Cette loi rend obligatoire l'institution de conseils d'entreprise représentant les ouvriers et employés dans tous les établissements ou ateliers qui occupent un minimum de vingt personnes. Ces conseils ont pour mission l'étude et la protection des intérêts économiques, sociaux et généraux du personnel. Ils sont chargés, en particulier, de contrôler l'observation des conventions collectives et de s'entendre avec le patron au sujet des modalités d'application.

Lorsqu'il n'existe pas d'accords de cette nature, il appartient au conseil d'entreprise d'unir ses efforts à ceux des syndicats pour en favoriser la conclusion. En outre, les conseils exercent une certaine influence sur la fixation des salaires, sur la promulgation et la modification des règlements de travail. Ils participent au contrôle des mesures de protection ouvrière et de prévention des accidents. Ils doivent collaborer à maintenir la discipline à l'intérieur de l'établissement. Ils sont qualifiés pour examiner les feuilles de salaires, en contrôler le paiement, et, d'une manière générale, participer à la direction de toutes les institutions ayant pour objet le bien-être du personnel. Si un ouvrier se trouve renvoyé pour un motif politique, le conseil d'entreprise peut faire appel à l'office de conciliation compétent. Il convient encore de noter qu'il a le droit d'exiger que la direction lui soumette un bilan annuel, un tableau des profits et des pertes et une statistique des salaires. Lorsque l'établissement appartient à une société anonyme, le conseil d'entreprise a deux représentants au conseil d'administration. Ces représentants ouvriers ont les mêmes droits et les mêmes devoirs que les autres membres, mais ils ne touchent aucune rémunération. Les conseils sont, en général, élus suivant le régime de la représentation proportionnelle. Le nombre de leurs membres dépend du nombre des personnes employées dans l'établissement. Le règlement du 27 juin 1919 détermine les détails de la procédure électorale. Un second règlement, du 11 juillet 1919, fixe d'autre part la méthode de travail des conseils. On voit que les attributions et les droits accordés aux conseils d'entreprise sont aussi nombreux qu'importants; dans l'ensemble, ils ont bien fonctionné. A quelques exceptions près ils ont fait preuve de sagesse dans la conception de leurs attributions et ont contribué dans une large mesure au maintien de la paix dans l'industrie. Les différents qui se sont élevés à l'occasion du fonctionnement de divers conseils d'entreprise ont tous été aisément résolus par les offices de conciliation.

Il faut aussi parler des entreprises placées sous le contrôle d'organismes publics, par l'institution desquelles on se proposait de réaliser les objets principaux des mesures de socialisation.

La loi du 29 juillet 1919 [19] n'a pas encore été appliquée sur une grande échelle. Les efforts qui ont été tentés jusqu'ici ont eu pour objet principal de maintenir en activité certains établissements de caractère militaire déjà placés sous le contrôle de l'Etat, en les faisant travailler au profit de la communauté. C'est ainsi que les fabriques de cuir et de chaussures de Brunn am Gebirge, l'office autrichien de produits pharmaceutiques de Vienne et les carrosseries styriennes de Graz, furent transformés en entreprises publiques. L'Etat, la province de Styrie, l'hôpital de Vienne, le magasin de gros des coopératives et les offices d'achats de produits agricoles sont financièrement intéressés dans ces établissements, qui firent d'assez bonnes affaires au cours de leur premier exercice et purent ainsi distribuer à leur personnel des dividendes considérables. Ils ont contribué à satisfaire les besoins du public en plaçant sur le marché des chaussures de bonne qualité et des médicaments à bon marché. Néanmoins, le succès de ces entreprises municipales, dont beaucoup ont eu à leur disposition des stocks militaires, ne permet pas de prononcer un jugement définitif sur la valeur de ce mode d'exploitation. L'Arsenal, qui était l'une des plus grandes fabriques de munitions de l'ancien Empire austro-hongrois, vient, lui aussi, d'être transformé en établissement municipal au capital de 550 millions de couronnes. Il sera très intéressant de constater ce qu'il adviendra de cette grande entreprise qui occupe encore aujourd'hui plus de trois mille ouvriers.

CONTRATS COLLECTIFS. — OFFICES DE CONCILIATION.

Nous avons déjà fait mention des offices de conciliation : « Einigungsämter » à propos des conseils d'entreprise. Ces commissions ont pour origine les commissions de griefs : « Beschwerdekommissionen », qui furent instituées pendant la guerre en vue de protéger le personnel des usines de guerre auquel la loi retirait, d'autre part, la faculté de suspendre le travail ; ces commissions devaient s'occuper en particulier des questions de salaires. A la fin de la guerre elles perdirent leur caractère militaire et furent organisées sur une nouvelle base par la loi du 18 décembre 1919 relative à l'institution d'offices de conciliation et sur les contrats collectifs de travail. Ces offices se composent de représentants des employeurs et des travailleurs, sous la présidence d'un magistrat. Leur compétence est triple : en premier lieu ils jouent le rôle de tribunal de conciliation dans les différends qui s'élèvent au sujet des conditions du travail ; en second lieu, ils constituent l'autorité judiciaire qui tranche les contestations nées du fonc-

_____

[19] *Série législative*, 1919. Aut. 10.

tionnement des conseils d'entreprise; en troisième lieu, ils prêtent leur assistance aux parties en vue de la conclusion d'accords collectifs, ils enregistrent ces contrats et les interprètent. Les offices de conciliation possèdent, en outre, une fonction plus importante encore : sur la demande de certaines institutions, telles que l'inspection des usines, les tribunaux, les organisations patronales et ouvrières, ils peuvent rendre obligatoire, pour une profession ou pour une région particulières, un accord collectif déjà conclu entre deux groupes d'intéressés. En attribuant cette fonction aux offices de conciliation, la législation autrichienne s'est écartée des méthodes habituellement suivies pour la fixation des salaires et est entrée dans une voie nouvelle au sujet du travail à domicile. Le point intéressant est que l'office de conciliation ne fixe pas dans ce cas le taux du salaire; il s'en tient à celui établi par un accord collectif, mais il élève cet accord au rang d'un règlement général qui lie même les personnes n'ayant pris aucune part à la conclusion de l'accord primitif; ces « outsiders » n'échappent donc pas à la fixation des salaires par convention collective. Au-dessus de ces offices il existe à Vienne un office supérieur de conciliation devant lequel les intéressés peuvent faire appel de la décision rendant obligatoires les dispositions d'un accord collectif.

CHAMBRES DE TRAVAIL.

Ces différentes lois déterminant le statut juridique des salariés et la protection qui leur est due ont conféré aux travailleurs des droits importants qui leur permettent, dans une certaine mesure, de participer à la direction de la vie industrielle. Ce changement est mis en évidence par les lois des 26 février et 1er octobre 1920 [20], qui instituent des chambres spéciales d'ouvriers et d'employés et satisfont ainsi à une revendication très ancienne. Ces chambres constituent la représentation légale des intérêts économiques et sociaux des travailleurs; elles font pendant aux chambres de commerce qui représentent depuis plus de cinquante ans les intérêts des patrons. Elles seront pour les ouvriers et employés la tribune du haut de laquelle ils pourront donner à leurs revendications une large publicité. Leur rôle n'est pas de prendre part aux conflits politiques ou économiques, mais seulement de représenter les droits des travailleurs dans le sens le plus général. Elles ont notamment qualité pour proposer aux autorités compétentes des résolutions et des projets concernant la réglementation des conditions du travail, les assurances ouvrières, le placement, et toutes autres questions industrielles, économiques ou commerciales touchant directement ou indirec-

---

[20] *Série législative*, 1920. Aut. 19.

tement aux intérêts des ouvriers ou des employés. Les nouvelles chambres inaugurées à Vienne, Linz, Graz, Salzburg, Klagenfurt, Innsbruck et Feldkirch, sont divisées en quatre sections, dont deux représentent respectivement les ouvriers et les employés des établissements industriels en général, et deux autres les ouvriers et les employés des entreprises de communication et de transports (chemins de fer, postes et télégraphes). Les membres sont élus, suivant le régime de la représentation proportionnelle, par tous les travailleurs âgés de plus de dix-huit ans qui, au jour de l'élection, travaillent depuis au moins deux mois dans la région représentée. Est éligible tout travailleur âgé de plus de vingt-quatre ans, employé dans la région représentée et membre d'une organisation professionnelle autrichienne depuis trois ans au moins. Les membres de la chambre élisent leur bureau, un président et un vice-président.

La chambre possède un secrétariat confié à des personnes ayant une grande expérience des questions sociales. Les bureaux de toutes les chambres de travail se réunissent en conférence au moins une fois par an en vue de traiter en commun les affaires qui les intéressent. Cette disposition assure la liaison nécessaire entre les travaux des différentes chambres. La loi prévoit en outre un contact régulier entre les chambres de travail et les chambres de commerce en prescrivant qu'elles devront se communiquer mutuellement les décisions et résolutions prises au cours de leurs séances publiques. En outre, des commissions mixtes, dans lesquelles les unes et les autres sont représentées, sont instituées dans le but de discuter les questions présentant un intérêt commun. Les frais entraînés par l'institution des chambres de travail ont été payés par l'Etat, mais à charge de remboursement ultérieur par les chambres elles-mêmes. Les fonds nécessaires à leur fonctionnement proviendront d'une taxe prélevée sur tous les ouvriers et employés de la région représentée. Les chambres du travail de Vienne et de Graz ont fixé à deux couronnes par personne et par semaine le montant de cette taxe.

Les premières élections aux chambres de travail autrichiennes ont eu lieu de février à avril 1920, en vertu du décret du 10 novembre 1920 du ministère des Affaires sociales. Plusieurs partis prirent part à la lutte électorale. La grande majorité des voix se porta sur les listes des syndicats libres alliés au parti social-démocrate. Les syndicats chrétiens et nationaux, qui unirent leurs forces dans la plupart des cas, ne réussirent à enlever qu'un petit nombre des mandats. Le parti communiste n'eut que peu de représentants dans la chambre de Vienne et n'obtint aucun siège dans les chambres de province. Les résultats des élections illustrent de façon intéressante la répartition politique de la classe des ouvriers et des employés en Autriche ; les chiffres concernant la chambre de travail de Vienne sont donnés plus bas. Cette chambre représente le plus grand nombre d'électeurs et comprend également le pays de Basse-Autriche. Le nombre total des électeurs fut de 546.963, comprenant environ 75 % d'hommes et 25 % de femmes. Le nombre des votants fut de 354.222, soit 64,7 % des électeurs. C'est dans la catégorie des employés que le pourcentage des votants fut le plus faible (51,5 %). La proportion la plus forte fut celle des employés des transports (82,1 %) ; parmi ceux-ci, la diversité d'opinions politiques vint intensifier la lutte. Sur l'ensemble des voix, la liste des syndicats libres réunit 300.452 voix, soit environ 84 % ; les listes des syndicats chrétiens et nationaux recueillirent 38.655 voix, soit environ 11 % ; la liste communiste obtint 13.854 voix, soit environ 4 %. Le reste des voix n'est pas représenté. Les 130 mandats de la chambre de Vienne sont donc répartis comme suit : 114 aux syndicats libres ; 12 au bloc des organisations chrétiennes et nationales ; 4 aux communistes.

A Graz, les syndicats libres obtinrent 58 mandats sur 64 ; les six autres allèrent aux syndicats chrétiens et nationaux. Les communistes n'obtinrent aucun représentant. Les autres provinces donnèrent des résultats fort semblables. La chambre de Vienne se réunit le 23 avril, celle de Graz le 7 mai, celle de Salzbourg le 20 mai et celle de Linz le 21 mai 1921. Ces chambres élirent comme membres de leurs bureaux des personnes influentes, possédant une longue expérience syndicale.

L'INSPECTION DES FABRIQUES

L'esquisse que nous venons de faire de l'organisation des chambres de travail clôture l'exposé de la législation autrichienne postérieure à la révolution concernant le droit strictement ouvrier. Il n'y aurait plus guère à signaler dans ce domaine qu'un projet de loi sur la réforme de l'inspection des fabriques, qui a été présenté au parlement autrichien, mais n'est pas encore voté. Le système autrichien, dont l'origine remonte à la loi du 17 juin 1883, a donné dans l'ensemble de bons résultats en assurant la protection des ouvriers. On s'accorde à reconnaître la compétence spéciale, aussi bien que l'impartialité des fonctionnaires de ce service, qui se sont acquis à la fois la confiance des patrons et celle des ouvriers. Toutefois, l'ancienne loi était imparfaite; elle ne conférait pas aux inspecteurs des pouvoirs suffisants. On se propose aujourd'hui d'étendre considérablement les attributions qui leur sont dévolues. En premier lieu, ils devraient inspecter, non seulement les établissements industriels, mais les établissements de toutes sortes, à l'exception des mines qui sont placées sous le contrôle d'un service d'inspection spécial. Le contrôle des inspecteurs s'étendrait même aux transports aériens, aux chemins de fer et aux exploitations agricoles et forestières. L'inspecteur des fabriques deviendrait ainsi un inspecteur général du travail. En outre, ses pouvoirs seraient considérablement étendus. En cas d'urgence il aurait qualité par exemple pour ordonner, de sa propre autorité, des mesures préventives contre les accidents. De plus, le pouvoir d'autoriser les heures supplémentaires et les travaux de nuit passerait des mains des autorités politiques dans celles des inspecteurs des fabriques. Le projet en question étend également le droit de contrôle des inspecteurs sur le fonctionnement des manufactures; il étend leur droit de recueillir des témoignages, vérifier les archives et procéder à des expériences sur tous matériaux suspects. Enfin, l'inspecteur des fabriques posséderait le droit de faire appel en son propre nom des décisions des autorités industrielles qui ne seraient pas conformes à ses propositions ou à ses suggestions. En même temps, on augmenterait dans une forte proportion le personnel du service de l'inspection des fabriques, afin qu'il puisse satisfaire aux nouvelles obligations qui lui incomberaient. Le projet ayant été favorablement accueilli dans les milieux industriels, on peut s'attendre à ce qu'il soit adopté à bref délai par le Conseil national autrichien.

ASSURANCES SOCIALES

Si les progrès législatifs dans le domaine des assurances sociales ont été moins considérables qu'en ce qui concerne les droits des ouvriers, ils ont cependant une réelle importance. Un système d'assurances existait en Autriche depuis plus de trente ans. Les assurances ouvrières contre la maladie et les accidents avaient été organisées vers 1890. Les caisses de maladie notamment étaient administrées en partie par des représentants ouvriers; elles possédaient leur autonomie et leur activité eut une excellente influence sur l'hygiène publique. Les institutions d'assurance contre les accidents rendirent également des services, malgré les difficultés financières où elles se trouvèrent parfois. En 1906 fut également institué un système de retraites pour les employés des établissements privés, mais sur des bases mal comprises qui l'empêchèrent d'être réellement utile. Enfin, on se proposait de compléter le système des assurances sociales par l'introduction de mesures instituant des pensions de retraite et d'invalidité. Les études préliminaires se trouvaient déjà fort avancées. Un certain nombre de projets furent discutés, entre 1902 et 1914, tant au parlement que dans d'autres assemblées. Toutefois, aucune loi n'avait encore été promulguée.

L'ASSURANCE-MALADIE

Tel était l'état des assurances sociales en Autriche avant les hostilités. L'assurance-maladie fut la première à souffrir des conséquences de la guerre. Les fatigues furent chez beaucoup de travailleurs l'origine de maladies internes qui ne se manifestèrent qu'après le retour à la vie civile et qui imposèrent de lourdes charges aux caisses de maladie. En outre, on peut encore signaler l'extension prise dans l'armée par les maladies vénériennes, qui eurent une influence funeste sur l'état sanitaire de toute la population. La sous-alimentation, elle aussi, entraîna des dommages considérables. Toutes ces causes ébranlèrent l'édifice jusque-là si solide du système autrichien d'assurance-maladie. Il devint nécessaire d'intervenir par de nouvelles mesures législatives.

La première loi complémentaire fut adoptée le 20 novembre 1917. Elle visait à élever la capacité de paiement des caisses en les unissant en fédérations ayant pour but de lutter pour la prévention des maladies et chargées de conclure des conventions collectives avec le corps médical. Les pensions, et spécialement les indemnités, furent augmentées ; en outre, le bénéfice de l'assurance fut étendu aux membres de la famille. Les caisses de maladie furent ainsi mises en état, tout au moins dans une certaine mesure, de subvenir aux besoins de leurs membres démobilisés. Mais une nouvelle intervention législative ne tarda pas à s'imposer. On comptait encore, en effet, un grand nombre de petites caisses ayant fort peu de membres et dont la subsistance tendait à maintenir dans l'organisation tout entière un état d'incohérence. En conséquence, une seconde loi, en date du 26 février 1919, introduisit des mesures d'une portée considérable, en vue d'unifier le système de l'assurance-maladie, basé sur la collaboration des nouvelles fédérations. D'autres lois, en particulier celles du 9 juillet 1920 et du 11 mars 1921, ont élevé considérablement l'indemnité de maladie, afin de la mettre en harmonie avec la hausse des salaires. C'est ainsi que l'indemnité qui correspond à la plus haute classe de salaire est aujourd'hui de 72 couronnes. En outre, la période pendant laquelle l'indemnité peut être versée a été portée à 52 semaines. La dernière des deux lois dont il vient d'être fait mention a développé également la protection de la maternité, conformément aux résolutions de la Conférence de Washington. Les femmes quittant leur travail ont droit à l'indemnité de maladie pendant les six semaines qui précèdent l'accouchement et les six semaines qui le suivent. Une indemnité supplémentaire peut être également allouée aux mères qui nourrissent, pendant une période de vingt-six semaines.

Mais ces lois complémentaires sont loin d'avoir l'importance du projet de loi actuellement en discussion au parlement et dont l'objet est d'étendre l'obligation de l'assurance-maladie à de nouvelles catégories de personnes. Aux termes de ce projet tous les salariés indépendants, quel que soit l'employeur pour lequel ils travaillent, seront assujettis à l'assurance-maladie. Il s'agit, en particulier, des travailleurs de l'agriculture et des forêts, des domestiques, des travailleurs à domicile et aussi

des personnes qui travaillent pour différents employeurs,
soit successivement, soit simultanément, telles que les encais-
seurs, les couturières, les blanchisseuses, etc. Les représentants
des travailleurs de l'agriculture et des forêts ont exprimé le désir
d'avoir un système d'assurance-maladie autonome. L'assurance des ouvriers agricoles et forestiers comporterait des
caisses agricoles spéciales. Ce projet de loi intéresse vivement
le parlement autrichien et l'on peut s'attendre à le voir
adopter à bref délai.

ASSURANCE-ACCIDENTS.

Les modifications apportées aux assurances contre les
accidents ne sont pas d'une portée aussi considérable. L'assurance contre les accidents fut instituée par la loi du 28 décembre 1887, qui marqua, pour l'époque, un grand progrès, mais
qui, à l'heure actuelle, a besoin d'être amendée. Les indemnités
prévues sont insuffisantes ; en outre, l'expérience a démontré
la nécessité, pour les mutilés de guerre, de nouvelles méthodes
de rééducation professionnelle. Des lois complémentaires
furent votées le 30 juin 1919, le 9 juillet 1920 et le 17 mars
1921, afin d'élever, dans une très forte proportion, les sommes
versées aux victimes d'accidents. Le salaire annuel maximum
servant de base au calcul du montant de l'indemnité versée
en cas d'accident a été augmenté de façon à contre-balancer
la dépréciation graduelle de l'argent. Il a d'abord été porté
de 3.600 à 6.000 couronnes, puis à 15.000 et finalement à 48.000
couronnes. Les indemnités versées aux victimes d'accident
ont été également considérablement augmentées, ainsi que
les allocations qui doivent être, conformément à la loi, attribuées en cas de décès aux personnes à la charge de l'ouvrier.
En outre, les ouvriers blessés ont également obtenu le droit
d'être pourvus gratuitement de membres artificiels et autres
appareils orthopédiques. Les services d'assurance contre les
accidents sont chargés de veiller à ce que les personnes assurées reçoivent le traitement médical que nécessite leur état
et des règlements précis ont été établis dans ce but. Des dispositions spéciales ont été prévues pour les personnes dont
les blessures entraînent une diminution de capacité de travail
de plus de 50 % et qui se trouvent dans une situation particulièrement difficile par suite de la crise économique. Les
lois du 16 avril 1920 et du 11 mars 1921 prévoient que ces
personnes auront droit, outre leur pension, à des allocations
spéciales de vie chère dont le montant annuel varie de 2.400
à 4.800 couronnes et dont les frais sont couverts par une taxe
spéciale imposée aux patrons des établissements assurés. Des
allocations supplémentaires de vie chère ont été également
allouées, en cas de décès des ouvriers victimes d'accidents, aux
personnes qui étaient à leur charge. Les lois du 16 avril 1920

et du 11 mars 1921 accordent enfin aux mineurs assurés aux anciennes sociétés de secours mutuels des allocations considérables, en vue de compléter les indemnités tout à fait insuffisantes auxquelles ils avaient droit.

LES RETRAITES DES EMPLOYÉS

D'importantes modifications ont été apportées également à l'organisation des retraites des employés d'établissements privés, qui n'avaient pas répondu aux espérances par suite de l'insuffisance notoire des indemnités prévues par la loi du 16 décembre 1906 [21]. Le salaire de base servant à fixer le chiffre des pensions ne s'élevait qu'à 3.000 couronnes et l'on ne tenait aucun compte des sommes dépassant ce chiffre. Les pensions étaient donc très minimes. L'indemnité versée en cas d'invalidité à un employé d'une catégorie inférieure ne s'élevait qu'à 180 couronnes par an s'il était assuré depuis dix ans, et à 450 couronnes s'il était assuré depuis quarante ans. Même dans les catégories supérieures, les employés dont la période d'assurance était la plus longue n'avaient droit qu'à une pension maxima de 2.250 couronnes par an. D'autre part les cotisations étaient relativement élevées et constituaient une lourde charge pour les assurés.

Un autre inconvénient de ce système était son manque d'uniformité, par suite de l'existence de nombreuses institutions équivalentes (« Ersatzeinrichtungen »). La loi du du 23 juillet 1920 a été votée afin de faire disparaître ces inconvénients. Le salaire maximum employé comme base pour calculer le montant des pensions a été porté de 3.000 à 18.000 couronnes, et, d'autre part, les indemnités ont été considérablement augmentées. La période minima au bout de laquelle l'employé assuré a droit à une pension a été réduite à 60 mois; en outre, la partie fixe de la pension a été relevée, ainsi que les pourcentages d'augmentation. Les indemnités en cas de maladie peuvent s'élever actuellement jusqu'à 13.500 couronnes par an.

Ce sont là des dispositions transitoires très avantageuses pour les assurés victimes d'accidents; conformément à ces dispositions, en effet, le montant de la pension réclamé par un employé déjà assuré est calculé d'après le chiffre de son salaire actuel, même s'il avait été classé jusque-là dans une catégorie d'ouvriers recevant un salaire moins élevé. Des augmentations considérables ont été accordées aux pensionnés. Les « Ersatzeinrichtungen », qui avaient jusque-là entravé l'administration des pensions, ont été limitées dans une large mesure par la nouvelle loi. Les arrangements de cette

---

[21] *Bulletin de l'Office international du Travail*, Bâle, 1906, p. 433.

nature, conclus individuellement avec des employeurs, sont désormais interdits. Les « Ersatzeinrichtungen » existant actuellement, sont tenues de se conformer aux dispositions de la nouvelle loi et d'augmenter considérablement le montant des indemnités qu'elles versent à leurs assurés si elles désirent être reconnues par l'Etat. La loi rend d'autre part beaucoup plus difficile pour le patron de transférer l'assurance du service gouvernemental aux « Ersatzeinrichtungen », afin de remédier dans une large mesure au manque d'unité du système des pensions.

L'ASSURANCE-MALADIE DES FONCTIONNAIRES

Le système d'assurance contre la maladie pour les fonctionnaires est de création récente. Établi par la loi du 13 juillet 1920 il prévoit que les employés du gouvernement autrichien, qui ont été particulièrement atteints par la guerre, recevront l'aide pécuniaire qui leur est nécessaire. Ces fonctionnaires touchaient jusqu'alors des traitements fixes, et, bien qu'ils eussent reçu à différentes reprises des augmentations, il était impossible de proportionner équitablement leurs salaires au coût de la vie, car la capacité d'achat de l'argent diminuait de plus en plus. Ainsi, il leur était impossible de faire face aux frais de médecin et de pharmacien, et leur santé et celle des membres de leur famille en souffraient gravement. La nouvelle loi s'efforce de remédier à cette situation en obligeant tous les fonctionnaires à s'assurer contre la maladie. Un service d'assurance contre la maladie pour les fonctionnaires a été établi à Vienne; il fonctionne sous la direction de représentants du gouvernement et de délégués des fonctionnaires siégeant en nombre égal. Ce système d'assurance concerne une catégorie très nombreuse de personnes, car il englobe non seulement les fonctionnaires retraités ou en activité de service et les soldats, mais aussi les femmes et les enfants mineurs. Les indemnités versées aux assurés comprennent des secours en cas de maladie et de décès; des allocations sont également versées aux femmes des assurés à l'époque de leurs couches. Aucune indemnité régulière n'est accordée en cas de maladie, car les fonctionnaires continuent en général à recevoir leurs traitements pendant une période d'un an. Les secours attribués aux fonctionnaires comprennent le paiement des honoraires de médecin, y compris les frais entraînés par les traitements chirurgicaux, les honoraires de dentiste, ainsi que les frais de médecin et de sage-femme lors des accouchements. La Caisse de secours fournit également des médicaments et tous les accessoires nécessaires au traitement médical, y compris, dans le cas où les assurés ont recours au dentiste, les râteliers.

Les fonctionnaires peuvent choisir leur propre médecin; si le médecin traitant est celui avec lequel la Caisse de secours a conclu un arrangement, les frais sont payés directement par ladite caisse; dans le cas contraire, les fonctionnaires intéressés doivent verser la différence entre les honoraires des médecins qu'ils ont choisis et la somme que la caisse de secours aurait eu à débourser si l'on s'était adressé aux médecins officiels. En vue d'empêcher qu'il soit fait appel aux médecins des Caisses sans raison valable, les assurés doivent payer un droit peu élevé chaque fois qu'ils ont recours aux soins d'un médecin.

Les débours de la caisse d'assurance sont couverts par des cotisations, dont 50 % sont versés par les fonctionnaires eux-mêmes et 50 % par l'Etat. La cotisation des membres est égale à 1,3 % du montant fixe de leur salaire. Les statistiques sur lesquelles ces calculs sont basés indiquent que le nombre des fonctionnaires autrichiens bénéficiant de ce système s'élève à environ 160.000, non compris les employés de chemin de fer qui ont une organisation indépendante. Si l'on admet que le nombre des fonctionnaires est d'environ 215.000, on voit que le nombre total des personnes bénéficiant de ce nouveau système d'assurance contre la maladie est approximativement de 175.000. On évalue à environ 160 millions de couronnes les sommes versées au cours du premier exercice annuel.

Le ministre des Affaires sociales a déclaré récemment que le gouvernement se propose de déposer sous peu un projet de loi relatif à l'assurance-invalidité et aux retraites ouvrières; cette loi compléterait le système autrichien d'assurance sociale.

MESURES EN FAVEUR DES VICTIMES DE LA GUERRE

Une troisième série de lois sociales adoptées en Autriche depuis la révolution est constituée par les dispositions en faveur du grand nombre de mutilés, de veuves et d'orphelins qui composent la lourde et triste charge laissée à la République par la guerre. On s'est efforcé d'abord d'assurer le traitement médical et la rééducation des mutilés par voie de mesure administrative. Mais, dès le 25 avril 1919, l'Assemblée nationale a adopté une loi d'ensemble relative aux indemnités gouvernementales auxquelles ont droit les invalides, les veuves et les orphelins de guerre ; cette loi établit le plan général de l'assistance aux mutilés et aux victimes de la guerre. Inspirée par un véritable esprit social, elle réorganise le système des pensions sur le principe qu'une indemnisation équitable doit être accordée aux personnes incapables de gagner leur vie ; elle établit que le montant des pensions doit être fixé, pour chaque individu, d'après la diminution de la capacité de travail, ainsi que, dans une certaine mesure, d'après le salaire antérieur et le degré d'instruction des mutilés. Les indemnités prévues par la loi sont relativement élevées et constituent pour l'Etat une très lourde charge, car l'augmentation graduelle du coût de la vie a rendu nécessaire l'adoption d'une série d'amendements relevant le taux des pensions. Les dispositions prises à l'égard des personnes laissées sans soutien par les soldats décédés sont également basées sur les principes de la sociologie moderne. Les enfants illégitimes ont été traités sur le même pied que les enfants légitimes.

L'exécution de la loi est confiée à des organismes désignés sous le nom de commissions d'indemnisation des mutilés de la guerre. Les commissions qui ont été créées dans les principales villes de chaque province sont aidées dans leur travail par des représentants des organisations de mutilés et de veuves de combattants. Au-dessous de ces commissions fonctionnent des bureaux locaux qui reçoivent les déclarations des intéressés et assurent l'assistance pratique aux mutilés.

Bien que la loi d'indemnisation pour incapacité de travail ait été mise en vigueur dès le 1er juillet 1919, il était impossible, dès le début, d'en appliquer les dispositions dans toute leur étendue, car le nombre des personnes ayant droit à une pension était trop élevé pour qu'il fût possible d'examiner immédiatement tous les cas individuels ; on estime, en effet, que, dans le territoire peu étendu de la République autrichienne, il n'existe pas moins de 100.000 mutilés et de 200.000 parents de soldats décédés ayant droit à l'assistance gouvernementale. Des avances de pensions ont été toutefois accordées dans une large mesure, de sorte que les victimes de la guerre n'ont pas eu à souffrir de la misère. Des dispositions ultérieures ont été également prévues, en ce qui concerne les mutilés, par l'application de la loi du 1er octobre 1920 [22] relative à l'emploi des mutilés. Cette loi rend obligatoire l'emploi des mutilés dans les entreprises publiques et privées, dans une proportion d'au moins un mutilé par vingt travailleurs. Les employeurs peuvent cependant, s'ils le désirent, verser une certaine somme au fonds de pension des mutilés, ce qui les exempte d'employer ces derniers. Les conditions de travail des fonctionnaires fédéraux mutilés sont réglementées par une loi spéciale datée du 27 janvier 1921. En vue d'obtenir des fonds supplémentaires pour les secours aux mutilés et aux familles des combattants victimes de la guerre, il a été établi, en date du 14 mai 1920, une loi qui stipule le prélèvement d'un droit sur tous les jeux installés dans des entreprises publiques, notamment dans les hôtels et restaurants, les cercles, etc. Cette taxe produit une somme considérable : elle pourra en effet fournir chaque année plus de 60 millions de couronnes.

Il existe une certaine relation entre les dispositions prises en faveur des mutilés et la loi autrichienne du 30 mai 1919 qui prévoit la création d'établissements publics de bienfaisance. Cette loi s'efforce d'égaliser la situation des

---

[22] *Série législative, 1920,* Aut. 16.

riches et des pauvres en obligeant les propriétaires de châteaux, de palais et d'autres habitations de luxe, à céder ceux-ci
en certains cas à l'Etat, pour être utilisés comme institutions
de bienfaisance. Ces institutions comprennent des sanatoria
et des hospices pour les mutilés de guerre et de l'industrie
et pour les tuberculeux ; des établissements de bienfaisance
ont été également prévus pour les enfants et les adolescents.
Les propriétaires de locaux de ce genre ne reçoivent aucune
indemnité lorsque les habitations cédées à l'Etat ont été
acquises entre le 1er janvier 1915 et le 31 décembre 1919, sauf
s'il s'agit de propriétés provenant d'héritage ; on estime, en
effet, que les habitations achetées pendant cette période ont
pu être payées à l'aide de bénéfices réalisés pendant la guerre.
D'autre part, il n'est pas accordé d'indemnité si les locaux
n'étaient pas habités ou n'étaient utilisés que partiellement,
ou encore si les propriétaires étaient domiciliés à l'étranger
depuis une certaine époque. Dans les autres cas, une indemnité
est accordée aux propriétaires ; ces derniers peuvent éviter
la réquisition de leurs habitations en versant une certaine
somme ou en fournissant des locaux d'une importance équivalente. Il convient de remarquer, par ailleurs, que ces dispositions ne s'appliquent pas aux châteaux ou palais qu'il y a
intérêt national à conserver intacts, soit pour la beauté
de leur architecture, soit pour la valeur des œuvres d'art qu'ils
contiennent. L'exécution de la loi est confiée à des commissions
provinciales qui doivent faire une enquête sur place dans tous
les cas où l'on décide de réquisitionner une propriété, et qui
sont tenues de présenter un rapport au ministère fédéral des
Affaires sociales lorsqu'elles reconnaissent l'utilité de transformer ladite propriété en une institution nationale de bienfaisance. Ces dispositions légales n'ont pas été, jusqu'à présent,
appliquées dans une très large mesure, car la plupart des
châteaux sont très anciens et, pour des raisons d'hygiène, ne
conviennent pas à l'installation d'institutions de ce genre.

La République autrichienne a fait un sérieux effort pour
réaliser des progrès sociaux. Elle a fort bien accueilli l'invitation
qui lui a été faite de devenir membre de l'Organisation internationale du Travail, et elle a donné acte, d'une manière publique et solennelle, de son entrée dans cette organisation, en
publiant dans le *Staatsgesetzblatt* du 29 mai 1920 une pro-
clamation du ministre des Affaires sociales. Le gouvernement
autrichien a soumis au Conseil national les six projets de conventions adoptés par la Conférence de Washington et a
proposé de faire porter effet à la convention fixant à huit heures
la durée du travail quotidien dans les établissements industriels,
ainsi qu'aux conventions relatives au chômage et au travail
de nuit des femmes et des adolescents. Etant donné que le
sixième amendement apporté, en date du 11 mai 1921, à la loi
autrichienne relative à l'assurance contre la maladie, a d'ores

et déjà assuré la protection des femmes avant et après l'accouchement, — conformément aux principes dont se sont inspirés
les auteurs du projet de convention de Washington, — il est
permis de prévoir que l'Autriche ratifiera également cette
convention. Le seul projet de convention dont l'adoption
n'ait pas été recommandée est celui qui concerne l'âge minimum d'admission des enfants aux travaux industriels. Bien
que les dispositions principales de cette convention correspondent à la loi autrichienne du 19 décembre 1918 sur le travail
des enfants, il existe, en effet, un obstacle à l'application stricte
du projet de convention précité. De sérieux inconvénients
résulteraient de l'interdiction d'employer, en Autriche, des
enfants âgés de moins de 14 ans aux travaux industriels, étant
donné que les parents ne sont pas tenus d'envoyer leurs enfants
à l'école jusqu'à cet âge; il ne serait donc pas opportun d'inter-
dire d'une manière absolue que les enfants puissent remplir
un emploi rémunéré entre le moment où ils peuvent quitter
l'école et l'époque où ils atteignent leur quatorzième année, car,
s'ils demeuraient oisifs pendant cette période, ils seraient exposés
aux dangers de la rue, particulièrement dans les grandes villes.
Toutefois, comme cette période transitoire ne comprend en
général que quelques mois, il semble qu'il ne soit pas impossible
de trouver une solution permettant de ratifier le projet de
convention de Washington.

LA VIE SOCIALE

Le mouvement syndical.

Les fédérations syndicales internationales.

Dans le numéro précédent de la *Revue internationale du Travail* [1] nous avons donné un aperçu du mouvement qui se poursuit actuellement sous les auspices de la Fédération syndicale internationale pour traiter de manière pratique le problème des régions dévastées de France et de Belgique. La Fédération a nommé une délégation chargée de procéder à une enquête sur la situation de ces régions et des syndicalistes français et allemands ont tenu à Genève, le 17 février dernier, un congrès spécial au cours duquel ils sont tombés d'accord sur certains principes généraux. Nous pouvons donner maintenant un compte rendu plus détaillé des propositions de la Fédération générale des syndicats allemands. Voici l'essentiel de ces propositions :

1º Préparer aussitôt que possible la reconstitution des régions dévastées du nord de la France et de la Belgique à l'aide de la totalité des ressources de l'Allemagne ;

2º commencer immédiatement le déblaiement et le reboisement des régions dévastées. Le gouvernement français devra présenter au gouvernement allemand des propositions pratiques pour l'exécution de ce travail ; d'autre part, le gouvernement allemand devra, si on le lui demande, soumettre des propositions précises sur la répartition des contrats, l'embauchage des travailleurs allemands, leur salaire, leur nourriture et les garanties nécessaires au libre exercice de leurs droits civiques et politiques ;

3º construire ou reconstruire dans les régions dévastées des briqueteries, des fabriques de chaux et de ciment, fournir l'outillage et les machines nécessaires à l'extraction des matières premières et à leur transformation en matériaux de construction ; apporter d'Allemagne des matières premières ;

4º demander à l'Allemagne de fournir les outils et les machines qu'on ne peut se procurer dans les régions dévastées, y compris les matériaux nécessaires pour les premiers travaux ;

5º entreprendre immédiatement la construction d'abris temporaires de toutes sortes et d'au moins 25.000 maisons de bois qui devront être achevées avant le début de la mauvaise saison, afin de fournir aux habitants des régions dévastées des habitations dont ils ont un besoin si urgent ;

6º fournir du mobilier, des poêles, des ustensiles de cuisine, etc. ;

7º déclarer que l'Allemagne est prête à entreprendre des travaux de déblaiement et de construction de toutes sortes sous la surveillance des

---

[1] Voir *Revue*, avril 1921, p. 18.

autorités françaises ; le gouvernement français devra présenter aussitôt que possible au gouvernement allemand des propositions nettes spécifiant si ce travail doit être entrepris sous la surveillance directe du gouvernement français ou allemand, ou sous la surveillance commune des deux pays, ou par des entrepreneurs privés, ou encore en combinant les trois méthodes ;

8⁰ le gouvernement allemand s'étant renseigné auprès des organisations du bâtiment, y compris la fédération des techniciens et des architectes, peut assurer que les membres de ces organisations sont prêts à prendre part à la reconstruction des régions dévastées. Chaque gouvernement devra négocier avec ses organisations nationales du bâtiment pour régler avec elles toutes les questions de principe ou d'application qui peuvent se poser. Les fédérations françaises et allemandes des travailleurs du bâtiment ont déjà, de leur côté, commencé des négociations de ce genre à Genève, sous les auspices du Directeur du Bureau international du Travail.

Le bureau de la Fédération syndicale internationale, en raison de ces propositions, a déclaré à nouveau [2] que l'œuvre de reconstitution ne peut être menée à bien qu'avec la coopération des travailleurs.

Un congrès des représentants français des régions dévastées, qui s'est tenu le 22 avril, a approuvé sur ce point l'attitude de la Fédération syndicale internationale.

* * *

Le 1ᵉʳ mai a été comme d'habitude, dans tous les pays, l'occasion d'une série de démonstrations en faveur de la solidarité internationale des travailleurs, de la protection internationale du travail, de la lutte internationale contre le chômage et de la socialisation des matières premières.

* * *

Quelques renseignements complémentaires ont été recueillis sur l'organisation de la Fédération internationale de Moscou. Le comité de l'Internationale est subdivisé en cinq sections (latine, allemande, britannique, américaine et orientale). On a institué des bureaux de propagande dans chacune de ces régions et l'on facilite les visites de délégations ouvrières en Russie. Il existe aussi une section de publications qui fera paraître bientôt un bulletin périodique et deux séries de brochures sur le syndicalisme. Une section spéciale prépare la prochaine conférence internationale des syndicats rouges qui doit se tenir en juillet.

Les Internationales de métiers.

La Fédération internationale des travailleurs du transport a tenu son congrès annuel à Genève les 18 et 20 avril. Après des réunions séparées des trois sections de la Fédération (travailleurs des chemins de fer, de la marine marchande et du

---

[2] Voir *Revue*, avril 1921. p. 18.

transport), se tinrent des réunions plénières du congrès auxquelles furent soumises un certain nombre de motions.

En ce qui concerne la marine marchande, le congrès recommanda la signature d'accords internationaux entre les armateurs et les marins, l'application de la semaine de quarante-huit heures en mer aussi bien que dans les ports et l'institution d'un minimum international de salaires. La résolution poursuivait en demandant au comité exécutif :

1º d'enquêter sur les mesures à prendre pour formuler des revendications à l'égard du logement à bord et indiquer pour chaque homme d'équipage une mesure minimum de superficie et d'espace cubique. En ce qui concerne les navires à construire, il sera stipulé que le poste des hommes de l'équipage devra être aménagé soit au milieu, soit à l'arrière du navire, avec des locaux séparés pour prendre les repas, des lavabos, des salles de bains et des cabinets convenables, une infirmerie pour les malades, une bibliothèque, un bon éclairage. On devra prévoir des mesures transitoires pour les navires déjà en service ;

2º de poursuivre l'obtention d'une réglementation uniforme concernant l'épuisement des eaux minima et maxima et le transport des pontées, et d'une réglementation légale et internationale fixant le nombre minimum et maximum des marins enrôlés par navire et stipulant que les 7/8 des matelots de l'équipage doivent connaître la langue du pays auquel le navire appartient ;

3º de poursuivre l'établissement d'un statut international prescrivant l'installation de la télégraphie sans fil à bord des navires dont l'équipage compte 40 hommes ou plus ; de poursuivre l'établissement légal des indemnités en cas de perte et de chômage par suite de naufrage, conformément aux décisions de la Conférence de Gênes, ainsi que des assurances en cas de maladie, d'accidents, d'invalidité et de vieillesse.

Le congrès recommanda également de remédier au caractère intermittent du travail des dockers en adoptant un système de réserve des ports (Haven Reserve) combiné avec le paiement d'indemnités de chômage, semblable à celui qui est appliqué à Rotterdam. Il conseilla également de resserrer la solidarité des dockers et des travailleurs des ports afin d'éviter la concurrence entre des ports voisins pendant les conflits du travail.

Un grand nombre de questions furent renvoyées au comité exécutif pour examen et rapport au prochain congrès, notamment les nominations de secrétaires de section, l'uniformisation du travail à l'intérieur de la Fédération, une enquête sur l'organisation et les conditions du travail des syndicats russes et la préparation d'un code international du travail.

Le prochain congrès doit se tenir à Vienne au cours de l'automne 1922.

*
* *

L'organisation des Internationales chrétiennes de métiers, que nous avons signalée dans le numéro précédent de la *Revue* [3] se poursuit avec activité. Il s'est tenu divers congrès de délégués de syndicats chrétiens (cheminots : le 6 avril ; mineurs : les 10 et 11 avril ; travailleurs agricoles : les 27 et 28 avril).

---

[3] Voir *Revue*, avril 1921, p. 22.

Ces congrès ont décidé de créer des fédérations internationales qui s'affilieront à la Fédération internationale des syndicats chrétiens.

Le point de vue des syndicats chrétiens des cheminots a été exposé en ces termes :

La Fédération repose sur les principes du christianisme. En conséquence, elle affirme que la vie économique et sociale des personnes appartenant à la même nation exige une collaboration mutuelle et réprouve la violence ou la guerre de classes, soit de la part des patrons, soit de la part des travailleurs. La Fédération estime que l'ordre social actuel est contraire aux principes du christianisme. Elle s'efforce d'aboutir à une réforme complète de ce système et de transformer la société par des méthodes d'évolution purement légales, afin de la rapprocher de l'idéal chrétien.

Au congrès des syndicats de mineurs chrétiens, la discussion porta en partie sur une difficulté d'organisation. Le syndicat allemand des mineurs chrétiens est déjà affilié à la Fédération internationale des mineurs. Il conviendra donc de définir les relations de la nouvelle Internationale chrétienne des mineurs et de l'ancienne Internationale. On espère aboutir à une solution favorable.

CHRONIQUE NATIONALE.

En Italie, la Confédération générale du Travail se propose de procéder à sa réorganisation complète. Le 22 avril a eu lieu à Milan une réunion plénière du Conseil national de la Confédération. Des représentants des organisations ouvrières locales (Chambres de travail) et du parti communiste italien assistaient à la séance.

L'organisation actuelle de la Confédération générale du Travail, déclara le secrétaire général d'Aragona, ne lui permet pas de diriger et de coordonner de manière efficace toutes les manifestations du mouvement syndical, car seules les grandes fédérations dépendent directement de l'organisation centrale, tandis que les Chambres de travail jouissent d'une autonomie presque complète. M. d'Aragona proposa par conséquent la suppression de cette autonomie, qui a souvent causé beaucoup d'embarras à la Confédération et la transformation des Chambres de travail en sections locales de la Confédération générale du Travail, obéissant exclusivement aux ordres de celle-ci. Les autres branches de l'organisation ouvrière, les sociétés coopératives et les sociétés de secours mutuels, devront être également unies à la Confédération générale du Travail, qui, cessant d'être une pure organisation de combat, représentera vraiment l'ensemble de toute la classe ouvrière.

Milan sera le siège de la nouvelle Confédération générale du Travail.

En réponse au député communiste Repossi, qui se déclarait opposé pour des raisons politiques à cette absorption des Chambres de travail par la Confédération, M. d'Aragona a soutenu que l'autonomie locale est contraire à la discipline du parti. Le point de vue du secrétaire-général ayant été approuvé par la majorité des délégués présents, le Conseil décida de charger le nouveau comité directeur de formuler le texte des réformes proposées pour le soumettre à l'approbation définitive du Conseil national. On adopta aussi une motion présentée par le député Quaglino et par M. Galli. Cet ordre du jour reconnaît la nécessité urgente de préparer un personnel apte à diriger les organisations syndicales et décide en conséquence de fonder une école syndicale permanente, attachée à la Confédération générale du Travail, avec la collaboration des Chambres de Travail et des fédérations ouvrières. Cette école donnera des cours réguliers et sera dirigée par M. Rinaldo Rigola, ancien secrétaire général de la Confédération générale du Travail.

* *
*

En France, la controverse juridique entre le gouvernement et la Confédération générale du Travail se poursuit sous une forme nouvelle. Il y a quelque temps, le gouvernement avait ordonné la dissolution des syndicats des P. T. T. Le syndicat refusa de se conformer à cet ordre, mais en même temps ses représentants ont continué de siéger aux comités paritaires et dans les conseils de discipline à côté des représentants de l'Etat. Le congrès du syndicat, qui s'est tenu du 20 au 23 avril, examina la question de savoir si cette attitude serait provisoire. Il décida, en fin de compte, que c'était là une forme d'action directe qu'il ne fallait pas négliger.

* *
*

En Allemagne, la Fédération des employés s'est réunie à Weimar du 21 au 23 avril. Elle vota une résolution approuvant le projet de collaboration entre l'*Afabund* et la *Allgemeiner Deutscher Gewerkschaftsbund*[1]. L'accord a donc été approuvé par les deux organisations.

* *
*

En Suisse, un accord analogue, unissant les employés et les autres travailleurs, a été conclu entre la Fédération des syndicats suisses et l'Association suisse des employés.

* *

La Fédération du Travail de l'Etat de New-York a tenu un congrès le 14 avril et a adopté un programme qui prévoit l'organisation de réunions où les membres du congrès de l'Etat devront rendre compte de leur action pendant la session précédente sur les questions touchant l'intérêt des travailleurs. Elle recommande aussi aux travailleurs de s'organiser à l'intérieur des partis politiques actuels afin de s'assurer des

---

[1] Voir *Revue*, avril 1921, page 24.

représentants qui ne soient pas l'instrument des grands financiers et des gros industriels. Elle demande l'adoption d'un système de referendum et l'interdiction des systèmes d'assurance contre la grève qui poussent les patrons à provoquer les conflits du travail.

*
* *

Au Japon, un congrès général de la Fédération occidentale du travail (Yuai Kwai) s'est tenu le 27 mars. Il vota des motions en faveur de l'autonomie de la fédération occidentale et de l'établissement de comités d'usine chargés d'assurer l'application de la loi actuelle sur les fabriques. Les membres de la confédération réclamèrent aussi la diminution des armements et la reconnaissance du droit de grève.

A la suite des élections qui ont eu lieu, les dirigeants actuels de la fédération sont pour la plupart des travailleurs et non plus des intellectuels.

LA PRODUCTION ET LES PRIX

Les prix de gros dans différents pays.

Nous donnons dans les tableaux qui suivent les nombres-indices des prix de gros de différents pays. Le tableau I-A donne les chiffres tels qu'ils ont été publiés et le tableau I-B donne ces mêmes nombres-indices, mais afin de faciliter les comparaisons ils ont été ramenés à une base commune : 1913 = 100. Malgré cela, les données ne sont pas absolument comparables, car les méthodes qui ont servi à leur établissement, ainsi que l'étendue et la précision des enquêtes sur lesquelles elles reposent varient beaucoup d'un pays à l'autre.

A côté des différences provenant du nombre et du genre des articles enregistrés, du nombre et de l'importance des marchés observés, du genre de moyennes employées (arithmétique ou géométrique), il se glisse encore dans la transformation même que nous faisons pour rendre les données plus comparables de nouvelles différences provenant des méthodes employées pour établir l'indice général. Si l'on a pris la moyenne pondérée des *prix réels* des différents articles et si l'on a converti ensuite la dépense totale moyenne en un nombre-indice, tout changement de base est aisé et correct. Mais si l'on a commencé par établir des nombres-indices pour chaque article et si l'on a pris ensuite la moyenne pondérée de ces différents nombres-indices, la transformation de base de l'indice général n'est plus aussi facile. Car en divisant simplement, comme nous sommes obligés de le faire, la série des indices généraux par le nombre-indice général de l'année choisie pour nouvelle base, les résultats obtenus ne concordent plus exactement avec ceux qu'on obtiendrait en remaniant tous les nombres-indices de chaque article. Pour certains pays donc, comme le Canada, la France, l'Italie, qui emploient cette dernière méthode, les nombres-indices transformés de notre tableau I-B ne sont qu'approximatifs.

Les tableaux I-A et B que nous publions ci-après correspondent à ceux parus sous le même titre dans le numéro de mars de la *Revue internationale du Travail* [1].

---

[1] Voir *Revue*, mars 1921, pp. 375-376.

TABLEAU I. — NOMBRES-INDICES DES PRIX DE GROS DE DIFFÉRENTS PAYS.

A. RÉSULTATS PUBLIÉS.

Pays / Sources	Afrique du Sud · Officiel (e)	Allemagne · Officiel	Allemagne · Frankfurter Zeitung (d)	Australie (Melbourne) · Officiel (a)	Canada · Officiel (c)	Danemark · Finans-tidende (d)	États-Unis · Bureau of Labor Statistics (a)	États-Unis · Federal Reserve Board (a)	États-Unis · Dun (d)	France · Officiel (b)	Indes (Calcutta) · Officiel (b)	Italie · Bachi (b)(f)	Japon · Banque de Tokio (a)	Norvège · Okonomisk Revue (g)	Nouvelle-Zélande · Officiel (c)	Pays-Bas · Officiel (f)	Royaume-Uni · Officiel (f)	Royaume-Uni · Economist (b)	Royaume-Uni · Statist (b)	Suède · Svensk Handelstidning (c)	Suisse · Neue Zürcher Zeitung (d)
1	2	3	4	5	6	7	8	9	10	11	12	13	14	15	16	17	18	19	20	21	22
Nombre d'articles	188	48	77	92	272	33	324	88	200	45	75	44	56	92	140	45	250	44	45	47	71
Années de base	1914	1913	janv. 1921	1901-1910	1890-1899	Juil. 1912-Juil. 1914	1913	1913		1901-1910	Juil. 1914	1904-1905	1900	Déc. 1913-Juin 1914	1909-1913	1901-1910	1920	1901-1905	1867-1877	1913-1914	juill. 1914
Moyenne 1913	*	100	*	1088	135,5	100	100	100	120,9	115,6	*	126,0	132,2	*	1051	114	*	2692	85,0	100	*
» 1914	1000	105	910	1149	136,1	*	100	*	122,1	117,9	100	119,8	126,3	100	1077	121	*	2658	85,0	116	100
» 1915	1409	142	*	1604	148,0	138	101	*	126,3	161,6	112	167,2	127,8	159	1269	170	*	3313	108,0	145	*
» 1916	1229	152	*	1504	182,0	164	124	*	147,9	217,6	125	251,6	154,9	233	1380	266	*	4322	135,0	185	*
» 1917	1470	176	*	1662	237,0	228	176	*	204,1	302,4	142	385,9	196,4	341	1555	340	*	5496	175,0	244	*
» 1918	1663	216	*	1934	278,3	293	196	*	229,2	392,1	178	515,5	259,0	345	1809	454	*	6056	192,0	339	*
» 1919	1870	412	*	2055	293,2	294	212	206	230,8	411,8	200	460,9	316,6	322	1834	349	*	6332	206,0	330	*
» 1920	2508	1254	141	2480	333,6	382	243	233	247,8	588,8	204	786,7	344,2	377	2185	325	100	7626	248,1	347	342,7
1920 Janvier	2360	1038	131	2311	336,4	*	248	242	253,7	562,7	218	639,2	379,9	333	1999	334	96,8	6768	245,3	319	*
» Février	*	1413	147	2354	343,5	*	249	242	253,0	603,3	209	701,2	413,8	342	2039	329	101,5	7100	260,4	342	*
» Mars	*	1456	146	2383	349,0	*	253	248	257,9	641,0	198	758,5	425,0	351	2123	331	104,2	8352	261,8	354	*
» Avril	2500	1252	156	2478	353,1	*	265	253	263,3	679,2	200	836,3	396,6	354	2153	338	106,1	8232	266,1	354	*
» Mai	*	1203	134	2567	356,6	*	272	264	262,1	635,9	210	831,8	328,0	368	2167	339	105,9	8199	260,0	361	*
» Juin	*	1086	136	2658	349,3	383	269	258	260,4	569,6	206	796,0	337,0	382	2158	339	104,8	7847	255,7	366	*
» Juillet	2608	1176	141	2671	346,8	385	262	250	252,3	572,9	209	761,3	317,0	409	2262	343	103,0	7876	254,6	363	*
» Août	*	1166	144	2692	330,2	394	250	234	248,2	579,5	209	787,8	311,0	417	2261	330	101,6	7743	253,5	365	*
» Sept.	*	1225	146	2618	326,6	398	242	226	237,3	607,7	208	825,9	305,0	425	2267	328	101,0	7645	248,7	362	*
» Octobre	2563	1308	152	2450	317,6	403	225	208	227,2	580,0	206	829,8	298,5	419	2291	323	98,0	7175	239,9	346	*
» Nov.	*	1373	153	2371	304,2	374	207	190	214,6	532,6	194	844,4	292,7	403	2247	297	93,3	6594	223,8	331	*
» Déc.	*	1319	148	2245	290,5	341	189	173	198,6	502,6	180	825,8	272,9	377	2249	266	85,7	5924	207,2	299	234,3
1921 Janvier	—	1260	136	2235	281,3	290	178	164	185,8	470,0	178	809,5	265,8	344	—	243	80,1	5617	197,2	267	227,9
» Février	—	1234	131	—	270,1	280	167	—	181,9	436,3	—	772,8	257,9	319	—	229	73,4	5176	183,0	250	217,5
» Mars	—	1206	130	—	—	—	162	—	174,4	416,0	—	760,5	—	312	—	—	68,6	5097	177,2	237	209,6
» Avril	—	—	—	—	—	—	—	—	—	—	—	—	—	—	—	—	—	—	—	—	—
» Mai	—	—	—	—	—	—	—	—	—	—	—	—	—	—	—	—	—	—	—	—	—
» Juin	—	—	—	—	—	—	—	—	—	—	—	—	—	—	—	—	—	—	—	—	—

Pour les indices mensuels les chiffres se rapportent : (a) à la moyenne du mois ; — (b) à la fin du mois ; — (c) au 15 du mois ; — (d) au 1er du mois suivant. — (e) De 1913 à 1920, chiffres du 1er janvier de chaque année. — (f) À partir de 1920, nouvel indice-remanié. — (g) De 1915 à 1920, chiffres de décembre de chaque année. — * Pas de chiffres publiés.

TABLEAU I. — B. POURCENTAGES PAR RAPPORT A 1913.

Pays / Sources	Afrique du Sud Officiel (e)	Allemagne Officiel	Allemagne Frankfurter Zeitung (d)	Australie (Melbourne) Officiel (a)	Canada Officiel (c)	Danemark Finans-tidende (d)	États-Unis Bureau of Labor Statistics (a)	États-Unis Federal Reserve Board (a)	États-Unis Dun (d)	France Officiel (b)	Indes (Calcutta) Officiel (b)	Italie Bachi (b)(f)	Japon Banque de Tokio (a)	Norvège Okonomisk Revue (g)	Nouvelle Zélande Officiel (c)	Pays-Bas Officiel	Royaume-Uni Officiel (h)	Royaume-Uni Economist (b)	Royaume-Uni Statist (b)	Suède Svensk Handelstidning (c)	Suisse Neue Zürcher Zeitung (d)
	2	3	4	5	6	7	8		10	11	12	3	14	15	16	17	18	19	20	21	22
1913 moyenne	*	100	*	100,0	100,0	100	100	100	100,0	100,0	*	100,0	100,0	*	100,0	100	100,0	100,0	100,0	100	*
1914 »	100,0	105	100	105,6	100,4	*	100	*	109,2	101,9	100	95,1	95,5	100	102,5	106	100,6	98,7	100,0	116	200
1915 »	110,9	142	*	147,4	109,2	138	101	*	104,4	139,8	112	132,7	96,7	159	120,7	149	123,5	123,4	127,1	145	*
1916 »	122,9	152	*	138,2	134,4	164	124	*	122,3	188,2	125	199,7	117,2	233	131,3	233	160,1	160,5	160,0	185	*
1917 »	147,0	176	*	152,8	174,9	228	176	*	168,7	261,6	142	306,3	148,5	341	148,0	298	208,6	204,1	205,9	244	*
1918 »	166,3	216	*	177,8	205,4	293	196	*	190,0	339,2	178	400,1	195,9	345	172,1	398	229,5	224,9	225,9	339	*
1919 »	187,0	412	*	188,9	216,4	294	212	206	190,3	356,2	200	365,8	239,5	322	174,5	306	254,3	235,2	242,4	330	*
1920 »	250,8	1251	1549	227,9	246,1	382	243	233	204,9	509,3	204	624,3	257,9	377	207,9	285	321,9	283,2	291,9	347	*
1920 Janv.	236,0	1038	1440	212,4	248,2	*	248	242	209,8	486,8	218	507,2	301,4	333	190,2	293	306,0	288,5	288,0	319	342,7
» Févr.	*	1413	1645	216,4	253,5	*	249	242	209,0	521,9	209	556,3	313,6	342	194,0	289	316,4	303,1	306,3	312	*
» Mars	*	1456	1604	219,2	257,5	*	253	248	213,2	554,5	198	602,0	321,5	351	202,0	290	322,1	310,2	308,0	354	*
» Avril	250,0	1252	1714	227,7	260,6	*	265	263	217,8	587,5	200	663,7	300,0	354	204,8	296	321,4	305,7	313,1	354	*
» Mai	*	1203	1473	236,0	263,1	*	272	264	217,0	550,1	210	660,1	248,1	368	206,2	297	319,2	304,5	305,9	361	*
» Juin	*	1086	1495	244,2	257,8	383	269	258	215,2	492,7	206	631,7	254,9	382	205,2	297	337,8	291,4	300,8	366	*
» Juil.	260,8	1176	1599	245,4	256,0	385	262	250	208,5	495,6	209	604,2	239,8	409	215,2	301	346,8	292,5	299,5	363	*
» Août	*	1166	1582	247,4	243,7	394	250	234	205,3	501,3	209	625,2	235,3	417	215,1	289	325,7	287,6	298,2	365	*
» Sept.	*	1225	1604	240,6	241,0	398	242	226	196,3	525,7	208	655,5	230,7	425	215,7	288	330,8	284,0	292,6	362	*
» Oct.	256,3	1308	1670	225,2	234,4	403	225	208	187,9	501,7	206	658,6	225,8	419	218,0	283	324,0	266,5	282,2	346	*
» Nov.	*	1373	1681	217,9	224,6	374	207	190	175,0	460,7	194	670,1	221,4	403	213,8	261	312,8	245,0	263,3	331	*
» Déc.	*	1319	1626	206,3	214,4	341	189	173	164,3	434,4	180	655,4	205,7	377	213,9	263	302,3	220,0	243,5	299	234,3
1921 Janv.	—	1260	1494	205,3	207,6	290	177	164	152,7	406,6	178	642,4	201,1	344	214,0	213	*	208,7	232,0	267	227,9
» Févr.	—	1231	1439	—	199,3	280	167	—	130,5	377,7	—	613,3	195,1	319	—	201	*	192,3	215,3	250	217,5
» Mars	—	1206	1429	—	—	270	162	—	144,3	359,9	—	603,6	—	312	—	—	*	189,3	208,5	237	209,6
» Avril	—	—	—	—	—	—	—	—	—	—	—	—	—	—	—	—	—	—	—	—	—
» Mai	—	—	—	—	—	—	—	—	—	—	—	—	—	—	—	—	—	—	—	—	—
» Juin	—	—	—	—	—	—	—	—	—	—	—	—	—	—	—	—	—	—	—	—	—

Pour les indices mensuels les chiffres se rapportent: (a) à la moyenne du mois; — (b) à la fin du mois; — (c) au 15 du mois; — (d) au 1ᵉʳ du mois suivant; — (e) De 1913 à 1920, chiffres du 1ᵉʳ janvier de chaque année. — (f) A partir de 1920 nouvel indice remanié — (g) De 1915 à 1920 chiffres de décembre de chaque année. — (h) Ancien nombre-indice ramené à la base 1913 = 100. — * Pas de chiffres publiés.

Vue d'ensemble

D'une manière générale on constate que dans tous les pays pour lesquels nous avons des données une baisse assez nette des prix de gros s'est déclanchée au cours de l'année 1920 et se poursuit, avec plus ou moins de régularité selon les pays, jusqu'aux premiers mois de 1921.

Les différents groupes d'articles évoluent également, dans chaque pays, de façon assez variée.

Le groupe des matières textiles a marqué une très forte hausse dans presque tous les pays pour lesquels nous avons des données. Ce n'est qu'en Chine que la situation est renversée et que les produits textiles sont parmi ceux qui ont marqué la plus faible augmentation depuis septembre 1919. Par contre, au Canada, en France, en Italie, au Royaume-Uni, les matières textiles ont atteint les maxima les plus élevés de tous les groupes. Presque partout également elles ont été parmi les premières à baisser, dès le début de 1920, et d'une façon particulièrement rapide. Les métaux, sans avoir atteint des maxima aussi élevés que les textiles, ont été plutôt en avance.

Mais ce qu'il y a de plus caractéristique dans les nombres-indices que nous publions dans cet article, c'est le ralentissement général de la baisse que l'on constate au mois de mars dans les douze nombres-indices appartenant à neuf pays pour lesquels nous avons les chiffres de ce mois. On s'en rendra compte de façon évidente par la lecture du tableau ci-après où nous donnons, exprimée en « points », la diminution des nombres-indices de chacun des quatre derniers mois sur le mois précédent (tous les nombres-indices étant ramenés à 1913 = 100).

TABLEAU III

Pays	Maxima atteints		Diminution en points sur le mois précédent			
	Dates	Nombres indices	1920 Déc.	1921 Jan.	1921 Fév.	1921 Mars
Allemagne : Officiel	mars 1920	1456	54	59	29	25
Frankfurter Zeitung	avril »	1714	55	132	55	10
Danemark	nov. »	403	33	51	10	10
Etats-Unis : Dun	avril »	218	11	11	3	6
» Bureau of Labor Statistics	mai »	272	18	12	10	5
France	avril »	587	26	28	29	16
Italie	nov. »	670	15	13	29	10
Norvège	sept. »	425	26	33	25	7
Royaume-Uni: *Economist*	mars »	310	25	11	16	3
» *Statist.*	avril »	313	16	12	17	7
Suède	juin »	366	32	32	17	13
Suisse	— »	—	—	7	10	8

Le ralentissement est très net dans tous les pays, excepté pour la Suisse où il est un peu moins caractéristique.

A titre de comparaison nous avons donné également les maxima atteints par ces nombres-indices (ramenés à la base : 1913 = 100) et la date de ces maxima. On voit qu'aux maxima les plus élevés correspondent le plus souvent les diminutions les plus fortes.

Notes sur les différents pays

Dans l'article du numéro de mars de la *Revue*[2], nous avons donné, aussi systématiquement que possible, les nombres-indices mensuels des prix de gros des divers pays, classés par groupes d'articles, pour l'année 1920 et pour les premiers mois de 1921. Nous ne donnons ici, pour ces mêmes pays, que le dernier mois de chaque trimestre de 1920, et, autant que possible, les trois premiers mois de 1921, et nous nous attachons plus spécialement à l'étude des fluctuations les plus récentes, ceci pour ne pas surcharger nos tab eaux et pour éviter les répétitions.

Cependant, nous publions des données plus détaillées sur cinq nouveaux pays, l'Australie, la Chine, l'Italie, la Nouvelle-Zélande et la Suisse, dont nous avons reçu les nombres-indices par groupes d'articles pour 1920. Ils viennent en quelque sorte compléter notre article précédent.

Pour la Norvège, nous publions un nombre-indice que nous n'avons pas donné jusqu'ici : celui du journal commercial *Farmand*.

Par contre, pour l'Afrique du Sud, les Indes (Calcutta), le Japon, les Pays-Bas, nous n'avons reçu aucun renseignement supplémentaire à ceux que nous avons publiés dans le numéro de mars de la *Revue*. C'est pourquoi nous ne leur réservons pas de notice spéciale.

Dans tous nos tableaux nous avons fait figurer en caractères gras les chiffres les plus élevés de chaque série de nombres-indices. Pour les pays où nous ne donnons que les indices de fin de trimestre en 1920, les chiffres gras n'indiquent donc que d'une façon approximative les maxima réellement atteints.

On trouvera à la fin de notre article la liste des sources auxquelles nous avons emprunté tous nos chiffres.

Allemagne.

Les deux nombres-indices publiés par la *Frankfurter Zeitung* et par le *Statistisches Reichsamt* continuent à baisser, mais d'une façon assez lente.

---

[2] Voir *Revue*, mars 1921, p. 375-388.

Le mois de mars surtout semble apporter un arrêt général dans la baisse des nombres-indices de la *Frankfurter Zeitung* que nous reproduisons ci-dessous. Seuls les textiles continuent leur baisse régulière.

TABLEAU IV.

(Base: janvier 1920 = 100.)

Groupes d'articles	1920				1921		
	Mars	Juin	Sept.	Déc.	Janv.	Févr.	Mars
Denrées alimentaires .	135	146	153	154	144	137	136
Textiles, cuirs, etc. . .	151	94	108	97	92	87	79
Minéraux	135	111	124	120	113	111	115
Divers	170	195	191	189	183	182	180
Total	146	136	146	148	136	131	130

AUSTRALIE.

L'augmentation des prix de gros en Australie n'a pas pris un caractère aussi aigu que dans les pays européens. En août 1920 ils atteignent leur maximum (un peu plus du double des prix d'avant-guerre) et depuis cette date ils baissent régulièrement. Le niveau de janvier 1921 se trouve être un peu au-dessous de celui de janvier 1920 ; la diminution des quatre premiers mois représente déjà le 17 % du maximum.

TABLEAU V.

(Base : juillet 1914 = 100.)

	Métaux et charbon	Textiles, cuirs, etc.	Produits agricoles	Produits laitiers	Épicerie et tabac	Viande	Matériaux de construction	Produits chimiques	Total
1920									
Janvier	189	273	227	143	156	147	282	268	203
Février	192	283	226	149	161	149	287	272	206
Mars	205	281	226	162	160	125	298	280	209
Avril	205	277	234	169	192	160	298	280	217
Mai	214	265	252	177	197	170	307	297	225
Juin	214	260	261	187	195	208	307	297	233
Juillet	211	252	244	188	193	261	307	283	234
Août	209	251	238	189	193	284	312	282	236
Septembre	211	222	231	209	196	273	295	276	230
Octobre	222	220	208	214	196	226	289	276	215
Novembre	222	180	206	212	195	211	281	255	208
Decembre	216	156	193	210	198	193	271	252	197
1921									
Janvier	215	145	197	208	197	191	279	244	196

Dans les différents groupes, les fluctuations sont très diverses.

Les « métaux et charbons », ainsi que « l'épicerie et tabac » marquent une baisse passagère durant le troisième trimestre de 1920, pour remonter ensuite jusque vers la fin de l'année. Dans la plupart des autres groupes, la baisse se déclanche, dans la deuxième moitié de l'année, plus ou moins rapide. Les textiles seuls commencent à baisser dès le mois de février; en décembre 1920 ils ont presque retrouvé le niveau moyen de 1916. Ce sont, du reste, de tous les groupes, ceux qui se trouvent actuellement le plus bas et qui ont marqué la plus forte diminution (45 % par rapport au maximum).

La comparaison entre les indices de janvier 1921 et janvier 1920 donne également des résultats variés. Quatre groupes (métaux et charbons; produits laitiers; viande; épicerie et tabacs) restent encore, en janvier 1921, au-dessus du niveau qu'ils avaient atteint un an auparavant, tandis que les quatre autres groupes (textiles et cuirs; produits agricoles; matériaux de construction; produits chimiques) se trouvent déjà au-dessous.

CANADA.

Les nombres-indices des prix de gros publiés par le « Department of Labour » montrent que la baisse se poursuit régulièrement depuis le mois de mai 1920. Le niveau atteint en février 1921 marque encore une augmentation de 170 % par rapport au niveau d'avant-guerre.

TABLEAU VI

(Base : 1890-99 = 100.)

Groupes d'articles	1920				1921	
	Mars	Juin	Sept.	Déc.	Janv.	Fév.
Grains et fourrages	384	414	348	261	255	234
Viandes et graisses	357	369	363	321	314	307
Produits laitiers	318	282	326	340	333	285
Fruits et légumes	353	216	216	226	220	194
Epicerie, thé, etc.	293	242	301	256	244	236
Textiles	421	307	387	329	298	267
Peaux, cuirs, etc.	363	305	264	232	215	206
Métaux et outils	250	248	254	230	230	221
Matériaux de construction	383	398	386	357	347	336
Chauffage et éclairage	255	331	349	318	292	277
Produits chimiques	220	233	245	228	222	213
Total	349	349	327	291	281	270

Une baisse très forte se fait sentir dans les grains et fourrages, les textiles, les cuirs et peaux.

Le groupe du chauffage et éclairage est le seul qui se trouve
encore, en février 1921, au-dessus du niveau de mars 1920.

CHINE

Le Bureau des marchés du ministère des Finances à Shang-
Haï vient de publier un nombre-indice des prix de gros basé
sur 147 articles (articles manufacturés pour la plupart). Les
prix sont observés le dernier mercredi de chaque mois et la
base du nombre-indice est septembre 1919.

Le tableau ci-dessous donne les indices des prix de gros
par groupes d'articles pour 1920 et 1921. On constate que,
contrairement aux autres pays, les nombres-indices des prix
de gros de Shang-Haï ne varient pas d'une façon régulière;
ils présentent plusieurs fluctuations successives, formant ainsi
des courbes à double et même triple sommet.

TABLEAU VII

(Base : septembre 1919 = 100.)

1920	Céréales	Autres aliments	Textiles	Métaux	Combustibles	Produits divers	Moyenne générale
Janvier	108,5	102,2	95,9	92,8	100,2	94,5	98,8
Février	109,8	106,2	98,5	100,2	99,0	95,7	102,1
Mars	111,0	105,8	105,5	110,6	97,0	99,8	106,5
Avril	107,2	117,0	103,5	105,7	99,5	101,2	106,9
Mai	105,0	119,0	102,3	108,9	99,4	104,5	107,9
Juin	115,4	106,4	100,8	118,1	98,9	109,0	109,9
Juillet	114,7	105,2	100,2	115,7	97,1	105,9	108,3
Août	108,6	102,4	98,4	117,0	96,4	104,7	106,2
Septembre . . .	109,9	107,7	94,7	111,8	97,2	103,7	105,5
Octobre	103,2	107,6	94,9	110,2	99,2	105,2	104,2
Novembre . . .	98,6	112,5	93,2	109,9	102,4	108,7	104,6
Décembre . . .	103,1	108,9	91,8	109,4	102,0	111,0	104,8
1921							
Janvier	96,9	107,0	93,1	109,6	103,1	113,1	103,9

Le maximum de l'indice général est atteint au mois de
juin avec une augmentation de 10 % par rapport à septembre
1919, ce qui est en somme peu de chose.

Dans les différents groupes, les maxima sont atteints à des
dates assez variées. Ce sont les textiles qui marquent le maximum le plus précoce (mars 1920) et les combustibles qui sont
les plus tardifs (novembre 1920). Les produits divers continuent
à monter. La plus forte augmentation est constatée dans les
aliments autres que les céréales.

En janvier 1921 deux groupes, les textiles et les céréales,
se trouvent déjà à un niveau inférieur à celui de janvier 1920,
mais l'indice général reste encore à un niveau supérieur à
celui de l'année précédente.

DANEMARK.

Depuis le maximum atteint en novembre 1920, où les prix de gros étaient quatre fois plus élevés qu'avant la guerre, la baisse se fait sentir rapidement jusqu'en mars 1921. La baisse des prix des denrées alimentaires est un peu plus lente que celle des matières industrielles, qui, parties d'un maximum beaucoup plus élevé, se trouvent actuellement presque au même niveau.

On constate un ralentissement très net de la baisse au cours des deux derniers mois, comparativement aux mois précédents.

TABLEAU VIII

(Base : juill. 1912-juill. 1914 = 100.)

Groupes d'articles	1920		1921		
	1er Nov.	1er Déc.	1er Janv.	1er Févr.	1er Mars
Produits alimentaires	334	342	319	277	273
Autres produits . . .	446	394	356	298	285
Total	403	374	341	290	280

ÉTATS-UNIS.

Les différents nombres-indices des prix de gros publiés aux États-Unis semblent indiquer un certain ralentissement dans la baisse générale — qui se poursuivait depuis mai 1920. Le nombre-indice du «Bureau of Labor Statistics», par exemple, qui marquait depuis septembre une diminution mensuelle de dix points au moins, n'a baissé, au mois de mars, que de cinq points.

TABLEAU IX

(Base : 1913 = 100.)

Groupes d'articles	1920				1921		
	Mars	Juin	Sept.	Déc.	Janv.	Févr.	Mars
Produits de la ferme . . .	239	243	210	144	136	129	125
Denrées alimentaires . .	246	279	223	172	162	150	150
Etoffes et vêtements . . .	356	335	278	220	208	198	192
Eclairage et chauffage . .	192	246	284	236	230	218	207
Métaux et objets en métal	192	190	192	157	152	146	139
Bois et matériaux de construction . . .	325	337	318	266	239	222	212
Produits pharmaceutiques et chimiques	205	218	222	188	182	178	171
Ameublement	329	362	371	346	283	277	275
Divers	230	247	239	205	190	180	167
Total	253	269	242	189	178	167	162

On constate également un ralentissement général de la baisse dans presque tous les groupes d'articles ; les denrées alimentaires marquent même un arrêt complet.

FRANCE.

Les nombres-indices de la Statistique générale de la France, que nous donnons ci-dessous, accusent en mars 1921 une baisse des prix de gros, mais moins accentuée et moins générale que les mois précédents.

TABLEAU X.

(Base : 1901-10 = 100.)

Groupes d'articles	1920				1921		
	Mars	Juin	Sept.	Déc.	Janv.	Févr.	Mars
Aliments végétaux . .	620	481	494	432	401	381	387
Aliments animaux . .	590	569	627	608	570	534	479
Sucre, café, cacao . . .	465	415	577	376	357	359	389
Total, denrées alimentaires	577	503	564	491	460	438	424
Métaux et minéraux .	552	513	556	462	409	361	347
Produits textiles . . .	1035	859	836	556	539	466	439
Divers	603	569	594	519	489	464	432
Total matières industrielles	693	623	643	512	479	435	410
Total général	641	570	608	503	470	436	416

L'indice général de mars se retrouve maintenant au niveau moyen de l'année 1919. Mais la baisse de ce dernier mois a été un peu moins accentuée que les mois précédents.

Cet arrêt de la baisse est surtout sensible dans les denrées alimentaires où deux groupes sur trois (aliments végétaux et sucre, café, cacao) accusent une nouvelle hausse. Pour le groupe « sucre, café, cacao », la hausse s'est manifestée en février déjà ; elle s'accentue encore en mars. Par contre, le troisième groupe (aliments animaux) marque une accélération de baisse.

Dans les matières industrielles, la baisse se poursuit à peu près régulièrement, sans ralentissement ni accélération bien nets.

ITALIE

Les nombres-indices des prix de gros du professeur Bachi présentent, d'une façon très caractéristique et dans presque tous les groupes, des courbes de variation à double sommet, le premier étant atteint entre mars et mai 1920 et le second à la fin de 1920 ou au début de 1921.

Les matériaux de construction sont les seuls qui évoluent d'une façon régulière ; ils n'atteignent du reste leur maximum unique que très tardivement en février 1921. Le groupe des « autres denrées alimentaires » présente de légères oscillations

en février, juillet et octobre 1920 et un maximum très net
en décembre 1920. Les « denrées alimentaires végétales »,
qui avaient déjà marqué au cours de 1920 un double mouvement de hausse et de baisse assez sensible, accuse encore une
nouvelle hausse en mars 1921.

Pour rendre ce mouvement général de double fluctuation
plus facilement saisissable au lecteur, nous avons, dans le
tableau ci-dessous, indiqué en chiffres gras non seulement les
maxima absolus, mais aussi les maxima secondaires.

TABLEAU XI

(Base : 1920 = 100.)

Mois	Denrées alimentaires végétales	Autres denrées alimentaires	Produits chimiques	Textiles	Minéraux et métaux	Matériaux de construction	Produits végétaux divers	Divers	Indice général	Indice général ramené à la base 1901-05=100
1920										
Janvier . . .	66,2	81,2	64,2	95,3	75,9	72,0	93,5	78,2	81,25	639,23
Février	91,6	79,5	76,8	106,0	92,7	75,4	100,9	85,8	89,13	701,22
Mars	93,1	82,7	96,8	115,6	104,8	82,2	**102,4**	92,8	96,41	758,50
Avril	**102,7**	83,6	110,4	**130,8**	**115,8**	96,4	99,8	104,2	**106,30**	**836,30**
Mai	102,2	92,9	**122,6**	104,9	113,2	101,8	97,2	**107,8**	105,73	831,82
Juin	100,2	101,1	112,8	90,8	99,1	106,3	95,9	105,7	101,18	796,02
Juillet	96,8	100,3	100,0	88,3	95,5	108,4	90,2	104,9	97,77	761,33
Août	100,7	103,4	102,3	94,9	96,6	109,9	91,9	101,4	100,13	787,76
Septembre . .	104,8	108,8	100,1	**99,6**	103,7	109,9	97,5	102,1	104,98	825,92
Octobre. . . .	107,1	108,0	103,4	97,9	**106,5**	112,8	100,5	105,4	105,47	829,77
Novembre . .	**107,7**	124,1	**107,7**	94,0	101,4	112,6	100,7	105,2	**107,33**	**844,41**
Décembre . .	106,9	**126,4**	102,8	81,9	92,7	112,6	121,8	106,8	104,97	825,84
1921										
Janvier . . .	106,7	120,7	98,1	77,4	88,2	113,3	**128,4**	**107,1**	102,89	809,48
Février	103,4	119,5	89,2	65,4	79,5	**117,0**	127,3	106,7	98,23	772,81
Mars	**107,8**	117,4	86,9	63,5	72,0	112,9	123,2	103,9	96,66	760,46

La plus forte augmentation est marquée par les textiles;
mais ils ont ensuite baissé très fortement, de sorte qu'en
mars 1921 ils se trouvent au niveau le plus bas de tous les
groupes et que leurs prix ne représentent pas à cette date la moitié de ce qu'ils étaient une année auparavant, au moment du
maximum. Ce sont par contre les denrées végétales, alimentaires et autres, qui marquent les maxima les plus faibles.

L'indice général était à son maximum de novembre de
570 % au dessus du niveau de 1913, ainsi que le montre
le tableau I. B; il est encore actuellement de 504 %, ce
qui représente une diminution de 10 % seulement par rapport au maximum.

Comme dans la plupart des autres pays, le mois de mars
apporte un ralentissement général de la baisse; mais il n'est
pas aussi caractéristique qu'ailleurs, car plusieurs groupes
n'ont commencé à diminuer que depuis un ou deux mois.

Norvège

Deux nombres-indices des prix de gros sont publiés en Norvège, l'un par l'*Okonomisk Revue*, l'autre par le *Farmand*. Le premier et le plus récent est basé sur les prix pratiqués à Christiania pour 93 articles répartis en onze groupes assez complets. Le second comprend 40 articles seulement (20 denrées alimentaires et 20 en matières industrielles) et a été calculé depuis 1891.

Le tableau ci-dessous donne les deux nombres-indices, ramenés à 1914 = 100.

Tableau XII

(Base : 1914 = 100.)

Mois	Okonomisk Revue	Farmand
1920		
Juin	382	411
Juillet	409	422
Août	417	426
Septembre . .	425	433
Octobre	419	424
Novembre . .	403	409
Décembre . . .	377	370
1921		
Janvier	344	309
Février	319	281
Mars	312	278

Le maximum est atteint de part et d'autre en septembre 1920 et représente plus de quatre fois les prix d'avant-guerre. Depuis cette date, les prix descendent régulièrement, mais le mois de mars enregistre un ralentissement très net, même dans l'indice de *Farmand*, dont la baisse était plus accentuée.

Nouvelle-Zélande

Les nombres-indices officiels de la Nouvelle-Zélande ont marqué une hausse à peu près régulière des prix jusqu'en octobre 1920; le mois de novembre a marqué une baisse assez sensible de l'indice général, mais le mois de décembre a amené une nouvelle hausse de deux points.

TABLEAU XIII

(Base : 1909-13 = 100.)

Mois	Prod. agricoles	Farines gruau, avoine	Lainages peaux, suif, beurre et from.	Objets divers, faïence.	Matériaux de construct.	Cuirs	Prod. chim. et engrais	Charbon	Total
1920									
Janvier	**2185**	1548	1586	2083	2078	2441	2152	1818	1999
Février	2130	1560	1634	2174	2181	2538	2164	1849	2039
Mars	2083	1718	1688	2224	2310	3279	2176	1935	2123
Avril	2100	1722	1650	2243	2338	3476	2229	1995	2153
Mai	2055	1724	1610	2227	2391	3437	2435	2066	2167
Juin	2015	1736	1546	2206	2405	3368	2463	2092	2158
Juillet	1983	1746	1532	2460	2584	3145	**2528**	2096	2262
Août	1939	1756	1560	2498	2587	2901	2489	2108	2261
Septembre	1931	**1764**	1582	2493	2585	2890	2501	2153	2267
Octobre	1855	1761	**1907**	2509	2605	2897	2494	2158	2291
Novembre	1740	1755	1770	2494	2603	2716	2426	2170	2247
Décembre	1828	1747	1750	2459	2612	2592	2368	2178	2249

Les charbons et les matériaux de construction continuent à augmenter; les produits agricoles et les cuirs, par contre, baissent depuis le début de 1920; les autres groupes marquent leur maximum vers la fin de l'année 1920.

Les groupes qui ont subi la plus forte augmentation sont les cuirs et les matériaux de construction, et la plus faible les «farine, gruau, avoines» et les «lainages, peaux, suifs, beurre et fromage».

D'une façon générale la hausse des prix n'a pas été très considérable puisque l'indice général n'accusait à son maximum qu'une augmentation de 118 % sur 1913, ce qui est une des plus faibles, même parmi les pays extra-européens.

Royaume-Uni

Nous avons publié dans les numéros précédents de la *Revue* [3] les nombres-indices des prix de gros par groupe d'articles de l'*Economist* et du *Board of Trade*. Nous donnons ici les nombres-indices du *Statist*.

TABLEAU XIV

(Base : 1867-77 = 100.)

Groupes d'articles	1920				1921		
	Mars	Juin	Sept.	Déc.	Janv.	Févr.	Mars
Aliments végétaux	238	250	222	179	163	143	148
Aliments animaux	236	243	289	200	282	269	261
Sucre, café et thé	211	266	179	114	103	100	97
Total denrées alimentaires . .	232	251	238	195	194	180	179
Minéraux	291	297	313	280	249	221	198
Textiles	302	259	240	173	166	151	144
Divers	266	236	233	207	192	187	185
Total matières industrielles .	284	259	257	215	199	185	176
Total général	262	256	249	207	197	183	177

(3) Voir *Revue* janvier 1921, page 127 et mars 1921, page 384.

D'une façon générale la baisse se poursuit de mois en mois; cependant le mois de mars semble accuser un certain ralentissement. Depuis septembre 1920, en effet, le nombre-indice général baissait de dix points au moins chaque mois; il n'a diminué que de six points au cours du dernier mois.

A cette époque il marque une augmentation de 109 % par rapport à 1913.

Parmi les différents groupes d'articles la baisse est plus accentuée pour les matières industrielles que pour les denrées alimentaires; elle est spécialement forte dans les minéraux, mais, dans tous les groupes d'articles, la diminution de mars est inférieure à celle du mois précédent; les aliments végétaux marquent même une hausse de cinq points, après avoir baissé de vingt points le mois précédent.

Suède

Le nombre-indice des prix de gros publié par le *Svensk Handelstidning* continue à baisser, mais d'une façon moins rapide que les mois précédents.

Tableau XV

(Base : juin 1913 - juin 1914 = 100.)

Groupes d'articles	1920				1921		
	Mars	Juin	Sept.	Déc.	Janv.	Févr.	Mars
Aliments végétaux	270	250	273	247	244	231	238
Aliments animaux	304	273	312	283	266	241	229
Semences et engrais pour l'agriculture	318	313	308	301	281	248	240
Charbon	960	1252	1085	602	371	362	279
Huiles	275	303	340	328	328	318	268
Métaux	291	318	273	247	230	204	185
Matériaux de construction .	387	381	388	362	320	319	298
Textiles	380	368	310	206	169	147	134
Cuirs et peaux	268	212	180	156	131	108	85
Pulpe de bois	682	778	753	598	520	511	510
Total	354	366	362	299	267	250	237

L'indice général se trouve en mars à un niveau de 137 % supérieur à celui d'avant-guerre; mais au cours de ce dernier mois il a baissé d'une façon moins accentuée que les mois précédents. Dans la plupart des groupes on retrouve ce ralentissement de la baisse, excepté dans les huiles, les métaux et les matériaux de construction, où l'arrêt ne s'est pas fait sentir. Les charbons eux-mêmes, qui descendaient par chutes énormes depuis juillet 1920, ralentissent leur allure vertigineuse au cours des deux derniers mois; les denrées alimentaires marquent une hausse de quelques points.

Suisse

Les nouveaux nombres-indices des prix de gros du Dr Lorenz qui paraissent depuis quelques mois dans la *Neue Zürcher Zeitung* commencent en janvier 1921, avec 1914 comme base. Le tableau ci-dessous donne les chiffres pour les premiers mois de l'année.

TABLEAU XVI

(Base 1914 : = 100.)

Groupes d'articles	Nombre d'articles	1920	1921			
		1ᵉʳ Jan.	1ᵉʳ Jan.	1ᵉʳ Fév.	1ᵉʳ Mars	1ᵉʳ Avril
I. *Produits de l'agriculture et de l'industrie* (Produktion der Arbeitschaft)	33	302,9	271,5	265,0	259,0	248,1
A) Aliments et boisson . . .	22	281,5	259,4	254,0	249,7	244,7
a) animaux	6	274,8	255,2	248,4	242,3	325,9
b) végétaux	13	297,8	276,2	274,2	272,7	269,1
c) boisson	3	266,7	226,3	217,9	215,3	215,3
B) Habillement.	5	407,2	283,2	272,5	264,4	241,7
a) tissus	4	435,7	282,7	268,7	258,0	231,0
b) chaussures.	1	316,0	285,0	285,0	285,0	276,0
C) Habitation	6	271,2	291,0	284,3	276,3	260,7
a) matériaux de construction	3	235,3	244,0	233,6	232,0	218,7
b) combustible et moyens d'éclairage	3	335,7	375,4	375,4	355,8	336,1
II. *Matières premières pour l'agriculture* (Landwirtschaftl. Produktion)	12	408,4	172,3	165,1	154,8	150,8
A) Fourrage	4	464,1	159,3	153,1	142,5	144,5
B) Engrais	8	241,5	211,5	201,2	191,6	169,8
III. *Matières premières pour l'industrie* (Industrielle Produktion)	26	356,5	222,0	216,7	197,1	191,2
A) Minéraux et métaux . .	11	382,2	314,9	308,9	299,5	288,6
a) Houille pour l'industrie	4	595,5	655,2	655,2	655,2	655,2
b) métaux	7	296,9	178,7	170,3	157,2	142,0
fer brut		395,0	216,0	204,0	180,0	156,0
B) Textiles et cuirs	6	340,3	159,3	154,4	128,3	126,1
coton		417,1	177,7	175,0	145,9	135,4
soie		298,0	149,0	140,0	109,0	118,0
cuirs et peaux . . .		154,8	140,2	132,7	131,3	127,0
C) Divers	9	371,3	324,4	320,0	306,7	290,8
Total.	71	342,7	234,3	227,9	217,5	209,6

On constate une baisse générale et assez rapide au cours des premiers mois de 1921; le niveau de janvier 1921, dans presque tous les groupes, est inférieur à celui de 1920. Seules font exception les houilles industrielles, dont les prix, par suite du monopole fédéral, sont restés stationnaires, à un niveau beaucoup plus élevé que celui de tous les autres groupes, pendant tout l'hiver 1921; les matériaux de construction, qui, bien que se trouvant dans les groupes dont l'augmentation a été la plus faible, marquent en janvier 1921 quelques points de plus que l'année précédente; ils baissent, du reste, les mois suivants.

Il n'est pas possible de déterminer exactement les prix maxima qui ont été atteints, car ils l'ont été probablement au cours de l'année 1920, année pour laquelle aucun indice mensuel n'a encore été publié. Avec les données que nous possédons, on peut dire toutefois que les plus fortes augmentations sont enregistrées dans les houilles industrielles, les fourrages et les tissus manufacturés, et les plus faibles dans les cuirs et peaux industriels, les engrais agricoles et les matériaux de construction.

On remarquera que la baisse est beaucoup moins rapide dans les produits de l'industrie et de l'agriculture (groupe I) que dans les matières premières utilisées par l'agriculture et l'industrie (groupe II et III).

SOURCES

AFRIQUE DU SUD. — *Labour Gazette of Canada*, février 1921.

ALLEMAGNE. — *Frankfurter Zeitung*, 3 avril 1921. — *Wirtschaft und Statistik*, avril 1921.

AUSTRALIE. — *Quarterly Summary of Australian Statistics*, décembre 1920. *Federal Reserve Bulletin*, avril 1921.

CANADA. — *Gazette du Travail du Canada*, février 1921.

CHINE. — *North China Daily News* et *The Statist*, 2 février 1921.

DANEMARK. — *Finanstidende,* mars 1921.

ÉTATS-UNIS. — Communiqués du Bureau of Labor Statistics. — *Federal Reserve Bulletin*, mars 1921, — *Dun's Review*, 1920-21.

FRANCE. — *Bulletin de la Statistique générale de France*, janvier 1921. — Communiqués de la Statistique générale de France.

INDES. — *Federal Reserve Bulletin*, mars 1921.

ITALIE. — *L'Economista*, 1er mai 1921.

JAPON. — *Chugai Skogyo* et *Jiji*, 18 janvier 1921. — *Statist*, 12 mars 1921.

NORVÈGE. — *Okonomisk Revue*, 2 février 1921. — *Svensk Handelstidning*. 7 avril 1921. — *Farmand,* 1921.

NOUVELLE ZÉLANDE. — *Monthly Abstract of Statistics*, février 1921.

PAYS-BAS. — *Maandschrift van het Centraal Bureau voor de Statitieks*, mars 1921.

ROYAUME-UNI. — Communiqué du « Board of Trade ». — *Board of Trade Journal*, 17 mars 1921. — *Economist*, 9 avril 1921. — *Statist*, 9 avril 1921.

SUÈDE. — *Svensk Handelstidning*, 7 avril 1921.

SUISSE. — *Neue Zürcher Zeitung*, 13 mars 1920. — Communication au Bureau international du Travail.

CHÔMAGE ET MAIN-D'ŒUVRE

La situation de la main-d'œuvre en mars 1921.

Nous continuons ici la publication des statistiques de l'emploi de la main-d'œuvre, commencée dans notre numéro de mars [1].

Nous y avons ajouté des données concernant l'Allemagne, établies d'après les caisses d'assurance contre les maladies et publiées régulièrement dans le *Reichsarbeitsblatt*.

Allemagne

Les caisses d'assurance-maladie qui ont fourni des renseignements, étaient au 1er avril au nombre de 6507, avec 12.542.992 membres obligatoirement assurés. Ce chiffre représente l'effectif de la main-d'œuvre employée à cette date ; les chômeurs et les malades incapables de travailler n'y sont pas compris.

Il y a eu, au 1er avril, une augmentation de 88.683 membres (soit 0,7 %) sur le 1er mars. Les caisses d'assurance-maladie urbaines et rurales et les caisses des entreprises représentent la presque totalité des travailleurs assurés. Les caisses régionales ou communales sont au nombre de 2.288, avec un effectif d'assurés de 9.258.130. Le nombre des caisses des entreprises est de 3.467, avec 2.766.920 membres.

Le tableau ci-après résume, d'après les caisses de maladie des entreprises, le mouvement de la main-d'œuvre dans les principales industries, au 1er avril 1921, en comparaison avec le 1er mars, et au 1er mars en comparaison avec le 1er février.

Le reste des personnes assurées, soit 517.942 se répartissent comme suit: 276.214 aux 119 caisses d'assurances spéciales des mines et 241.228 aux caisses d'assurances corporatives.

---

[1] Voir *Revue internationale du Travail*, mars 1921, page 390. « Le chômage d'après les rapports des employeurs. »

TABLEAU I

Industries	Nombre de caisses ayant fourni des renseignements	Membres obligatoirement assurés au 1ᵉʳ avril (malades incapables de travailler et chômeurs non compris).		Pourcentage d'augmentation (+) ou de diminution (—) par rapport au mois précédent		Situation au 1ᵉʳ mars. Pourcentage d'augmentation (+) ou de dim. (—) par rapport au 1ᵉʳ février	
		hommes	femmes	hommes	femmes	hommes	femmes
Agriculture, sylviculture, jardinage : . .	86	14.857	7.728	—0,1	+16,7	—1,6	+2,0
Métaux et machines	855	831.170	86.221	+0,5	—0,6	+0,3	—0,8
Industrie électrique	23	68.505	31.047	—0,1	—0,9	—0,8	—1,9
Industrie chimique	129	106.072	14.430	+5,6	+4,0	—5,8	—4,2
Industrie textile	800	124.844	157.561	+0,8	—0,2	—1,7	+0,7
Industrie du bois et sculpture .	102	17.381	3.099	—0,8	—2,9	—0,2	—2,8
Industrie de l'alimentation et des boissons .	300	42.367	34.740	—1,4	+1,3	—1,1	+1,4
Industrie du vêtement	74	11.686	12.632	—0,1	+1,8	+0,6	+1,2
Industrie du bâtiment	171	63.705	2.394	+4,4	+10,0	+2,3	+0,1

Une amélioration sensible s'est produite dans l'industrie du bâtiment. Le personnel masculin a subi une augmentation de 4,4 % et le personnel féminin de 10 %. Dans l'industrie chimique l'augmentation du personnel a été encore beaucoup plus grande. La diminution des effectifs occupés dans cette industrie, qui avait été constatée le mois précédent, a été presque totalement compensée.

L'agriculture a enregistré une augmentation considérable de la main-d'œuvre féminine (16,7 %) et une petite diminution (0,1 %) du personnel masculin. Les autres industries — métaux et machines, textile, etc. — n'ont pas subi de changement appréciable.

*
* *

Dans les statistiques des caisses urbaines ou rurales les assurés sont répartis d'après leurs occupations, comme l'indique le tableau suivant :

TABLEAU II

Occupation	Membres assurés au 1ᵉʳ avril (malades et chômeurs compris)		Pourcentage d'augment. (+) ou de diminution (—) par rapport au mois préc⁵	
	Hommes	Femmes	Hommes	Femmes
Agriculture, sylviculture .	1.112.213	886.589	— 1,4	+ 3,2
Service domestique . . .	49.382	789.595	— 2,9	— 1,2
Salaires irréguliers . . .	36.844	55.711	+ 3,0	+ 0,2
Industrie à domicile . .	50.856	113.450	+ 6,9	0,0
Autres professions (principalement dans l'industrie)	4.635.017	3.070.407	+ 1,3	— 0,2

Dans l'agriculture et la sylviculture, on retrouve ici le même phénomène que dans les caisses de maladie des entreprises : une augmentation du personnel féminin et une légère diminution du personnel masculin.

La diminution du nombre des domestiques s'explique, d'un côté, par le renchérissement du coût de la vie, qui a obligé beaucoup de personnes à renoncer aux domestiques, et, d'un autre côté, par l'antipathie toujours plus marquée qu'ont les travailleurs à l'égard de cette profession.

CANADA

La *Gazette du Travail* du Canada n'ayant pas continué la publication du tableau dont nous avons reproduit certains éléments dans notre numéro de mars [2], nous donnons dans le tableau ci-après un aperçu du mouvement global du personnel employé dans les mêmes établissements, d'après les rapports des employeurs, aux mois de janvier, février et mars 1921, comparés au mois de janvier 1920.

TABLEAU III

1921	Nombre des entreprises comprises dans l'enquête	Personnel occupé	Pourcentage par rapport au personnel occupé par les mêmes entreprises le 17 janvier 1920
Janvier (3ᵐᵉ semaine)	5.245	616.983	88,6
Février »	5.276	616.065	88,5
Mars »	5.151	599.236	86,5

Pendant la période mensuelle allant du 20 février au 19 mars les rapports hebdomadaires des employeurs au service central de placement signalent des diminutions régulières du nombre des travailleurs occupés, diminutions s'élevant pour toute la période au total de 14.964 personnes.

---

[2] Voir *Revue internationale du Travail*, mars 1921, page 394.

Les industries suivantes ont été affectées par une diminution : l'industrie forestière, la construction de chemins de fer, le fer et l'acier, l'industrie minière et le transport par chemin de fer. L'industrie forestière a accusé la plus forte diminution (7.497 personnes, soit le 50% de la diminution totale pour toutes les industries). Cette diminution s'explique par l'arrêt du travail normal à cette époque dans les chantiers forestiers. La diminution du personnel dans les autres industries résulte du marasme général qui existe maintenant au Canada comme ailleurs. Par contre, le personnel a été augmenté dans l'industrie du cuir, dans l'exploitation du téléphone, dans les fabriques de produits végétaux comestibles et dans le commerce de détail.

ETATS-UNIS

Le « Bureau of Labor Statistics » a établi les statistiques de la main-d'œuvre occupée, d'après les rapports fournis pour treize principales industries et pour les mines de houille, par plus de 800 établissements avec un effectif de 560.000 travailleurs environ pour le mois de mars, et les a résumés dans les deux tableaux suivants. Le tableau IV compare les conditions de la main-d'œuvre dans les mêmes établissements en mars 1920 et en mars 1921.

TABLEAU IV

Industries	Etablissement ayant fourni un rapport p' les mois de février 1920 et 1921	Période de paiement	Nombre d'employés en mars		Pourcentage d'augmentation (+) ou de réduction (—)	Montant total des salaires en mars		Pourcentage d'augmentation (+) ou de réduction (—)
			1920	1921		1920	1921	
						doll.	doll.	
Fer et acier .	114	½ mois	188.007	133.738	—28,9	14.655.671	8.173.095	—44,2
Automobiles .	45	1 sem.	152.692	70.947	—53,5	5.148.279	1.853.904	—64,0
Construct. et réparat. de voitures . .	48	½ mois	57.245	48.728	—14,9	3.638.501	3.227.251	—11,3
Manufact. de coton . . .	62	1 sem.	60.928	59.494	— 2,4	1.266.624	1.010.912	—20,2
Apprêtage de coton . . .	16	1 »	12.468	11.401	— 8,6	288.605	252.296	—12,6
Bonneterie .	63	1 »	32.718	21.574	—34,1	651.079	352.883	—45,8
Industrie de la laine . .	52	1 »	52.234	38.831	—25,7	1.312.600	871.666	—33,6
Industrie de la soie . . .	44	2 »	15.414	12.735	—17,4	727.960	548.594	—24,6
Industrie du vêtement (homme) . .	45	1 »	31.576	23.881	—24,4	1.119.382	792.844	—29,2
Industrie du cuir	34	1 »	15.779	10.124	—35,8	408.208	216.729	—46,9
Industrie de la chaussure	85	1 »	74.685	55.525	—25,7	1.841.707	1.321.274	—28,3
Industrie du papier . . .	57	1 »	32.828	27.786	—15,4	877.021	658.349	—21,3
Fabr. de cigares	56	1 »	17.252	14.539	—15,7	375.573	289.200	—23,0
Mines (charb. bitumineux)	103	½ mois	28.510	25.899	— 9,2	1.885.868	1.549.286	—17,8

En comparant les chiffres du mois de mars 1921 avec ceux du mois correspondant de l'année 1920 pour les mêmes établissements on constate une diminution considérable du personnel. L'industrie de l'automobile accuse la plus forte diminution : 53,5 % ; viennent ensuite l'industrie du cuir : 35,8 % ; la bonneterie : 34,1 %. La moins atteinte a été la manufacture du coton : 2,4 %.

Le total des salaires payés dans ces 14 industries a diminué dans une proportion encore plus grande. Le chiffre global des salaires a diminué de 64,0 % dans l'industrie de l'automobile, de 46,9 % dans celle des cuirs, de 45,8 % dans la bonneterie, et de 44,2 % dans l'industrie du fer et de l'acier.

Par contre, en comparant la situation du mois de mars à celle du mois précédent, on constate une reprise du travail dans huit industries sur quatorze.

TABLEAU V

Industries	Etablissements ayant fourni un rapport pour les mois de février 1920 et mars 1921	Période de paiement	Nombre d'employés		Pourcentage d'augmentation (+) ou de réduction (—)	Montant total des salaires		Pourcentage d'augmentation (+) ou de réduction (—)
			Fév. 1921	Mars 1921		Fév. 1921	Mars 1921	
						doll.	doll.	
Fer et acier .	114	½ mois	142.977	136.605	— 4,4	9.290.388	8.334.036	—10,3
Automobiles .	40	1 sem.	54.121	71.559	+32,2	1.293.298	1.870.828	+44,7
Construct. et réparat. de voitures . .	48	½ mois	52.127	48.557	— 6,8	3.456.000	3.250.838	— 5,9
Manufact. de coton . . .	53	1 sem.	59.743	58.014	— 2,9	1.012.840	981.308	— 3,1
Apprêtage de coton . . .	16	1 »	10.289	11.148	+ 8,3	224.970	245.729	+ 9,2
Bonneterie .	60	1 »	18.860	21.269	+12,8	303.242	345.975	+14,1
Industrie de la laine . .	52	1 »	33.189	38.831	+17,0	693.199	871.666	+25,7
Industrie de la soie . . .	42	2 »	11.553	12.631	+ 9,3	486.403	544.736	+12,0
Industrie du vêtement (homme) . .	46	1 »	23.078	24.026	+ 4,1	681.701	798.325	+17,1
Indust. du cuir	36	1 »	10.175	10.653	+ 4,7	226.567	225.771	— 0,4
Industrie de la chaussure .	83	1 »	54.610	54.930	+ 0,7	1.312.187	1.309.995	— 0.2
Industrie du papier . . .	54	1 »	29.893	28.801	— 3,7	746.814	714.558	— 4,3
Fabr. de cigares . . .	51	1 »	15.150	14.645	— 3,3	286.162	289.927	+ 1,3
Mines (charb. bitumineux)	79	½ mois	26.439	25.006	— 5,4	1.688.299	1.513.916	—10,3

L'industrie de l'automobile, qui était la plus éprouvée, a augmenté son personnel de 32,2 %, l'industrie de la laine de 17 %, la bonneterie de 12,8 %, les autres de 4 à 8 %.

Parmi les industries qui ont diminué leur personnel il faut noter, en première ligne, la construction et la réparation des voitures, 6,8 % ; l'extraction du charbon, 5,4 % ; le fer et l'acier, 4,4 %.

Le total des salaires payés en mars, en comparaison du mois de février, a augmenté dans sept industries et a diminué dans les sept autres. La plus forte augmentation a été constatée dans l'industrie automobile (44,7 %) et dans l'industrie de la laine (25,7 %). La plus notable diminution des salaires a été enregistrée dans l'industrie du fer et de l'acier, 10,3 % ; dans les mines, également 10,3 %, et dans la construction et la réparation des voitures, 5,9 %.

ROYAUME-UNI

La situation de la main-d'œuvre, au mois de mars, en comparaison du mois précédent, ne s'est pas améliorée. Il y a eu presque partout une notable diminution du personnel.

Le tableau ci-après résume le mouvement de la main-d'œuvre et des salaires, au mois de mars, comparé à celui du mois précédent et à celui du mois correspondant de l'année dernière.

TABLEAU VI

RÉSUMÉ DES RAPPORTS DES EMPLOYEURS.
a) Mines et métallurgie.

Industries	Travailleurs compris dans le rapport de mars 1921	Mars 1921	Augmentation ou diminution par rapport :	
			au mois précédent	à l'année précédente
		Jours de travail par semaine dans les mines	Jours	Jours
Mines de charbon	610.547	4,71	—0,08	—1,01
» fer	10.578	4,32	+0,05	—1,60
» d'argile schisteuse	4.115	6,00	—	+0,03
		Hauts fourneaux en activité	Nombre	Nombre
Fonte de fer	—	111	64	143
		Usines en activité	—	—
Tôle et fer blanc	—	136	31	360
		Nombre d'équipes (une semaine)	pour cent	pour cent
Fer et acier	83.022	409.691	—12,5	—39,7

b) Autres industries.

Industries	Nombre de travailleurs			Total des salaires payés à tous les travailleurs		
	Semaine se terminant au 19 mars 1921	Augm. (+) ou dim. (—) par rapport :		Semaine se terminant au 19 mars 1921	Augm. (+) ou dim. (—) par rapport [1] :	
		au mois précédent	à l'année précédente		au mois précédent	à l'année précédente
Textile		%	%	£	%	%
Coton	70.934	—3,6	—27,5	134.865	—7,0	—42,3
Laines	15.709	—3,6	—15,9	31.407	—8,9	—33,9
Laines filées . . .	30.029	—2,6	— 8,4	56.255	—9,3	—26,0
Toiles	19.078	—0,2	—38,1	25.134	—1,3	—47,0
Jute	9.156	—4,3	—11,0	12.435	+6.7	—36,0
Bonneterie . . .	13.501	—2,7	—26,4	23.138	—0,5	—39,0
Dentelles	5.200	—0,0	—34,9	9.089	+2,1	—48,5
Autres textiles . .	13.884	+0,3	— 4,8	29.027	—1,5	— 4,3
Blanchissage . .	22.620	+1,7	—12,5	61.246	+0,5	—33,4
Total des textiles .	200.111	—2,2	—22,2	382.596	—4,6	—36,4
Chaussures . . .	49.985	—0,1	—15,8	108.739	+3,6	—23,7
Chemiserie . . .	12.825	—1,3	— 7,5	17.261	—4,6	—20,2
Confection . . .	19.724	+1,0	—21,9	32.734	+9,4	—31,8
Papier	13.281	—1,6	— 5,4	36.423	—2,8	—11,2
Imprimerie et re-liure	15.683	—1,4	— 4,5	50.171	—0,9	+ 1,3
Poterie	15.639	—0,6	+ 2,7	39.094	—1,8	+14,0
Verrerie	8.268	—6,0	—24,1	26.973	—7,3	—19,1
Briques	7.327	—1,5	+11,4	25.676	—2,8	+29,0
Ciment	11.196	—7,7	+12,0	47.279	—8,5	+37,4
Préparation de den-rées alimentaires	57.341	—0,8	—10,2	148.978	+3,2	0,0
Total	411.380	—1,7	—16,5	915.924	—1,9	—22,1

[1] La comparaison des gains est influencée par les changements du taux des salaires

CONDITIONS DU TRAVAIL

Les conditions du travail fixées par convention collective en France durant l'année 1920

Le tableau ci-après résume les conventions collectives qui ont été conclues en France pendant l'année 1920 et dont le ministère du Travail a publié l'analyse dans ses bulletins d'août, septembre, octobre, novembre et décembre 1920.

Ces conventions ont pour la plupart mis fin à un différend d'ordre collectif; elles portent principalement sur le taux ou les modalités du salaire, sur les indemnités qui peuvent s'y ajouter sous diverses formes et sur les conditions du travail.

Pour en faciliter l'étude on a réparti ces conventions par groupes d'industries; on a indiqué d'une part, pour les hommes et pour les femmes, les tarifs de salaires adoptés; on a indiqué d'autre part les diverses clauses particulières que peuvent comporter les conventions; enfin on a porté dans une colonne spéciale les indications pouvant préciser les circonstances dans lesquelles la convention a été conclue; origine du différend, désignation des parties contractantes, procédure de conciliation ou intervention à laquelle elles ont eu recours.

Taux des salaires, heures de travail et conditions diverses

fixés par voie de convention collective en France et en Algérie, pendant l'année 1920.

Groupe d'industries et localité	Profession	Heures de travail	Taux de salaires		Nature et mode de conclusion de l'accord	Conditions particulières
			Hommes	Femmes		
AGRICULTURE						
Armisson	Ouvriers agricoles	[1]6, 7, 8	2	1	Entre syndicat de propriétaires et syndicat d'ouvriers agricoles.	
Boutenac	Id.	[2]—	[3]12	[3]6	Entre délégués patrons et ouvriers.	2 litres de vin pour les hommes. 1 litre pour les femmes.
Ferrals et Fabrezan	Id.	7	[3]12	—	Id. (après grève)	Heures supplémentaires; indemnité de déplacement et prestations en nature.
Laure	Id.	7	1,50	0,75	Id. (après grève)	Indemnités de vie chère — heures supplémentaires.
Sijean	Id.	7	[3]12	[3]6	Entre délégués du syndicat de propriétaires et délégués du syndicat d'ouvriers agricoles (conciliation devant le juge de paix).	Prestations en nature.
Montpellier	Id.	8	[2]—	—	Entre syndicat des propriétaires viticulteurs et syndicat des ouvriers agricoles (conciliation devant le juge de paix).	Prestations en nature.
Epernay	Vignerons	[2]—	0,50 à 1,75	0,50 à 1,20	Entre groupe de propriétaires vignerons et syndicat d'ouvriers vignerons (après intervention du sous-préfet).	Prestations en nature.
Provins	Ouvriers agricoles	9, 10	[4]de 14 à 17	—	Entre délégués patronaux et ouvriers (commission mixte d'arbitrage).	Salaire en temps de moisson ; 25 francs. Salaire de l'ou-
Saint-Nazaire	Ouvriers agricoles	7	[3]11	[3]6.50	Sentence arbitrale du sous-préfet.	Prestations en nature.
Aiguer-Vives	Id.	7	[2]—	1	Entre délégués propriétaires et ouvriers, après grève (sur intervention du maire et du sous-préfet).	—
Lunel	Id.	[1]7	[2]—	1	Entre délégués propriétaires et ouvriers (Commission mixte d'arbitrage).	—
Lunel-Viel	Id.	[2]—	[2]—	1	Commission mixte, après grève.	—
Marsillargues	Id.	[2]—	[1]—	1	Entre propriétaires et syndicats des ouvriers agricoles.	Prestations en nature.
ALIMENTATION						
Paris	Boucheries hippophagiques	8	[1]—	[2]—	Accord conclu au ministère du Travail, après grève.	Minimum de production exigé.
Oran	Employés de commerce denrées coloniales	8	[2]—	[2]—	Entre groupe de négociants et syndicat des employés de commerce.	—
Mascara (Algérie)	Boulangers : pétrissage à bras, pétrissage mécanique, enfournage	[2]— [2]— [2]—	[8]9 [8]4,50 [8]0,50	— — —	Sentence arbitrale (loi 27 déc. 1892).	
Nice	Cuisiniers	8	[7]de 700 à 1000	—	Entre groupements patronaux et syndicat ouvrier (intervention du préfet, du maire et de l'inspecteur du travail).	Suppression des gratifications ; indemnité de voyage; salaires des apprentis.
Marseille	Id.	8	[7]de 300 à 800	—	Entre syndicats patronal et ouvrier (après grève).	Salaires des apprentis — durée d'apprentissage — hygiène des cuisines.
Toulouse	Boulangers	8	[9]18	—	Entre patrons et délégués ouvriers (après grève)	Repos hebdomadaire — contrat d'apprentissage — institution d'une commission mixte chargée de réviser le contrat suivant les variations du coût de la vie.

[1] Suivant les saisons. — [2] Pas de chiffres. — [3] Salaire journalier. — [4] Travail à forfait. — [5] Salaire journalier minimum.
[6] Salaire par journée. — [7] Salaire mensuel, par catégories d'ouvriers et d'établissements. — [8] Par 150 kg. de farine à pétrir. — [9] Par semaine.
* Bulletin du ministère du Travail, Paris, août-sept.-oct. 1920.

Groupe d'industries et localité	Profession	Heures de travail	Hommes	Femmes	Nature et mode de conclusion de l'accord	Conditions particulières
Bordeaux	Chocolatiers-confiseurs	48	[10] De 1,75 à 2	De 4 à 8	Entre un établissement et le syndicat ouvrier (après grève).	Travaux aux pièces avec primes
Bézières	Limonadiers	10 de présence	[11] De 250 à 400	—	Entre syndicats patronal et ouvrier (conciliation devant le juge de paix, après grève).	—
Montpellier	Limonadiers	10 de présence	[12] De 250 à 400	—	Entre syndicats patronal et ouvrier (après grève).	Salaires des extras.
Châlons s/ Marne	Boulangers	—	[13] De 100 à 150	—	Entre chambres syndicales patronale et ouvrière.	4 fournées par jour — majoration pour pétrissage à bras — délai - congé : 3 jours.
Nancy	Boulangers	8	15 (minimum)	—	Entre chambres syndicales patronale et ouvrière.	Fournée supplémentaire : 5 fr. — prestations en nature.
Lille	Boulangers	8	[14] De 110 à 120	—	Commission mixte.	Heures supplémentaires; conditions de travail dans les coopératives — institution d'une commission mixte.
id.	Fabricants de chicorée	8	De 4 à 18	—	Commission mixte en présence de l'inspecteur du travail.	Heures supplémentaires — conditions des ouvriers physiquement infériorisés.
Roubaix	Brasseurs	—	De 135 à 140	—	Entre syndicats patronal et ouvrier	Frais de déplacement — suppression du délai-congé.
Lille	Brasseurs	48	—	—	Entre syndicats patronal et ouvrier.	Tarifs revisables suivant les constatations de la commission du [travail]
id.	Levures et alcools	—	2,075 à 2,375	—	Entre un établissement et des délégués du personnel.	—
Lyon	Cuisiniers	8	a —	—	Entre syndicat patronal et union syndicale ouvrière.	Délai-congé : 3 jours — durée de l'apprentissage : 18 mois — contrat écrit obligatoire.
id.	Boulangers	8	[2] 21	—	Entre syndicats patronal et ouvrier.	Suppression du délai-congé, repos hebdomadaire.
Châtellerault	id.	[2] —	[3] 16	—	Entre syndicats patronal et ouvrier.	Prestations en nature: salaire supplémentaire 7 fr. — obligation, en cas de conflit, de recourir à la procédure instituée par la loi de 1892.
Limoges	id.	[2] —	[4] de 19,25 à 20,25	—	Entre syndicats patronal et ouvrier.	—
BÂTIMENT.						
Tournon	Ouvriers du bâtiment	8	de 1,60 à 2,25	—	Entre délégués patronaux et ouvriers, par voie de conciliation devant le juge de paix (après grève).	Indemnité de déplacement.
Marseille	id.	8	[2] de 15 à 24	—	Entre syndicats patronal et ouvrier (après grève).	Majorations pour travaux spéciaux, — indemnité de déplacement.
Honfleur	id.	8	de 1,75 à 1,80	—	Entre délégués patronaux et ouvriers (conciliation devant le juge de paix).	—
Thouars	Maçons	8	de 1,75 à 2	—	Entre délégués patronaux et ouvriers; (conciliation, après grève, devant le juge de paix).	Indemnité de déplacement.
Pont-Audemer	Maçons	[2] —	de 1,80 à 1,90	—	Entre chambre syndicale patronale et délégués ouvriers	Indemnité de déplacement.

[10] Enfants : de 0,60 à 1,30 par heure. — [11] Par mois, plus les pourboires. — [12] 4 tournées par jour.
[13] Salaire mensuel, nourriture et logement. — [14] Majoration de 130 % sur le tarif de 1914.

Groupe d'industries et localité	Profession	Heures de travail	Taux des salaires		Nature et mode de conclusion de l'accord	Conditions particulières
			Hommes	Femmes		
Pont-Audemer	Couvreurs	8	[15] 2	—	Entre délégués patronaux et ouvriers.	—
Fougères	Bâtiment et ameublement	[19] 48	[15] 1,80 à 2	—	Entre syndicats patronal et ouvrier.	Suppression du délai-congé ; — conditions pour les apprentis et les ouvriers de moindre capacité.
St-Etienne	Maçons	[19] 48	2 à 3	—	Entre Chambre syndicale patronale et syndicat ouvrier.	—
id.	Plâtrerie et peinture	48	[15] 2,75	—	Entre syndicats patronal et ouvrier.	Suppression du délai-congé ; — frais de déplacement.
id.	Plombiers et couvreurs	48	2,75	—	Entre délégués patronaux et ouvriers.	Frais de déplacement ; — pas de délai-congé.
Hennebont	Terrassiers	8	[15] 1,40. [16] 1,25	—	Entre délégués patronaux et ouvriers (conciliation après grève devant le juge de paix).	Ouvriers de moins de 18 ans : 1.25 par heure ; — heures supplémentaires.
Nevers	Bâtiment	8	[15] 2,25	—	Entre entrepreneurs et syndicat ouvrier.	Conditions spéciales pour les travaux insalubres et en dehors de la ville.
Fécamp	Couvreurs	—	1,90	—	Entre délégués patronaux et ouvriers (conciliation après grève devant le juge de paix).	Indemnité pour travaux à la campagne.
Rouen	Maçons et plâtriers	—	2,75	—	Entre délégués patronaux et ouvriers.	—
id.	Manœuvres	—	1,75	—	Entre délégués patronaux et ouvriers.	—
id.	Terrassiers	—	2,—	—	Entre délégués patronaux et ouvriers.	—

BOIS.

Groupe d'industries et localité	Profession	Heures de travail	Taux des salaires		Nature et mode de conclusion de l'accord	Conditions particulières
			Hommes	Femmes		
Paris	Vanniers	8	[19] ...	—	Entre chambres syndicales patronale et ouvrière.	—
Morlaix	Carrossiers	8	[2] 10 à 13	—	Entre délégués patronaux et ouvriers (conciliation après grève, devant le juge de paix.	Salaire des ouvriers au-dessous de 18 ans : 4 à 5.
Bordeaux	Ebénistes	[2] 48	[2] [17] 23	—	Entre syndicats patronal et ouvrier.	Indemnité d'outillage — durée de l'apprentissage : 3 ans — commission mixte permanente.
Toulouse.	Menuisiers	[19] 48	2,50	—	Entre syndicats patronal et ouvrier.	Heures supplémentaires — suppression du travail aux pièces — délai-congé : 7 jours — commission mixte.
Lunel	Vanniers	[2] 48	[2] 8 [13]	—	Conciliation après grève devant le juge de paix.	Heures supplémentaires—tarif du travail à forfait.
Pont-de-Beauvoisin	Ameublement	[2] 48	1,25 à 2,30	—	Entre union patronale et syndicat ouvrier (après grève).	Indemnité d'outillage — commission mixte.
Saint-Etienne	Charpentiers en bois	[2] 48	[16] 2,50 à 2,75	—	Entre syndicats patronal et ouvrier.	Frais de déplacement.
id.	Menuisiers	8	1,90 à 2.50	—	Entre patrons et ouvriers.	Heures supplémentaires — frais de déplacement.
id.	Ameublement	8	[15] 2,25	—	Entre syndicats patronal et ouvrier.	—
Halluin	Chaisiers	8	2 à 2,85	—	Entre chambres syndicales patronale et ouvrière.	Interdiction du marchandage et du travail à la tâche — réglementation de l'apprentissage et salaires — réglementation du travail à domicile et tarif.

[15] Au minimum. — [16] Ouvriers de moins de 18 ans. — [17] Taux minima du salaire journalier. — [18] Apprentis : 0,70 à 1,90. [19] A travail égal, salaire égal. — [20] Apprentis. — [21] Salaire de base. — [22] Y compris l'indemnité de vie chère.

Groupe d'industries et localité	Profession	Heures de travail	Taux des salaires		Nature et mode de conclusion de l'accord	Conditions particulières
			Hommes	Femmes		
Lille	Carrossiers Charrons	8	[15] 2,15 à 2,85	—	Entre patrons et syndicat ouvrier.	Durée de l'apprentissage — salaire des apprentis : 0,50 à 0,75 l'heure.
Roubaix-Tourcoing	Tourneurs sur bois	48	0,75 à 2,50	—	Entre patrons et association ouvrière (intervention de l'inspecteur du travail).	Salaire des apprentis.
id.	Layetiers	—	2,95 à 3,20	—	Entre établissement et délégués ouvriers (intervention de l'inspecteur du travail.	Salaire des apprentis : 1,20 2,20.
Thiers	Charpentiers Menuisiers	8	2,25	—	Entre délégués patronaux et ouvriers (intervention du sous-préfet).	—
Le Havre	Ameublement	8	3	1,50	Entre union patronale et syndicat général ouvrier.	Délai-congé : 8 jours.
Rouen	Menuisiers	—	[16] 2,25	—	Entre délégués patronaux et ouvriers.	—
id.	Carrossiers	8	1,25 à 3,15	—	Entre chambre syndicale patronale et chambre syndicale ouvrière.	—
CUIRS ET PEAUX.						
Gard	Mégissiers	8	6,40 à 12,40	—	Entre établissement et délégués ouvriers (conciliation après grève devant le juge de paix).	—
Morestel	Chaussures	8	15	6 à 10	Entre délégués patronaux et ouvriers (conciliation après grève devant le juge de paix).	—
Saint-Étienne	Selliers-bourreliers	—	1 à 2,25	—	Commission mixte présidée par le secrétaire général de la préfecture.	Conditions des ouvriers d'aptitude physique réduite.
Reims	Pelleterie	—	2,50	—	Entre établissement et syndicat ouvrier (intervention de l'inspecteur du travail).	Tarif aux pièces.
Lille	Chaussures	48	[15] 1 à 3,50	—	Commission mixte présidée … ent ouvrier (après grève).	Bordereau des sa…
Rouen	Bourreliers	8	[15] 1,75	—	Entre syndicat patronal et section de syndicat ouvrier.	Heures supplémentaires : majoration de 0,25 ; indemnité de déplacement : 6fr. — travail du dimanche : majoration 50 % — délai-congé : 8 jours.
MÉTAUX						
Paris	Maréchaux	—	de 139,20 à 148,80	—	Entre délégués patronaux et ouvriers.	—
Vienne	Métallurgistes	8	[19] 1,975 à 2,475	—	Entre chambre syndicale patronale et syndicat ouvrier. (après grève).	Salaire des apprentis : 0,70 à 1,90 — heures supplémentaires : majoration 25 à 50 % — commission paritaire du coût de la vie.
Roanne	Métallurgistes	48	[19] 1,75 à 2,50	—	Entre patrons et syndicat ouvrier (intervention du préfet).	Tarif des heures supplémentaires institution dans chaque atelier d'une délégation ouvrière pour régler les questions en litige avec les patrons.
Paris	Métallurgistes	—	[3] 14,10 à 20	—	Entre représentants d'usines et délégués ouvriers (après grève, au ministère du Travail).	—
Lille	Métallurgistes	—	[20] 0,65 à 2,20	—	Commission mixte.	Allocations familiales.
Maubeuge	id.	8	0,45 à 2,18	—	Entre chambre syndicale patronale et association syndicale ouvrière.	Indemnité de vie chère — majoration des heures supplémentaires — institution d'une commission mixte et engagement de recourir à la conciliation avant toute déclaration de grève.

Groupe d'industries et localité	Profession	Heures de travail	Taux des salaires — Hommes	Taux des salaires — Femmes	Nature et mode de conclusion de l'accord	Conditions particulières
Zeneghem	Métallurgistes	[*]48	[3]10 à 18	—	Entre compagnie et chambre syndicale ouvrière.	Indemnité de vie chère fixée périodiquement par une commission paritaire.
Limoges	id.	8	[4]8 à 18	—	Entre syndicats patronal et ouvrier (après grève).	Tarif des heures supplémentaires — commission mixte du coût de la vie.
MINES.						
La Tour	Ouvriers mineurs	[2]—	10,05 à 13,50	—	Commission mixte locale.	
Decazeville	Mineurs, piqueurs boiseurs du fond	—	15,80 minimum	—	Arbitrage des ministres du travail et des travaux publics, demandé par les deux parties.	Allocation de 0,50 par journée de travail et par enfant de moins de 13 ans ou à charge.
Saint-Georges-de-Luzençon	Ouvriers du fond Ouvriers du jour	— —	14,75 à 22 13 à 15	— —	Commission locale.	id.
Millau	Ouvriers du fond Manœuvres du jour	— —	16 à 20 14	— —	id.	id.
Rodez	Ouvriers du fond Ouvriers du jour	— —	13 à 18,25 4,85 à 15,50	— —	Commission mixte locale.	
Tulle	Ouvriers du fond Ouvriers du jour Spécialistes	— — —	13,55 à 17,15 8 à 13,90 13,65 à 17,56	— — —	Commission locale.	Indemnité de 6 fr. par mois et par enfant au-dessous de 13 ans.
La Motte d'Aveillans.	Ouvriers du fond Ouvriers du jour	— —	19,20 à 21,15 16 à 18,50	— —	Commission locale.	
Bourg-d'Oisans	Ouvriers du fond Ouvriers du jour Trieurs	— — —	11,75 à 19,50 10,40 à 17,55 8,80 à 11,05	— — —	Commission locale.	Allocation mensuelle de 3 fr. par enfant au-dessous de 13 ans.
Laval	Ouvriers du fond Ouvriers du jour	— —	10,75 à 22,50 5,15 à 13,25	— —	id.	id. … journée de travail et par enfant au-dessous de 13 ans.
Saint-Aubin-de-Luigné.	Mineurs	—	—	—	Arbitrage des ministres du travail et des travaux publics, demandé par les deux parties à la commission locale.	Indemnité de vie chère : 2 fr. Allocation familiale de 0,50 par journée de travail et par enfant de moins de 13 ans.
Départements du Nord et du Pas-de-Calais	Ouvriers	[13]17, 52	[n]24,50	—	Arbitrage des ministres du travail et des travaux publics.	Ouvriers à la journée : salaire égal à celui de 1914, multiplié par le coefficient 8,4 (indemnité de vie chère comprise).
Départements du Nord et du Pas-de-Calais	Apprentis de 13 ans	— —	9,50 salaire d'embauchage) 0,60 d'augmentation de 6 en 6 mois jusqu'à l'âge de 15 ans ½	—	—	Allocation familiale de 1 fr. par jour et par enfant de moins de 13 ans à charge. Allocation familiale précédente étendue aux enfants devenus chefs de famille dont le père est décédé au service de la même compagnie.
Tarbes	—	—	[n] 3 à 9	—	Commission mixte régionale.	
Argelès	—	—	[n] 7 à 11	—	Commission locale.	
Saint-Bel	Adultes et manœuvres du traînage Ouvriers du fond de 16 à 18 ans Ouvriers du jour de 16 à 18 ans	— — —	[n] 16,50 2,50 2	80 % de majoration du salaire de base id. id.	Arbitrage des ministres du travail et des travaux publics à la Commission mixte.	—

Groupe d'industries et localité	Profession	Heures de travail	Taux des salaires		Nature et mode de conclusion de l'accord	Conditions particulières
			Hommes	Femmes		
Saint-Michel	Piqueurs, boiseurs, enchaîneurs de puits	—	19 "	—	Commission locale.	Allocation familiale de 0,30 par journée de travail pour la femme et pour chaque enfant au-dessous de 18 ans.
Landry	Ouvriers du fond Ouvriers spécialisés du jour Ouvriers non spécialisés	— — —	19 " 18 12,50	— —	Commission locale.	Allocation familiale de 0,30 par jour et par enfant au-dessous de 16 ans, à condition que l'ouvrier ait effectué au moins 20 journées de travail.
...ine	Ouvriers du fond Ouvriers du jour	— —	11 à 19 " 11 à 15 "	—	Commission locale.	Allocation familiale de 3 fr. par mois et par enfant de moins de 16 ans (réduite si l'ouvrier a travaillé moins de 15 jours par mois). Prime d'assiduité.
Carmaux-Albi	Piqueurs, mineurs et boiseurs	—	16,75 "	—	Arbitrage des ministres du travail et des travaux publics.	Allocation familiale de 0,50 par journée de travail et par enfant de moins de 13 ans ou à charge.

PAPIER, CARTON.

Groupe d'industries et localité	Profession	Heures de travail	Taux des salaires		Nature et mode de conclusion de l'accord	Conditions particulières
			Hommes	Femmes		
Paris	Cartonnages	8	1,90 à 3,10	—	Entre chambre syndicale patronale et syndicat ouvrier.	Dérogations à la journée de 8 heures — heures supplémentaires; semaine anglaise: commission mixte permanente valable un an, tacitement renouvelable (délai...
Cognac	Imprimeurs	—	5 à 16,50 "	—	Entre syndicats patronal et ouvrier, après grève.	Indemnité de cherté de vie : 0,15 à 0,40 — commission arbitrale paritaire et chargée de suivre les fluctuations du coût de la vie.
Montpellier	id.	—	5 à 16	—	Entre patrons et syndicat ouvrier, après grève.	Fixation des salaires aux pièces.
Voiron	Imprimeurs		[13] 13 à 21	—	Entre patrons et syndicat.	Durée de l'apprentissage et salaire des apprentis — commission mixte chargée de réviser les taux des salaires tous les trois mois.
Orléans	id.	8	[1] 12 à 16 jeunes ouvriers : [2] 3 à 12	[2] 8,80	Commission mixte.	Indemnité de vie chère : hommes et jeunes ouvriers : 2,40 ; femmes : 1,50.
Angers	id.	8	—	[13] 1 à 2	Entre syndicats patronal et ouvrier.	Tarif des heures supplémentaires — travaux spéciaux — institution d'une commission arbitrale mixte.
Clermont-Ferrand	id.	8	[2] 18 à 22,80		Entre syndicats patronal et ouvrier.	Commission arbitrale mixte.
Méru	id.	8	2,65	—	Entre patron et syndicat.	Tarif des heures supplémentaires.
Toulon	id.	8	[2] 17 à 18	—	Entre patrons et section de la Fédération du Livre.	Travail de nuit : 17 à 20 fr. — constitution d'une commission mixte pour les variations du coût de la vie.

Groupe d'industries et localité	Profession	Heures de travail	Taux des salaires		Nature et mode de conclusion de l'accord	Conditions particulières
			Hommes	Femmes		
Avignou	id.	—	16,90 à 16,90	—	Entre syndicats patronal et ouvrier (après grève, sentence arbitrale du préfet).	Suppression de l'indemnité de vie chère.
Poitiers	id.	8	apprentis : 1 à 2,45	—	Entre syndicat patronal et section de la Fédération du livre.	—
PIERRES ET TERRES.						
Paris	Marbriers	—	2,20 à 3,45	—	Sentence arbitrale de l'inspecteur du Travail.	—
Paris	Verriers	—	8 à 20	—	Commission mixte.	—
Marseille	Céramistes	—	21	—	Sentence arbitrale de l'inspecteur divisionnaire du Travail.	Prestations en nature.
Saint-Etienne	Cimentiers	48	Manœuvres : 2,25 ouvriers : 2,75	—	Entre délégués patronaux et syndicat ouvrier.	Indemnité de déplacement.
id.	Terrassiers	48	2,25 à 2,75	—	Entre délégués patronaux et ouvriers.	id.
Roubaix	Marbriers	—	2,90	—	Entre syndicats patronal et ouvrier (intervention de l'inspecteur départemental du travail, après grève).	Suppléments pour travaux insalubres.
PRODUITS CHIMIQUES.						
Lille	Fabricants de couleurs	8	1,25 à 2,45	—	Commission mixte présidée par l'inspecteur du travail.	Apprentis : 6 fr. par jour. Ouvriers de moins de 18 ans : 11 fr.
id.	Cie du gaz	—	2,15 à 2,90	—	Entre la compagnie et les délégués ouvriers.	Durée de la convention : 3 mois, tacitement renouvelable — délai - dénonciation : 3 jours.
id.	Electriciens	—	1,50 à 2,30	—	Entre société et délégués ouvriers (sentence arbitrale de l'inspecteur divisionnaire du travail).	Indemnité de vie chère : 0,70 par jour.
			par catégories		...patronaux... l'inspecteur du Travail.	mesures en cas d'arrêt de fabrication.
Roubaix	Huileries	—	10,40 à 10,40	—	Entre société et syndicat ouvrier (après grève).	
Valenciennes	Electriciens	8	1,70 à 2,75	—	Commission mixte présidée par l'inspecteur du travail.	Indemnités pour travaux dangereux. Indemnité d'outillage et de déplacement.
Calais-Boulogne	Gaz	8	16 à 18 0,85 à 2,30	—	Entre compagnie et syndicat du personnel (intervention de l'inspecteur du travail).	Tarif des heures supplémentaires. Indemnité de cherté de vie : pour le personnel de bureau : 100 fr. par mois ; pour le personnel ouvrier : 2 à 2,40 par jour ; indemnités pour charges de famille — prestations en nature — retraites.
Lyon	Electriciens	—	17,20 à 22	—	Entre patrons et syndicat ouvrier (après grève).	
Limoges	Gaz	—	5 à 17	—	Entre patron et délégués ouvriers (intervention du préfet).	Indemnité de chauffage. Indemnité pour charges de famille.
TEXTILES.						
Lyon	Tissage et moulinage	—	12 à 18	—	Entre Union de syndicats ouvriers et patronaux.	Situation des apprentis et des ouvriers âgés.
Oullins	Tissage	—	16 à 17	—	Entre patrons et Union de syndicats.	Minimum de production exigé — durée de l'apprentissage — obligation de recourir à une tentative d'arbitrage devant une commission mixte, en cas de conflit.

TRANSPORTS ET MANUTENTION

Groupe d'industries et localité	Profession	Heures de travail	Taux des salaires		Nature et mode de conclusion de l'accord	Conditions particulières
			Hommes	Femmes		
Paris	Dragage	8	[2]16 à 25 / 2 à 2,25	—	Entre patrons et syndicat.	Heures supplémentaires — indemnité de vêtement.
Paris	Dockers	8	2,50 à 3,20	—	Entre chambre syndicale et syndicat ouvrier.	Salaires à la tâche — heures supplémentaires : majoration de 50 %, — indemnité de déplacement hors Paris.
Arzew (Algérie)	Dockers-charbonniers	8	[3]14 à 16	—	Entre patrons et délégués ouvriers.	Heures supplémentaires — commission d'arbitrage en cas de conflit.
Cognac	Camionneurs	[2]—	375 à 450 par mois	—	Entre délégués patrons et ouvriers (conciliation après grève, devant le juge de paix).	Indemnité de déplacement — tarif du travail du dimanche — délai-congé : 8 jours.
Cette	Dockers-charbonniers	8	[3]15 à 24 fr.	—	Entre syndicats patronal et ouvrier; sentence arbitrale après grève (arbitres désignés d'accord).	Heures supplémentaires — primes de cherté de vie et de rendement — constitution d'une Commission paritaire.
Saint-Étienne	Transports	8	350 à 450 par mois	—	Délégués patronaux et syndicat.	Semaine anglaise — institution de délégués ouvriers.
Cherbourg	Dockers	[2]—	[3]13,50	—	Entre employeurs et syndicat	Tarif du travail de nuit, des heures supplémentaires et du travail du dimanche ou des jours fériés.
Lorient	Charbonniers	[2]—	[3]14,40 à 16,40 / 2,20 à 2,65 minimum / Ouvriers du mouvement : [3]18,70	—	Entre patrons et délégués ouvriers.	heures supplémentaires — repos hebdomadaire — secours aux malades — retraites.
Roubaix	Transports	8	[9]124,30	—	Entre groupement patronal et chambre syndicale ouvrière.	Délai-congé : 8 jours — amplitude de la durée du travail : 1 h. par jour.
Calais	Ouvriers des ports	[2]—	[12]23,36 à 25,36	…	Accord établi par la commission paritaire du port de Calais.	—
Lyon	Transports (déménageurs) Messagistes	10 au maximum	[16]20 à 22 / 475 par mois	—	Après grève, entre délégués patronaux et ouvriers (Intervention de l'inspecteur divisionnaire).	Indemnité de déplacement : 6 fr. — heures supplémentaires : majoration 50 % — repos hebdomadaire — travail du dimanche : majoration 100 %.
Le Havre	Port	8	[3]22,50	—	Entre unions patronale et ouvrière.	Heures supplémentaires — travaux des dimanches et jours fériés — institution d'une commission arbitrale.
Les Sables-d'Olonne	Dockers	[2]—	1,85	—	Entre patrons et délégués ouvriers (après grève).	Heures supplémentaires: 2,50.

VÊTEMENTS ÉTOFFES

Groupe d'industries et localité	Profession	Heures de travail	Taux des salaires		Nature et mode de conclusion de l'accord	Conditions particulières
			Hommes	Femmes		
Paris	Confection	[2]—	[1][22]94,45 à 127,20	…	Entre chambres syndicales patronale et syndicat général ouvrier.	Majoration du salaire pour le travail aux pièces à l'atelier et à domicile — institution d'une commission mixte.
id.	Chemiserie-lingerie.	[2]—	[2]5 à 18,50	[2]3 à 10	Entre chambre syndicale et syndicat général ouvrier.	—

Groupe d'industries et localité	Profession	Heures de travail	Taux des salaires		Nature et mode de conclusion de l'accord	Conditions particulières
			Hommes	Femmes		
Paris	Couture	8	—	350 à 650 par mois	Entre chambre syndicale et Fédération des Unions de syndicats professionnels féminins.	Indemnité de maladie — congé annuel de 8 à 15 jours suivant l'ancienneté — délai-congé de 1 à 6 mois suivant l'ancienneté.
id.	Corsets travail à la main ; travail à la machine ;	² —	—	³ 1,50 à 7,50 ³ 2,50 à 10	—	—
id.	Coupeurs	² —	³ 3,75 à 15		Entre chambre syndicale et syndicat général ouvrier.	—
id.	Fleurs	² —		1,10 à 1,25	id.	—
id.	Confections pour dames	² 48	² 25,80 à 76,08	—	id.	—
id.	Modes en gros	² —		² 18,75 à 82,50	id.	Salaires aux pièces.
id.	Mode Ouvrières nourries Ouvrières non nourries	² —		² 56,25 à 256,25 118,25 à 337.50	id. id	—
Bordeaux	Coiffeurs	² 60 de présence	³ 9 à 18		Entre association syndicale patronale et chambre syndicale ouvrière (après grève).	Suppression de la nourriture, du couchage et du pourboire.
Douarnenez	Tailleurs	8	1,25	—	Entre délégués patronaux et ouvriers (conciliation devant le juge de paix).	Salaires des apprentis — Tarif des heures supplémentaires
Rennes	Habillement (pompiers)		0,60 à 1,90	—	Entre syndicats patronal et ouvrier.	Salaires aux pièces — suppléments pour les grandes pièces.
Loire-Inférieure	Coiffeurs	—	18 fr. plus 10 % sur le travail exécuté	—	Entre patrons et syndicat ouvrier.	Suppression des pourboires — délai-congé : 15 jours.
Roubaix	Vêtements (coupeurs et coupeuses) apprentis	² 48	400 à 550 par mois 50 à 200 par mois	— --	Entre patrons et chambre syndicale.	Dérogations aux 48 heures — tarif des heures supplémentaires — tarif aux pièces.
id.	Habillement Apprentis	² 48	0,50 à 1,15		Entre chambres syndicales patronale et ouvrière.	Délai-congé : 8 jours — semaine anglaise — durée de l'apprentissage — préavis de 48 heures avant toute grève.
Lyon	Blanchisseurs au-dessous de 16 ans	8	² 11 à 18 9	² 11 à 13		Heures supplémentaires : majoration de 50 %
Chalon-sur-Saône	Habillement	48	—	—	Entre patrons et syndicat.	Heures supplémentaires — délai-congé : 7 jours — 15 jours de maladie par an payés à plein tarif sur certificat médical.
Rouen	Chemiserie	—	...	² 33,50 à 60	Entre syndicats patronal et ouvrier (après grève).	Indemnité de vie chère — institution d'une commission mixte
Rouen	Couture pour dames	8	--	0,75 à 1,50	Entre syndicats patronal et ouvrier. (Intervention de l'inspecteur du travail).	Délai-congé : 8 jours.
id.	Blanchisserie de linge	—	0,80 et 1,10	0,80 et 1,10	Entre chambre syndicale patronale et syndicat ouvrier.	Modalités d'application de la loi de 8 heures.
id.	Teinturerie-dégraissage	² 48	1,60 à 2,25	1 à 1,20	Entre chambre syndicale patronale et syndicat ouvrier. (intervention de l'inspecteur du travail).	Dérogations aux 48 heures — délai - dénonciation : 1 mois commission arbitrale en cas de conflit.
Boissezon et Val Durenque	Draperies	--	10	6,50	Entre patrons et délégués ouvriers, (arbitrage suivant loi de 1892).	Indemnité de vie chère.

Les lois sur le minimum de salaire aux Etats-Unis[1].

L A première loi américaine établissant un minimum
de salaire entra en vigueur dans l'Etat de Massachusetts
en 1912. Huit autres Etats suivirent. dans le courant
de 1913. Mais certaines personnes attaquèrent ces lois en pré-
tendant qu'elles n'étaient pas conformes aux principes de la
constitution ; il en résulta des procès qui demeurèrent longtemps
pendants et arrêtèrent ainsi le développement de la législation
nouvelle. Deux lois cependant furent encore promulguées en
1915, une en 1916, une en 1918 et trois en 1919. D'autre part,
le Nebraska abrogea en cette même année une loi de 1913
qui n'avait jamais été appliquée. On compte aujourd'hui
treize Etats [2], auxquels s'ajoutent le district de Colombie
et l'île de Porto-Rico, possédant une législation instituant
un minimum de salaire.

Dans le Colorado, de même que dans le Nebraska, la réglementation introduite est jusqu'ici restée lettre morte. Toutefois, au moment de la visite du délégué du Bureau des statistiques du Travail (novembre 1919), on envisageait l'institution
d'une enquête sur les salaires. Partout ailleurs les lois promulguées ont été appliquées, sauf à Porto-Rico, où la loi rencontre une opposition générale. Les citoyens de l'Ohio modi-
fièrent en 1912 leur constitution de manière à permettre
l'établissement d'un minimum légal de salaire, mais l'assemblée
législative de l'Ohio n'a rien fait dans cette voie.

LES DIVERS TYPES DE LOIS
ET LEURS DISPOSITIONS PRINCIPALES

Les lois introduites peuvent se ramener à deux types,
suivant que le minimum de salaire est fixé par le législateur [3]
ou au contraire laissé à la décision d'une commission, qui
peut elle-même soit fixer directement un taux de salaire, soit
se conformer aux propositions d'un organe consultatif appelé
« comité de salaires » (Wage Board or Conference). Cette dernière méthode est de beaucoup la plus répandue. En fait, elle

---

[1] D'après Lindley D. CLARK : « Minimum Wage Laws of the United
States » : *Monthly Labor Review*, Washington, mai 1921.

[2] Arizona, Arkansas, Californie, Colorado, Kansas, Massachusetts, Minnesota, North Dakota, Oregon. Texas, Utah, Washington et Wisconsin.

[3] Arizona, Porto-Rico et Utah.

est adoptée partout, sauf dans les trois Etats désignés dans la note précédente. La loi de l'Arkansas fixe un minimum général, mais une commission est autorisée à le modifier pour répondre aux nécessités de certaines localités ou de certaines industries.

La loi du Massachusetts est la seule qui ne comporte aucune sanction juridique. Le soin d'imposer le respect de la loi est laissé à l'opinion publique et la commission est autorisée à publier les noms des patrons qui paient des salaires inférieurs au minimum fixé. Toutefois, on n'en est jamais venu là, l'observation de la loi ayant toujours pu être assurée par d'autres moyens. Partout ailleurs le patron est tenu de payer le salaire établi ; s'il ne le fait pas, il peut être contraint de rembourser la différence entre le salaire inférieur payé par lui et le minimum de salaire; il peut, en outre, encourir des sanctions pénales. Presque toutes les lois protègent contre l'hostilité de leurs patrons les travailleurs qui viennent témoigner devant la commission, qui font partie de comités de salaires ou qui collaborent d'une façon ou d'une autre à l'application de la loi.

En ce qui concerne les travailleurs adultes, les lois ne s'appliquent jamais qu'aux femmes, mais la plupart s'étendent également aux mineurs; le terme « mineur » n'est pas pris partout dans la même acception. Dans huit Etats [1] un « mineur » est un individu ayant moins de dix-huit ans; dans un Etat [5] le sens n'est pas précisé, et dans un autre [6], la loi s'applique aux hommes de moins de 21 ans et aux femmes de moins de 18 ans, les femmes de plus de 18 ans étant considérées comme adultes. Enfin la loi du Texas s'applique aux mineurs de moins de 15 ans.

On peut dire que les lois s'étendent à tous les métiers qui peuvent être exercés par les personnes auxquelles elles sont applicables. Toutefois, la loi de Colombie exclut les domestiques; la loi du North Dakota exclut les domestiques et les travailleurs agricoles et la loi du Texas exclut les domestiques, les travailleurs agricoles et les gardes-malades. Enfin la loi de l'Arkansas ne s'applique pas aux manufactures de coton et à la récolte des fruits et des produits agricoles.

Presque partout la loi donne pour base au minimum de salaire la somme nécessaire à une vie convenable, ou encore « au degré de confort que doit raisonnablement comporter la vie ». Dans quelques Etats il n'est pas indiqué que le salaire d'un mineur doit lui permettre de se suffire, mais seulement que ce salaire doit être « convenable », ou encore « ne pas être dérisoire ». Le minimum normal peut être abaissé pour les débutants, ainsi que pour les femmes d'une capacité physique ou mentale inférieure à la moyenne. Dans ces cas,

---

[1] Californie, Colorado, district de Colombie, Kansas, Massachusetts, North Dakota, Oregon et Washington.
[5] Wisconsin.
[6] Minnesota.

la commission accorde des autorisations individuelles. Plusieurs lois limitent le nombre de ces autorisations à une certaine fraction du nombre des personnes employées; pour d'autres cas la commission doit fixer elle-même le rapport.

Selon la loi du Massachusetts le patron est admis à fournir la preuve qu'il ne ferait plus aucun profit s'il se conformait à la loi; il peut alors obtenir que son nom ne figure pas sur la liste des patrons délinquants.

Excepté dans l'Arizona, où ce soin est laissé aux tribunaux, l'application de la loi est confiée soit à une commission spéciale, soit à une commission exerçant déjà d'autres attributions. Les membres de cette commission ne reçoivent parfois aucune indemnité [7] ; dans d'autres cas ils ont droit au remboursement de leurs frais [8]; ailleurs enfin ils reçoivent en outre une allocation journalière [9]. Dans certains Etats l'application de la loi incombe à des fonctionnaires déjà chargés d'assurer l'observation d'autres lois du travail.

Là où le minimum de salaire est inscrit dans la loi elle-même, il ne saurait naturellement être question d'un organe consultatif concourant à sa fixation. Partout ailleurs, sauf dans l'Arkansas et le Texas, de tels organes sont prévus. Leur désignation est toutefois facultative dans six Etats [10]. Dans les autres [11] la commission ne peut fixer un minimum de salaire qu'après avoir reçu les recommandations d'un comité consultatif. En pratique, dans tous les cas où cette législation a fonctionné, en exceptant toujours l'Arkansas et le Texas, des comités consultatifs ont été institués. Parfois on a eu recours au même comité pour plusieurs industries; mais, en règle générale, on a désigné un comité par industrie ou par métier. Dans plusieurs des Etats où elle doit prendre l'avis d'un comité consultatif pour fixer le salaire des femmes la commission a le droit de fixer de son propre mouvement un minimum de salaire pour les mineurs.

Procédure

Commissions administratives.

Ainsi qu'on l'a vu, l'application de la plupart des lois se fait par l'entremise de deux organismes officiels dont l'un est permanent et l'autre, désigné pour chaque cas particulier. Parfois l'organisme permanent est l'administration chargée de l'application d'autres lois du travail. C'est le cas pour quatre

---

[7] Arkansas, Colombie.
[9] Kansas, Minnesota, Oregon et Washington.
[9] Californie.
[10] Californie, Colorado, Colombie, Minnesota, North Dakota et Oregon.
[11] Kansas, Massachusetts, Washington et Wisconsin.

Etats [12] ; dans le North Dakota l'application de la loi est confiée à l'office des accidents du travail. L'organisation initiale a parfois été modifiée en raison de développements ultérieurs. Ainsi, l'application de la loi du Massachusetts resta confiée à une commission spéciale jusqu'en 1919 et fut alors remise au ministère nouvellement créé du Travail et de l'Industrie. De même, dans l'Utah, l'application de la loi incombait à l'origine à l'office du Travail, ce qui est encore le cas à Porto-Rico.

Dans trois Etats seulement [13] les commissions de minimum de salaire se consacrent exclusivement à cet objet. Dans l'Arkansas elles s'occupent aussi des heures de travail, et dans cinq autres Etats [14] leurs attributions s'étendent à tout ce qui concerne le travail des femmes et des mineurs. Ces commissions sont, le plus souvent, de trois membres; toutefois, celles des Etats de Californie et de Washington sont de cinq membres. Les patrons, les travailleurs et le public y sont représentés, ce qui est aussi le cas pour les commissions des autres Etats qui ont des attributions plus générales, quel que soit le mode de désignation de leurs membres. Placé entre les patrons et les ouvriers, le représentant de l'intérêt public joue, en théorie, le rôle d'un arbitre, mais les commissions paraissent jusqu'ici avoir été unanimes, surtout dans les cas, de beaucoup les plus fréquents, où leur action se base sur les recommandations de comités consultatifs.

Les commissions sont avant tout chargées de discerner les métiers pour lesquels il convient de fixer un minimum de salaire. Elles ont quelquefois fait état, dans cette partie de leur tâche, d'enquêtes exécutées en dehors d'elles. Mais le plus souvent la commission fait elle-même son enquête sur les salaires, en demandant des rapports aux patrons ou en envoyant des enquêteurs sur les lieux. Si les faits ainsi recueillis lui paraissent justifier l'établissement d'un minimum de salaire, la suite de la procédure présente quelques variantes. Dans deux Etats [15] la commission peut, sans plus attendre, fixer un taux minimum. Partout ailleurs la loi prévoit le recours, facultatif ou obligatoire, à des comités consultatifs chargés d'examiner les faits et de soumettre des recommandations. Bien entendu, on n'a pas recours à cette procédure là où le taux minimum est inscrit dans la loi [16].

Comités consultatifs.

De même que les commissions permanentes, les comités consultatifs représentent les patrons, les travailleurs et le public, sauf en Californie où le public n'est pas représenté

---

[12] Colorado, Massachusetts, Utah, Wisconsin.
[13] Colombie, Minnesota, Nebraska.
[14] Californie, Kansas, Oregon, Texas, Washington.
[15] Arkansas, Texas.
[16] Arizona, Utah, Porto-Rico.

dans les comités. Le nombre des membres de ces comités est assez variable. Partout les patrons et les ouvriers doivent être en nombre égal. La représentation de l'Etat est parfois égale à chacune des deux autres et parfois plus faible. Tantôt la loi limite à trois le nombre des membres de chaque groupe; tantôt elle pose trois comme minimum; ailleurs encore elle ne fixe aucun nombre. Dans le Minnesota, par exemple, les patrons doivent avoir de trois à dix représentants et les ouvriers le même nombre; l'Etat doit en avoir au moins un et les femmes doivent former au moins le cinquième du comité. La loi du Colorado exige que tous les représentants ouvriers soient des femmes. Dans la plupart des Etats le comité consultatif doit comprendre un ou plusieurs membres de la commission du salaire minimum; souvent même la loi attribue à un membre de la commission la présidence du comité.

La loi ne précisant pas le mode de désignation des membres des trois groupes du comité consultatif, ce mode est en pratique déterminé par la commission. En général, les organisations patronales et ouvrières sont invitées à proposer des candidats entre lesquels la commission choisit. Il est arrivé que les patrons essayèrent de dicter le choix de la commission en ne proposant qu'un nombre de candidats égal au nombre des membres patronaux à élire. La commission a répondu à cette manœuvre en ne nommant qu'une partie des personnes proposées et en se disposant à attribuer autrement les places restantes. Là où il n'existait pas d'organisations ouvrières, on distribua des bulletins de vote au personnel de l'établissement, ou bien les candidats ouvriers furent désignés dans des réunions qui eurent lieu dans les usines ou dans d'autres salles. Dans quelques Etats le mode de scrutin a été précisé et les commissions ont déterminé des conditions d'éligibilité, exigeant par exemple que le candidat ait travaillé dans la profession pendant un certain temps et qu'il appartienne à la catégorie ouvrière intéressée.

Ailleurs, au contraire, on a pensé qu'il convenait d'autoriser les ouvriers à se faire représenter par des personnes qui n'auraient pas d'intérêt direct en l'espèce et sur qui les patrons n'auraient aucun moyen d'action. C'est, au fond, le système de l'avocat. Il écarte le danger d'un conflit personnel entre le délégué ouvrier et son patron; de plus, il permet à la délégation ouvrière de présenter un degré de compétence plus élevé que si elle devait se composer exclusivement de travailleuses à bas salaires appartenant à la catégorie intéressée. Certaines commissions évitent d'appeler un patron et l'une des personnes qu'il emploie à faire partie ensemble d'un comité consultatif. Dans l'un des Etats où fonctionne ce système de représentation des travailleurs en cause par des personnes étrangères, une femme appartenant au groupe ouvrier d'un comité consultatif se plaignit de ne pas connaître par expérience le travail et l'esprit des ouvrières dont elle représentait les intérêts. Elle reconnut d'autre part qu'une femme inca-

pable de s'être élevée au-dessus d'un salaire de famine ne
pouvait pas davantage posséder l'expérience des choses et
la force de caractère nécessaires pour discuter intelligemment
avec les patrons et résister à toutes les pressions.

Les représentants du public sont nommés directement
par les commissions. En examinant la liste de leurs noms et
professions on découvre qu'un grand nombre de personnes
appartenant à des classes fort diverses de la société, citoyens
remplissant des fonctions publiques, personnes s'occupant
d'œuvres sociales, maîtres d'écoles, membres d'associations
féminines, ont donné une grande part de leur temps à l'œuvre
qui leur était confiée, en y apportant un esprit de dévouement
au bien public.

Les représentants de l'Etat ont de grandes chances d'être
appelés à jouer le rôle de conciliateurs et d'arbitres entre les
deux autres parties; on a pu se demander si leur présence
était véritablement désirable. En Californie, où aucun représentant de l'Etat ne siège dans le comité consultatif, la commission estime que l'on s'en passe fort bien et fait remarquer
que l'intérêt public est suffisamment représenté par la commission elle-même, dont un membre préside le comité consultatif. Elle fait encore valoir que la présence d'une tierce personne tend à faire dévier le comité consultatif de sa tâche
d'établir des faits et des conclusions objectives, pour en faire
un tribunal d'arbitrage devant lequel patrons et ouvriers sont
tentés d'apporter des assertions exagérées. Mais, par contre.
dans le nombre beaucoup plus grand d'Etats où l'intérêt
public a des représentants directs dans les comités consultatifs,
le sentiment général est que leur présence est essentielle au
bon fonctionnement de ces organismes.

Bases d'évaluation.

La tâche principale des comités consultatifs est d'établir
le coût de la vie. En effet, le principe inscrit en tête de la loi
revient toujours à dire que la rémunération du travail doit être
suffisante pour l'entretien du travailleur. Bien qu'on ait pu
soutenir que c'est là une pure question de fait, qui n'exige
pas l'intervention d'une commission arbitrale, les deux parties
se sont trouvées fort loin de s'entendre sur les dépenses composant le budget ouvrier. Il est arrivé que les patrons, après
avoir établi par une enquête les dépenses effectives de leurs
ouvrières, ont déclaré que ces dépenses représentaient les
sommes nécessaires pour l'entretien convenable des travailleurs. Aspirant, au contraire, à sortir de leurs conditions inférieures, les ouvrières apportaient un budget de leur propre
composition, ou établi par des personnes partiales ; le budget
de source ouvrière, fondé sur des besoins prétendus, excédait
naturellement le budget de source patronale, basé sur les
dépenses effectives. Il est évident que, du moment que l'ouvrière
ne peut dépenser plus qu'elle ne gagne, elle doit, si son salaire

est insuffisant, se priver de beaucoup de choses dont elle a
besoin; d'autre part, en évaluant les dépenses désirables et
non les dépenses effectives, l'on risque fort d'aller au delà
des véritables besoins.

Une enquête sur le coût de la vie qui fut faite en 1919 par
le Bureau des statistiques du travail des Etats-Unis [17] évite
jusqu'à un certain point cette difficulté fondamentale. A
un budget de dépenses familiales établi par la méthode ordinaire fut ajoutée une évaluation de la quantité de chaque
article jugée indispensable, en sorte qu'il ne reste qu'à calculer le coût total du budget d'après les prix du marché local.
De la sorte, on peut donner satisfaction à ceux qui soutien-
nent qu'il s'agit là d'une question de fait uniquement, puisque
l'on peut déterminer avec suffisamment de précision les besoins
d'une ouvrière en nourriture, vêtements, etc. Munie de ces
données, la commission du minimum de salaire n'aurait plus
besoin que de connaître les prix locaux pour être en état d'établir un taux à peu près exact ; et la même méthode peut également servir à adapter le taux fixé aux variations ultérieures
des prix. Les comités consultatifs institués pour différents
métiers ont parfois abouti à des conclusions différentes qu'il
semble difficile de justifier dans des conditions similaires.
Dans le Massachusetts des minimums de salaire furent établis
en 1918 pour trois industries : les sous-vêtements de mous-
seline, les articles de mode au détail et les articles de
mode en gros ; les taux fixés furent respectivement de 9 dollars, 10 dollars et 11 dollars par semaine. L'année suivante,
quatre taux furent encore établis, allant de 11 à 15 dollars ;
enfin, l'un des taux fixés en 1920 fut de 13,75 dollars,
tandis qu'un autre fut de 15,50 dollars. Tous ces taux
étaient applicables à l'ensemble du territoire de l'Etat, sans
distinction entre districts urbains et districts ruraux. On peut
donc se demander sur quelle base ces chiffres étaient établis.
On ne saurait croire, en effet, qu'une ouvrière de la bonneterie ait des besoins moindres qu'une ouvrière fabriquant
des boîtes en carton, et pourtant la première gagne par
semaine 1,75 dollar de moins que la seconde.

Variations professionnelles et locales.

Les écarts dont nous venons de parler ont attiré de nombreuses demandes d'explication ; l'opinion générale était
que la nature du milieu pouvait justifier certaines différences.
Dans la blanchisserie, la transpiration excessive détruit rapidement les sous-vêtements ; dans les restaurants, les ser-
veuses ont des frais de linge considérables. Mais dans l'ensemble, les besoins sont partout à peu près les mêmes. C'est
pourquoi le minimum de salaire pour les ouvrières expérimentées est le même en Californie pour toutes les professions.

---

[17] *Monthly Labor Review*, Washington, décembre 1919, pp. 22-29.

Seuls les taux de début et de stage peuvent présenter des différences d'un métier à l'autre. Tous les taux établis sont mis chaque année en rapport avec le coût de la vie; et les règlements établissant les nouveaux taux sont préparés, non plus par les comités de salaire des divers métiers, mais par des enquêtes publiques dans lesquelles toutes les parties en cause peuvent librement se faire entendre.

On a parfois tenu compte de la variation du coût de la vie selon l'importance des localités. Les premiers règlements de l'Oregon ne s'appliquaient qu'à la ville de Portland; les taux concernant le reste du territoire ne furent fixés que plus tard, et à un niveau plus bas. Mais on a finalement renoncé à cette procédure pour établir un taux uniforme applicable à tous les métiers et à toutes les localités. Dans le Minnesota on admet en principe qu'un salaire de 10,25 dollars dans les localités de moins de 5,000 habitants équivaut à un salaire de 12 dollars dans les villes plus importantes. Dans l'Arkansas, la loi a été interprétée comme permettant la fixation d'un minimum local et les autorités judiciaires estiment que le salaire doit être celui qui convient au métier et à la localité. Toutefois, il reste possible d'émettre un règlement applicable à l'ensemble du territoire s'il est établi que les conditions sont partout les mêmes.

Dans le Texas on soutint que l'« Industrial Welfare Commission » aurait dû attendre pour prendre des décisions d'avoir reçu le pouvoir de tenir compte des différences locales dans le coût de la vie. Mais l'enquête de la commission l'a amenée à conclure que ces différences étaient trop faibles pour être prises en considération dans la fixation des salaires, et un règlement général fut en conséquence promulgué. On s'est donc assez peu arrêté aux différences locales, bien qu'on ait établi une distinction entre les postes téléphoniques où le travail est continu et ceux où il comporte de grands intervalles de loisirs. Cette distinction est reconnue par les règlements du Kansas et du Wisconsin ; d'autre part, la commission de l'Etat de Washington conserve le pouvoir de fixer, pour les téléphonistes, des taux spéciaux en rapport avec la nature de leur service.

Dérogations.

En dehors des ouvrières expérimentées de capacité normale les commissions doivent encore s'occuper des débutants et des travailleuses de capacité inférieure à la moyenne. Elles sont parfois chargées de tout ce qui concerne le travail des mineurs ; mais les comités consultatifs ont le plus souvent étudié d'une manière générale la condition des travailleurs débutants, quel que soit leur âge. Il convient de signaler l'importance de la répercussion que peut avoir sur le travail des enfants la fixation d'un taux de salaire plus bas que pour les adultes. Si le salaire des enfants est trop bas, les patrons sont tentés de réduire leurs frais par l'emploi de mineurs. Par contre, on a prétendu qu'un salaire trop élevé amenait les enfants à quitter trop tôt l'école.

Le problème de l'emploi de travailleurs d'une capacité inférieure à la moyenne se pose surtout à propos des personnes âgées, bien qu'il puisse être également nécessaire de permettre l'emploi à un salaire réduit de personnes jeunes encore mais ayant perdu une partie de leur capacité physique ou mentale. Tous les Etats exercent sur les dérogations de ce genre un contrôle effectif; ainsi les lois de Californie et du Wisconsin autorisent expressément les commissions à en fixer le nombre, et les lois de trois autres Etats limitent elles-mêmes ce nombre à 10 % du personnel de chaque établissement.

Promulgation des taux.

Que des comités consultatifs aient ou non concouru à l'établissement du taux minimum, c'est à la commission permanente qu'il appartient de le promulguer. Si la commission décide d'accepter les recommandations qui lui sont soumises par le comité consultatif, elle les incorpore dans des conclusions provisoires qui sont généralement notifiées pour faire ensuite l'objet d'une ou de plusieurs audiences publiques.

Ces audiences ont rarement amené une modification des conclusions provisoires, mais la chose n'est cependant pas sans exemple. Après avoir ainsi permis à tous les avis de se faire entendre, la commission peut procéder à une décision définitive. Elle promulgue alors un règlement qui détermine les taux et la durée maximum du travail à taux réduit. Il est en général spécifié que le règlement doit être affiché de manière à être lu des ouvrières. Il rappelle fréquemment les sanctions pénales prévues par la loi, et certaines commissions ont soin de préciser que les taux établis ne sont que des minima.

La date de l'entrée en vigueur du règlement est en général fixée au soixantième jour à partir de la promulgation. Mais cette date est parfois laissée à l'appréciation de la commission, qui peut à cet égard prendre l'avis du comité consultatif. Le texte du règlement est envoyé par la poste aux patrons intéressés et la presse s'est toujours montrée prête à en faire connaître les dispositions essentielles.

Du reste, cette réglementation tombe sous le coup du principe général que « nul n'est censé ignorer la loi ».

Application.

Sauf l'Arizona, où l'exécution de la loi incombe exclusivement aux tribunaux, tous les Etats ont réparti entre un certain nombre d'organes administratifs le soin de veiller à l'application de ces dispositions. Dans le Massachusetts, comme on l'a indiqué, la non-observation de la loi n'entraîne aucune sanction; mais partout ailleurs, non seulement l'ouvrier peut réclamer devant les tribunaux la différence entre le taux légal et le taux payé, mais encore toute infraction entraîne des sanctions pénales. Toutefois les poursuites judiciaires ont été l'exception jusqu'ici car les commissions se sont attachées à favoriser la volonté de collaboration et à obtenir l'exécution de la loi par la persuasion plutôt que par la contrainte. Des sommes fort considérables ont été recouvrées à titre de différences dues, mais la simple présentation des faits par la commission a suffi en général pour amener le patron à s'exécuter, sans qu'il ait été nécessaire de s'adresser aux tribunaux. Les quelques patrons qui ont abusé de sa patience se sont vus condamner non seulement au remboursement des sommes qui leur étaient réclamées, mais encore à des peines. Une décision de la Cour suprême de Washington a établi le principe que la différence entre le salaire versé et le minimum fixé par le règlement ne peut faire l'objet d'un compromis entre les parties mais est due intégralement. Le taux réglementaire ayant été officiellement établi comme le minimum nécessaire à la subsistance de l'ouvrière, le tribunal a estimé qu'elle n'est pas libre d'accepter un salaire inférieur, étant donné qu'il s'agit d'une question touchant l'intérêt général.

Les violations de la loi sont principalement découvertes par l'inspection des bordereaux de salaires; la commission peut les faire examiner par ses agents ou s'en faire remettre une copie pour telle période qu'elle désigne. Les plaintes des ouvrières elles-mêmes, que certains fonctionnaires regardent comme la source la plus importante pour la découverte des violations, sont assez nombreuses dans certains Etats, alors que dans d'autres elles ne proviennent guère que d'ouvrières quittant leur emploi. On prend naturellement grand soin que le nom des plaignants ne soit pas divulgué au patron. On s'arrange pour découvrir l'irrégularité signalée au cours d'une inspection, et la commission exige alors le redressement du préjudice porté à l'ouvrière.

Règlements et taux.

Les dispositions comme l'étendue des règlements diffèrent considérablement d'un Etat à l'autre. Dans l'Arkansas, où la commission conserve la faculté de modifier pour telle ou telle catégorie le taux minimum inscrit dans la loi, elle n'en a fait usage que pour un seul métier dans une seule ville. Au contraire, la nouvelle commission du Texas a promulgué un taux, uniforme dans tout l'Etat, pour les services téléphoniques et télégraphiques, la blanchisserie, le commerce et le travail en usine; la commission du Wisconsin, l'une des plus anciennes, a institué un taux unique pour toutes les professions et toutes les localités. Dans l'Etat de Washington, la situation est transitoire. Différents taux professionnels avaient été établis avant la guerre avec le concours de divers comités consultatifs; mais, pendant la guerre, sous l'influence de l'élévation du coût de la vie et en vertu de pouvoirs de circonstances, la commission convoqua un comité consultatif unique et fixa un taux uniforme pour toutes les catégories, sauf les téléphonistes. Promulgué pour la durée de la guerre, ce taux est théoriquement toujours en vigueur, mais la commission a déjà préparé le retour à la procédure d'avant-guerre. Elle a procédé à la désignation de divers comités consultatifs, limités chacun, comme autrefois, à une seule profession, et ces comités ont déjà commencé leurs travaux. Toutefois, ils n'ont encore abouti à un résultat que pour une seule profession: le service domestique dans les hôtels, restaurants et autres lieux publics.

Dans le Minnesota, un taux unique s'applique à toutes les professions pour les travailleurs de capacité normale; partout ailleurs les taux sont fixés par profession avec plus ou moins de précision. La Californie a dix règlements distincts, mais tous établissent un même taux pour les travailleurs expérimentés. A l'exception d'un seul, ces règlements admettent des salaires de début réduits, qui présentent trois taux différents pour les individus mineurs, mais se réduisent à un taux unique pour les apprentis adultes. La Colombie possède quatre règlements, qui fixent autant de salaires de début différents; mais là encore les taux du travail normal se réduisent à deux. Les quatre règlements du Kansas présentent deux taux normaux à côté de deux taux de début; mais les deux taux de début qui sont identiques correspondent à des taux normaux différents, et vice-versa. Rien ne montre mieux l'absence de toute uniformité, comme de toute base scientifique, dans les conclusions qui sont dictées aux divers comités consultatifs par des attitudes variables et par des facteurs personnels. Le Massachusetts, qui a inauguré la nouvelle réglementation, présente à la fois les plus grands écarts de taux et la classification la plus détaillée des professions. Parmi les treize taux qui sont en vigueur dans cet Etat il en existe de moins de 8 dollars par semaine, remontant à 1914, à côté d'autres supérieurs à 15 dollars, fixés en 1920. Le North Dakota, qui n'applique le minimum de salaire que depuis 1920, possède huit règlements et cinq taux différents. L'Oregon se rapproche de la Californie en ce que ses sept règlements fixent le même taux pour les ouvrières expérimentées; l'uniformité s'étend même aux salaires de début. Par contre, un règlement spécial pour les travaux de bureau établit un taux un peu plus élevé pour les travailleurs expérimentés, bien que le taux de début soit le même que dans les autres professions.

Ainsi, les Etats qui ont été les premiers à adopter le principe du minimum légal de salaire, sauf toutefois le Massachusetts, montrent une tendance vers l'établissement du taux uniforme pour les travailleurs expérimentés. C'est ce qui ressort de l'examen des dispositions adoptées par la Californie, l'Oregon et le Wisconsin. Dans l'Etat de Washington, où le taux unique de guerre n'a jusqu'à présent été modifié que pour une seule profession, il est encore trop tôt pour

États	Limites d'application — Professions	Limites d'application — Personnes	Base de fixation du salaire minimum	Dispositions spéciales concernant les débuts	Dispositions spéciales concernant les travailleurs de capacité inférieure à la moyenne	Organes administratifs — Permanents	Organes administratifs — Consultatifs	Professions	Taux — Travailleurs expérimentés	Taux — Travailleurs inexpérimentés	Taux — Jeunes débutants	Année
									Dollars	Dollars	Dollars	
Arizona Ch. 38, 1917	Dépôts, bureaux, commerces, restaurants, hôtels, maisons meublées, blanchisseries, manufactures	De sexe féminin	[illegible] inscrit dans la loi	Néant	Néant	Néant. Loi appliquée par les tribunaux	Néant	Tout métier visé par la loi	16.— p. s.	—	—	1917
Arkansas Nº 191, 1915; amendé par Nº 274, 1919 [pour les manufactures de coton et la récolte des fruits et produits agricoles]	Tout métier employant des femmes, excepté le travail dans les manufactures de coton et la récolte des fruits et produits agricoles	id.	[illegible] inscrit [illegible]	Très réduit pour les [illegible] inexpérimentés	Néant	Commission. Au relèvement de salaire et des heures de travail; 3 membres non rétribués	id.	Sans limitation [illegible] Établissements commerciaux de Fort Smith	1.25 p. j.	1,— p. j.	1,— p. j.	1915
Californie Ch. 324, 1913; amendé par Ch. 571, 1915	Tout métier employant des femmes ou des mineurs	Femmes et mineurs au-dessous de 18 ans	Entretien de [illegible] santé et d'une vie convenable	Travail limité pour la période inexpérimentée [illegible]	Autorisations individuelles, en nombre limité; salaire journalier plus bas fixés par la commission	Industrial Welfare Commission; 5 membres touchant leurs frais	Wage Boards, patrons et ouvriers; frais seulement; salaire journalier plus bas fixé	(3) Mise en boîtes de légumes et fruits	16.— p. s.	12.— p. s.	10.50 p. s.	1916
								(4) Emballage de légumes et fruits; (13) divers	16.— p. s.	12.— p. s.	13.— p. s.	1920
								(5) Commerce; (6) bureaux; [...] manufactures	16.—	12.—	13.—	1920
								(7) Couture et poissons; (8) blanchisserie	16.—	12.—	13.—	1920
								(12) Hôtels et restaurants	16.—	12.—	13.—	1920
								(14) Agriculture	16.—	12.—	—	1920
Colorado Ch. 56, 1917 (loi antérieure 1913)	Tous métiers	id.	Pour les femmes, entretien de la vie et de la santé; pour les mineurs, salaire convenable	Taux réduit	Autorisations individuelles	Commission industrielle [illegible] d'appliquer toutes les lois du travail; traitement annuel	Wage Boards, patrons, ouvriers, État, té commission; bénévolité; salaire journalier plus bas fixé	Aucun règlement édicté				
District de Columbie Ch. 174, 1918 [(6, 483)]	Tous métiers, excepté le service domestique	id.	Pour les femmes, entretien de la vie, de la santé et protection de la moralité; pour les mineurs, salaire convenable	Taux réduit des débuts fixés	Autorisations individuelles	Commission du minimum de salaire; 3 membres non rétribués	Conférences, patrons, ouvriers, État; bénévolité; salaire journalier plus bas fixé	(2) Imprimerie, édition et industries connexes	15.—	8.—	8.—	1919
								(3) Commerce	16.50	10.50	10.—	1919
								(4) Hôtels, restaurants et professions connexes	16.50	10.50	10.43	1919
								(5) Blanchisserie	15.—	9.—	9.—	1919
Kansas Ch. 275, 1915	Tous métiers	id.	Subsistance et entretien	id.	id.	Industrial Welfare Commission; 3 membres, frais seulement	Wage Boards, patrons, ouvriers, État, salaire journalier plus bas fixé	(6) Commerce	8.50	6.—	5.—	1918
								(7) Blanchisserie	8.50	6.50	6.50	1918
								(8) Téléphone	9.—	6.50	6.50	1918
								(13) Manufacture	11.—	7.—	—	1919
Massachusetts Ch. 706, 1912; amendé par ch. 288, 1914; 65, 1915; 304, 1916	id.	id.	Pour les femmes, entretien de la vie et de la santé; pour les mineurs, salaire convenable	Le nombre recommandé des travailleurs inexpérimentés	id.	Division du minimum de salaire du département du travail et de l'industrie; traitement annuel	id.	Fabrication de brosses	9.55 p. h.	0.404 p. h.	0.404 p. h.	1914
								Blanchisserie	5.— p. s.	6.— p. s.	4.— p. s.	1915
								Vente au détail	8.50	7.—	5.—	1915
								Confection pour dames	12.95	13.—	10.—	1920
								Confection pour hommes et vêtements imperméables	12.—	10.—	7.—	1919
								Articles pour hommes et jeunes gens	9.—	7.—	5.—	1917
								Sous-vêtements de crêpe	9.—	6.—	5.—	1915
								Articles de modes [stade I]	10.—	8.—	5.—	1918
								Articles de modes [gros]	11.—	9.—	8.—	1918
								Emballes des bonbons	15.40	15.40	15.40	1920
								Fabrication de sucre candi	12.50	8.—	5.—	1919
								Préparation des conserves en boîte	11.—	8.56	6.55	1919
								Fabrication de corsets	12.—	10.—	5.—	1919
								Ouvrage de tricot	12.75	6.50	5.56	1920
								Boîtes de papier	15.50	11.—	6.—	1920
Minnesota Ch. 547, 1913	id.	Femmes et mineurs [hommes au-dessous de 21 ans, femmes au-dessous de 18 ans]	Entretien de la santé et au degré de confort qui comporte une vie raisonnable	La commission peut fixer des taux réduits pour les débutants du travailleur	Autorisations individuelles	Commission du minimum de salaire, 3 membres, frais seulement	Comité consultatif, patrons, ouvriers, État; bénévolité; non rétribués	(12) Sans limitation: dans les villes	12.—	9.12	8.86	1920
								dans les localités de moins de 5000 habitants	10.25	7.48	7.43	1920
North Dakota Ch. 174, 1919	Tous métiers, excepté l'agriculture et le service domestique	Femmes et mineurs au-dessous de 18 ans	Pour les heures, entretien de la santé et de la vie; pour les mineurs, salaire convenable	La femme peut fixer un taux réduit pour des périodes déterminées	Autorisations individuelles	Bureau des accidents de travail, commissaire de l'agriculture et trois autres membres; traitements mensuels	Conférences, patrons, ouvriers, État; bénévolité; non rétribués	(5) Service domestique dans les lieux publics: (6) Hôpital	17.50	14.—	14.—	1920
								(4) Femmes de chambre, filles de cuisine	18.70	11.85	11.85	1920
								(5) Services publics	17.50	11.—	11.—	1920
								(7) Conserves	90.—	14.—	14.—	1920
								(8) Manufacture; (9) blanchisserie; (12) téléphones	18.50	10.—	10.—	1920
								(10) Apprenties garnies-ouvrières	5.—	6.—	6.—	1920
								(11) Commerce	17.50	14.—	14.—	1920
Oregon Ch. 62, 1913; amendé par ch. 96, 1915	Tous métiers	id.	id.		id.	Industrial Welfare Commission, 3 membres, frais seulement	id.	(37) Conserves; (38) manufactures; (40) service domestique; (41) blanchisserie; (42) téléphones; (43) service domestique dans les lieux publics	13.20	9.—	6.—	1919
								(44) Bureaux	60.— p. m.	9.—	6.—	1919
Porto-Rico Nº 3, 1919	Industrie, commerce et service dans les lieux publics	De sexe féminin	Chiffre inscrit dans la loi	Les 3 premières semaines autorisées au [illegible] de la population du taux fixé	Néant	Bureau du Travail	Néant	Tous métiers visés par la loi	4.— p. s.	4.— p. s.	4.— p. s.	1919
Texas Ch. 136, 1919	Tous métiers, excepté l'agriculture, le service domestique et le soin des malades	Femmes et mineurs au-dessous de 18 ans	Entretien de la santé et d'une vie convenable	Autorisations individuelles pour des périodes de 6 mois	Autorisations individuelles, au plus 1/10 du personnel	Industrial Welfare Commission, Standard Commission d'État; traitement annuel	id.	(1) Téléphones; (télégraphes); commerce; blanchisserie; usines	10.—	0.15 p. h.	0.15 p. h.	1920
Utah Ch. 63, 1913	Tous métiers	De sexe féminin	Chiffre inscrit dans la loi	Taux réduit fixé	Néant	Commission industrielle chargée de faire observer la loi	id.	Tous métiers	1.25 p. j.	0.90 p. j.	0.75 p. j.	1913
Washington Ch. 174, 1913; amendé par ch. 40, 1917	id.	Femmes et mineurs au-dessous de 18 ans	Pour les femmes, entretien de la vie et de la santé, pour les mineurs, salaire raisonnable	La commission peut fixer les taux	Autorisations individuelles	Industrial Welfare Commission, 5 membres, frais seulement	Conférences, patrons, ouvriers, État; frais seulement	(14) Téléphones	53.— p. m.	13.99 p. s.	9.— p. s.	1919
								(13) Tous métiers (taux de guerre)	66.— p. s.	14.90 p. s.	10.— p. s.	1920
								(21) Service domestique dans les lieux publics				
Wisconsin Ch. 712, 1913	id.	Femmes et mineurs	Entretien d'une vie convenable	La commission peut fixer un taux réduit et obliger le métier à faire des payements aux travailleurs à ce taux	id.	Commission industrielle (chargée de l'application de toutes les lois ouvrières); traitements annuels	Wage Boards, patrons, ouvriers, État; non rétribués	(1) Tous métiers	0.22 p. h.	0.20 p. h.	0.18 p. h.	1913

[1] Les chiffres entre parenthèses donnent le nombre des règlements promulgués par les commissions; ces nombres ne sont pas donnés pour le Massachusetts.
[2] 7 dollars, 7 d. 50 et 6 dollars dans les petites localités; taux de début, 3 dollars.
[3] Troisième année. Le salaire comprend l'entretien complet et familiale.
[4] Pour les mineurs de 14 ans; pour ceux de 15 ans, 7 d. 50; pour ceux de 16 ans, 8 d. 50.
[5] Taux spéciaux fixés par la commission.

prévoir si les réglementations futures fixeront un taux uniforme. Dans le Massachusetts la diversité est la règle; cependant, il faut noter, à titre d'indication, que les trois taux
fixés en 1920 s'écartent assez peu les uns des autres, étant
de 15,25, 15,40 et 15,50 dollars, chiffres les plus élevés qui
aient jamais été atteints dans cet Etat.

Le tableau ci-contre comprend les traits principaux des
diverses lois des Etats, ainsi que les taux établis pour les
travailleurs expérimentés, les inexpérimentés et les apprentis.
La durée de l'apprentissage, comme l'échelle des augmentations graduelles prévues, présentant une grande diversité,
ne figurent pas sur le tableau; elles le compliqueraient à
l'excès.

RÉSULTATS DE LA RÉGLEMENTATION

Pour connaître tous les effets d'une législation de ce genre,
qui entreprend de se substituer sur le marché du travail au
vieux système que l'on suppose régi exclusivement par la loi
de l'offre et d la demande, il est nécessaire de la voir fonctionner dans tout le cycle des conditions économiques et
industrielles. Mais les règlements qui étaient déjà en vigueur
pendant la période de dépressio qui suivit immédiatement
le début de la guerre sont en fort petit nombre. D'autre part,
les rapports des commissions concernant l'après-guerre n'ont
généralement pas encore paru. Ainsi, presque toute l'expérience dont on peut aujourd'hui faire état concerne la période
d'intensive production de guerre.

L'observation des effets de la réglementation dans une
période de ce caractère est d'ailleurs fort importante. Car,
si la demande de main-d'œuvre augmentait, le coût de la vie
augmenterait peut-être plus rapidement encore. Bien que
ces deux mouvements parallèles aient été déterminés par
d'impérieuses conditions économiques plutôt que par les
décrets de la commission, les salaires ont souvent été distancés
par les prix ; la commission, intervenant alors dans le sens
même du mouvement général, a pu assurer aux enfants et aux
femmes de meilleurs salaires qu'ils n'en auraient obtenu par
eux-mêmes sur le marché du travail.

On s'est souvent demandé si la fixation d'un salaire suffisant à l'entretien de l'ouvrière n'aurait pas pour effet de diminuer l'emploi des femmes. Pendant la guerre, alors que
la main-d'œuvre manquait et que beaucoup d'usines gar-
daient en permanence à leur porte l'écriteau «On embauche»,
il n'en a évidemment rien été. Du reste, les salaires payés aux
femmes dans les diverses professions n'auraient pas été suffisants pour leur susciter une concurrence masculine, même si
les ouvriers disponibles avaient été assez nombreux pour
pouvoir remplacer les ouvrières. Mais les rapports des commissions qui concernent la période antérieure sont unanimes
à dire, eux aussi, que la réduction redoutée ne s'est jamais pro-

duite, et les quelques rapports récents qui sont déjà connus sont également affirmatifs. Le dernier en date, celui de la commission du Wisconsin, va jusqu'à déclarer que la demande de main-d'œuvre féminine n'a jamais cessé de s'accroître et qu'elle a toujours dépassé l'offre, même dans la période de transition des industries de guerre aux industries de paix [18].

La réduction de l'emploi des enfants, surtout des plus jeunes, par suite de l'établissement d'un minimum de salaire est, par contre, apparue à la plupart des commissions comme un résultat fort souhaitable; certains rapports déclarent qu'il s'est réalisé en effet. Le principe posé par la loi à cet égard n'est pas partout identique ; il exige parfois pour le mineur qui a terminé son apprentissage le minimum de salaire fixé pour l'ouvrier adulte ; ailleurs, il se contente de stipuler que le salaire des mineurs ne doit pas être dérisoire. A en juger par les déclarations d'un très grand nombre de patrons, les enfants ne sont pas recherchés ; beaucoup de patrons disent même ne vouloir employer dans leur établissement que des filles de plus de 16 ans, et de plus de 18 ans si possible. Il est fort naturel de voir le patron préférer le travailleur plus mûr et plus stable à l'enfant ou à l'adolescent, — qu'il est tenu de payer presque autant.

---

[18] Quelques patrons déclarèrent que des renvois s'étaient produits au début de l'application de la loi mais que des mesures de ce genre ne risquaient pas de se renouveler. « Naturellement, ajoutaient-ils, il sera peut-être nécessaire d'y avoir recours par la suite, quand la main-d'œuvre deviendra plus abondante .» Etant donné la crise générale de chômage qui sévit dans l'industrie il faudrait évidemment attribuer le renvoi des femmes non à l'application des lois sur le salaire minimum mais à la dépression générale.

HYGIÈNE INDUSTRIELLE

L'hygiène industrielle et son rôle dans un service d'hygiène publique[1].

Les deux derniers siècles, et plus particulièrement les cent dernières années, ont opéré dans la vie des nations civilisées des changements infiniment plus considérables que ceux qui se sont produits au cours des quatre mille ans précédents. Ces changements résultent directement ou indirectement de ce qu'on est convenu d'appeler la révolution industrielle, c'est-à-dire l'application de l'énergie mécanique à l'exécution d'un travail qui, jusque-là, avait été en majeure partie accompli par la main de l'homme.

Si, dans l'ensemble, notre race a bénéficié de cette évolution, il se pourrait néanmoins qu'elle en eût souffert à certains égards. Le médecin de fabrique sait que l'influence du milieu créée par le métier s'exprime dans les statistiques par des divergences de mortalité générale et de causes de décès bien plus frappantes que les écarts des taux de mortalité de ville à ville, de pays à pays, ou de population urbaine à population rurale.

Aussi l'étude des conditions sanitaires du travail est-elle d'une importance capitale à deux points de vue: en premier lieu pour déterminer dans quelle mesure le milieu retentit sur la santé, et secondement pour découvrir les meilleurs moyens d'assurer et de préserver la santé des travailleurs industriels.

---

[1] D'après un article du Dr Edgar COLLIS, paru dans la *Revue internationale d'Hygiène publique*, vol. II, n° 2, mars-avril 1921.

MÉTHODES DE RECHERCHE.

Si l'on veut étudier les résultats de certaines influences, et en particulier de celles exercées par l'industrie, il faut tenir compte des données suivantes : 1° L'entrée dans la vie industrielle, reflétée par la fluctuation du personnel ouvrier, c'est-à-dire la tendance qu'ont les ouvriers à changer d'emploi. Cette tendance peut être psychologiquement due à la répugnance pour un travail donné, ou physiologiquement à une sensation de malaise accompagnant le travail. 2° La vie industrielle, dont la salubrité peut être évaluée d'après les données suivantes : *a*) l'estimation du temps perdu du fait d'accidents, de maladies ou d'autres causes mal définies; *b*) le rendement de l'activité industrielle; *c*) l'apparition de la fatigue industrielle; *d*) l'apparition de perturbations sociales. 3° Les statistiques de mortalité, envisagées comme le critère de l'usure humaine dans les diverses industries.

ENTRÉE DANS LA VIE INDUSTRIELLE.

L'entrée dans la vie industrielle commence lors de l'engagement de l'ouvrier, quel que soit son passé. L'existence antérieure de l'individu, celle qui a directement précédé son initiation industrielle, est pour le moins aussi importante que la vie intra-utérine pour l'évolution de l'enfant; et cependant l'industrie n'a commencé que tout récemment à en tenir compte. L'enfant cesse un beau matin de fréquenter l'école pendant cinq heures par jour pour entrer la semaine suivante, à raison de huit heures par jour, dans le tourbillon inaccoutumé de la vie industrielle. Cet enfant n'a reçu aucun enseignement au sujet du travail qu'il va entreprendre; on n'a fait aucun effort pour l'y entraîner graduellement. Il n'est donc pas étonnant que des enquêtes [2] faites à ce propos aient montré que la durée d'emploi des jeunes gens varie avec l'âge. Ainsi, des jeunes gens quittant la fabrique

à l'âge de	14 ans	y ont séjourné	0,830	unités de temps.
»	14½	»	»	4,149	»
»	15	»	»	9,543	»
»	15½	»	»	12,034	»
»	16	»	»	15,767	»
»	16½	»	»	16,182	»

Il ressort de la comparaison des moyennes de trois fabriques que l'amélioration des conditions sanitaires prolonge la durée de l'engagement. Dans l'une de ces fabriques les jeunes gens quittaient leur emploi après 67,6 unités de temps, dans une autre après 21,3 et dans une dernière après 11,1 unités; or

---

[2] WELCH, W.-B. : *Welfare Records and their Inference.* (Journ. Roy. San. Instit., 1920, XLI, 251).

ces durées sont proportionnelles au soin apporté dans chaque
fabrique à la surveillance hygiénique. Il nous faut examiner
maintenant ce qu'on peut considérer comme la fluctuation
normale du personnel et quels sont les motifs qui la déterminent.

FLUCTUATION DU PERSONNEL OUVRIER.

Une enquête [3] faite en Amérique a montré que pour
qu'un personnel se montant au 1er janvier 1912 à 38.668
employés atteignît au 31 décembre le chiffre de 46.796, en
d'autres termes pour augmenter l'effectif de 8.128 personnes,
il avait été nécessaire d'en engager 44.365. Cela revient à dire
que le nombre des engagés a été environ 5 ½ fois plus élevé
que le chiffre de l'augmentation du personnel. Un mode assez
usité pour représenter la fluctuation du personnel consiste à
admettre qu'il est resté stationnaire pendant douze mois et
à calculer le pourcentage des ouvriers engagés pendant ce
laps de temps. Ainsi un renouvellement du personnel de 100 %
signifierait que, pour maintenir un effectif de 100 ouvriers,
il a été nécessaire d'en engager 100 nouveaux au cours d'une
année. Il ressort d'une enquête menée avec soin dans deux
fabriques américaines de machines [4] que la fluctuation était
de 30 % dans la fabrique la mieux organisée, tandis qu'elle
atteignait 176 % dans l'autre établissement. D'autres rapports signalent qu'une fluctuation de 30 % est particulièrement basse et qu'il n'est pas rare qu'elle atteigne 400 %.
En Angleterre, des recherches approfondies [5] ont montré
que la grande majorité des ouvriers abandonnaient leur emploi
sans motif suffisant et que cet abandon n'avait la maladie
pour prétexte que dans le 10 à 25 % des cas. La fluctuation
du personnel, si intéressante qu'elle soit pour l'hygiéniste,
l'est plus encore pour l'économiste. La « désertion » de l'atelier
est un signe de malaise; elle est onéreuse pour le patron comme
pour l'ouvrier. L'engagement lui-même est une source de
dépenses pour le patron, qui subit encore des pertes du fait
que l'inexpérience du nouveau venu abaisse le rendement, en
quantité et en qualité, et abîme le matériel; le nouvel ouvrier
est plus facilement sujet aux accidents que l'ouvrier expéri-
menté; il est également cause de désorganisation parce qu'il
est plus enclin à perdre son temps. La perte que l'ouvrier
subit par le changement n'est pas moindre; il peut chômer
dans l'intervalle; il gagne moins pendant sa période d'adaptation; enfin, il est plus souvent malade et plus facilement
sujet aux accidents.

---

[3] GREENWOOD, M.: *A Report on the Causes of Wastage of Labour in
    Munition Factories Employing Women.* Medical Research Committee,
    Special Report Series, No 16, 1918.

[4] *Comparison of an Eight-Hour Plant and a Ten-Hour Plant* (Public
    Health Bulletin, No. 106). Government Printing Office, Washing-
    ton, 1920.

[5] GREENWOOD, M.: *op. cit.*

Il est difficile de déterminer les motifs pour lesquels l'ouvrier quitte son emploi et les registres les plus soigneusement tenus n'en fournissent parfois aucune explication.

Les recherches faites dans ce domaine ont montré cependant : *a*) que la fluctuation est relativement plus élevée au cours des premières semaines et des premiers mois qui suivent l'engagement de l'ouvrier; en cela cette proportion rappelle, quoiqu'en l'exagérant, les courbes de mortalité infantile que donnent les statistiques ; *b*) que la proportion varie suivant l'âge de l'ouvrier; les adolescents quittent leur emploi plus rapidement que les adultes, ces derniers étant également plus stables que les ouvriers âgés; *c*) que la proportion varie avec le sexe; elle est plus élevée pour les femmes que pour les hommes; *d*) que la proportion varie enfin avec l'état civil; elle est plus élevée pour la femme mariée que pour la célibataire. Toute enquête faite sur les modes de la fluctuation ouvrière doit tenir compte des facteurs que nous venons d'énumérer. Ainsi, une entreprise qui occupe des femmes ou des jeunes gens doit s'attendre à des changements plus rapides qu'une entreprise où travaillent des hommes.

La fluctuation peut être réduite par l'emploi des méthodes suivantes :

1º Sélection parmi les ouvriers, soit au moyen d'un examen médical, afin de s'assurer si les ouvriers sont physiquement et physiologiquement aptes à un travail donné, soit au moyen d'un examen professionnel qui permet de se rendre compte si l'ouvrier possède les aptitudes nécessaires.

2º Surveillance des conditions de travail telles que la ventilation, l'éclairage, la température, l'exposition aux poussières, aux acides, aux fumées, aux souillures; fourniture de vêtements de travail, installation de lavabos, douches, cantines, locaux de repos et de délassement; enfin, répartition des heures de travail et rétribution suffisante.

3º Prise de contact direct et personnel avec l'ouvrier, en surveillant toutes les mesures propres à assurer son bien-être. Cette tâche est en général accomplie par une branche spéciale de la direction qui est chargée du côté humanitaire de l'industrie (opposé à son côté technique). La sélection des ouvriers s'effectue fréquemment par l'intermédiaire de ce service qui s'intéresse dans la suite aux progrès réalisés par chaque ouvrier.

*
**

L'emploi de telles méthodes s'est montré susceptible de réduire le roulement du personnel ouvrier de 30 % annuellement; il est probable que le résultat général s'améliorera encore avec la généralisation de ces méthodes. Cette réduction de fluctuation de 30 % réaliserait pour le Royaume-Uni une économie annuelle de 70 millions de livres.

Vie industrielle.

Les efforts faits en vue de réduire la fluctuation du personnel ouvrier améliorent la vie industrielle tout entière, de même que les efforts tendant à réduire la mortalité infantile profitent à toute la communauté. En diminuant les fatigues qui accompagnent l'entrée dans la vie industrielle, on a des ouvriers plus sains, plus aptes au travail et plus satisfaits. La vie industrielle fournit par elle-même une occasion particulière d'étudier les réactions de l'organisme humain au milieu ambiant.

Temps perdu. — Diverses causes, telles que les accidents, le mauvais temps, la paresse du personnel et le manque de travail, occasionnent des pertes de temps; l'élément le plus direct est évidemment la maladie, quoique celle-ci ne soit pas toujours au premier rang des causes enregistrées. Certains motifs se répartissent uniformément sur toute l'année; les maladies, en revanche, présentent des variations saisonnières très marquées; le maximum de fréquence est atteint en janvier et février et le minimum en juillet, août et septembre.

Les motifs qui influencent la fluctuation du personnel ouvrier agissent également sur la fréquence des maladies, dont la proportion varie de l'homme à la femme; avant la ménopause, la femme est plus sujette aux maladies que l'homme. La proportion varie encore avec l'âge; un groupe d'hommes âgés de 45 ans sera deux fois plus souvent malade qu'un groupe âgé de 25 ans; pour un groupe âgé de 55 ans, ce chiffre ne sera plus double, mais environ quadruple. Pour les femmes, les différences occasionnées par l'âge sont moins marquées; un groupe de femmes dont l'âge varie entre 41 et 55 ans aura deux fois plus de maladies qu'un groupe âgé de 21 à 25 ans; pour un groupe âgé de 61 à 65 ans, il faut compter le quadruple. Il survient plus de maladies parmi les ouvriers nouvellement engagés que parmi le personnel stable. La distribution des heures de travail est également d'une grande importance.

Activité et fatigue industrielles.

Le phénomène vital est sous la dépendance de deux actions chimiques, le catabolisme et l'anabolisme, qui se contre-balancent constamment, malgré l'influence prépondérante que l'une d'elles peut prendre à certains moments. La santé est le résultat de cet équilibre. Dans la vie quotidienne, le catabolisme est représenté par l'activité ou travail, l'anabolisme par la récupération ou repos.

Il ressort de l'observation que, si l'on prend la semaine comme unité de temps, l'activité humaine s'exerce dans les conditions les plus favorables si, le travail commençant le lundi matin, le rendement atteint rapidement un niveau qui se maintient sans fléchir, puis s'élève légèrement heure par heure à mesure que la journée s'avance; le rendement du mardi matin doit être au début légèrement plus élevé que celui du lundi matin, augmenter également peu à peu au cours de la journée et suivre toute la semaine la même marche ascendante [6]. Si le rendement tend à baisser durant l'après-midi du lundi, le rendement du vendredi sera également moindre que celui du jeudi, qui était déjà inférieur à celui du mercredi. Plus le rendement du lundi baissera de bonne heure, plus le déclin du rendement journalier commencera tôt dans la semaine. Parallèlement et proportionnellement à cet abaissement de la production surviendront des symptômes révélateurs de troubles physiques chez les ouvriers, tels qu'une fluctuation rapide du personnel et un accroissement du temps perdu par maladies ou accidents.

Quoiqu'il reste encore beaucoup de points à élucider, certains d'entre eux sont déjà connus. On attribue un grand rôle aux conditions atmosphériques [7]; ainsi, pour le travail physique, une température de 13° C. à 18° C. s'accompagne du rendement le plus élevé et du moins grand nombre d'accidents, la limite inférieure convenant à un travail musculaire intense, la limite supérieure à une activité plus tranquille. Il est préférable de ne pas rechercher une température uniforme, mais de la faire varier de quelques degrés. L'air ambiant ne devrait pas être immobile, mais plutôt circuler à la vitesse moyenne de 3 mètres par minute, avec certaines variations de direction et de vitesse. D'autres facteurs moins essentiels que les conditions atmosphériques sont néanmoins importants; ainsi l'éclairage ne devrait jamais être inférieur à une intensité lumineuse de 2 bougies anglaises [8], même pour un travail ordinaire, et devrait toujours atteindre 10 à 15 bougies pour des travaux fins tels que la gravure ou l'horlogerie; si l'ouvrier est exposé à la poussière et à la fumée, les éléments constitutifs de l'air doivent être ramenés aux proportions de l'air extérieur. Les relations existant entre le bruit et le travail n'ont pas encore été déterminées et il reste encore bien à faire pour adapter l'ouvrier à son travail, par exemple, en améliorant ses méthodes d'attaquer la besogne, en lui fournissant des sièges ajustables, etc. Tous ces perfectionnements sont

---

[6] *Preliminary Notes on the Boot and Shoe Industry.* Industrial Fatigue Research Board, Report No. 10, 1920.

[7] HUNTINGTON, E.: *Civilization and Climate.* Yale University Press, 1915.

[8] L'unité généralement employée en Grande-Bretagne est la bougie anglaise. Dans les autres pays d'Europe, on utilise presque exclusivement la « bougie métrique » dont l'intensité est environ dix fois plus faible que celle de la bougie anglaise.

susceptibles de modifier la courbe du rendement. La tâche qui se pose pour l'industrie est de faire donner à chacune de ces améliorations son maximum d'effet jusqu'à ce que la courbe de rendement atteigne son plateau. Les recherches faites dans le domaine de l'activité et de la fatigue industrielles éveillent l'espoir d'établir un jour les règles et les lois qui régissent l'équilibre de la santé. En attendant, ces recherches permettent la surveillance hygiénique individuelle de l'ouvrier; car, si le rendement d'un employé (reflété par le taux du salaire) tend à diminuer, et en particulier si ce rendement s'éloigne de la courbe idéale, une enquête sera chargée d'en rechercher les causes; celles-ci seront peut-être étrangères à la fabrique et sans aucun lien avec le métier, mais des mesures pourront être prises pour parer à la crise imminente de surmenage qui priverait la fabrique d'un bon employé. C'est pourquoi la feuille de paye des ouvriers devrait être établie sous forme de graphique.

AGITATION INDUSTRIELLE.

L'agitation industrielle est une réaction physiologique contre une ambiance défavorable, au même titre que la diminution du rendement est un signe d'abaissement de l'énergie physique.

La recherche du taux et des variations de morbidité chez certains groupements ouvriers spécialement sujets à l'agitation pourrait suggérer le moyen de diminuer ce lourd fardeau économique qu'est la grève. Prenons un exemple : les agriculteurs et les mineurs exercent tous deux un métier qui comporte une mortalité générale particulièrement basse. Les agriculteurs, médiocrement logés, travaillant beaucoup pour un petit salaire, font plus rarement grève que les mineurs mieux payés pour des heures de travail plus courtes. Lors du scrutin des mineurs anglais et gallois qui a précédé la grève générale de 1920, on remarqua combien les résultats différaient suivant les districts miniers, comme le montre le tableau suivant, qui contient en même temps les chiffres de mortalité dans les divers charbonnages.

MINEURS.

| Charbonnages | Mortalité comparative de 1910-12 pour cause de : | | | | | Scrutin 1920 |
| | Maladies respiratoires | | | Accidents | Mortalité générale | Pourcentage en faveur de la grève |
	Phtisie	Bronchite	Pneumonie			
Nottingham	53	25	40	66	570	55,1
Derbyshire	70	39	34	73	591	71,8
Durham et Northumberland	70	33	54	83	635	69,9
Yorkshire	81	45	69	117	758	51,1
Monmouthshire et Galles du Sud	70	66	69	131	777	77,9
Lancashire	107	88	100	183	941	90,6
Total des mineurs, y compris les retraités	142	38	67	—	790	—

A part une exception, celle du Yorkshire, l'ordre du classement des districts miniers est à peu près le même pour les deux genres de statistiques; mais les mineurs du comté d'York avaient fait grève pendant six semaines en 1919; il est probable que les effets de cette grève ont déterminé leur vote. Par conséquent, le Yorkshire mis à part, on voit que les mineurs ont voté en faveur de la grève proportionnellement à la mortalité générale de leur district minier.

Cet exemple révèle le rôle fécond que pourrait jouer la médecine appliquée aux problèmes sociaux.

MORTALITÉ.

Nous avons déjà mentionné que non seulement la mortalité totale, mais aussi les causes spéciales de mortalité se répartissent d'une façon extrêmement diverse selon les métiers. Il reste encore beaucoup à faire dans ce genre d'enquêtes. Nous ne ferons qu'esquisser la méthode de recherche qui devrait être employée, en choisissant trois exemples types: la phtisie, due à une invasion microbienne caractérisée; le cancer, dont l'origine est mal définie; et enfin les accidents, dont les causes sont évidentes.

Les enquêtes faites dans les industries spéciales, telles que l'imprimerie, la couture et la cordonnerie, ont montré que la phtisie y présentait une fréquence particulière, sans que les autres causes de décès fussent plus fréquentes que la normale. Si l'on tient compte de la nature de ces industries, on doit admettre que l'ouvrier, de par les conditions de son travail, y est exposé à deux influences pernicieuses : d'une part à l'agglomération, qui augmente les possibilités d'infection; d'autre part à une ambiance physiologiquement défavorable, surtout au point de vue de la ventilation. Ce dernier facteur est probablement le plus important.

D'autres industries s'accompagnent également d'une mortalité excessive par tuberculose, mais elles possèdent simultanément une mortalité exagérée due à d'autres affections de l'appareil respiratoire. Ces industries sont celles où l'ouvrier est exposé à l'inhalation de poussières contenant de fines particules de silice[9]. L'aspiration de poussière siliceuse produit la silicose, caractérisée par une prolifération fibreuse. Les individus qui en sont affectés succombent rapidement à la tuberculose pulmonaire.

L'industrie semble donc agir défavorablement sur la courbe de mortalité tuberculeuse, en abaissant la résistance soit générale, soit de certains organes; dans les deux cas, la maladie correspond au type statistique de l'âge mûr.

---

[9] COLLIS, E. L. : *Industrial Pneumonoconioses.* H. M. Stationery Office, 1919.

Dans la tuberculose professionnelle, tout au moins, la résistance de l'individu semble par conséquent jouer un plus grand rôle que la possibilité d'infection. Cette conclusion pourrait servir à éclaircir certains problèmes d'épidémiologie.

Cancer. — L'influence qu'exerce la profession sur la mortalité par le cancer n'a pas été aussi complètement étudiée que pour la tuberculose, bien que la question soit aussi d'importance [10]. Le taux de mortalité par le cancer accuse une élévation rapide dans tous les pays civilisés et cette élévation est d'autant plus marquée que l'industrialisation est plus développée. Ainsi, ce taux est plus élevé dans des grandes villes comme Londres que dans le Pays de Galles et l'Angleterre ; dans les agglomérations urbaines que dans les districts ruraux ; il est plus haut en Angleterre et dans le Pays de Galles qu'en Irlande ; il l'est enfin davantage dans la province industrielle de l'Ulster que dans le district rural de Connaught. Si l'on envisage les rapports du cancer avec la condition sociale de l'individu, on peut constater que cette affection est plus fréquente parmi les classes pauvres que parmi les classes aisées.

Il semble évident que la fréquence du cancer est due à quelque influence liée à la civilisation et que l'action exercée par cette influence est favorisée par le développement industriel. Quoique nous soyions encore bien loin de pouvoir identifier cette cause, nous trouvons cependant dans la vie industrielle certains motifs précis de l'apparition du cancer. L'exemple le plus frappant est fourni là où l'ouvrier est exposé aux produits de distillation de substances végétales ; ainsi le cancer des ramoneurs est provoqué par la suie ; l'épithéliome des ouvriers des goudronneries est dû au coaltar ; le cancer qu'on rencontre dans l'industrie des huiles de schiste provient de la paraffine. Enfin le cancer de la cavité buccale, qui survient rarement chez la femme, est en général attribué à l'usage du tabac.

Le cancer des rayons X et le cancer de l'Afghanistan (Kangri) résultent de l'exposition aux rayons caloriques et lumineux. Toutefois, on ne peut que difficilement envisager ces rayons comme étant la cause effective du cancer ; cette action est plutôt comparable à l'influence d'un traumatisme dans la genèse de la tuberculose. Ces exemples font réaliser la nécessité de recherches beaucoup plus étendues sur la fréquence du cancer et sur sa localisation chez les ouvriers de différents métiers, selon l'intensité de diverses influences nuisibles. On arriverait ainsi à découvrir, puis à briser l'un des anneaux de la chaîne reliant le cancer à ses causes, cet anneau symbolisant pour nous l'influence prédisposante.

HOFFMAN, F. L. : *The Mortality from Cancer throughout the World*
The Pudential Press, U. S. A., 1915.

Accidents. — La fréquence des accidents industriels a fait l'objet d'une étude approfondie [11] et les données qu'elle nous fournit ont trait à la mortalité et à la morbidité traumatiques. On y voit que les accidents se reproduisent mois par mois et année par année avec une régularité à laquelle l'examen des statistiques de maladies nous a accoutumés; il n'est pas jusqu'aux motifs d'accidents et aux parties du corps intéressées qui ne fassent preuve de la même régularité. L'examen des causes d'accidents révèle qu'environ 80 % des accidents industriels sont imputables à des motifs qui sont sous la dépendance de l'ouvrier, c'est-à-dire qui sont dus à ce qu'on est convenu d'appeler la négligence. Mais lorsque la fréquence des accidents est mise en relation avec l'ambiance physiologique, on constate que cette fréquence est influencée par des motifs tels que la température, la lumière, les heures de travail, qui sont connus pour retentir également sur la santé et l'activité; ainsi la température à laquelle se produit le minimum d'accidents coïncide exactement avec celle du rendement maximum; une journée excessive de travail, susceptible de diminuer le rendement dans une proportion marquée, s'accompagne d'une augmentation du nombre des accidents. Les accidents, à l'instar des maladies, sont plus fréquents parmi les nouveaux ouvriers que parmi les anciens; ils semblent être en relation avec le degré de santé et d'adresse de l'ouvrier plus qu'avec tout autre facteur [12]. On peut même admettre qu'il existe une prédisposition aux accidents analogue à la prédisposition aux maladies [13]. Et cette prédisposition est suffisamment nette pour qu'il soit possible de calculer avec une certaine exactitude le nombre des accidents qui surviendront dans un groupement d'ouvriers pendant un temps donné, si l'on étudie individuellement le nombre des accidents survenus à chacun des ouvriers au cours d'une période antérieure. La fréquence des accidents, comme celle des maladies, est donc en rapport avec l'état de santé et le degré de vivacité de l'ouvrier. Cette fréquence peut être prévenue de deux façons : tout d'abord en améliorant l'état sanitaire des ouvriers par tous les moyens capables de maintenir leur activité à un certain maximum (tout en évitant le surmenage), et en second lieu en apprenant à l'ouvrier à se rendre compte des dangers que comporte son travail, car la santé physique d'un ouvrier ne suffit pas à lui faire réaliser qu'une chaudière dont la soupape est détériorée risque de sauter, ou qu'une barre de métal peut constituer un conducteur électrique qu'il est dangereux de toucher. En procédant par analogie, la fréquence des maladies pourrait être également réduite en améliorant l'hygiène générale et en enseignant à chacun à se défendre contre les risques morbides.

---

[11] *Annual Reports of Chief Inspector of Factories.* H. M. Stationery Office. *Passim.*

[12] *Comparison of an Eigh Hour Plant and a Ten-Hour Plant.* Déjà cité.

[13] *Annual Reports of Chief Inspector of Factories.* Déjà cité.

Bien des points restent encore à préciser pour améliorer l'hygiène générale, déterminer la nature des risques et la façon de les éviter.

L'étude de la vie industrielle nous fournira les connaissances nouvelles que nous devrons ensuite répandre autour de nous.

La campagne contre le nystagmus des mineurs dans le district minier de Liége [1].

EN 1906, en dépit des nombreux travaux publiés sur le sujet, nos connaissances sur l'étiologie et la pathogénie du nystagmus des mineurs étaient relativement confuses.

Après les résultats peu encourageants obtenus par une Commission des maladies professionnelles de la province de Liége, sur cette question, le Dr Stassen fut chargé de faire lui-même une enquête sur la fréquence de cette maladie et sur son étiologie. Au cours de son enquête, le Dr Stassen a pu examiner : 1° le personnel d'une mine de fer; 2° le personnel d'une mine de zinc; 3° le personnel d'une mine de charbon où des bougies et lampes à flamme nue étaient employées; 4° le personnel de dix-neuf mines de charbon où des lampes de sûreté étaient utilisées; 5° les équipes de jour de six mines de charbon où la majorité des mineurs se servent depuis trois ans de lampes électriques portatives. Le Dr Stassen a de même examiné le personnel de plusieurs carrières d'ardoise. Le nombre total des mineurs examinés s'élève à 20.000, dont 8.000 ont été vus deux fois par jour, c'est-à-dire immédiatement avant la descente dans la mine et immédiatement après la fin du travail de la journée, sur le carreau de l'usine.

Au cours de son enquête le Dr Stassen a suivi le mineur pas à pas, dans chacun de ses mouvements et de ses actes et il est arrivé à la conclusion, confirmée par la majorité des oculistes anglais qui ont étudié la question, que la cause réelle du nystagmus du mineur réside non pas dans la position des yeux que le mineur est obligé de prendre pour travailler (regard en haut), mais dans les conditions défectueuses d'éclairage du fond de la mine. Cet éclairage défectueux entraîne une fatigue de l'appareil visuel, fatigue qui se systématise en un syndrome nerveux caractérisé par l'incoordination et l'exagération des réflexes oculaires. En définitive, le nystagmus professionnel, considéré primitivement comme une entité morbide bien définie, n'est, en réalité, qu'un système pathognomonique du surmenage des centres nerveux contrôlant l'équilibre musculaire des yeux.

---

[1] D'après une communication lue au Congrès de l'Institut royal de santé publique tenu à Bruxelles, en mai 1920, par le Dr. STASSEN et publiée avec son consentement dans le *Journal of Industrial Hygiene* d'avril 1921.

Cette enquête effectuée a prouvé que sur 20.000 mineurs examinés, 5.000, soit le 25 %, présentaient à des degrés variés les signes évidents de fatigue oculaire (héméralopie, sensibilité rétinienne défectueuse, nystagmus, blépharospasme). Ces 25 % peuvent être répartis en cinq groupes :

1° dans 8 % des cas la fatigue oculaire n'était que temporaire, les symptômes disparaissant après 12 heures de repos;

2° dans 12 ½ % des cas la fatigue oculaire était légère;

3° dans 3 % des cas la fatigue oculaire était prononcée;

4° dans 1 % des cas il y avait un surmenage oculaire marqué, avec une diminution appréciable de la capacité professionnelle;

5° dans 2 %₀ des cas les mineurs furent trouvés atteints de névrose et de troubles psychiques caractérisés qui les rendaient inaptes à tout travail ou, tout au moins, à tout travail au fond de la mine.

Au point de vue prophylactique [2] il faut s'occuper, en premier lieu, de l'éclairage des locaux de travail. La lutte contre le nystagmus doit être menée par conséquent vers deux objectifs définis :

1° détermination des mesures préventives qui immuniseront les mineurs;

2° traitement des travailleurs atteints de troubles visuels professionnels.

1. *Mesures préventives.* — Ce n'est que par un éclairage meilleur que l'on arrivera à diminuer les cas de nystagmus. Cet état de choses est relativement facile à réaliser dans les mines métalliques, mais il est difficile d'obtenir les mêmes résultats dans les mines de charbon par suite de la difficulté du travail et de la présence de gaz inflammables. L'intensité de l'éclairage dans les mines de charbon est toujours limitée par les dispositifs de sécurité — qui à aucun moment ne doivent être écartés. La question se pose de savoir si, en l'état actuel de l'éclairage, on ne peut néanmoins améliorer physiologiquement les lumières, en assurant à la lampe de sûreté un pouvoir éclairant beaucoup plus fort — une intensité de lumière donnant une couleur agréable à l'œil, — et si on ne peut pas arriver à épargner à l'œil l'éclat de la lampe et le vacillement. Les lampes électriques portatives constituent un sérieux progrès, mais, d'une part, leur pouvoir éclairant est relativement faible, et, d'autre part, elles présentent le gros désavantage de ne pas prévenir le mineur de la présence de grisou; dans certaines

---

[2] On trouvera à la fin de cet article un tableau montrant l'influence des différentes variétés des lampes de sûreté sur le développement du nystagmus.

mines où les lampes électriques portatives étaient employées
pour l'éclairage, on était obligé de donner aux mineurs des
lampes de sûreté à huile comme détecteurs de gaz.

Et pourtant il importe d'améliorer les conditions d'éclairage au fond de la mine, sans compromettre la sécurité des
travailleurs. A ce propos, il est intéressant de rappeler les
recherches qui ont été faites, en 1911 et 1912 dans le personnel
souterrain des mines de Azard. En 1911, M. Henry, directeur
technique des mines, pensant que les troubles visuels étaient
dus à l'éclat trop brillant de la flamme sur le verre de la lampe,
donna aux travailleurs de la fosse Fléron des lampes de sécurité munies de verres d'uranium à reflet jaune-vert. La lumière
était plus agréable à l'œil que celle des lampes ordinaires et
l'éclat de la flamme moins gênant. La guerre, malheureusement,
est venue interrompre ces expériences.

2. *Traitement des troubles visuels chez les mineurs.* — En
1908 on a fondé à Liége, rue St-Gilles, une clinique du nystagmus des mineurs qui, primitivement consacrée au traitement, est devenue ultérieurement une clinique d'études de
cette maladie.

Obéissant aux suggestions de la Commission des maladies
professionnelles, le Conseil provincial décida de s'occuper de
la question, et accorda une assistance pécuniaire aux travailleurs frappés de nystagmus (établissement de secours).

Enfin, pour coordonner les efforts dirigés contre le nystagmus des mineurs, pour rechercher son étiologie, pour
assurer à ceux qui en sont atteints les soins médicaux nécessaires, la province de Liège a organisé un service médical
chargé d'étudier les conditions physiologiques du travail des
mineurs et les troubles biologiques qui en dérivent. Ce service
municipal agit comme un agent de liaison entre la direction
et les travailleurs. Son but est d'assurer à ces derniers les
emplois les plus appropriés à leurs conditions oculaires. D'autre
part, il indique à la direction les conditions hygiéniques propres à diminuer les conditions non sanitaires de l'intérieur
de la mine.

De 1908 à 1920, 500 malades ont été soignés à cette clinique;
ils n'étaient pas tous incapables de travail et beaucoup d'entre
eux n'avaient pas subi de diminution de capacité professionnelle; mais, d'autre part, il était fréquent de rencontrer,
échoués dans la clinique, de malheureux travailleurs atteints
d'amblyopie et de névrose résultant de l'épuisement nerveux,
effet inévitable de l'accumulation de fatigue que les cas
aigus de nystagmus imposent au système nerveux du travailleur, dans l'effort qu'il fait pour finir sa journée de travail.
C'est à ces épaves industrielles que la clinique a été le plus
utile, car, après plusieurs mois de traitement, elle leur a
restauré la santé et, dans quelques cas, la capacité intégrale
de travail.

Mode d'éclairage	Pouvoir éclairant — Unité Heffner	Pouvoir éclairant à la fin de la journée de travail (Unité Heffner)	Stabilité de la lumière	Couleur de la lumière	Gêne due à l'éclat	Cas sévères de nystagmus par 10.000 travailleurs	Cas accusés de nystagmus par 10.000 travailleurs	Cas de nystagmus par 10.000 travailleurs des équipes régulières de jour	Fréquence du nystagmus parmi les travailleurs se servant exclusivement d'une méthode d'éclairage pendant une carrière professionnelle
Lampes de sûreté à huile	0,50	0,28	Vacillement par influence des courants d'air et de l'humidité	Jaune rougeâtre	Considérable, particulièrement à la fin de la journée	35	570	3.100	Très nombreux
Lampes de sûreté à benzine	1,01	0,80	Flamme à peu près stable. Vacillement causé par courants d'air	Jaunâtre	Considérable, particulièrement à la fin de la journée	12	440	2.100	Moins nombreux que chez les travailleurs se servant de lampes de sûreté à huile
Bougies et lampes à lumière nue	0,70	0,70	Flamme influencée par les courants d'air et l'humidité	Jaunâtre	Appréciable quand le mineur ne fixe pas la lumière au-dessus de sa tête	0	130	2.800	Quelques cas
Lampes électriques à accumulateurs	1,75 à 2	1,50 à 1,75	Stable	Blanche	Appréciable, mais moins marquée qu'avec les autres méthodes	8	120	1.540	Pas de cas rencontrés. Période d'enquête trop courte
Lampes à acétylène	8 à 15	8 à 15	Stable. A peine influençable	Blanche. Agréable aux yeux	Aucune, à cause du réflecteur	0	0	0	Aucun cas

Un mémorandum sur les empoisonnements saturnins.

L E Home Office britannique a publié un mémorandum sur le saturnisme industriel dont nous donnons ci-dessous un bref aperçu [1].

La prédisposition des femmes à l'empoisonnement saturnin est en général reconnue comme étant plus forte que celle des hommes et l'influence néfaste du plomb sur les fonctions utérines ne peut être mise en doute. Les désordres de la menstruation sont très communs et l'on peut observer fréquemment des fausses couches chez les femmes travaillant le plomb. C'est surtout pour cette raison que la Conférence internationale du Travail de Washington s'est occupée de cette question et a donné une liste des professions dans lesquelles les femmes et les adolescents âgés de moins de 18 ans ne devraient pas être admis ; les recommandations de cette Conférence ont été incorporées dans le «Women and Young Persons (Employment in Lead Processes) Act, 1920 ».

Le Service d'inspection médicale du travail a relevé pendant vingt ans dans les industries du plomb les cas d'empoisonnement ; les chiffres qu'il donne accusent une diminution très sensible des empoisonnements, sauf cependant pour l'industrie des accumulateurs. En effet, la moyenne des cas relevés a été, pour toutes les industries du plomb, pour les années 1900 à 1904 de 753 (dont 27 mortels), pour les années 1905 à 1909 de 599 (dont 28 mortels), pour les années 1910 à 1914 de 548 (dont 34 mortels) et pour la période 1915 à 1919 de 279 (dont 21 mortels). Ce mémorandum contient des chiffres qui montrent non seulement une diminution du nombre des cas mais aussi de leur gravité et de la proportion des cas chroniques. Ces chiffres sont les suivants :

TABLEAU I

	Années 1900-1904		Années 1910-1914	
	Cas	Pour cent	Cas	Pour cent
Graves	1.157	31,8	477	17,4
Moyens	768	21,1	907	33,1
Légers	1.597	43,9	1.325	48,3
Total (comprenant les cas non déterminés)	3.636	100,0	2.742	100,0
Première attaque	2.438	67,0	2.123	77,4
Deuxième attaque	549	15,1	322	11,7
Troisième attaque (ou chronique)	486	13,4	259	9,5
Total (comprenant les cas non déterminés)	3.636	100,0	2.742	100,0

[1] *Memorandum on Industrial Lead Poisoning.* Home Office, Factory Department, January 1921, Form. 324, London 1921.

Il faut remarquer que les deux cinquièmes des cas relevés se présentent durant les dix-huit premiers mois de présence à l'usine. Les symptômes que les rapports mentionnent comme étant plus communs sont les troubles gastriques, l'anémie, les maux de tête, la paralysie, l'encéphalopathie, les rhumatismes ; parmi ceux-ci, les plus graves sont la paralysie et l'encéphalopathie (épilepsie et attaques épileptiformes, formes mentales et névrites optiques).

La paralysie est plus souvent remarquée chez les hommes, tandis que le contraire se présente pour l'encéphalopathie.

On a observé pour la période 1910-1914, 606 cas de paralysie, dont 102 cas de paralysie complète des deux avant-bras, 100 cas de paralysie partielle des deux avant-bras, 161 cas de parésie des deux avant-bras et 72 cas de paralysie ou parésie de l'avant-bras droit. Pour la période 1905-1909 on a observé 97 cas d'encéphalopathie ; ce chiffre est tombé à 17 dans la période 1915-1919. Il faut encore remarquer que beaucoup de cas ne sont pas relatés comme étant de formes latentes, ou pas diagnostiqués ou négligés.

On compte 27 cas mortels pour la période 1900-1904, 28 pour les cinq années suivantes, 34 cas pour la période de 1910-1914 et 21 cas pour la période de 1915-1919.

Il est à remarquer que le nombre des cas mortels n'accuse pas la diminution correspondant à celle des cas d'empoisonnement sans issue fatale. Cela est dû au fait que, conformément au « Workmen's Compensation Act » de 1906, l'empoisonnement est enregistré comme cause associée sur les certificats de décès des travailleurs du plomb morts à la suite de néphrites ou séquelles.

Les néphrites, les hémorragies cérébrales, la paralysie ou l'empoisonnement chronique, séparément ou liés à d'autres symptômes, forment la majeure partie des cas mortels.

Le rapport des cas pour 1000 peut être donné pour un certain nombre d'industries. Pour l'année 1914 les chiffres sont les suivants :

TABLEAU II

Industrie	Nombre approximatif des personnes employées dans l'industrie du plomb	Nombre des cas rapportés	Proportion des attaques pour 1000
Céruse	1.119	29	26
Emaillage du verre	768	11	14
Etamage des métaux	492	10	20
Accumulateurs	1.543	41	27
Couleurs et vernis	1.287	21	16
Poterie	4.661	28	6
Fonderies de métaux	2.827	36	13
Peinture de voitures	29.308	57	2
Fabrique de limes	5.556	11	2
Imprimeries	58.777	23	0,4

Le mémorandum contient également un relevé détaillé des procédés de chaque industrie où l'on trouve des empoisonnements saturnins ; des mesures qui ont contribué à une diminution des empoisonnements saturnins ; des symptômes et des diagnostics. Ce mémorandum nous renseigne aussi sur l'activité des médecins agréés, sur les visites périodiques des ouvriers, sur les déclarations, sur le renvoi des ouvriers dans les travaux en question, etc., et sur les instructions que le Home Office a rédigées pour les médecins des fabriques.

ASSURANCES SOCIALES

La loi suédoise sur l'assurance générale de pensions et son application [1].

LA loi Lindstedt du 30 juin 1913 sur l'assurance générale de pension présente un intérêt particulier en raison de son étendue.

D'une manière générale, avant la guerre, la population ouvrière bénéficiait seule de l'assurance-vieillesse dans les pays qui en avaient décidé l'application. La loi suédoise implique pour tous les citoyens âgés de 15 à 66 ans, sans distinction de sexe, l'obligation de participer à l'assurance. Le rapport annuel qui vient de paraître, et ceux qui l'ont précédé au cours de ces dernières années, éclaire l'esprit et montre la portée de cette législation.

ETENDUE DE L'ASSURANCE

La Direction des retraites recense tous les ressortissants à la loi et chaque assuré reçoit une fiche où sont indiqués d'année en année les primes débitées et le montant des versements du bénéficiaire. Dans l'année 1917 la loi étendait ses effets à 3.547.600 personnes, soit 1.715.300 hommes et 1.832.300 femmes. Le nombre des assurés obligatoires représentait à cette époque le 61,6 % de la population totale, qui comptait 5.757.600 âmes. En raison de leur fonction, 236.900 personnes étaient dispensées du paiement des primes : c'étaient les fonctionnaires civils et militaires, les instituteurs primaires, les ministres des cultes, les agents des télégraphes, des chemins de fer, de même que les conjoints de ces auxiliaires de l'Etat. Le nombre des assurés effectifs s'élevait alors à 3.310.700, soit le 57,5 % de la population.

Les conditions d'assurance sont les suivantes : chaque assuré paye annuellement une prime fixe de 3 kronor [2] ; en plus de cette prime, les assurés dont le revenu annuel dépasse 500 kronor payent une prime supplémentaire établie sur les bases ci-dessous :

Pour un revenu de   500 à   800 kronor :   2 kronor
    »   »   800 » 1200   »   :   5   »
    »   »   1200 kr. ou au-dessus : 10   »

---

[1] D'après la traduction de la légation de France à Stockholm.
[2] Kronor = 1 fr. 39

Les assurés recensés dans les villes et les campagnes pendant les années 1914 à 1918, se répartissent ainsi :

TABLEAU I

Années	Ville	Campagne	Royaume
1914	890.000	2.349.500	3.239.500
1915	907.300	2.347.000	3.254.300
1916	923.100	2.341.800	3.264.900
1917	950.100	2.360.600	3.310.700
1918	969.100	2.385.600	3.354.700

TABLEAU II

VILLE

Revenus en kronor	1914 En milliers	%	1915 En milliers	%	1916 En milliers	%	1917 En milliers	%	1918 En milliers	%
— 500	515,1	57,8	523,4	57,8	531,3	57,6	527,6	55,5	505,2	52,1
500- 800	71,4	8	74,9	8,3	72,0	7,8	63,3	6,7	47,1	4,9
800-1200	144,9	16,3	149,8	16,6	144,4	15,6	141,2	14,9	120,9	12,5
1200 et plus	159,1	17,9	157,9	17,3	175,4	19,0	218,0	22,9	95,9	30,5

CAMPAGNE

Revenus en kronor	1914 En milliers	%	1915 En milliers	%	1916 En milliers	%	1917 En milliers	%	1918 En milliers	%
— 500	1.690,2	71,9	1.688,4	71,9	1.657,1	70,8	1.610,9	68,3	1.547,6	64,9
500- 800	290,7	12,4	294,6	12,5	281,0	12,0	248,7	10,5	184,4	7,7
800-1200	218,6	9,3	221,5	9,4	225,5	9,6	245,0	10,4	265,4	11,1
1200 et plus	150,2	6,4	144,8	6,2	178,2	7,6	256,0	10,8	388,2	20,4

ROYAUME

Revenus en kronor	1914 En milliers	%	1915 En milliers	%	1916 En milliers	%	1917 En milliers	%	1918 En milliers	%
— 500	2.205,3	68,1	2.214,8	68,0	2.188,4	67,1	2.138,5	64,6	2.052,8	61,2
500- 800	362,1	11,2	369,5	11,0	353,0	10,8	312,0	9,4	231,5	6,9
800-1200	363,5	11,2	371,9	12,0	369,9	11,3	386,2	11,7	368,3	11,5
1200 et plus	309,3	9,5	302,1	9,0	353,6	10,8	474,0	14,3	684,1	20,4
	3.240,2		3.254,7		3.264,9		3.310,7		3.354,7	

On serait tenté de voir, dans la progression constante du pourcentage des assurés dont le revenu annuel dépasse 800 kronor, un signe évident que le bien-être de la population suédoise va croissant. Ce serait une déduction hâtive. En Suède, comme ailleurs, la valeur de l'argent a diminué; dans les circonstances actuelles, il serait téméraire de tirer sur-le-champ de ces chiffres des conclusions trop favorables. Il en va de même pour ce qui est de l'augmentation de la cotisation moyenne. Elle était, de 1915 à 1917 :

TABLEAU III

1915 à 1917	1915	1916	1917
Pour les villes	5,7 kr.	5,8 kr.	6,2 kr.
Pour les campagnes	4,3	4,5	4,8
Pour le royaume	4,7	4,9	5,2

Le pourcentage élevé de la classe des assurés, dont le revenu est inférieur à 500 kronor, provient du fait que les femmes mariées qui n'ont pas un revenu personnel supérieur à la somme de 500 kronor sont inscrites dans cette classe. Or, le rapport de 1917, qui donne des statistiques plus détaillées que les autres, nous apprend qu'en 1915 la première classe comptait 1.553.020 femmes et 658.800 hommes. Pour les quatre classes, le nombre de personnes assurées à proportion de leur gain se décompose comme suit :

TABLEAU IV

Revenus	Hommes	Femmes	Mariés
500	658.800	1.553.020	785.100
500- 800	315.800	53.740	5.660
800-1200	332.430	38.550	3.700
1200 et plus	273.530	27.850	3.240
Total	1.580.560	1.673.160	797.700

Dans le rapport officiel de 1919 on trouve quelques détails intéressants sur la cotisation moyenne pendant l'année 1916, prélevée selon l'âge et le sexe des assurés. Nous y voyons, dans les villes, la cotisation moyenne s'élever, pour les hommes, à 3,1 kronor, dès l'âge de 16 ans. Cependant ce pourcentage progresse rapidement et atteint :

8 kronor à 25 ans
9 » » 27 »
10 » » 30 »

Le maximum de la cotisation, soit 10,3 kronor, est payé par la classe d'âge de 36 à 44 ans. Dès l'âge de 45 ans elle diminue sensiblement jusqu'à devenir :

10 kronor à 50 ans
9 » » 59 »
8 » » 66 »

Pour les femmes, l'écart est moins considérable. La cotisation moyenne est de :

3 kronor à 16 ans ;
4 » 24 »
4,1 (max.) 25 »
4 » ·30 »

Pour les assurés qui ont dépassé cet âge, la cotisation ne subit que des modifications insignifiantes.

Dans les communes suburbaines de caractère semi-rural, le maximum pour les hommes s'élève à 8,5 kronor et, pour les femmes, à 3,3 kronor. Dans les communes essentiellement rurales, la cotisation moyenne des hommes monte, de 3 kronor à l'âge de 16 ans, à :

4,2 kronor à 24 ans ;
5,4 » 30 »
6,0 » 35 »
6,3 » 42 »
6,4 » 49 »
6,3 » 51 »
5,3 » 66 »

Pour les femmes, la cotisation est de :

3 kronor de 16 à 20 ans
3,1 » 21 » 47 »
3,2 » au dessus de 48 ans

La cotisation moyenne par assuré s'est élevée pour l'année 1916 aux chiffres suivants :

TABLEAU V

Villes		Communes semi-rurales		Communes strictement rurales		Royaume	
Hommes	Femmes	Hommes	Femmes	Hommes	Femmes	Hommes	Femmes
kr.	kr.	kr.	kr.	kr.	kr.	kr.	kr.
8,2	3,9	6,7	3,2	5,2	3,1	6,4	3,4

Une question importante se pose : jusqu'à quel degré les cotisations sont-elles effectivement payées ? Ce sont les autorités communales qui perçoivent la cotisation de base de 3 kronor, en même temps que les impôts, à moins qu'un décret ne décide que la perception se fera, dans les communes expressément désignées, par l'organe des impôts nationaux. Aux autorités communales incombe le devoir de dresser la liste des personnes soumises à l'assurance et d'indiquer le montant des cotisations. Les communes répondent à l'organisation de l'assurance des sommes non perçues. Dans ce cas, l'assuré reste débiteur de la commune, mais il devient impossible de tenir compte de la cotisation arriérée pour le calcul de la rente éventuelle. Ce sont les autorités chargées de la perception de l'impôt national qui perçoivent les primes supplémentaires de 2,5 à 10 kronor.

Voici une statistique du pourcentage des cotisations payées par les assurés :

TABLEAU VI

En 1914	Villes	Campagnes	Royaume
Cotisations générales	73	89	84
Cotisations supplémentaires	82	92	88
En 1915			
Cotisations générales	71,0	88,4	84,3
Cotisations supplémentaires de 2 kr.	69,9	86,8	83,4
Cotisations supplémentaires de 5 kr.	70,5	90,6	84,5
Cotisations supplémentaires de 10 kr.	88,6	94,7	91,6
Montant payé du total des cotisations dues	77,8	89,7	85,7

En 1916	Villes	Campagnes	Royaume
Cotisations générales	71,0	88,2	84,0
Cotisations supplémentaires de 2 kr.	70,3	87,2	83,7
Cotisations supplémentaires de 5 kr.	69,7	90,3	82,3
Cotisations supplémentaires de 10 kr.	87,2	94,6	91,0
Montant payé du total des cotisations dues	77,5	89,8	85,7
En 1917			
Cotisations générales	71,0	88,8	84,4
Cotisations supplémentaires de 2 kr.	69,8	88,2	84,5
Cotisations supplémentaires de 5 kr.	68,6	88,7	81,4
Cotisations supplémentaires de 10 kr.	85,6	93,3	89,8
Montant payé du total des cotisations dues	77,5	90,1	85,8

Il ressort nettement de cette statistique que les assurés des campagnes montrent plus de régularité que ceux des grandes villes dans le versement des cotisations. Cette différence devient plus évidente encore si l'on compare les chiffres des villes à ceux des communes strictement rurales. Opposons par exemple le pourcentage des cotisations payées de part et d'autre en 1917.

TABLEAU VII

En 1917	Villes	Communes strictement rurales
Cotisations générales	71	93,4
Cotisations supplémentaires de 2 Kr.	69,8	92,4
Cotisations supplémentaires de 5 Kr.	68,6	95
Cotisations supplémentaires de 10 Kr..	85,6	97,7
Montant payé du total des cotisations dues . . .	77,5	94,5

Voici, d'autre part, les chiffres plus détaillés encore relatifs à 1915 :

Revenu	État civil		Stockholm	Villes	Non strictement rural	Strictement rural
500	Hommes	mariés	48,4	55,6	82,7	94,3
	»	célibataires	61,3	59,9	73,8	88,3
	Femmes	mariées	71,7	78,2	87,4	95,4
	»	célibataires	74,1	70,5	78,6	91,5
500-800	Hommes	mariés	60,6	68,4	86,9	95,2
	»	célibataires	56,5	59,4	75,0	88,1
	Femmes	mariées	75,4	76,6	84,0	95,7
	»	célibataires	79,7	80,2	86,5	95,1
800-1200	Hommes	mariés	65,6	74,1	91,6	98
	»	célibataires	50,5	57,6	75,9	91,2
	Femmes	mariées	82,7	83,9	75,9	91,2
	»	célibataires	87,8	88,6	90,1	98,5
1200 et plus	Hommes	mariés	88,9	90	93,7	98,9
	»	célibataires	77,9	81,1	85,9	95,6
	Femmes	mariées	94,3	95,3	94,2	97,5
	»	célibataires	96,9	97,6	96,3	99,3

Le tableau ci-dessus prouve combien les habitants des contrées rurales s'acquittent avec plus d'exactitude de leurs cotisations que ceux des agglomérations urbaines; il révèle, en outre, chez les femmes, un souci plus grand de bien remplir les obligations financières auxquelles elles sont astreintes, que chez les assurés du sexe masculin.

Il faut aussi retenir que la régularité dans les versements est plutôt le fait des assurés âgés que des jeunes.

Dans les *villes*, le pourcentage des cotisations payées est:

> pour les hommes à l'âge de 20 ans, 48,9
> »   »   »   66   »   87,9
> pour les femmes à l'âge de 19 ans, 70
> »   »   »   66   »   85,2

Dans les *communes mixtes*, c'est-à-dire *en partie rurales*:

> pour les hommes à l'âge de 20 ans, 60,5
> »   »   »   65   »   95,2
> pour les femmes à l'âge de 21 ans, 76,8
> »   »   »   65   »   90,6

Dans les *communes essentiellement rurales*:

> pour les hommes à l'âge de 21 ans, 82,4
> »   »   »   54   »   98,3
> pour les femmes à l'âge de 22 ans, 90,8
> »   »   »   65   »   96,6

Quelle conclusion pouvons-nous tirer de ces chiffres?

Qu'il est incontestable qu'un système prenant pour base le prélèvement des cotisations sur le salaire, à condition que ce prélèvement soit garanti par des sanctions suffisantes, donnera un résultat meilleur qu'un système de perception des cotisations par l'administration des impôts, ainsi que le prévoit la loi suédoise. L'insuffisance du second système apparaîtra toujours dans la perception des cotisations parmi les groupes pauvres. D'autre part, les jeunes ouvriers passent fréquemment d'un centre industriel à l'autre. Ils échappent ainsi au fisc ou lui créent de sérieuses difficultés. Il convient enfin de ne pas perdre de vue que le prélèvement sur le salaire ne peut atteindre qu'une partie des assurés visés par un système d'assurance générale.

DES PENSIONS.

Tandis que la perception des cotisations est à la charge de l'administration des impôts communaux et nationaux, le paiement des pensions est confié à l'administration des postes. La liaison entre les deux organisations est confiée à la direction des retraites et aux commissions locales[3]. Ces

---

[3] Dans les agglomérations importantes, on a créé plusieurs commissions ; inversement, on a réuni plusieurs villages sous l'autorité d'une seule présidence.

organes sont assistés d'un fonctionnaire désigné par la direction des retraites ; il a voix consultative. Le nombre des commissions locales s'élevait à 2643 à la fin de l'année 1919. Elles sont composées d'un président et de deux, quatre ou six membres, selon le nombre des unités administratives. Le roi en nomme les présidents et leurs suppléants pour une durée de quatre années; les conseils communaux désignent les membres pour la même période; chaque commission est renouvelée, par moitié, tous les deux ans. Indépendamment de la surveillance générale de l'application de la loi, les commissions locales sont chargées d'une partie très importante de son exécution; c'est à elles que doit être adressée toute demande de liquidation de pension, afin qu'elles puissent dé·ider du droit à la retraite et constituer le dossier de l'assuré.

La direction des retraites fixe le montant de la pension et fait tenir à la commission le certificat justificatif qui sera remis à l'assuré. La compétence de la direction des retraites s'étend à tous les différends qui surgissent entre les assurés et les commissions. Elle a également le droit et le devoir de contrôler les décisions des commissions, alors même que les assurés ne les contestent pas. Dans les cas où la direction exerce ses pouvoirs de juge, deux de ses membres doivent prendre part aux séances et l'un d'eux doit avoir la compétence d'un juge.

L'assuré peut demander la liquidation de sa retraite en cas d'incapacité totale de travail, ou après avoir atteint l'âge de 67 ans. Le montant de la pension annuelle est, pour les hommes, de 30 % et, pour les femmes, de 24 % de la totalité des cotisations payées. Pour les assurés qui, lors de l'entrée en vigueur de la loi, avaient atteint l'âge de 25 ans, le pourcentage indiqué ci-dessus subit une diminution. Il est calculé alors de la façon suivante:

TABLEAU VIII

Assurés âgés de	Hommes	Femmes
25 à 30 ans	27,5	22,0
30 » 35 »	25,0	20,0
35 » 45 »	22,0	18,0
plus de 45 ans	20,0	16,0

Ceux des assurés qui sont frappés d'une incapacité permanente de travail ont droit à un supplément de rente si leur revenu annuel est inférieur à 300 kronor pour les hommes, et 283 kronor pour les femmes. Ce supplément est subordonné à la gravité du cas d'invalidité et ne peut dépasser 150 kronor pour les hommes et 140 kronor pour les femmes.

En outre, tout retraité qui aura payé toutes ses cotisations bénéficiera d'une augmentation de sa rente égale à 8 % de la totalité des cotisations. La loi Lindstedt prévoit le droit à un secours pour toute personne qui, passé l'âge de 15 ans, serait victime d'une incapacité permanente de travail et pour le compte de laquelle il n'aurait pas été versé de cotisation aux fins d'obtenir la pension. Il en est de même pour toute personne qui, à l'âge précité, se trouve déjà atteinte d'une incapacité permanente de travail. Le montant du secours est fixé conformément à celui du supplément. Une disposition transitoire excluait de ce droit les invalides qui avaient atteint l'âge de 67 ans, ainsi que toutes les personnes âgées de plus de 15 ans qui, au cours de l'année 1913, avaient été entièrement entretenues pendant plus de quatre mois par l'assistance publique ou privée. Un décret du 8 juin 1915 a abrogé cette exclusion, sauf dans le cas des invalides entretenus par l'assistance publique ou privée. Il a établi que le secours, pour les groupes nouvellement admis, ne pouvait excéder la moitié de la pension supplémentaire, et que cette allocation ne serait payée qu'à partir du 1er janvier 1916. Pour les assurés qui, avant l'expiration de l'année 1918, ont obtenu le droit à un supplément, à un secours ou à une augmentation, le montant de ces prestations est arrêté proportionnellement au montant normal.

Pour ceux qui ont obtenu ce droit, le montant des prestations a été fixé :

en 1914 à 50 %
» 1915 » 60 %
» 1916 » 70 %
» 1917 » 80 %
» 1918 » 90 %

Depuis le 1er janvier 1919 les personnes mariées qui sont toutes deux invalides, les veufs et veuves d'invalides, reçoivent un supplément spécial. S'ils ont charge d'enfants au-dessous de 15 ans, ou si leur revenu est inférieur à 300 kronor pour les hommes et à 283 pour les femmes, ce supplément peut s'élever annuellement à 75 kronor par enfant. L'Etat couvre les trois quarts des frais qu'occasionnent les suppléments et les secours; la charge du dernier quart incombe aux conseils généraux et aux communes. Outre l'assurance obligatoire, la loi du 30 juin 1913 introduit l'assurance facultative; tout Suédois peut verser, dès l'âge de 15 ans, des primes supplémentaires dont le maximum est fixé à 30 kr. par année. L'Etat ajoute à ces primes, à titre de subvention, un huitième des versements volontaires effectués dans le courant de l'année. Les primes supplémentaires donnent droit à une rente proportionnée au total des primes de chaque année écoulée depuis le premier paiement jusqu'à la liquidation de la pension. Le montant annuel des pensions obtenu dans ces conditions sera, pour les hommes, égal à autant de fois 1 ½ par an du montant de chaque versement volontaire qu'il y aura d'années entières entre l'époque du premier versement et l'entrée en jouissance de la pension. Pour les femmes, la pension sera égale aux cinq sixièmes de la rente prévue pour les hommes.

La liquidation de ces rentes s'effectue dans les mêmes conditions que celles qui dépendent de l'assurance obligatoire.

A moins d'incapacité permanente de travail, elle ne peut être réclamée avant l'âge de 67 ans. Toutefois une disposition législative, datée du 14 juin 1917, a créé une dérogation en faveur du personnel d'entreprises, lorsqu'il s'agit d'assurances collectives complémentaires. Cette classe d'assurés peut obtenir la pension de vieillesse dès l'âge de 55, 60 ou 65 ans. La même disposition a supprimé la limitation de la prime facultative à un maximum de 30 kr. Cependant, ces nouvelles mesures n'ont pas suffi à donner un développement considérable à l'assurance facultative; on s'en rendra mieux compte en parcourant la statistique suivante du nombre des assurés facultatifs et des cotisations payées :

TABLEAU IX

Année	Assurés			Cotisations payées (kronor)
	Hommes	Femmes	Total	
1914	352	276	628	10.849
1915	309	229	538	11.509
1916	314	231	545	12.103
1917	339	273	612	14.161
1918	460	328	788	27.484
1919	417	310	727	31.809

Les demandes de liquidation ont commencé dès l'entrée en vigueur de la loi. Dans la première année de son application le nombre des requêtes individuelles est monté à 41.478 et à 2.121 pour deux conjoints. Ces demandes étaient en général présentées par les invalides de 15 à 67 ans, dont le revenu n'atteignait pas le minimum prévu par la loi [1]. Déduction faite des requêtes d'une centaine de personnes qui avaient dépassé l'âge de 67 ans et se voyaient, par conséquent, exclues par la disposition transitoire de la loi, il restait 43.495 personnes pour lesquelles la demande de liquidation a été faite dans le courant de 1914. Le 32,4 % des requêtes en vue de liquidation des pensions était présenté par des hommes et le 67,6 % par des femmes.

En prenant connaissance du tableau indiquant l'âge des requérants, on observe que, dans les classes d'âge les plus élevées, le pourcentage des femmes dépasse 70 %, alors que, dans les groupements d'assurés plus jeunes, le pourcentage des hommes est égal à celui des femmes et l'emporte même de quelques centièmes. Le nombre des requêtes présentées en 1914, qui approchait donc 44.000, était en réalité bien inférieur à celui qui, résultant d'une juste évaluation, laissait prévoir quelque 80.000 requêtes. Cette différence si sensible entre le pronostic et la réalité s'explique par l'ignorance où étaient un grand nombre de personnes des dispositions de

---

[1] 300 kr. pour les hommes, 283 kr. pour les femmes.

la loi et parce qu'une certaine quantité d'assurés ont remis à une époque ultérieure leurs demandes de liquidation de pensions, persuadés qu'à procéder de la sorte ils allaient augmenter leur rente.

A la fin de l'année 1919 la direction des retraites avait délivré, en vertu de la loi de 1913, tant sous forme de pensions supplémentaires que de secours, 139.774 certificats de pensions, dont 48.187 pour les hommes et 91.587 pour les femmes. La moyenne de cette pension était, pour les hommes, de 73,80 k. et pour les femmes de 67,72 k. En suite de modifications et de décès [5] il restait, à la fin de 1919, 35.119 hommes et 76.844 femmes admis à bénéficier de la pension supplémentaire et des secours. La moyenne de la pension accusait 77,63 k. pour les hommes et 72,41 k. pour les femmes.

La loi du 8 juin 1915, qui accordait le droit de secours aux invalides âgés de plus de 67 ans et dont le revenu était inférieur à 300 k., a eu pour effet de multiplier le nombre des demandes de liquidation présentées à la direction des retraites. Pour le deuxième semestre de 1915 on en comptait 138.339 ; le nombre total de certificats délivrés jusqu'à la fin de l'année 1919 a atteint 183.724. Pendant cette période, 58.254 pensionnés sont morts et diverses circonstances ont entraîné la suppression du droit à la pension pour 278 personnes.

Voici donc quelle était, à la fin de 1919, la situation :

TABLEAU X

Assurés		Montant des secours annuels pour l'ensemble des bénéficiaires	Moyenne
Hommes . . .	46.248	2.795.878 ,49 kr.	60 ,37 %
Femmes . . .	125.102	7.514.138 ,68 kr.	59 ,82 %

Du fait de leurs versements, 76.960 personnes ont acquis, au cours des années 1914 et 1919, le droit à la retraite ; pour ce nombre, on a enregistré 12.316 cas de radiation, par suite de décès des bénéficiaires, et, pour différents motifs, 234 pensions ont été suspendues.

A la fin de l'année 1919 il restait donc un nombre total de 64.140 retraités, dont 21.562 hommes et 42.578 femmes.

Enfin, pendant l'année 1919, des secours aux enfants, dans 1014 cas, dont 526 d'invalides, ont absorbé une somme de 72.451,80 kronor.

Le total des pensions était :

TABLEAU XI

Années	Supplément, loi 1913	Assurances	Secours, loi 1915
1914	1.640.139 ,56	—	—
1915	11.342.387 ,75	9.098 ,03	—
1916	6.467.644 ,60	33.284 ,27	8.670.000
1917	6.986.112 ,12	51.818 ,26	9.576.156 ,94
1918	7.859.689 ,56	74.461 ,33	8.996.165 ,24

[5] A la fin de 1919 on avait enregistré le décès de 12.721 hommes et 14.452 femmes pensionnés.

L'ensemble de ces chiffres, qui se rapportent aux diverses pensions, prouve que la loi Lindstedt a plutôt poursuivi un but d'assistance que d'assurance pendant les premières années de son application. Cette constatation nous paraît conforme à la nature même du but que cette législation se proposait. La même raison, qui justifie l'institution d'un système d'assurance invalidité et retraite, implique pour les législateurs l'obligation de souscrire à diverses mesures de prévoyance en faveur de la partie de la population qui, au moment de l'entrée en vigueur de l'assurance, a dépassé la limite d'âge ou, frappée d'invalidité prématurée, se trouve exclue de l'assurance proprement dite.

Une institution d'assurance-vieillesse et invalidité, qui doit en réalité protéger la famille de l'assuré contre les vicissitudes de la vie, exige des sacrifices financiers que la plupart des travailleurs ne peuvent consentir, par cela même que la totalité de la population est soumise à l'assurance obligatoire.

Normalement, les pensions de secours doivent diminuer et les rentes acquises par le paiement des primes doivent augmenter avec le temps. Cependant, il est douteux que les rentes équivalentes aux primes payées constituent jamais un revenu suffisant. On doit considérer la rente provenant de l'assurance obligatoire comme un minimum que les personnes prévoyantes s'efforceront d'augmenter par le versement de primes supplémentaires. Mais il faut constater que peu d'adhérents usent de ce moyen qui leur est offert d'augmenter leurs pensions.

La direction des retraites envisage la tâche qu'elle s'est donnée avec un esprit large et généreux. Elle entend ne pas borner exclusivement son activité au problème de l'assurance. Elle cherche également à combattre l'invalidité et dispose à cet effet d'un crédit annuel qui lui est voté par le parlement.

L'office compétent emploie les sommes dont il peut disposer non seulement pour accorder aux assurés qui en font la requête un traitement médical spécial, mais encore pour proposer, sur l'avis et sous les auspices des commissions locales, les soins nécessaires aux personnes qui paraissent menacées d'une incapacité de travail.

L'application des différents moyens prophylactiques a débuté en 1915 par des traitements en sanatorium, des bains de mer et différentes cures spéciales. Dès le commencement de 1919, les personnes atteintes de tuberculose pulmonaire se sont vu accorder le droit à un traitement aux frais des communes. C'est à cette époque que l'activité préventive du service des retraites s'est concentrée principalement sur le cas d'assurés souffrant de rhumatismes, de maladies de nerfs, d'épuisement général, d'anémie, de tuberculose des os, de maladies arthritiques, etc., etc.

On a tenté un généreux effort vers la rééducation professionnelle des aveugles et des invalides en génétal. A cet effet, on a envisagé la création d'internats et d'écoles techniques. Le tableau suivant donne quelques chiffres intéressants sur l'extension de cette activité.

TABLEAU XII

Années	A			B			C	D
	Hommes	Femmes	Total	Hommes	Femmes	Total		
1915	753	728	1481	331	357	688	761	15.713
1916	1280	1287	2567	185	291	476	2222	108.972
1917	1296	1238	2534	82	108	190	2127	236.376
1918	1534	1419	2953	56	74	130	2327	313.712
1919	1304	1316	2620	75	106	181	2087	498.090

A = Nombre des personnes qui ont demandé un traitement spécial ou une subvention destinée à prévenir une incapacité de travail.

B = Nombre des assurés pour lesquels la direction des retraites a soulevé elle-même la question des soins à donner.

C = Nombre des cas dans lesquels on accorde des soins.

D = Frais du service.

Pour compléter cette étude nous donnons ici quelques aperçus sur les frais d'administration, calculés séparément pour la direction des retraites et pour la caisse d'épargne postale, qui est chargée du paiement des pensions. Dans les sommes citées ne sont pas compris les frais des commissions des pensions couverts par les communes :

TABLEAU XIII

Années	Direction des retraites. Kronor.	Poste. Kronor.
1913	77.897	
1914	406.682,83	18.321,84
1915	617.912,47	73.701,63
1916	688.108,97	256.472,83
1917	720.591,07	272.020,93
1918 [1]	747.734,42	362.220,93
1919 [2]	771.839,27	292.243,02

[1] Exclusion faite de l'allocation de crise de guerre : 365.963,89 kr.
[2]   »   »   »   »   »   679.941,98 »

Il est nécessaire de rappeler que les communes sont chargées de l'encaissement des primes ; tandis que c'est la direction des impôts nationaux qui perçoit directement les primes supplémentaires.

RÉÉDUCATION PROFESSIONNELLE

La rééducation industrielle des invalides de la guerre en Grande-Bretagne.

HISTORIQUE DE LA RÉÉDUCATION INDUSTRIELLE [1].

L A rééducation industrielle, telle qu'elle est organisée actuellement, peut être considérée comme une création de la guerre, rendue indispensable par la fabrication intensive des munitions.

En 1915, la rareté de la main-d'œuvre qualifiée ou semi-qualifiée ne fut pas une des moindres difficultés auxquelles le ministère des Munitions eut à faire face. Le Dr Addison, qui, à ce moment, dirigeait les services de fabrication du ministère, conçut le projet d'utiliser les écoles techniques du pays pour l'éducation professionnelle des travailleurs non spécialisés dont il voulait faire des ouvriers semi-qualifiés, en vue de réserver l'exécution des opérations les plus difficiles aux ouvriers qualifiés.

Une petite section fut établie au ministère des Munitions (« Labour Supply Department ») pour provoquer et diriger les efforts des autorités locales d'éducation. Les premiers essais, tentés sur une petite échelle, par des hommes parfois inexpérimentés, parfois aussi entravés par l'inertie de certains employeurs et l'opposition des syndicats locaux qui comprenaient mal la possibilité de former des apprentis dans des usines obligées de fournir une production intense, n'obtinrent qu'un succès relatif.

Vers la fin de 1916, le manque de main-d'œuvre semi-qualifiée se faisant sentir d'une manière plus impérieuse encore,

---

[1] D'après *Industrial Training. — A paper read before the Royal Society of Arts, London, on February 25th, 1920,* by Sir James Currie, K. B. E., C. M. G., Director of the Training Department, Ministry of Labour.

M. Montagu, alors ministre, ordonna de pousser rapidement l'organisation de l'éducation professionnelle en vue d'obtenir, dans le délai le plus court, un grand nombre d'ouvriers spécialisés. Les plans déjà étudiés reçurent leur forme définitive et leur réalisation fut poursuivie avec la plus grande activité.

L'éducation professionnelle fut donnée dans les écoles techniques déjà existantes placées sous la direction des autorités locales d'éducation, subventionnées et inspectées par le ministère des Munitions, dans des ateliers spéciaux d'instruction (« Instructional factories ») créés par l'Etat et contrôlés directement par le ministère des Munitions et, enfin, dans des ateliers spéciaux d'instruction annexés aux entreprises privées.

Une campagne de conférences fut entreprise avec le concours d'un certain nombre de techniciens du ministère, de directeurs d'écoles techniques et de grands industriels en vue de convaincre les travailleurs de la nécessité absolue de l'éducation professionnelle rapide d'un grand nombre d'ouvriers. Ces conférences furent couronnées de succès et, à la fin de 1918, au moment de la signature de l'armistice, le ministère des Munitions avait équipé une centaine d'écoles techniques et possédait une douzaine de très grands ateliers spéciaux d'instruction, grâce auxquels plus de 50.000 travailleurs étaient devenus des ouvriers qualifiés ou semi-qualifiés.

A cette époque, un autre problème d'éducation professionnelle se posait : celui de la rééducation des invalides de la guerre. Tout naturellement, on fut amené à utiliser pour les invalides la vaste organisation d'apprentissage établie par le ministère des Munitions.

La rééducation professionnelle des invalides, d'abord confiée au ministère des Pensions, fut transférée au ministère du Travail par décision (« Order in Council ») du 9 mai 1919 et exécutée conformément aux dispositions d'un plan nouveau connu sous le nom de *Industrial Training Scheme of the Ministry of Labour, 1920.*

LES DISPOSITIONS ESSENTIELLES DU PLAN DE RÉÉDUCATION INDUSTRIELLE [2].

But de la rééducation industrielle des invalides.

La rééducation industrielle a pour but de rendre l'invalide capable d'exercer une profession manuelle et de devenir un ouvrier qualifié pourvu d'un emploi permanent et réunissant toutes les conditions requises pour être admis dans les syndicats de son métier.

---

[2] D'après une brochure éditée par le ministère du Travail : *Conditions governing the industrial training of ex-service men.* — His Majesty's Stationery Office 1920 cmd - 947.

Bénéficiaires de la rééducation.

Le bénéfice de la rééducation est reconnu aux invalides qui remplissent les deux conditions suivantes :

1° Leur infirmité doit avoir été contractée ou aggravée par suite du service pendant la guerre ou, tout au moins, avoir été constatée au moment de leur démobilisation;

2° Leur infirmité doit les mettre dans l'impossibilité de reprendre leur ancienne profession, ou tout au moins de la reprendre sans une diminution de leur capacité de gain. Cette impossibilité de reprendre une profession en raison des infirmités doit être attestée par un certificat établi par les médecins experts du ministère des Pensions.

Au 1er août 1919 on estimait que le nombre des invalides susceptibles de réclamer le bénéfice de la rééducation industrielle ne serait pas inférieur à 80.000 et pourrait même atteindre 100.000; à la même date, 11.000 hommes avaient été rééduqués et 10.000 se trouvaient en cours de rééducation; il fallait donc prendre les dispositions nécessaires pour assurer à bref délai l'admission en rééducation d'au moins 50.000 invalides.

Les organes d'exécution.

L'organisation comprend :

1° un service central : le « Training Department » du ministère du Travail;

2° 17 services régionaux, à la tête de chacun desquels est placé un directeur divisionnaire;

3° une vingtaine de comités professionnels nationaux et environ 350 comités professionnels locaux — qui ne sont pas des organes administratifs mais qui jouent dans le problème de la rééducation un rôle des plus importants.

Le *Training Department* est chargé de l'organisation de la rééducation dans toutes les professions et du contrôle pour la Grande-Bretagne tout entière.

Chaque directeur divisionnaire d'un service régional a pour mission de se prononcer sur le droit des invalides à la rééducation, d'organiser pratiquement les cours d'apprentissage dans son district et d'en surveiller l'exécution d'accord avec les comités consultatifs techniques locaux.

Les *comités professionnels consultatifs nationaux* (« National Trade Advisory Committees ») ont été institués par le ministère du Travail pour donner leur avis sur les conditions générales dans lesquelles la rééducation doit être organisée dans les professions appelées « professions spéciales » (special trades). Ces comités indiquent les méthodes de réapprentissage qui leur paraissent les meilleures, les lieux où les centres de rééducation doivent être placés, les obligations qui leur paraissent devoir incomber au gouvernement, aux employeurs et aux invalides. Chaque comité s'occupe d'une seule profession et se compose généralement d'un nombre égal de représentants des groupements nationaux d'employeurs et des syndicats ouvriers. Les conclusions des comités sont résumées dans des rapports spéciaux publiés par le ministère du Travail et connus sous le nom de *Reports upon Openings in Industry suitable for Disabled Ex-Service Men* (Rapports sur les débouchés dans l'industrie pour les marins et les soldats mutilés)[3]. Il existe une vingtaine de comités nationaux qui ont établi des rapports semblables concernant les professions spéciales suivantes :

> Tailleurs (sur mesure et confection).
> Ameublement.
> Fabrication d'articles en cuir.
> Cordonnerie (chaussures sur mesure et réparations).
> Orfèvrerie et métiers similaires.
> Mécaniciens dentistes.
> Confection de vêtements (commerce de gros).
> Fabrication mécanique de chaussures.
> Vannerie.
> Bâtiments.
> Construction mécanique.
> Imprimerie.
> Encadrement.
> Brosserie.
> Usines de force motrice.
> Etablissements commerciaux.
> Peintres en lettres.
> Fabrication d'instruments de musique.
> Carrosserie.
> Verrerie.
> Filature de coton.
> Poterie.
> Fabrication de dentelles.
> Fabrication de sabots.
> Fabrication de chaussures orthopédiques.

---

[3] Voici, à titre d'exemple, un sommaire succinct du rapport du Comité national de l'industrie du bâtiment, établi en janvier 1920 (*Reports upon Openings in Industry suitable for Disabled Ex-Service Men.—The Building Trade.* N° XIV, janvier 1920):

1° Situation actuelle de l'industrie du bâtiment; effectifs de chacune des professions intéressées; possibilités de placement des invalides; la guerre ayant causé un arrêt presque total de la construction des habitations, il faut prévoir pendant les années qui vont suivre une grande activité qui permettra d'admettre un nombre important d'invalides.

2° Liste des infirmités compatibles avec chacune des professions.

3° Conditions spéciales de la rééducation dans chaque profession : durée totale, durée de chacune des phases, formes diverses que peut prendre la rééducation; indemnités et salaires que doivent recevoir les apprentis à chaque période, etc.

Les *comités consultatifs professionnels locaux* (" Local Technical Advisory Committees ")[4] sont institués par le ministre du Travail, après avis des comités consultatifs nationaux appartenant à la profession intéressée ; en principe, ils se composent d'un nombre égal de représentants des employeurs et des syndicats ouvriers, désignés par leurs associations locales respectives ; en outre, ils comprennent généralement deux représentants du directeur divisionnaire de la rééducation et deux représentants des autorités locales d'éducation ; ces quatre derniers membres ont seulement voix consultative ; enfin, chaque comité peut s'adjoindre, en qualité de conseillers techniques, des délégués de certaines sections professionnelles très spécialisées et non représentées dans le comité, quand des questions les concernant sont mises en discussion.

Les conditions relatives à la rééducation dans la profession de maçon (maçonnerie en briques) sont résumées dans le tableau ci-dessous:

MAÇONNERIE EN BRIQUES
Durée de la rééducation : 3 ans

Durée des phases	Lieux où s'effectue la rééducation	Salaire hebdomadaire durant la rééducation en atelier à payer par l'employeur	Indemnité hebdomadaire d'entretien pour un célibataire	Total par semaine
1re période : rééducation avec allocation				
6 semaines	Ecole technique	Néant	40 sh.	40 sh.
4 »	Atelier	»	40 sh.	40 sh.
16 »	) chez	10 sh.	30 sh.	40 sh.
13 »	) un	15 sh.	25 sh.	40 sh.
13 »	(patron	20 sh.	20 sh.	40 sh.
26 «		35 sh.	5 sh.	40 sh.
2me période : rééducation sans allocation 1 ½ année	Atelier	Minimum de 40 sh. au début de cette période (le taux du salaire sera fixé tous les trois mois, après entente avec le comité consultatif technique local).	néant	40 sh. minimum au début de cette période, plus la pension d'invalidité.

Des tableaux analogues précisent les conditions dans lesquelles doit se faire la rééducation des tailleurs de pierre, des plombiers, des plâtriers, des charpentiers, des peintres et des décorateurs, etc.

4° Liste des lieux où il serait désirable d'instituer des comités consultatifs locaux et d'établir des centres spéciaux de rééducation pour l'industrie du bâtiment.

5° Conditions de la rééducation dans les ateliers spéciaux de l'Etat («Goverment Instructional Factories») : — des tableaux précisent ces conditions pour chaque profession, comme la rééducation dans les écoles techniques et les ateliers des employeurs privés.

[4] *Memorandum to all Local Technical Advisory Committees*, brochure établie par le ministère du Travail, août 1919, M. L. T., 26.

Un comité local n'a aucun pouvoir financier, il a pour mission :

1° de donner son opinion au directeur divisionnaire de la rééducation sur le choix des candidats en ce qui concerne leur aptitude à l'apprentissage dans une profession déterminée d'après leurs infirmités, la valeur de la rééducation qui peut être donnée dans les écoles techniques, les instituts similaires et les ateliers des employeurs privés, les salaires qui doivent être payés aux apprentis mutilés en tenant compte des conditions locales, et enfin sur toutes les questions qui peuvent surgir à propos de la rééducation ;

2° de donner son avis sur les questions qui lui sont renvoyées par le Comité national auquel il est rattaché. Généralement, les comités nationaux ont délégué aux comités locaux les fonctions suivantes : fixation du nombre des invalides qui peuvent être admis en rééducation dans chaque profession et dans chaque district, d'après les possibilités constatées d'absorption de main-d'œuvre des divers métiers ; arbitrage des conflits survenus entre les mutilés et les employeurs pour l'exécution des contrats de rééducation.

Caractères distinctifs du plan britannique.

L'organisation de la rééducation industrielle des invalides est caractérisée par deux traits essentiels : une décentralisation très étendue et le rôle prépondérant joué par les comités professionnels nationaux et locaux dans les professions spéciales.

Les directeurs divisionnaires possèdent, dans leurs districts, des pouvoirs très étendus ; ils sont qualifiés pour examiner les droits des invalides à la rééducation et pour prononcer leur admission ; cette méthode permet l'examen sur place des mutilés, simplifie la constitution des dossiers et la correspondance et aboutit à des décisions relativement rapides. Aux Etats-Unis et en France la centralisation était, à l'origine, beaucoup plus accentuée. L'admission en rééducation ne pouvait être décidée aux Etats-Unis que par le "Federal Board for Vocational Education" de Washington, et en France par l'Office national des mutilés de Paris ; les services régionaux et locaux n'étaient que des organes de transmission ; les services centraux étaient débordés par la foule des dossiers qui leur étaient adressés ; les décisions devaient être prises sur pièces ; il en résultait des erreurs nombreuses et des délais prolongés qui ont amené de vives protestations de la part des associations de mutilés. Pour y remédier on eut recours à une certaine décentralisation et ce système fonctionne avec succès dans les deux pays.

L'intervention des comités professionnels nationaux et locaux dans l'organisation de la rééducation des invalides est un fait plus caractéristique et plus important encore.

Les conditions générales de la rééducation sont déterminées, dans chaque profession, par des comités nationaux et les modalités locales d'application sont contrôlées par des comités locaux composés de représentants des employeurs et des ouvriers appartenant à la profession intéressée, c'est-à-dire par des hommes connaissant parfaitement les aptitudes physiques exigées par leur métier, la situation du marché de la main-d'œuvre, le nombre de mutilés susceptibles d'obtenir un emploi permanent, les meilleures méthodes d'apprentissage rationnel, les salaires qui peuvent être payés aux apprentis, etc. Cette collaboration d'hommes vraiment qualifiés donne aux plans de rééducation établis par les comités nationaux une valeur indiscutable qui en fait des documents précieux non seulement pour l'apprentissage des mutilés mais pour l'éducation professionnelle en général. Pour la première fois, peut-être, les employeurs et les ouvriers des principales industries ont été amenés à faire une analyse de leurs propres méthodes en vue d'obtenir, dans le temps le plus court, des travailleurs spécialisés. Cette enquête a abouti pour chaque métier à des conclusions précises sur les meilleures conditions d'apprentissage ; ces conclusions ont été appliquées pendant plusieurs années à des dizaines de milliers d'invalides de la guerre ; elles ont été constamment modifiées pour tenir compte des leçons de l'expérience et il en résulte un progrès certain qui exercera sans aucun doute une influence considérable sur le développement de la rééducation des invalides du travail et sur l'apprentissage des jeunes gens.

La fixation, dans chaque profession, par des comités nationaux et locaux composés d'hommes appartenant à la profession intéressée, du nombre d'invalides qui peuvent être admis et des règles suivant lesquelles ils doivent être rééduqués, a non seulement une valeur technique incontestable, mais aussi une valeur sociale considérable. Les mutilés sont dirigés sur les métiers qui ne sont pas encombrés et où ils pourront trouver la certitude d'un emploi permanent ; la liaison si nécessaire entre la rééducation et le placement est ainsi assurée d'une manière très étroite. L'admission des mutilés dans les syndicats sera facilitée par le fait même qu'ils sont devenus des ouvriers qualifiés d'après les règles établies ou acceptées par les syndicats intéressés eux-mêmes, ce qui est de nature à éviter les conflits les plus graves dans un pays où les travailleurs sont fortement organisés.

C'est pourquoi le ministère du Travail a constitué cette immense organisation de comités professionnels nationaux et locaux et s'est engagé à veiller à l'exécution stricte des accords établis ; on peut donc dire que la rééducation dans les professions classées comme « special trades » est l'œuvre des employeurs et des ouvriers autant et plus que celle de l'administration, — qui n'intervient, en définitive, que pour diriger les discussions et fournir les moyens matériels d'exécution : outillage, indemnité d'entretien aux invalides, etc.

La procédure d'admission en rééducation.

Les demandes d'admission en rééducation doivent être adressées aux directeurs divisionnaires, soit directement, soit par l'intermédiaire des comités locaux des pensions de guerre ou des commissions locales de placement.

Le directeur divisionnaire constitue le dossier du requérant, se renseigne sur l'origine de son infirmité et, si cette infirmité a été contractée ou aggravée par suite du service de guerre, ou tout au moins si elle a été constatée au moment de la démobilisation, il reconnaît le droit à la rééducation.

L'invalide, ainsi accepté par le directeur divisionnaire, est ensuite convoqué devant un médecin expert qui doit rédiger un certificat indiquant :

1° les conséquences professionnelles de l'infirmité : — l'invalide est-il incapable d'exercer son ancienne profession ou de l'exercer sans une diminution de sa capacité de gain ?

2° la nature du travail compatible avec l'infirmité : — le médecin ne fixe pas d'une façon précise la profession dans laquelle le mutilé doit être rééduqué ; il fait simplement des recommandations d'ordre général, par exemple : l'intéressé doit travailler à l'intérieur, il est inapte à une profession exigeant un effort physique considérable, etc. ; les observations du médecin ne sont pas des décisions, mais des suggestions destinées à éclairer à la fois l'invalide et les autorités chargées de diriger sa rééducation.

La rééducation ayant été reconnue utile et possible, deux cas peuvent se présenter :

1er cas : l'invalide désire être rééduqué dans une des professions classées comme spéciales ; il doit alors être présenté au comité consultatif technique local du métier intéressé, qui est le dernier juge ; ce comité se prononce en tenant compte non seulement de la nature de l'infirmité, mais aussi de la profession antérieure du mutilé et des besoins de main-d'œuvre de l'industrie considérée ; si la décision est favorable, l'invalide est inscrit sur la liste d'attente et commencera sa rééducation quand une place sera vacante dans un centre de rééducation ou chez un employeur.

2me cas : L'invalide désire être rééduqué dans une profession qui n'est pas classée comme spéciale : l'admission est prononcée par le directeur divisionnaire sans intervention d'un comité professionnel; le candidat est inscrit directement sur la liste d'attente et, comme dans le cas précédent, sera convoqué pour commencer sa rééducation dès qu'une place sera disponible.

Les formes que peut prendre la rééducation.

La rééducation peut prendre trois formes suivant le lieu où elle est organisée :

1º la rééducation dans les ateliers des employeurs privés ;
2º la rééducation dans les écoles techniques ;
3º la rééducation dans des centres spéciaux créés pour les invalides par l'Etat.

1. — La rééducation dans les ateliers des employeurs privés est, pour l'Etat, la plus économique et celle qui peut être organisée le plus rapidement. Les ateliers existent, les contremaîtres et les ouvriers valides servent d'instructeurs, l'apprenti emploie les outils et les machines dont il aura à se servir plus tard, il travaille constamment à la fabrication d'objets utiles et il est mis en contact direct avec les exigences de la production et les conditions normales de la vie collective en atelier. Ce sont là certainement des avantages précieux ; cependant, ce mode de rééducation est l'objet d'une critique grave : le mutilé est trop souvent considéré comme un apprenti ordinaire, on oublie que son infirmité exige un enseignement plus méthodique et plus lent ; les patrons et les instructeurs, dominés par le souci de la production, s'attachent moins à la formation professionnelle qu'au rendement, et l'invalide placé dans ces conditions a beaucoup de peine à devenir un ouvrier qualifié.

2. — La rééducation dans les écoles techniques convient surtout aux mutilés qui possèdent déjà une bonne instruction générale et veulent devenir des chefs d'atelier ou des contremaîtres. On reproche généralement à l'école technique de donner un enseignement trop théorique, de ne pas réaliser les conditions de la vie d'atelier, d'aboutir à un apprentissage incomplet.

3. — Le centre spécial de rééducation pour invalides, atelier ou école, a été créé en vue de réunir les avantages de l'école technique et de l'atelier ordinaire. Là, les instructeurs ont pour but non de produire rapidement, à des tarifs commerciaux, mais de former des ouvriers ; ils s'attachent beaucoup plus à donner un enseignement méthodique et adapté aux exigences des mutilations qu'à obtenir un rendement. Les invalides, travaillant avec d'autres invalides, ne sont pas découragés par la constatation incessante de la supériorité de leurs camarades, comme cela arrive s'ils sont employés, dès le début, au milieu d'ouvriers normaux. Malgré des avantages incontestables, le centre spécial de rééducation n'est pas à l'abri de toute critique ; on a constaté que, très souvent, l'atmosphère d'école domine ; la partie théorique l'emporte ; à la fin de leur apprentissage les ouvriers ont beaucoup de peine à s'adapter au rythme normal du travail avec les ouvriers valides ; un complément d'apprentissage dans un atelier ordinaire est, sinon toujours indispensable, du moins généralement très utile.

En Angleterre comme en France et aux Etats-Unis, la rééducation a été organisée sous les trois formes; cependant, il est intéressant de constater que chaque pays a donné la préférence à des modes différents.

Aux Etats-Unis, le « Federal Board for Vocational Education " a décidé d'utiliser presque exclusivement les institutions existantes d'éducation professionnelle et les ateliers des employeurs privés; il a conclu des arrangements avec environ 1700 institutions techniques et 8.000 employeurs [5].

En France, au début, la rééducation a été surtout organisée dans les établissements ordinaires d'enseignement professionnel; puis les mutilés ont été dirigés sur des centres spéciaux créés pour eux. Actuellement, 60 écoles fonctionnent sous le contrôle de l'Office national et reçoivent environ 6.000 invalides; cependant, depuis le début de 1920, et à la demande des associations de mutilés, l'apprentissage chez les employeurs privés est organisé sur des bases plus larges[6].

En Angleterre, le ministère du Travail, tout en utilisant les facilités de rééducation offertes par les employeurs privés et par les écoles techniques, s'efforce d'organiser l'apprentissage des invalides dans des centres spéciaux et surtout dans les ateliers d'instruction de l'Etat (« Government Instructional Factories ») au moins pendant la première période de la rééducation. Le ministère du Travail estime que cette politique est le résultat des expériences faites en Grande-Bretagne et dans les autres pays.

Le tableau suivant[7] montre le développement général de la rééducation industrielle et la répartition des invalides d'après le lieu où ils font leur rééducation.

TABLEAU I

Dates	Rééducation dans les ateliers spéciaux de l'Etat.			Rééducation dans les autres institutions		Rééducation dans les entreprises privées		Nombre total des hommes en rééducation
	Nombre d'ateliers de l'Etat	Nombre d'invalides en rééducation	Pourcentage [1]	Nombre d'invalides en rééducation	Pourcentage[1]	Nombre d'invalides en rééducation	Pourcentage [1]	
1er août 1919 . .	10	1.000	10	—	—	—	—	10.000
1er janvier 1920 . .	33	2.064	12,5	—	—	—	—	16.500
1er juin » . .	47	4.080	18	10.161	43	8.950	39	23.191
1er janvier 1921 . .	59	9.084	36	6.548	27	9.335	37	24.967
1er mars 1921 . .	62	10.277	41	5.957	24	8.588	35	24.822

[1] Pourcentage calculé sur le nombre total des hommes en rééducation.

---

[5] « Fourth Annual Report to Congress of the Federal Board for Vocational Education ». 1920, page 282.

[6] Renseignements fournis au Bureau international du Travail par l'Office national des mutilés. Janvier 1921.

[7] Tableau établi d'après des chiffres extraits d'un rapport transmis au B. I. T. par le gouvernement anglais (août 1920), et d'après la *Labour Gazette* (1920 et 1921).

· Les chiffres qui précèdent permettent de constater que le nombre et l'importance des ateliers spéciaux de l'Etat s'accroissent rapidement, alors que le nombre d'hommes en rééducation dans les autres institutions diminue progressivement et que l'apprentissage dans les entreprises privées reste à peu près stationnaire.

Cette tendance de plus en plus marquée à concentrer la rééducation dans les ateliers spéciaux de l'Etat est due tout d'abord à l'application d'un système résolument adopté, mais aussi à la nécessité de rendre les écoles techniques aux autorités d'éducation qui en ont besoin pour l'éducation professionnelle des jeunes gens, et enfin aux possibilités de plus en plus limitées de placement en apprentissage chez les employeurs privés au moment où la crise générale de chômage les oblige à licencier un nombre considérable d'ouvriers qualifiés.

Les ateliers spéciaux de l'Etat sont d'ailleurs de plus en plus appréciés, parce qu'ils ont un caractère éminemment pratique; les exercices préliminaires ordinairement faits dans une école technique sont remplacés par la fabrication d'objets très simples mais utiles, méthodiquement choisis pour réunir les conditions d'un bon apprentissage; la durée du travail est d'au moins 40 heures par semaine; les heures d'entrée et de sortie des apprentis sont contrôlées comme dans les usines ordinaires; les produits fabriqués sont vendus à des tarifs commerciaux; certains ateliers se chargent même d'exécuter, soit pour le compte de l'Etat, soit pour une clientèle privée, des contrats relativement importants. Une telle organisation de la rééducation donne aux établissements spéciaux une atmosphère de réalité, accroît l'intérêt des invalides pour leur travail et les prépare excellemment à devenir des ouvriers spécialisés employés dans l'industrie aux tarifs ordinaires.

Les indemnités pendant la rééducation.

En principe, la rééducation comprend deux phases : une phase préparatoire dont la durée varie de 6 à 18 mois et pendant laquelle les invalides reçoivent le maximum des indemnités prévues; une phase de perfectionnement dont la durée est de dix-huit mois en moyenne, pendant laquelle les invalides reçoivent un salaire qui augmente progressivement et des indemnités à la charge de l'Etat qui diminuent à mesure que le salaire s'élève; au terme de cette dernière phase les indemnités sont supprimées et les invalides perçoivent leur pension d'invalidité et leur salaire.

Les allocations de rééducation varient d'après le grade que le mutilé possédait dans l'armée et d'après ses charges de famille. Voici les taux des indemnités payées pendant la première partie de la rééducation :

1º — *Ex-soldats* :

Allocation pour l'invalide	40s.	par semaine
Allocation pour la femme	10s.	»
Allocation pour le 1ᵉʳ enfant au-dessous de 16 ans	7s. 6d.	»
Allocation pour chaque enfant en plus, au-dessous de 16 ans	6s.	»
Un homme veuf ou divorcé avec enfants reçoit, pour le 1ᵉʳ enfant au-dessous de 16 ans . .	10s.	»
pour le 2ᵐᵉ	7s. 6d.	»
et pour chaque enfant en plus au-dessous de 16 ans	6s.	»

2º — *Adjudants* (*warrant officers*) *et sous-officiers* (*non-commissioned officers*) :

Les adjudants et les sous-officiers ayant droit à la pension reçoivent, en plus des allocations allouées aux ex-soldats, les indemnités suivantes :

Adjudants : classe I :	20s.	par semaine
» classe II et sous-officiers classe I : . .	13s. 4d.	»
Sous-officiers : classe II	10s.	»
» classe III	6s. 8d.	»
» classe IV	3s. 4d.	»

Les apprentis qui, pendant leur rééducation, sont obligés de vivre loin de leur famille et de louer un second logement reçoivent une allocation spéciale de 5 s. par semaine (lodging allowance).

Les apprentis qui avant leur entrée en rééducation avaient à leur charge leur famille et qui ne peuvent continuer à habiter dans leur foyer reçoivent une allocation dont le taux varie de 1 s. à 2 s. 6 d. par jour. (Dependants' allowance)

Les apprentis qui habitent à plus de deux milles du lieu où s'effectue la rééducation, ainsi que les invalides des jambes, sans condition de distance, reçoivent pour leurs dépenses journalières de voyage des indemnités qui ne peuvent dépasser 10 s. 6 d. par semaine, pour les célibataires, et 17 s. 6 d. pour les hommes mariés.

Enfin, les invalides dont la rééducation a donné de bons résultats peuvent recevoir, à la fin de l'apprentissage, une gratification qui ne peut dépasser 5 s. par semaine ; le temps pris en considération pour le calcul de cette indemnité est celui pendant lequel l'apprenti a reçu une allocation hebdomadaire de l'Etat. A cette gratification peut s'ajouter une indemnité qui ne peut dépasser 10£ pour achat d'outillage.

RÉSULTATS OBTENUS

La rééducation industrielle des invalides a été transférée du ministère des Pensions au ministère du Travail le 1ᵉʳ mai 1919, mais l'activité du Training Department de ce dernier ministère n'a réellement commencé qu'au 1ᵉʳ août 1919, avec l'entrée en fonctions des directeurs divisionnaires dans chaque région. A cette date, 11.000 hommes avaient été rééduqués et 10.000 se trouvaient en cours de rééducation.

Le tableau suivant montre les résultats obtenus depuis le 1er août 1919 [8] :

TABLEAU II

Date	Nombre d'hommes en rééducation	Nombre d'hommes attendant la rééducation	Nombre d'hommes rééduqués depuis le 1ᵉʳ août 1919	Nombre d'hommes placés en rééducation pendant la semaine précédente
1ᵉʳ août 1919 .	10.000	—	—	—
1ᵉʳ janvier 1920 .	16.500	27.000	—	—
1ᵉʳ mai » .	23.252	26.604	9.653	—
2 juin » .	23.388	24.310	10.740	562
7 juillet » .	24.048	22.445	12.640	500
1er août » .	24.905	22.013	13.430	600
1er septembre » .	24.391	20.065	15.613	500
6 octobre » .	25.049	17.326	17.744	550
2 novembre » .	24.943	17.262	19.426	?
7 décembre » .	25.044	16.264	21.196	?
4 janvier 1921 .	24.964	16.248	23.292	326
1ᵉʳ février » .	25.185	16.180	24.990	389
1ᵉʳ mars » .	24.822	16.160	27.220	438
29 mars » .	24.477	16.428	28.953	205

A la fin du mois de mars 1921 le total des hommes rééduqués, tant par le ministère des Pensions que par le ministère du Travail, était donc de près de 40.000 ; 29.000 d'entre eux avaient fait leur apprentissage en vingt mois sous la direction du Training Department.

La commission des pensions (Select Committee on Pensions)[9] et la commission chargée de faire une enquête sur le placement des démobilisés (Committee on Re-Employment of Ex-Service Men) [10] estiment que, dans l'ensemble, l'œuvre de rééducation a été bien conduite et que les résultats obtenus sont satisfaisants.

L'examen du tableau précédent permet, cependant, de constater que le nombre d'invalides en cours de rééducation a augmenté rapidement et régulièrement d'août 1919 à octobre 1920 et qu'ensuite il s'est stabilisé autour de 25.000 ; d'autre part, le nombre d'hommes attendant la rééducation, qui s'élevait à 27.000 en janvier 1920, a diminué progressivement jusqu'en novembre 1920 et s'est maintenu autour de 16.000, avec une tendance à s'accroître légèrement à la fin du 1er trimestre de 1921.

L'augmentation rapide du nombre d'hommes en rééducation et la réduction correspondante de la liste d'attente

---

[8] Tableau établi d'après des chiffres extraits d'un rapport transmis au B. I. T. par le gouvernement anglais (août 1920) et de la « Gazette du travail » britannique : *The Labour Gazette* (1920 et 1921).

[9] Report from the Select Committee on Pensions, 9 août 1920, p. IX, n° 185. Published by his Majesty's Stationery Office.

[10] Committee on Re-Employment of Ex-Service Men. Interim Report, 12 août 1920. p. 5. Published by his Majesty's Stationery Office.

pendant la première partie de l'année 1920 s'expliquent par le développement intensif du nombre et de l'importance des ateliers spéciaux de rééducation de l'Etat, qui recevaient environ 1.000 invalides au 1ᵉʳ août 1919, 10.000 fin mars 1921, et qui pourront en recevoir environ 20.000 quand leur équipement sera achevé.

Depuis la fin d'octobre 1920 le développement de la rééducation industrielle subit un arrêt très net qui n'est plus imputable au manque de place ou d'outillage, mais aux conditions générales de l'industrie dont la capacité d'absorption est de plus en plus limitée par la crise générale de chômage et par l'attitude des syndicats.

Au début, la collaboration des comités professionnels nationaux et locaux, composés de représentants des associations patronales et des syndicats ouvriers, a été très efficace. Certains comités nationaux, il est vrai, ont été constitués avec beaucoup de retard, d'autres ont élaboré très lentement leurs plans de rééducation, ce qui a prolongé encore la période d'attente imposée aux mutilés. Il est arrivé aussi que des comités locaux se sont opposés à l'application des plans établis par les comités nationaux et ont refusé de modifier les règles syndicales qui régissent l'apprentissage pour permettre l'admission des invalides de la guerre. Mais l'opposition a été surtout locale et, dans la plupart des cas, elle a pu être surmontée à la suite de négociations engagées par le ministère du Travail avec l'aide des représentants des organisations ouvrières centrales.

De novembre 1920 à mars 1921 la situation est devenue beaucoup plus difficile; la crise de chômage s'est aggravée, les ouvriers qualifiés valides, eux-mêmes, ne trouvent pas toujours de travail; aussi, de plus en plus, les syndicats ouvriers s'opposent, dans les comités consultatifs techniques locaux, à l'admission en rééducation d'un plus grand nombre d'invalides. En conséquence, la liste d'attente a une tendance à s'accroître; elle est composée de mutilés dont plus de 60 % voudraient entrer dans les professions classées comme « special trades » et dont 25 % seulement environ ont été admis par les comités locaux.

La Commission des pensions a constaté que si, dans certains cas, l'opposition des comités locaux était justifiée par le manque réel de travail, dans d'autres, au contraire, il semblait possible d'admettre de nouveaux invalides, notamment dans l'industrie du bâtiment. La Commission a également remarqué que la répartition des invalides entre les diverses régions et les différentes professions était tout à fait irrégulière. Chaque comité national — et les comités locaux dans chaque profession — sont appelés à se prononcer sur l'admission de nouveaux apprentis dans leur propre métier; certains se montrent très larges; d'autres, au contraire, dominés par le souci de limiter la quantité de main-d'œuvre pour sauvegarder les taux actuels des salaires et éviter le chômage, acceptent un nombre de mutilés inférieur aux possibilités réelles. De ce défaut d'uniformité dans les décisions il résulte que certaines industries supportent indûment des charges plus importantes que d'autres et que l'ensemble du problème national de la rééducation de tous les invalides de guerre n'est pas envisagé.

La Commission des pensions ne peut croire que dans un pays qui comprend 15 ou 16 millions de travailleurs il soit impossible de trouver des emplois pour les 75.000 ou 100.000 invalides qui ont été ou qui seront rééduqués; elle propose la réunion d'une conférence nationale, composée des représentants des associations patronales et des syndicats ouvriers, en vue d'examiner les décisions prises par les différents comités professionnels, de répartir équitablement les invalides entre les industries et les régions et d'assurer ainsi la solution de l'ensemble du problème national.

La « National Federation of Discharged and Demobilised Sailors and Soldiers », constatant que le développement de la rééducation est étroitement lié aux possibilités de placement, demande que les deux questions soient résolues par l'adoption du principe de l'emploi obligatoire des mutilés de la guerre dans les services publics et dans les entreprises privées, comme cela a été fait en Allemagne et en Autriche et comme on projette de le faire en France.

La conférence nationale réclamée par la Commission des pensions n'a pas été réunie; aucun projet de loi relatif à l'emploi obligatoire des invalides n'a été déposé devant le Parlement, les causes qui entravent momentanément le développement de la rééducation subsistent et il est probable qu'elles subsisteront tant que durera la crise économique actuelle.

CONCLUSION

L'œuvre réalisée par la Grande-Bretagne en matière de rééducation peut être considérée comme ayant atteint, autant que les circonstances le permettaient, son but immédiat, qui était la préparation professionnelle d'un nombre considérable de mutilés dans un temps relativement court.

Les efforts tentés et les résultats obtenus sont intéressants non seulement comme solution d'un problème temporaire créé par la guerre, mais aussi comme contribution à l'étude du problème permanent de la préparation professionnelle des ouvriers valides. Une vaste organisation a été créée par les services administratifs avec la collaboration des employeurs et des ouvriers qui sont appelés à présenter des propositions et même à prendre d'importantes décisions sur des questions d'apprentissage; un grand mouvement de recherches s'est produit; des méthodes ont été adoptées après des expériences très étendues; un personnel nombreux d'instructeurs a été formé; des établissements spéciaux, qui représentent une valeur considérable, ont été édifiés. Dans un an, dans deux ans au plus, la rééducation des invalides de la guerre sera achevée et il importera d'utiliser l'expérience acquise et les institutions établies pour l'éducation professionnelle des jeunes gens, la rééducation des invalides du travail ou des ouvriers obligés pour des causes diverses de changer de métier.

AGRICULTURE

La réforme agraire en Hongrie

Historique

L'histoire de la Hongrie, comme celle des autres pays agricoles a toujours été en relations étroites avec les changements dans la propriété du sol. Les événements les plus importants de l'histoire politique de la Hongrie (invasion tartare, guerres avec les Turcs) ont toujours entraîné des modifications dans les conditions de l'agriculture et dans la propriété. De même, la nouvelle loi agraire (n° XXXVI) du 7 décembre 1920, qui est sans nul doute la plus importante des dispositions législatives votées par l'Assemblée nationale, marque le terme d'une évolution qui commença par la libération des paysans et l'institution d'un nouveau régime en 1848, et qui fut interrompue par les événements de la guerre et les révolutions d'après-guerre.

L'origine de cette loi rappelle à beaucoup de points de vue l'histoire de l'abolition du servage et de la libération des servitudes qui pesaient sur la terre (Grundenlastung). La Hongrie ne fut le théâtre de cette libération que longtemps après les pays de l'Europe occidentale et sous l'effet de la révolution européenne de 1848. De même, la réforme agraire que nous examinons maintenant ne fut entreprise que lorsque la guerre et la révolution l'eurent rendue nécessaire au point de vue international. Bien que cette loi apparaisse à certains égards comme une mesure radicale, elle prend de grandes précautions pour sauvegarder les intérêts des grands et des moyens propriétaires.

La libération de la terre, qui eut lieu sous le régime de la monarchie absolue (1848-1867), fut appliquée sous la direction du parti conservateur. Il en résulta un système peu satisfaisant de répartition des terres : les meilleurs terrains et notamment ceux situés à proximité des villages furent attribués aux seigneurs. Pendant un demi-siècle le gouvernement ne fit rien pour modifier ces conditions de la propriété du sol, dont l'effet fut de provoquer la ruine de milliers de petits cultivateurs. Dans la Hongrie d'avant-guerre un tiers du sol était entre les mains de 4.000 gros propriétaires dont les domaines mesuraient en moyenne 3.158 yokes ou environ 2.000 hectares [1]. Il existait une proportion encore plus considérable de terres inaliénables ou de mainmorte. D'autre part, les petits cultivateurs (au-dessous de 5 yokes), qui étaient au nombre de un million et demi environ, ne possédaient qu'une proportion très faible de la terre cultivée et la superficie moyenne de leurs fermes n'était que de 1,69 yoke. Il y avait en outre des millions de travailleurs agricoles et de domestiques de ferme qui ne possédaient pas la moindre parcelle de terrain. La conséquence de cet état de choses fut le développement de l'émigration en Amérique, qui allait sans cesse croissant depuis une quarantaine d'années. Les émigrants, dont le nombre dépassa 1.200.000, entre 1900 et 1914, venaient principalement des parties du pays où le système de la distribution du sol les empêchait d'accéder à la propriété, et où les gros propriétaires pratiquaient surtout la culture des céréales, de sorte qu'il n'y avait pas suffisamment de travail pour occuper des ouvriers toute l'année. L'on étouffait artificiellement les demandes d'augmentation de salaires et il n'existait pas de législation assurant aux travailleurs une protection suffisante. Depuis des années, les esprits les plus avancés en Hongrie signalaient combien il était nécessaire de procéder à une répartition plus juste et à une exploitatinn plus scientifique de la terre. Vers la fin de cette période, le ministre de l'Agriculture, Darányi, proposa quelques mesures de réformes agraires ; cependant, à l'exception d'une loi relative au logement des travailleurs agricoles, ces mesures furent rejetées par raison d'économie. Par suite des pertes dues à la guerre il devint plus nécessaire de fournir de la terre aux démobilisés. En outre, quatre années de guerre avaient grandement développé l'esprit démocratique de la population paysanne, qui était de plus fortement excitée par l'exemple de ce qui était arrivé en Russie.

La Lex-Buza (loi nationale n° 25) du gouvernement du comte Michel Károlyi (1919) eut pour effet de rendre populaire la formule « dix yokes de terrain pour chacun ». Ce projet de loi indemnisait les propriétaires aux prix d'avant-guerre et réglementait à un maximum de 500 yokes la quantité de terre qu'ils pouvaient détenir. Les résultats de cette agitation continuent encore à troubler l'esprit du prolétariat rural hongrois, bien que l'on sache maintenant que, même dans la Hongrie d'avant-guerre, il aurait manqué quelques millions de yokes de terre pour appliquer une réforme agraire aussi radicale. Les bolchéviks hongrois, au lieu d'augmenter le nombre des petits propriétaires, s'efforcèrent vainement de convertir le prolétariat rural hongrois à l'idée d'immenses associations communistes de producteurs. Ce fut cette partie de leur programme qui souleva de la part des paysans une

---

[1] Un hectare vaut 1,737 yokes.

résistance passive obstinée et parfois même une résistance
active à la dictature du prolétariat.

Les partis dits néo-chrétiens obtinrent leur victoire aux
élections à l'Assemblée nationale surtout en promettant une
réforme agraire radicale. Les représentants des divers partis
à l'Assemblée nationale ne se lassaient jamais de répéter
que c'était maintenant la dernière occasion de réaliser en
Hongrie une répartition plus juste de la terre, tout en respectant les intérêts des classes possédantes. L'on montrait que
non seulement le nombre des petits propriétaires avait augmenté en Russie de quelques millions durant les vingt dernières années, mais que dans d'autres pays de l'Europe occidentale on avait fait de grands sacrifices pour la colonisation
intérieure. Il semblait aussi nécessaire que la politique agraire
des Etats voisins n'exerçât point une influence sur la population rurale du reste de la Hongrie. Même après la chute des
commissaires du peuple (août 1919) il se manifestait encore
dans la population agricole une certaine tendance à l'action
directe, soit pour prendre possession des domaines, soit pour
arracher des baux forcés. Pour toutes ces raisons il était très
désirable de régler une fois pour toutes la question de la
réforme agraire.

En fait, les conditions de la propriété agraire dans la
Hongrie actuelle ne sont pas plus satisfaisantes qu'elles ne
l'étaient dans la Hongrie d'avant-guerre. On a calculé, sur
la base des statistiques de 1895, que l'étendue de terre cultivée est, dans la Hongrie actuelle, de 9.143.808 yokes. Il
résulte des statistiques de 1915 que sur cette étendue totale
964.000 yokes seulement sont occupés par des domaines de
plus de 10.000 yokes. Le nombre des travailleurs agricoles
dans la Hongrie actuelle est évalué à environ 1.095.863,
d'après le recensement de 1910 [2]. Les éléments les plus éner-
giques du prolétariat agricole ne seront pas en mesure d'émi-
grer pendant quelque temps encore, en partie par suite de
certaines difficultés pratiques et en partie par suite de la politique d'exclusion qui a été suivie depuis la guerre par les
Etats-Unis et aussi par les pays voisins de la Hongrie. Ils

---

[2] Différence entre les proportions des classes de la population agraire
dans la Hongrie d'avant-guerre et la Hongrie délimitée par le traité de paix
de Trianon, d'après le recensement de 1910.

Nature des personnes	Avant la paix	Après la paix
Propriétaires possédant plus de 100 yokes	0,4	0,6
Propriétaires possédant de 10 à 100 yokes	11,3	10,7
Propriétaires possédant moins de 10 yokes	23,1	20,1
Autres personnes indépendantes..........	0,6	0,7
Membres des familles des catégories précitées aidant au travail...............	26,8	21,9
Fonctionnaires agricoles...............	0,2	0,3
Domestiques...............	11,0	14,7
Journaliers...............	26,6	31,0
	100,0	100,0

trouveront aussi moins facilement de l'emploi dans l'industrie hongroise. Bien que la Hongrie ait maintenant une superficie bien inférieure à celle d'avant-guerre [3], elle doit faire place aux invalides de guerre, aux parents des victimes ainsi qu'à un nombre croissant de fugitifs des provinces annexées et d'émigrants revenus de toutes les parties du monde. La plupart de ces gens doivent se tourner vers l'agriculture.

La Loi

Il était donc nécessaire de fournir des terres à des centaines de milliers de personnes. Cependant, il fallait concilier cette nécessité avec les intérêts économiques généraux aussi bien qu'avec les besoins de l'alimentation et les exigences du Trésor national, qui voulait une augmentation de la production. Il convient de rappeler ici que le rendement moyen en céréales par yoke était de 30 quintaux métriques en Amérique, de 14 en Allemagne, de 9 en Autriche et seulement de 6 en Hongrie; 80 % de la superficie cultivée de la Hongrie sont consacrés au maïs et au blé. Cette culture exclusive de céréales épuise le sol; le rendement durant les quatorze dernières années n'a augmenté en moyenne que de 15 %. Or, il convient de signaler que jusqu'ici les grands domaines ont produit de 2 à 5 quintaux métriques de plus à l'hectare que les petites propriétés. La raison de ce fait doit être cherchée en partie dans le climat excessif de la Hongrie, en partie dans l'insuffisance du capital et des connaissances techniques des petits fermiers. Même s'il n'était pas préférable d'avoir recours en Hongrie à la grande culture pour fournir les vivres nécessaires à la population urbaine, à l'armée et à l'exportation, il serait impossible en fait de donner suffisamment de terre à tous ceux qui en désirent, car la quantité de terrain disponible ne suffirait pas. On a calculé que même pour augmenter les plus petites fermes de 5 à 10 yokes et pour donner à chaque travailleur agricole 3 yokes, il faudrait 3.630.000 yokes. Or, d'après les statistiques de 1915. la Hongrie actuelle ne comporte que 1.617.757 yokes de grands domaines dans le sens strict du mot, c'est-à-dire dépassant 1.000 yokes, et même les domaines de 500 à 1.000 yokes, qui ne sont en réalité que des propriétés moyennes, ne comptent en tout que 864.141 yokes.

En outre, la grande culture doit être considérée comme celle qui convient le mieux pour remédier à la crise de sous-production (30 à 40 %) causée par la diminution du cheptel et la détérioration des machines due à la guerre et à la révolution. Il n'est donc pas désirable d'augmenter actuellement le nombre des petites propriétés, particulièrement dans le voisinage des villes, à moins qu'il ne soit possible en même

---

[3] La superficie de l'ancienne Hongrie était de 325.000 km. [2]. Le traité de Trianon lui en a laissé 82.000. La Hongrie d'avant-guerre comptait 18.264.533 habitants; elle n'en a plus aujourd'hui que 7.840.832 (résultat provisoire du recensement de 1921).

temps d'assurer un surcroît de production pour la population urbaine et pour l'exportation. On peut y arriver notamment en ayant recours à l'élevage du petit et du gros bétail, au jardinage et aux autres formes de la petite culture intensive.

Il est cependant nécessaire de découper quelques-uns des grands domaines, particulièrement ceux qui s'en tiennent à la culture intensive, afin d'amener les propriétaires à adopter ce système de culture sur la partie restante. Cela serait d'autant plus désirable qu'il convient d'augmenter la demande de travail et de fournir à tous les travailleurs agricoles un emploi régulier et plus rénumérateur pendant toute l'année.

Par suite de ces diverses considérations, la nouvelle loi ne reconnaît pas le droit de chaque individu à une certaine quantité de terre. On modificra simplement le système actuel de la répartition des terres quand l'intérêt général l'exigera. On n'aura recours à l'intervention de l'Etat que lorsque de grands domaines empêcheront le développement de villages entiers ou lorsque des intérêts supérieurs contraindront l'Etat à exiger une partie des grandes propriétés foncières.

En général, la loi se propose de fournir de la terre aux travailleurs agricoles et aux petits propriétaires jusqu'à concurrence de trois yokes au plus pour les premiers et de quinze yokes pour les seconds, à condition que leur expérience et leurs ressources financières les mettent en mesure de cultiver la terre convenablement. On a cependant fait quelques exceptions à ce principe en faveur de certaines personnes qui méritent une considération spéciale : les invalides de guerre et les familles des soldats morts, même si ces personnes n'étaient pas auparavant occupées dans l'agriculture (jusqu'à un maximum de trois yokes), les petits artisans et les travailleurs de l'industrie ne possédant pas de terre (jusqu'à un maximum d'un yoke), les fonctionnaires pensionnés et les anciens officiers de carrière (jusqu'à un maximum de terre correspondant à la valeur de leur pension) (§ 2).

Toutes ces personnes peuvent aussi recevoir un terrain pour y construire une habitation si elles n'en possèdent déjà pas un ou ne peuvent s'en procurer par un membre de leur famille.

Enfin, on peut créer des fermes modèles et des propriétés de moyenne étendue parmi ces petites fermes, particulièrement à l'usage de petits agriculteurs capables, de fermiers titulaires d'un diplôme et d'intendants de grands domaines agricoles.

En principe, on maintient la vente libre des terres et l'Etat se réserve seulement le droit de s'assurer que ces terres vont bien aux personnes qui sont qualifiées pour les obtenir. Toutes les fois que cet objet ne peut être atteint par des accords à l'amiable, l'Etat peut exercer son droit de préemption trente jours après l'annonce de la vente (§§ 16-26). Il a d'ailleurs déjà utilisé ce droit en vertu d'un décret de guerre du 1er novembre 1917.

Etant donné qu'avant la guerre, en Hongrie, 600.000 propriétés changeaient de mains chaque année, on peut présumer qu'à l'avenir les ventes libres continueront à fournir une grande réserve dans laquelle l'Etat pourra puiser, soit par accords à l'amiable, soit en vertu de son droit de préemption.

Une des dispositions nouvelles de la loi est celle qui institue une forme spéciale d'expropriation (§§ 27-48). C'est le droit reconnu à l'Etat de racheter des domaines privés dans le cas où de grands propriétaires possédant des districts entiers, ont agi de manière anti-sociale et où ni les accords à l'amiable, ni le droit de préemption ne suffisent à ramener des conditions agraires satisfaisantes. De même que la loi spécifie quelles sont les personnes qui peuvent obtenir de la terre par l'intervention de l'Etat et quelle étendue peut être attribuée à chacune d'elles, elle fixe également l'ordre dans lequel ces grands domaines peuvent être expropriés ou divisés.

D'abord viennent les domaines qui furent acquis pendant la guerre et dont l'étendue totale est d'environ 500.000 yokes de terre cultivable; après ces propriétés, qui ne sont considérées par leurs acheteurs que comme une forme de placement, viennent les domaines des sociétés anonymes et ceux des personnes qui ont entrepris une action criminelle contre les intérêts de l'Etat; enfin, les propriétés inaliénables ou de mainmorte. La loi ne sera appliquée qu'en dernier lieu aux vieux domaines et particulièrement à ceux qui n'ont pas changé de mains depuis cinquante ans. En fixant l'ordre dans lequel ces propriétés doivent être divisées, il convient de prendre en considération la manière dont elles sont cultivées et de prendre garde à ne point diminuer la production du territoire hongrois. On ne doit toucher en aucun cas aux propriétés qui produisent certaines récoltes et certaines plantes industrielles.

Naturellement, un lopin de terre qui ne comporte pas plus de trois yokes ne suffit pas à assurer l'entretien d'une famille, même si l'on donne au propriétaire une maison d'habitation. Il faudra donc qu'il loue en partie son travail afin de se procurer un revenu supplémentaire. A moins qu'il ne cultive que des pommes de terre, des carottes, etc., il lui sera généralement nécessaire de louer des animaux de labour, en fournissant du travail en échange.

Il est d'autant plus difficile d'acheter suffisamment de terrain pour assurer l'entretien d'une famille que les prix de la terre sont actuellement très élevés par suite de la dépréciation de l'argent (en moyenne 10.000 couronnes par yoke en janvier 1921). L'augmentation du prix de l'attelage et du bétail est encore plus considérable. Une paire de bœufs coûte actuellement de 70.000 à 100.000 couronnes, une paire de chevaux de 150.000 à 200.000 couronnes, une vache de 50.000 à 60.000 couronnes, une voiture 50.000 couronnes, une charrue 5.000 couronnes, un rouleau 4.000 couronnes. En outre, il faut tenir compte pour une année, du prix des semences et des dépenses nécessaires pour assurer l'entretien de la famille.

La plus petite bicoque composée seulement d'une chambre et d'une cuisine vaut au moins 100.000 couronnes, même lorsqu'on construit ces habitations en série.

En outre, la loi ne donne pas la possibilité d'acheter de la terre à crédit. Il existait dans le projet original des arrangements financiers assez compliqués sur l'achat à crédit par l'intermédiaire de l'Etat; ils furent repoussés sur la demande du ministre des Finances. On ne consent une exception qu'en faveur des invalides de guerre, des familles des morts et des soldats qui ont été décorés sur les champs de bataille. On facilitera à ces diverses catégories de personnes l'achat de la terre à l'aide d'un fonds spécial qui sera alimenté par divers genres de ressources publiques.

Le prix d'achat de la terre doit être fixé si possible par accord à l'amiable. Si on ne peut arriver à un accord, le prix sera fixé, d'après les prix courants, par un comité mixte.

La plupart des gens hésiteront, en raison des prix actuels, à acquérir des propriétés ou à étendre celles qu'ils ont déjà. La grande majorité des acheteurs comprend vraisemblablement les émigrants revenus d'Amérique. Ceux-ci disposent d'économies se montant en moyenne à 2000 dollars. Les provinces magyares ont pendant ces dernières années envoyé en Amérique une quantité de petits propriétaires qui partaient avec l'intention d'épargner quelque argent et de revenir aussitôt que possible pour payer leurs dettes ou acheter de la terre. Au cours des années 1908 à 1913 le nombre des Magyars qui revinrent d'Amérique était de 49.387 [1]. Ils avaient passé en moyenne quatre à cinq années en Amérique. Le nombre des personnes d'origine magyare qui vivent à présent en Amérique peut être estimé à environ 300.000. Comme la plupart de ces émigrants ont quitté leur famille avant 1914 et que pendant cette période de grands changements se sont produits dans leur situation, nous pouvons nous attendre à ce qu'un grand nombre d'entre eux reviennent en Hongrie si une réforme agraire effective y est appliquée et si l'ordre légal y est rétabli définitivement. Afin d'attirer ces émigrants revenant d'Amérique, la loi stipule que les enfants nés de parents hongrois peuvent aussi bien que ces derniers acheter de la terre à condition de demander la naturalisation.

D'autres dispositions de la loi auront sans doute plus de résultats pratiques que l'achat direct de la terre. La loi permet notamment à l'acheteur de remettre à dix ans la fixation du prix d'achat, cela pour éviter à la fois à l'acheteur et au vendeur le risque qu'entraine la valeur incertaine de l'argent. Pendant ces dix années l'acheteur payera un fermage qu'il pourra, conformément à l'habitude qui s'est établie durant ces dernières années, fournir en nature. Ce système permet à l'acheteur d'employer une partie de son capital à l'achat

---

[1] D'après la statistique nationale qui est loin d'être complète.

de semences et de bétail. Une personne qui loue la terre (Rentengut) conformément à ces dispositions (§§ 61 à 69) ne peut recevoir son congé, mais elle peut à tout moment se libérer de l'obligation de payer le fermage annuel en réglant le reste du prix d'achat.

Il convient de noter une autre disposition qui a encore plus d'importance au point de vue de la colonisation intérieure : l'Etat peut contraindre les propriétaires de grands domaines susceptibles d'être expropriés et qui sont affermés en entier, à louer ces domaines par petites parcelles aux personnes qui ont droit à la terre (§§ 49 à 53). Il peut aussi agir de même relativement à certaines terres inaliénables ou de mainmorte, à moins qu'elles n'aient déjà été affermées. Enfin, certains grands fermiers peuvent être contraints de sous-louer en petites parcelles une partie de leurs terres.

Dans ces divers cas, des institutions financières philanthropiques, approuvées par l'Etat, interviendront dans la location et veilleront à ce que les petits fermiers paient effectivement ce qu'ils doivent aux propriétaires.

Au début, il ne sera possible de satisfaire aux désirs des masses affamées de terre qu'en leur accordant des maisons d'habitation, de petits lopins de terre et, s'il est possible de procéder aux arrangements financiers nécessaires, en leur affermant des terres.

Sauf quand la terre sera répartie par l'intermédiaire d'organisations financières de confiance, l'Etat en contrôlera l'achat et la vente, ainsi que les conditions des baux (§§ 54 à 60). Certaines propriétés acquises en vertu de cette loi (homesteads) sont soumises à des restrictions qui en empêchent la vente, l'hypothèque et la sous-location (§§ 70 à 77). La loi permet également d'éviter la division de la terre entre les héritiers à la mort des propriétaires, division qui dans beaucoup de cas avait amené les fermiers à limiter leur famille à un seul enfant.

Conclusion

La loi, tout en tenant compte des difficultés financières et économiques de l'heure présente, s'efforce donc de donner à la population rurale accès à la terre et se préoccupe des intérêts de l'ensemble du pays. Les mesures provisoires doivent suffire à prévenir l'émigration et à assurer une quantité suffisante de main-d'œuvre aux grands domaines et aux propriétés moyennes, qui sont à l'heure actuelle absolument nécessaires au point de vue national, économique et financier. Dans les circonstances présentes l'Etat ne peut avancer de l'argent, ni, à plus forte raison, fournir des capitaux pour l'achat et l'organisation de petites propriétés paysannes; il ne peut par conséquent venir en aide aux acheteurs autant qu'il serait désirable. On peut donc se demander si dans beaucoup de

régions les travailleurs agricoles ne trouveront pas préférable
de louer du terrain ou de gagner leur vie comme domestiques
de ferme, au lieu d'acquérir de petits lopins de terre. Cependant,
s'ils profitent des avantages que leur donne la loi pour la location des terres, ils considéreront leur fermage comme un paiement par annuités et se rendront compte qu'ils pourront par
la suite s'élever à la propriété.

La nouvelle réforme agraire laisse intact le principe actuel
de la répartition des terres et même le renforce dans une certaine mesure en augmentant le nombre des propriétés moyennes.
Nous avons vu que, toutes les fois que ce sera nécessaire pour
assurer une culture plus intensive du sol, on pourra étendre
au delà même de quinze yokes la superficie des petites propriétés, aux dépens de certains grands domaines. Les fermes
moyennes qui ont été vendues pendant la guerre peuvent être
rachetées par leurs anciens propriétaires à un prix calculé
de manière à faire disparaître le bénéfice de guerre. Enfin, les
grands domaines qui n'ont pas changé de mains depuis cinquante ans ne tombent sous le coup de la loi qu'en dernier
ressort et sous certaines réserves.

Au point de vue économique la loi a pour objet de développer la culture intensive afin de permettre l'exportation
d'une quantité plus considérable de produits agricoles et de
bétail. De la sorte elle contribuera à améliorer la situation
financière du pays.

La loi doit être appliquée par un tribunal agraire suprême
chargé de régler les conditions de la propriété foncière et qui
sera composé de trente-neuf membres (§§ 4 à 15). La Cour
sera en majorité composée de magistrats (§ 19); mais les autres
membres seront des représentants des propriétaires fonciers
ou des délégués des ministères ou d'institutions philanthropiques. Quant à ceux qui réclament de la terre, ils ne seront
représentés que dans une très faible mesure, et de manière
très indirecte, par l'intermédiaire de délégués de la Chambre
centrale d'agriculture. La loi donne à cet organisme les pouvoirs les plus étendus et lui permet ainsi de contrôler toute
l'organisation de la propriété foncière en Hongrie.

D'autre part, bien que l'Assemblée nationale ait approuvé
unanimement la réforme agraire, les grands propriétaires et
les autorités locales témoignent d'une certaine résistance à
l'application de la loi, même dans ses dispositions les plus
modérées, et notamment en ce qui concerne l'attribution de
terrains pour maisons et de petits champs [5].

Depuis le commencement de 1920 le gouvernement a
amené un nombre élevé de grands propriétaires à donner à
bail spontanément de petites parcelles de terrain de un à
deux yokes, afin de satisfaire aux besoins urgents de ceux

---

[5] Il ne se passe guère de semaine sans que des plaintes ne soient portées à l'Assemblée nationale par les représentants de tous les partis contre
les grands propriétaires et les autorités locales qui se refusent à appliquer la
nouvelle loi agraire.

qui demandent de la terre. Après que le « décret des récoltes » de 1920 eut donné certaines mesures pour satisfaire les besoins urgents, l'Assemblée nationale vota en novembre 1920, avant même la grande réforme agraire qui lui était déjà soumise, une courte loi qui s'inspirait des principes de cette réforme et autorisait le ministre de l'Agriculture à distribuer, dans les cas particulièrement pressants, des emplacements de maisons et des parcelles de terrain qui seraient louées à bail. En application de ces dispositions on a affermé au moins 50.000 lopins de terre, la plupart du temps à la suite d'accords amiables. Tout le monde semblait désireux d'éviter la procédure compliquée et coûteuse instituée par la loi.

En outre, en vertu du décret du 15 janvier 1921, l'application de la loi, en ce qui concerne le droit de préemption de l'Etat, le transfert de la propriété foncière et la location des terres à bail, a été confiée aux sous-commissions agricoles des comitats, en attendant l'institution du tribunal agraire suprême. Cependant, sur la proposition de la commission pour la réglementation de la propriété foncière (1917), le ministre de l'Agriculture tranchera ces questions en dernier ressort. Les dispositions provisoires prévues par ce décret cesseront de porter effet à partir du moment où le tribunal agraire suprême aura été institué.

Cette réforme agraire pourra donner des résultats intéressants quand les conditions normales seront rétablies. Mais à ce point de vue l'action de la loi sera limitée par la disposition qui stipule que les droits conférés à l'Etat par la loi ne pourront être exercés que pendant une période de cinq années après sa promulgation. Les gros propriétaires fonciers peuvent déjà demander à la cour suprême que leurs domaines ne tombent pas sous le coup de la loi, en raison des améliorations qu'ils désirent y apporter. Cette mesure a pour but d'assurer à la propriété foncière la sécurité qui est nécessaire pour le développement de la production. Même les emplacements réservés à la construction peuvent — en dépit des difficultés que rencontre actuellement l'industrie du bâtiment — être repris au bout de cinq ans par les propriétaires au cas où la maison ne serait pas achevée à ce moment-là (§ 86).

Cette loi ne permettra donc guère de procéder à une réforme agraire sérieuse pendant les cinq années qui vont suivre et qui seront inévitablement anormales. Mais il n'est pas impossible qu'une réforme plus radicale soit votée avant même la fin de cette période [6].

---

[6] En effet, le 18 avril 1921, le nouvau premier ministre de Hongrie, le comte Stephen Bethlen, a déclaré ce qui suit au cours de son premier discours à l'Assemblée nationale (*Pester Lloyd*. 19 avril 1921) :

« La politique agraire est également importante car l'agriculture est la principale industrie de ce pays Si nous améliorons la situation des cultivateurs nous consoliderons la position de notre pays. Nous avons déjà fait un premier pas dans cette voie en décidant de réformer le système agraire;

SOURCES

ACSÁDY, I., *A magyar jobbaggysg története*. Budapest, 1907. *(L'histoire du servage hongrois.)*

Törvényjavaslat a földbirtok helyes megoszlasat szabalyozo rendelkezesekröl, 121 sz. *(Projet de loi concernant les prescriptions en vue de la distribution juste du sol*, Nº 121).

Texte définitif de la loi du 7 décembre 1920, *Budapesti Közlöny*, Ann. 1920, Nº 287.

A földbirtokreform (La réforme agraire). A Magyar Közgazdasàgi Tàrsasag ankétje (Enquête de la Société hongroise d'économie politique, 1920.)

MATTYASOVSZKY, DR. I. *A földreform törvény magyaràzata*, ·1920. *(Commentaire de la loi.)*

FERENCZI, I., *Le problème du chômage en Hongrie.* Compte-rendu de la Conférence Internationale du Chômage. Tome III. Rapp. 27, Paris 1910.

FERENCZI, DR. I., *Le chômage et les migrations internationales des travailleurs.* Rapport présenté à la Commission internationale du chômage. Bulletin trimestriel de l'Association internationale pour la lutte contre le chômage. II. Ann. p. 737 et suiv.

FERENCZI, DR. I., *Arbeitslosigkeit und Auswanderung. Pester Lloyd*, 9 décembre 1919.

A Magyar Szent Korona Orszàgainak Kivàndorlàsa es Visszavandorlasa 1899-1913. Budapest 1918. *Emigration et rapatriement des pays de la Sainte Couronne Hongroise* 1899-1913. (Office central de statistique du Royaume de Hongrie, 1918.)

Les négociations de la Paix hongroise, Budapest 1920.

A hàboru utani surgos teendok a kivàndorlàs és a visszavàndorlàs tàrgyàban. A Kivandorlasi Tanacs Ottagu Bizattsaganak Jelentése 1916. *(Les devoirs urgents d'après-guerre touchant l'émigration et le rapatriement.* Rapport de la Commission composée de cinq membres du Conseil d'émigration.)

Köztelek, 1920-1921 évf. (Organe de la Société de l'Agriculture hongroise.)

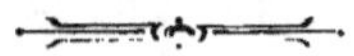

nous nous emploierons de toutes nos forces à poursuivre jusqu'au bout cette réforme, en surmontant toutes les difficultés qui pourraient s'opposer à notre dessein. La solution de ce problème aura pour résultat de pacifier notre pays. Si nous nous immisçons dans la question de la propriété privée, nous devons le faire de telle sorte que toute nouvelle immixtion de ce genre soit inutile. Nous espérons pouvoir rattacher la question de la réforme agraire à celle de l'impôt sur le capital, et, grâce à cet impôt, nous pourrons nous procurer des terres en quantité suffisante pour mener à bien la réforme agraire ».

En ce qui concerne la réforme de l'administration locale, le premier ministre déclara :

« Cette réforme est nécessaire pour deux raisons D'abord parce que le système administratif actuel met obstacle à l'application de la réforme agraire; mais ce n'est pas là la raison la plus importante; le gouvernement a le pouvoir d'assurer l'exécution de la loi. Il appliquera la réforme agraire avec la dernière énergie, quelles qu'en puissent être les conséquences. L'autre raison est la constitution des conseils de comtés, de villes et de communes, qui ne correspondent pas aux tendances démocratiques actuelles ». (Les fonctionnaires des municipalités hongroises sont actuellement nommés pour un certain nombre d'années par les conseils en question.)

NOTICES BIBLIOGRAPHIQUES

PUBLICATIONS OFFICIELLES

Bureau International du Travail

La liberté syndicale en Hongrie. Documents rapportés par la mission d'information du Bureau international du Travail (août-septembre 1920).— 193 pp. Genève, 1921. — 5 frs français, 3 frs. suisses.

Recueil des documents rassemblés par la mission d'information envoyée par le Bureau international du Travail, à la suite de la demande formulée par le gouvernement hongrois, pour procéder à une enquête sur la question de la liberté syndicale en Hongrie. Dans une première partie sont publiées les «données de l'enquête»: renseignements sur les organisations syndicales, documents concernant la législation et son application ou susceptibles de « fixer l'atmosphère dans laquelle se meuvent les organisations ouvrières hongroises ». La seconde partie contient le texte des documents ou des déclarations recueillis par la mission et provenant de source gouvernementale, patronale et ouvrière. Les nombreux textes réunis par les enquêteurs sont publiés sous une forme purement objective et impersonnelle.

La production et le travail dans l'industrie minière de la Ruhr, de 1918 à 1920. — 110 pp. Genève, 1921. — 5 frs français, 3 frs suisses.

Après avoir noté l'augmentation constante de la production dans le bassin houiller de la Ruhr, au cours de l'année 1920, cette étude en signale les causes principales : l'accroissement de la main-d'œuvre et la prolongation des heures de travail consentie par les mineurs en échange d'un ravitaillement plus abondant. Elle montre ensuite comment l'industrie de la Ruhr a été organisée depuis le mois de novembre 1918 par la création de vastes consortiums qui s'étendent à toutes les branches et à tous les degrés de l'industrie métallurgique et minière. Elle expose enfin les revendications des diverses organisations ouvrières en ce qui concerne la vie chère et la socialisation des mines.

Une demande de contrôle ouvrier en France. — 22 pp. *Etudes et documents,* série B, nᵒ 8. Genève, 31 mars 1921. —1 fr. 50 français, 1 fr. suisse.

La Fédération des ouvriers des métaux ayant réclamé de l'Union des industries métallurgiques et minières l'organisation d'un contrôle ouvrier syndical sur l'industrie, il s'ensuivit, entre les deux organisations, un échange de correspondance qui précise nettement le point de vue des ouvriers et les tendances actuelles des employeurs français. Cette brochure reproduit les diverses lettres échangées à ce sujet ainsi que la circulaire du Comité fédéral national et l'avant-projet de la Fédération.

La réforme du Conseil Supérieur du Travail en Italie. Vers un Parlement technique du Travail. — 37 pp. *Etudes et documents,* série B, nᵒ 9. Genève, 14 avril 1921. — 1 fr. 50 français, 1 fr. suisse.

Cette étude retrace les différentes étapes qui ont précédé l'élaboration du projet actuel tendant à organiser sur des bases nouvelles le Conseil supérieur du Travail : création du Conseil par la loi de 1902, premières critiques et demandes de réforme, projet de réforme de 1910, action des organisations syndicales et du parlement après la guerre, résultats de l'enquête entreprise par le ministère Nitti en 1919, projet Abbiate, rapport et projet Labriola. L'étude s'achève par un examen de l'attitude des organisations et des principales critiques adressées au projet ministériel.

L'organisation du placement des invalides par l'obligation d'emploi dans les services publics et dans les entreprises privées. — 35 pp. *Etudes et documents,* série E, n° 2. Genève, 25 avril 1921. — 1 fr. 50 français, 1 fr. suisse.

Cette brochure contient, outre des considérations d'une portée générale sur le problème de l'emploi des invalides, un compte rendu de l'activité de la Conférence réunie à Bruxelles en septembre 1920 (propositions formulées par la délégation italienne et vœu adopté par la Conférence) et un examen des dispositions essentielles du plan anglais, de la loi allemande, de la loi autrichienne et des projets français relatifs au placement des mutilés de guerre.

Documents relatifs à la réglementation du travail dans l'agriculture en France. — 21 pp. *Etudes et documents,* série K, n° 6. Genève, 23 avril 1921.— 1 fr. 50 français, 1 fr. suisse.

Ayant publié antérieurement (*Etudes et Documents,* série K, n° 5) le texte d'une proposition de loi présentée par le groupe socialiste de la Chambre française des députés sur la journée de huit heures dans l'agriculture, ainsi que le rapport de M. Mercier tendant à repousser cette proposition, le Bureau international du Travail a jugé utile d'ajouter à ces deux documents le procès-verbal de la commission instituée au ministère de l'Agriculture par arrêté du 10 juin 1919 et dont les débats ont servi de fondement à la rédaction de la proposition socialiste.

BELGIQUE

MINISTÈRE DE L'INDUSTRIE, DU TRAVAIL ET DU RAVITAILLEMENT. ADMINISTRATION DES MINES ET INSPECTION DU TRAVAIL. — *La situation des industries belges en décembre 1920.* — 77 pp. Bruxelles, M. Weissenbruch, 1921.

Résultats d'une enquête statistique entreprise au 31 décembre 1920 par l'administration des mines et l'inspection du Travail et dont le dépouillement a été effectué par la section de la statistique du Département. Bien que « l'enquête n'ait pas rencontré auprès de tous les industriels l'accueil que le Département avait espéré », elle a cependant fourni des renseignements statistiques intéressants sur la reprise du travail en décembre 1920, sur le dénombrement des entreprises d'après le pourcentage de reprise et d'après la production actuelle par rapport à celle de 1913, sur la répartition des entreprises d'après leur importance en 1913 et 1920, et enfin sur les causes principales entravant la reprise du travail en décembre 1920.

MINISTÈRE DES AFFAIRES ÉCONOMIQUES. INSPECTION DE L'INDUSTRIE. *La lithographie, la gravure et leurs industries connexes.* — 292 pp. Bruxelles, J. Lebègue & C°, et A. Dewit, 1920.

Cet ouvrage, très documenté, fait suite à la série de monographies industrielles publiées depuis 1903 par l'Inspection générale de l'Industrie. Il comporte, outre une notice historique, une série d'études sur les différents aspects de l'industrie lithographique : principes fondamentaux, matières premières, outillage, technologie, etc., et s'achève par un répertoire des imprimeries lithographiques spécialisées dans divers travaux.

CANADA

DEPARTMENT OF LABOUR. — *Report of the department of Labour for the Fiscal Year ending 31st March 1290.* DÉPARTEMENT DU TRAVAIL : *(rapport de l'année fiscale s'achevant le 31 mars 1920).* — 170 pp. Ottawa, 1921.

Ce rapport renferme notamment une étude préliminaire consacrée en grande partie à l'activité de la « One Big Union »; il contient aussi des notes se rapportant à l'organisation et à l'œuvre de la commission royale des relations industrielles, à la Conférence nationale industrielle et à la première Conférence internationale du travail tenue à Washington. En outre il faut mentionner : le treizième rapport annuel sur l'application de la loi de 1907 relative aux conflits industriels (Industrial Disputes Investigation Act), un rapport sur le fonctionnement du Service des salaires (Fair Wages Branch), le second rapport annuel du directeur du Service des charbons, un rapport sur les grèves de l'année, le rapport du Service de la main-d'œuvre et le rapport concernant l'application de la loi sur l'enseignement technique en vigueur depuis un an.

ÉTATS-UNIS

Huitième rapport annuel du ministère du Travail pour l'année fiscale s'achevant le 30 juin 1920. — 269 pp. Washington, Government Printing Office.

Ce rapport contient notamment une étude sur l'origine, l'histoire et l'activité du ministère du Travail; des rapports pour 1920 émanant des différents services ministériels et des divers bureaux; des comptes rendus de la Conférence internationale du Travail de Washington et de la Conférence nationale de l'industrie; le rapport de la Conférence industrielle convoquée par le président; enfin, des recommandations au Congrès actuel et aux Congrès futurs.

Ce rapport établit que « le Bureau des statistiques du Travail a tenu le pays au courant de la vie industrielle de la nation. Le Bureau de l'immigration s'est chargé de la lourde tâche d'appliquer les innombrables lois concernant les immigrants. Le Bureau de l'enfance a réalisé des progrès inespérés au point de vue de la protection de la vie des enfants et de la lutte contre les ravages causés chez les jeunes par les offres de l'industrie. Le Bureau de naturalisation, chargé à l'heure actuelle de préparer la naturalisation des candidats dignes d'être accueillis et d'évincer les indésirables, contribue à renforcer la situation morale des salariés de l'industrie et, par là-même, le principe américain du salaire honnête pour un travail honnête et des chances égales pour tous. Le Bureau des intérêts féminins maintient les intérêts des ouvrières sur un pied d'égalité avec ceux des ouvriers. La section des questions noires s'est efforcée de réduire au minimum les conséquences déplorables des troubles causés dans l'industrie par les questions de race. Le service de la main-d'œuvre a donné à ce problème une extension nationale qui, bien que très incomplète par suite de l'insuffisance des fonds affectés à ce service, est cependant en excellente voie. Le service de la conciliation — organisation qui a presque toujours réussi à rétablir la paix lorsque les deux parties en désaccord ont eu recours à elle — a favorisé les accords amiables dans les conflits entre patrons et ouvriers.

Parmi les recommandations soumises à la collaboration législative du Congrès, certaines, d'un intérêt général, se rapportent notamment à l'organisation du placement de la main-d'œuvre, à l'adoption d'une législation établissant des relations entre les industries saisonnières et non saisonnières, à l'éducation professionnelle des salariés et à la protection de leurs enfants, à l'organisation, au ministère du Travail, d'une section permanente des questions noires, aux problèmes de la naturalisation et de l'immigration, ainsi qu'au séjour des étrangers aux Etats-Unis.

URUGUAY

MINISTERIO DE INDUSTRIAS. OFICINA NACIONAL DEL TRABAJO. — *La contribucion de los gobiernos departementales a la solucion de los problemas obreros. Organizacion del mercado del trabajo.* (MINISTÈRE DE L'INDUSTRIE. OFFICE NATIONAL DU TRAVAIL. *Contribution des gouvernements départementaux à la solution des problèmes ouvriers. Organisation du marché du travail).* — 31 pp. — Montevideo, Enero de 1921.

Cette brochure est un mémoire de la section de législation de l'Office national du Travail d'Uruguay sur les projets de conventions et les recommandations concernant le chômage adoptés par la Conférence internationale du Travail de Washington. Il ressort de ce mémoire que le moyen le plus efficace de remplir les obligations internationales et de mettre fin au chômage consiste en une action collective de l'administration nationale et des muni-

cipalités. L'administration nationale devrait centraliser et distribuer les
informations relatives au marché du travail; en outre, avec la collabration
des municipalités, on pourrait établir un vaste système de bureaux de placement par communes; cette organisation faciliterait la solution du problème
de la main-d'œuvre. Après un résumé des expériences faites à l'étranger,
une description de l'organisation des bureaux de placement, et un examen
des principes devant présider à l'institution de ces bureaux, le mémoire
propose un plan d'organisation du marché du travail en Uuruguay. Une
annexe contient le projet de loi préparé par la section de législation sur la
création de Bourses du travail en Uruguay.

PUBLICATIONS NON OFFICIELLES

Associacion del trabajo, Oficina de publicaciones. — *Consejos
industriales mixtos* (Association industrielle. Bureau des publications : *Conseils d'entreprise mixtes*). — 58 pp. Buenos-Aires, 1921.

Cette brochure a pour but de renseigner avec précision les commerçants
et les industriels sur les systèmes nouveaux instaurés dans le monde entier
pour arriver à une meilleure harmonie dans le développement de l'activité
du capital et du travail. La première partie contient une note détaillée de
l'Office national du Travail sur les conseils d'entreprise, type Whitley; on y
montre d'abord l'origine et le fonctionnement de ces conseils; on étudie
ensuite la possibilité de créer de telles institutions en Argentine. Cette étude
est suivie de la réponse de la Fédération des ouvriers et d'une circulaire de
cette fédération adressée aux associations confédérées, et concluant que,
en raison des conditions de l'industrie et du développement des syndicats,
l'institution de ces conseils n'est pas possible sous la forme existant en Angleterre; néanmoins il est nécessaire de prendre d'autres mesures susceptibles
d'aboutir à un rapprochement des ouvriers et des employeurs. En appendice
sont donnés les résultats de quelques expériences antérieures tentées par des
patrons relativement à l'organisation de ces conseils d'entreprise mixtes.

Bernard, Ernst. Dr. — *Die gesetzliche Regelung der Arbeitlosenver-
sicherung im Ausland* (*La législation étrangère sur l'assurance contre le chômage.*
(Beilage zum Reichsarbeitsblatt, n° 11, Jahrgang 1 (Neue Folge). — 24 pp.
Berlin, Verlag des Reichsarbeitsblattes, 1921, 2 Marks.

Cette étude, entreprise sur l'initiative du ministère du Travail du Reich,
est en grande partie consacrée à une analyse systématique des solutions
apportées, dans les divers pays, aux problèmes de l'assurance contre le
chômage. Tous les points essentiels pour la période 1916-1920 sont considé-
rés; les dispositions transitoires sont mentionnées dans une annexe.

Busson H., Fevre J., Hauser H. — *La France d'aujourd'hui et ses
colonies.* 692 pp. Paris, Félix Alcan, 1920. — 14 fr.

Tableau général de la situation de la France d'où se détachent les caractéristiques de la vie économique des diverses régions naturelles. Une partie
intéressante de l'ouvrage est consacrée à la géographie humaine où sont
étudiés notamment l'émigration, l'immigration, l'exode des campagnes vers
les villes, les conditions et l'avenir de l'agriculture et de l'industrie françaises. De cette étude les auteurs concluent que les paysans doivent « renoncer à l'individualisme pour se grouper en syndicats, en coopératives de
production et de vente, en mutualités, etc. » et que, d'autre part, « l'association est aussi nécessaire aux industriels qu'aux agriculteurs ».

Caillard, C. — *Chambres de métiers et Conseils de métiers.* — 324 pp.
Paris, Librairie de l'enseignement technique, 1920.

Etude très approfondie du problème de l'organisation des Chambres de
métiers en France et du rôle essentiel qu'elles sont appelées à jouer aux
points de vue de l'apprentissage et de l'enseignement professionnel. L'auteur, inspecteur général de l'enseignement technique, étudie tour à tour,
avec une compétence et une précision remarquables, la situation présente

des Chambres de métiers en France et particulièrement en Alsace-Lorraine ; les dispositions susceptibles de les intéresser soit dans la loi Astier, soit dans les différentes propositions de loi sur l'apprentissage, sur la taxe d'apprentissage ou sur les Chambres de métiers ; enfin, les projets divers renfermant des suggestions utiles sur le rôle futur des Chambres de métiers. Après avoir minutieusement étudié les multiples aspects de la question, l'auteur propose un avant-projet de loi relatif aux Chambres de métiers et susceptible sinon de constituer un texte définitif, du moins « de soumettre des éléments de discussion aux personnes compétentes ». L'ouvrage comporte une série d'annexes qui renferment notamment le texte des différentes propositions de loi se rapportant au sujet traité par l'auteur.

CENTRALE DES MÉTALLURGISTES DE BELGIQUE. — *Rapports présentés au Congrès national des 11 et 12 juin 1921.* — 287 pp. Bruxelles, Imprimerie populaire, 1921.

Ce rapport rend compte de l'activité, pendant l'année 1920, de la Centrale des métallurgistes de Belgique. Il renferme notamment le texte des divers manifestes édités par le Comité national, un examen des relations internationales de la Centrale ou des négociations qu'elle a entreprises avec certaines associations. Il comporte un compte rendu de la gestion financière et de l'organisation administrative, une série de statistiques destinées à illustrer la situation et le texte des rapports établis par les sections régionales et provinciales.

COLLIS, Edgard, L., M. D. OXON, M. R. C. P., and others. — *The industrial Clinic : a Handbook dealing with Health in Work (Clinique industrielle : Manuel sur l'hygiène du travail).* — 239 pp., Londres, John Bale, Sons et Danielsson, 1920. — 16s. 6d.

Ce manuel constitue un exposé très documenté des données actuelles d'une science encore toute nouvelle : l'application des principes de l'hygiène aux conditions du travail. Il a pour but de renseigner les médecins attachés à une entreprise industrielle sur la tâche à accomplir et sur les moyens de l'entreprendre. Il renferme des études dues à différents spécialistes sur l'examen médical de l'ouvrier, le choix des ouvriers, la capacité de production et la fatigue, l'hygiène des conditions du travail, l'hygiène individuelle, la valeur nutritive des aliments par rapport au travail, les repas pris sur place, les ambulances et l'emploi des femmes dans l'industrie. La documentation est tirée en grande partie des rapports officiels publiés depuis une dizaine d'années ; on connaît assez mal, en général, la contribution apportée par ces publications officielles à la science de la médecine industrielle ; cet ouvrage vient donc à son heure puisqu'il supplée, grâce à sa documentation vaste et sérieuse, aux renseignements originaux difficilement accessibles.

DEUTSCHŒSTERREICHISCHE GEWERKSCHAFTSKOMMISSION. — *Denkschrift an den Internationalen Gewerkschaftskongress, abgehalten im November 1920 in London, enthalten eine Darstellung der wirtschaftlichen Verhältnisse von Deutschösterreich unter besonderer Berücksichtigung der Lage der Arbeiterklasse dieses Staates.* (COMMISSION SYNDICALE DE L'AUTRICHE ALLEMANDE. *Mémoire au Congrès international des syndicats tenu à Londres en novembre 1920, contenant une description des conditions économiques de l'Autriche allemande avec considérations spéciales sur la situation de la classe ouvrière de ce pays).* — 20 pp. Vienne, *Vorwärts*, 1920.

Ce mémoire, établi par la commission syndicale de l'Autriche allemande, groupant plus de 750.000 ouvriers et employés organisés, comporte une étude de la situation actuelle, notamment des conditions économiques, du chômage, de l'état sanitaire, du problème du charbon et des matières premières, de la situation du commerce et des transports. A la fin du mémoire sont formulées quelques suggestions susceptibles de remédier à la situation.

FYFE, Cleveland. — *The agricultural Act, 1920, in brief (Résumé de la loi de 1920 sur l'agriculture).* — Sommaire préparé par le secrétaire parlementaire de l'Union nationale des agriculteurs et approuvé par l'avocat-conseil de l'Union, M. Alfred Ellis J. P. — 24 pp., Londres, The National Farmers' Union, 1921. 2d.

HAMBRECHT, George P. — *The responsibility for Industrial Accident Prevention (La responsabilité en matière de prévention contre les accidents du travail)*. — The Wisconsin Safety Review. Janvier 1921. Industrial Commission of Wisconsin, Madison, Wis.

Dans cet article, le président de la commission industrielle de l'Etat de Wisconsin discute la question de savoir si la Commission peut accéder à la requête formulée par les patrons et leur délivrer des certificats constatant que l'organisation de leurs usines satisfait bien aux conditions de sécurité requises par la Commission. Aux termes de la loi de l'Etat de Wisconsin sur la protection contre les accidents (Workmen' s Compensation Law) l'indemnité est majorée de 15 % si l'accident a été causé par une négligence du patron à satisfaire aux mesures de sécurité prescrites par la Commission industrielle; les certificats demandés par les patrons constitueraient pour eux une garantie contre cette disposition de la loi. L'auteur conclut que la Commission ne doit rien négliger pour faciliter aux employeurs l'application de la loi :— en leur fournissant gratuitement des exemplaires du code, en leur donnant des renseignements, en attirant leur attention sur les cas d'infraction caractérisée — mais qu'elle ne peut, en délivrant les certificats demandés, endosser une responsabilité qui incombe nettement aux employeurs.

LÉGER, Augustin. — *La régression des salaires*. — 43 pp. Paris. Société d'études et d'informations économiques et Marcel Rivière, 1921.

Constatant que, pour remédier à la crise de sous-consommation dont souffre l'industrie, c'est aux dépens des salaires que l'on songe à comprimer les frais de production, l'auteur étudie l'évolution de ce phénomène dans les pays où il s'est successivement manifesté avec ses traits les plus accentués: Japon, Etats-Unis, Grande-Bretagne, Suède, Danemark et Norvège. Après avoir souligné les aspects et les éléments complexes qui caractérisent la régression des salaires dans les milieux où elle s'est affirmée jusqu'ici, il en dégage les causes qui, dans leur multiplicité apparente, se ramènent toutes au déséquilibre économique causé par la guerre et il conclut de l'universalité de la cause à l'universalité de l'effet : la crise économique est mondiale, la régression des salaires sera mondiale.

PAUL, Eden and Cedar. — *Communism (Le communisme)*. *Labour booklets N° 3*. — 20 pp. Londres, Labour Publishing C°, 1921. 6d.

Sous ce titre, les auteurs de *La Révolution créatrice (Creative revolution)* étudient brièvement l'histoire, les méthodes et l'idéal du communisme.

POTULICKI, Michel. — *Constitution de la République de Pologne du 17 mars 1921*. — 81 pp. Varsovie, Société de publications internationales, Paris, éditions Bossard, 1921.

Texte de la Constitution polonaise. Les amendements qui furent défendus par la minorité sont mentionnés à titre documentaire, notamment les propositions du parti ouvrier national relatives à la création et aux attributions d'une Chambre du travail destinée à « représenter et défendre les besoins de tous les citoyens qui doivent leur entretien au travail salarié», ainsi que les projets du parti socialiste concernant la protection légale du travail, la législation sur les fabriques, les grèves, les assurances, les relations entre le travail et le capital, la création, le rôle et le fonctionnement d'une Chambre du travail.

SCHIPPEL, Max. — *Zum Kommunalisierungs-Gesetzentwurf. Erläuternde und kritische Bemerkungen* (Veröffentlichungen der sächsischen Landesstelle für Gemeinwirtschaft.) (*A propos du projet de loi sur la communalisation. Remarques explicatives et critiques.* Publications de l'Office d'économie collective de la Saxe). — Brochure XI, 29 pp. Dresde, v. Zahn & Jaensch, 1921. 3 Marks.

Cette étude sur la communalisation est la dernière publication de l'Office d'économie collective de la Saxe (sächs. Landesstelle für Gemeinwirtschaft); elle fait suite à une série de brochures parues depuis 1919 à des dates irrégulières. Ces diverses publications ont pour objet de contribuer à la discussion et à l'éclaircissement de tous les problèmes économiques et sociaux qui se posent à l'heure actuelle : la socialisation, la communalisation, l'économie organisée, la nationalisation de la production; elles se proposent aussi de créer un mouvement d'opinion en faveur de certaines organisations autonomes comme les coopératives ou les communautés de travail. Elles n'étudient pas seulement la situation en Allemagne mais elles suivent aussi l'évolution de ces divers problèmes à l'étranger. La première brochure, par exemple, contient une traduction du rapport de la Coal Industry Commission du 20 juin 1919, document capital au point de vue de l'étatisation des mines en Angleterre; la brochure IX renferme une traduction des «Whitley reports», contribution précieuse à la question des communautés de travail, des conseils d'entreprise et des coopératives en Angleterre. Les autres études publiées traitent notamment de la rationalisation du travail (brochure II), des pharmacies et de l'économie collective (V), de la socialisation dans l'industrie du bâtiment (VI), de la socialisation des eaux en Saxe (VII), de l'hygiène du travail comme base de la rationalisation du travail (VIII), enfin du développement de l'économie collective en Saxe (V).

SCHEIWZER VERBAND ”VOLKSDIENST”. — *I. Jahresbericht für das Jahr 1920* (ASSOCIATION SUISSE « VOLKSDIENST », *1er rapport annuel pour l'année 1920*). — 34 pp. Kilchberg, 1921, Selbstverlag.

Cette association, qui publie son premier rapport, est issue de l'association « Soldatenwohl », fondée pendant la guerre et dont elle continue les travaux en s'efforçant d'intensifier son action. Son champ d'activité comprend la gestion de cantines d'où l'alcool est proscrit et de cuisines populaires, ainsi que l'organisation de logements ouvriers et d'institutions de bien-être social. La section d'économie sociale, qui fonctionne depuis le 1er juillet 1920, a pour but de rechercher scientifiquement les moyens qui pourraient niveler les inégalités de classes et conduire au sentiment de la solidarité sociale; elle doit étudier objectivement la situation de la classe ouvrière et faire des propositions susceptibles d'améliorer cette situation. Cette section s'est spécialement occupée, jusqu'ici, de l'assurance-invalidité et de l'assurance-vieillesse. Des conférences sociales ont également été organisées par ses soins.

SERWY Victor. — *La coopération et la vie chère.* — 20 pp. Bruxelles. Office coopératif belge, 1921. Prix 1 fr.

L'auteur, directeur de l'Office coopératif belge, étudie, au moyen de chiffres, l'évolution du mouvement coopératif belge depuis 1910. Puis il dégage, à l'aide d'exemples précis, le rôle capital de la coopérative: elle entrave la hausse des prix, elle vend moins cher que le commerce, elle évite toute tromperie sur le poids ou la qualité des marchandises, elle vend au comptant et soustrait le consommateur à la plaie du crédit, elle s'efforce enfin de relever par des œuvres la situation intellectuelle et morale de ses associés. La coopérative est une œuvre d'utilité publique dont la raison d'être est l'intérêt général, à l'exclusion de tout intérêt individuel.

SOLANO, John E. — *Labour as an International Problem. A series of essays, comprising a short history of the International Labour Organisation and a review of general industrial problems (Le travail, problème international. Séries d'études comprenant un bref historique de l'Organisation internationale du Travail et une revue des problèmes généraux de l'industrie).* — LX, 345 pp. Londres, Macmillan & Cⁿ, Ltd. 1920.

Cet ouvrage a pour but d'expliquer l'organisation, le rôle, le fonctionnement et l'activité du Bureau international du Travail. Les auteurs qui ont collaboré à la rédaction des différents chapitres sont presque tous intimement associés à l'œuvre de l'Organisation internationale du Travail. M. G. N. Barnes et le Dr. Shotwell étudient la constitution, le rôle et le fonctionnement de la Commission de législation internationale du Travail à la Conférence de la paix. M. Appleton traite de la politique de la Fédération internationale des associations ouvrières à l'égard de l'Organisation internationale du

Travail. MM. Oka et Vandervelde étudient respectivement la situation au Japon et en Belgique. M. Arthur Fontaine examine les divers mouvements qui se sont dessinés en faveur de l'uniformisation des conditions de travail dans les différents pays. Miss Sanger étudie les réformes industrielles qui étaient au programme de la Conférence de Washington et qui forment le sujet des projets de conventions et recommandations adoptés au cours de cette Conférence. Un chapitre, dû à M. H. B. Butler, est consacré à la Conférence de Washington et à l'avenir du mouvement inauguré par cette conférence. Enfin M. Albert Thomas précise la tâche qui incombe au Bureau international du Travail et fait ressortir les raisons pour lesquelles les patrons et ouvriers ont confiance en l'action bienfaisante de l'organisation nouvelle. L'ouvrage s'achève par une série d'annexes.

The Building Guild : Its principles, object and structure (*La guilde du bâtiment : ses principes, son but, son organisation*). — 24 pp. Manchester, Cooperative Press Agency, 1921. 6d.

Cette brochure renferme un historique rapide de la guilde du bâtiment de Manchester, depuis sa création en janvier 1920 jusqu'à la Conférence nationale d'octobre 1920. Elle comporte un examen de la constitution de la guilde, du rôle des comités locaux des guildes, de la collaboration apportée à la guilde par la Coopérative Wholesale Society et des principes essentiels sur lesquels les promoteurs du mouvement s'appuient pour substituer au système capitaliste actuel une organisation nouvelle. Elle retrace, en outre, les négociations entreprises avec le ministère de l'Hygiène et qui aboutirent, le 6 août 1920, à la signature du contrat-type; mention est faite des clauses de ce contrat.

UNION INTERPARLEMENTAIRE. — *L'Union interparlementaire, son œuvre et son organisation*. — 24 pp. Genève, Bureau interparlementaire, 1921.

Etude de la fondation, du développement et de l'œuvre de l'Union interparlementaire. Un chapitre fait ainsi ressortir le rôle que peut jouer l'Union vis-à-vis de la Société des Nations et du Bureau international du Travail : « Pour que les résolutions de l'Assemblée obtiennent leur plein effet, il faudra encore que les Etats les ratifient, ou qu'ils prennent des mesures législatives et autres, nécessaires pour leur application. Dans ce domaine l'Union interparlementaire pourra jouer un rôle éminemment utile par l'intermédiaire de ses groupes. Il en est de même pour l'organisation affiliée à la Société: le Bureau international du Travail. Cette nouvelle institution intéressante pourra aussi être largement aidée par l'Union et par les groupes si ceux-ci se chargent d'assurer la réalisation des vœux des Conférences annuelles, organisées par le Bureau, et de pousser à la ratification des projets de conventions ».

WIESENER, G. — *Midlertidlov om Arbeiderutvalg i industrielle bedrifter m. v.* (*Loi provisoire concernant les conseils ouvriers dans les entreprises industrielles*). — 31 pp. Kristiania Steenske Forlag, 1921.

Dans la première partie de cette étude, l'auteur, chef de bureau au Département social, expose très clairement l'historique de la loi sur les conseils d'entreprise, entrée en vigueur en Norvège le 23 juillet 1920. Le caractère provisoire de cette loi témoigne des difficultés rencontrées par la commission chargée de la préparer. Trois points surtout ont empêché l'adoption d'un règlement définitif : les problèmes du salaire, des congés et de la participation à l'administration des entreprises. Aux termes de la loi, l'employeur conserve toujours la direction de l'entreprise, mais, en certains cas déterminés, il ne peut prendre de décisions qu'après avis du conseil d'entreprise. La seconde partie du volume donne le texte de la loi avec un commentaire de chaque article.

WOOD, Sir Kingsley, M.P. — *The Law and Practice with regard to Housing in England and Wales.* (*La législation britannique relative aux habitations ouvrières*). — 769 pp. Londres, Henry Frowde, Hodder and Stoughton, 1921.

Dans cet ouvrage, Sir Kingsley Wood, qui était le secrétaire parlementaire de l'ancien ministre de l'Hygiène britannique, le Dr Addison, résume la législation complexe qui existe actuellement en Grande-Bretagne sur les habitations ouvrières. Après avoir expliqué quels sont les pouvoirs des autorités locales, des conseils de comté et des sociétés philanthropiques, en ce qui concerne la construction des maisons ouvrières, l'assainissement des quartiers insalubres et l'urbanisme, il donne le texte complet des principales lois en vigueur, depuis le « Housing of the Working Classes Act » de 1890, jusqu'aux deux lois importantes votées en 1919. Cet ouvrage, qui a un caractère strictement documentaire et s'abstient rigoureusement de toute appréciation, constitue un recueil récent et complet des principales dispositions des lois britanniques sur ce sujet.

ZIMAND, Savel.—*The Open Shop Drive (La question de l'«open shop»).*— 61 pp. New-York, Bureau of Industrial Research, Fourth Avenue, 1921. 50 c.

Cet ouvrage constitue l'étude la plus complète publiée jusqu'à ce jour de l'évolution actuelle du mouvement concernant le problème de l'« open shop » aux Etats-Unis, mouvement considéré par tous comme le facteur le plus significatif du problème des rapports entre ouvriers et patrons dans l'industrie américaine. Ce livre est constitué presque entièrement de citations. de rapports, de résolutions, de lettres, etc., émanant d'associations patronales, de patrons particuliers ou de leurs agents, et de « jugements moraux » portés par des personnalités ou des organisations indépendantes; tous ces documents sont choisis pour démontrer l'exactitude du point de vue ouvrier en ce qui concerne les buts et les méthodes du patronat.

ERRATUM

(*Vol. II, N° 1.*)

Page 105 : avant-dernière colonne du tableau, première ligne, au lieu de 249.822, lire : *822.*

LE SYSTÈME MÉTRIQUE ET LE SYSTÈME ANGLAIS DES POIDS ET MESURES

A *Mesures métriques exprimées en mesures anglaises.*			B *Mesures anglaises exprimées en mesures métriques.*		
Unités de mesure	Val. correspondantes exactes	Valeurs correspondantes approximatives	Unités de mesure	Val. correspondantes exactes	Valeurs correspondantes approximatives
A. Mesures linéaires.					
1 millim.	0,0394 pouce (inch)	$^1/_{25}$ de pouce	1 pouce (inch)	0,025399 m.	4 pouces = 0 m. 10
1 centim.	0,3937 pouce (inch)	0,10 m. = 4 pc. env.	1 pied (foot)	0,30479 m.	0 m. 30
1 mètre	39,371 pouce (inch)	11 mèt. = 12 yards	1 yard	0,9144 m.	11 yards = 10 mèt.
1 kilom.	0,6214 mille (mile)	5 furlongs (201 = 16 m.)	1 mille (mile)	1,6093 km.	5 milles = 8 kilom.
B. Mesures de surface.					
1 mètre² (centiare)	1,196 yard² (sq. yds.)	1 $^1/_5$ yard carré	1 pouce² (sq. inch)	0,06451 m²	
			1 yard² (sq. yard)	0,836 »	6 yards carrés = 5 m²
1 are	3,954 perches (poles)	10 ares = $^1/_4$ d'acre	1 acre	0,40467 hect.	1 acre = 2 $^1/_2$ hect.
1 hectare	2,471 acres	2 $^1/_2$ acres	1 mille² (sq. mile)	2,5899 km²	100 milles carrés = 260 km²
C. Mesures de capacité.					
			1 pinte (liquide) (pint)	0,5679 litre	1 litre = 1 pinte $^3/_4$
1 litre	1,76 pinte (pint)	4 $^1/_2$ litres = 1 gallon	1 quart (liquide)	1,1359 »	
1 décal.	2,201 gallons	5 décalitres = 11 gallons	1 gallon (liquide)	4,5435 »	4 $^1/_2$ litres. 22 gallons = 1 hectol.
			$^1/_4$ boisseau solide (peck)	9,087 »	9 litres
1 hectol.	22,01 »	22 gallons	1 boisseau solide (bushel)	36,34766 »	36 litre
D. Mesures de poids.					
1 gramme	0,0353 once	454 grs = 1 livre anglaise (lb.)	1 once (ounce)	0,02835 kg.	7 onces (ozs) = 200 grs.
1 hectogr.	3,527 onces	$^1/_4$ livre anglaise (lb.) environ	1 livre (pound anglaise)	0,45359 »	$^1/_2$ kilo 22 livres = 10 kilos
			1 quintal (hundred-weight)	50,802 »	50 kilos
1 kilogr.	2,2046 livres (lbs.)	2 $^1/_5$ livres (lbs) 5 kg. = 11 liv. (lbs)	1 petite tonne (2000 livr. anglaises)	907,6 »	900 kilos
1 tonne métrique	2.204,6 livres (lbs)	1 long ton	1 grande tonne (2240 livr. anglaises)	1016,04 »	1000 kilos

VOLUME II

TABLE DES MATIÈRES

Publications du Bureau international du Travail

Le Bureau international du Travail a entrepris diverses séries de publications dont la liste est la suivante :

Publications périodiques régulières.

1o *REVUE INTERNATIONALE DU TRAVAIL. — Publication mensuelle.*

Cette revue. qui est à la fois une revue scientifique et une revue de vulgarisation, contient des articles, des statistiques et des informations sur l'industrie et le travail, de nature à intéresser les gouvernements, les employeurs et les ouvriers. Certains de ces articles sont l'œuvre du Bureau international du Travail lui-même ; d'autres n'engageant que la responsabilité de leurs auteurs, sont dus à la collaboration d'économistes ou de personnalités éminentes du monde patronal ou ouvrier. Cette revue paraît mensuellement, en français et en anglais, depuis le mois de janvier 1921. Conformément au traité de paix, elle pourra être ultérieurement publiée en d'autres langues.

2o *BULLETIN OFFICIEL. — Publication hebdomadaire.*

Le *Bulletin Officiel* a pour objet d'éclairer le public sur l'activité de l'Organisation internationale du Travail. Il contient le texte de documents officiels, les comptes rendus des séances du Conseil d'administration et des différentes commissions internationales (chômage, émigration, etc.), ainsi que les informations diverses sur les progrès des travaux du Bureau ; il signale enfin la suite donnée par les Membres de l'Organisation aux décisions de la Conférence annuelle. Le *Bulletin Officiel* paraît régulièrement en anglais et en français depuis le 8 septembre, en allemand depuis le 20 octobre. Le Bureau a en outre l'intention de publier des éditions italienne et espagnole du *Bulletin* dans le courant de l'année 1921.

3o *INFORMATIONS QUOTIDIENNES.*

Cette revue donne au jour le jour de brèves notations sur les événements les plus importants de la vie économique et sociale. Elle a paru dactylohraphiée en français depuis le 1er septembre 1920. Elle paraît imprimée en anglais et en français depuis le 15 novembre 1920.

Publications périodiques irrégulières.

4o *ÉTUDES ET DOCUMENTS. — Paraissant à des dates irrégulières mais très rapprochées.*

Les *Etudes et Documents* comprennent de courts rapports et articles sur des sujets d'importance immédiate au point de vue du travail. Ils sont répartis en treize séries :

a) Vie sociale (vie syndicale, ouvrière et patronale, vie politique dans ses rapports avec les questions de travail) : *b)* vie économique : *c)* marché du travail : *d)* conditions du travail : *e)* assurances sociales, indemnisation et rééducation des mutilés : *f)* sécurité et hygiène industrielles : *g)* conditions de vie : *h)* coopération ; *i)* protection des femmes et des enfants : *j)* enseignement ; *k)* agriculture : *l)* marine.

5o *SÉRIE BIBLIOGRAPHIQUE.*

La *Série bibliographique* comprend : *a)* des bibliographies générales et sommaires contenant la liste des publications officielles ou non et paraissant aussi souvent qu'il sera désirable et possible, en principe tous les huit jours. Ces notices seront reproduites chaque mois dans la *Revue Internationale du Travail* : *b)* des bibliographies spéciales, sur des sujets déterminés, tels que les salaires minima, la journée de huit heures, l'enseignement professionnel, la participation des ouvriers dans la gestion des entreprises, l'hygiène industrielle, etc. Ces bibliographies spéciales paraîtront irrégulièrement à la demande des circonstances.

6o *SÉRIE LÉGISLATIVE.*

La *Série législative* donne, au fur et à mesure de leur entrée en vigueur, les textes et traductions des lois, arrêtés, règlements ou circulaires administratives concernant le régime du travail dans les différents pays du monde. La *Série législative* paraît en français, en anglais et en allemand. C'est, sous une forme renouvelée, la suite des publications de l'Office de Bâle, dont la charge a passé au Bureau international du Travail.

7o *DOCUMENTS DE LA CONFÉRENCE INTERNATIONALE DU TRAVAIL.*

Ces documents comprennent :

a) les rapports préparés par le Bureau international du Travail en vue de la Conférence annuelle ;

b) les comptes rendus sténographiques des séances de la Conférence :

c) le texte définitif des projets de convention et des recommandations adoptés par la Conférence.

Publications non périodiques.

8° *ÉTUDES SPÉCIALES.*

Les résultats des enquêtes spéciales importantes ou des recherches effectuées par le Bureau international du Travail, ou d'autres études similaires faites en dehors du Bureau seront publiés sous formes d'*Études spéciales,* s'ils présentent un intérêt suffisant.

9° *PUBLICATIONS DIVERSES.* — Comprenant toutes les publications qui ne rentrent dans aucune des catégories citées plus haut. Tels sont par exemple les *Statuts et règlements de l'Organisation permanente du Travail,* ainsi que les études destinées à faire connaître la fonction et l'activité du Bureau international du Travail et de l'Organisation permanente du Travail.

Conditions d'abonnement.

Abonnement global.

Un abonnement global est prévu pour l'ensemble des publications du Bureau. Cet abonnement donne droit non seulement aux publications périodiques régulières ou irrégulières, mais aussi aux études spéciales et aux publications diverses paraissant pendant la période couverte par l'abonnement.

Abonnement partiel.

Des abonnements spéciaux peuvent être pris également à l'une ou l'autre des diverses séries de publications périodiques régulières ou irrégulières. De tels abonnements ne donnent pas droit aux publications non périodiques. Toutes les publications peuvent dans tous les cas être achetées au numéro.

A moins d'indication contraire de l'abonné, tout abonnement reçu partira du 1er du mois en cours.

Prix des abonnements.

Le Bureau a éprouvé certaines difficultés à fixer les prix des abonnements à ses publications. Il lui a paru impossible de s'en référer simplement au cours du change en prenant comme base le franc suisse. Un tel système aurait imposé une charge trop lourde aux ressortissants des pays dont la monnaie est dépréciée : en outre, les fluctuations journalières du change auraient provoqué des variations constantes dans les prix. Le Bureau n'a pas cru possible, d'autre part, de prendre comme base unique la valeur au pair des devises étrangères par rapport au franc suisse. La solution à laquelle il s'est arrêtée constitue, en réalité, un compromis destiné à permettre d'accroître, dans la mesure du possible, la circulation des publications du Bureau, tout en évitant à ce dernier des pertes financières trop élevées. Cette solution tient compte dans une certaine mesure de la dépréciation des changes, mais évite d'imposer à aucun pays des prix prohibitifs.

Les prix des abonnements annuels ont été fixés provisoirement comme suit :

	Allemagne	Belgique	Espagne	Etats-Unis	France	Grande-Bretagne	Italie	Pays Bas	Suisse
Devises	Marks	Francs	Pesetas	Dollars	Francs	Livres st.	Lires	Florins	Francs
Revue internationale du Travail	75	50	30	5,00	50	1/4/0	65	15	30
Bulletin officiel	38	25	15	2,50	25	0/12/0	32.50	7.50	15
Informations quotidiennes	250	165	100	17,00	165	4/0/0	215	50	100
Études et Documents	300	200	120	20,00	200	4/16/0	260	60	120
Notices bibliographiques	15	10	6	1,00	10	0/5/0	13	3	6
Série législative	50	35	20	4,00	35	0/16/0	45	10	20
Documents de la Conférence annuelle	50	35	20	4,00	35	0/16/0	45	10	20
Abonnement global	750	500	300	50,00	500	12/0/0	650	150	300

Sauf pour les abonnements globaux les frais de port seront comptés en sus.

Des prix spéciaux seront établis pour d'autres pays sur demande.

Il est à remarquer que ces prix ont été fixés de manière à accorder un avantage considérable aux souscripteurs à l'abonnement global. Non seulement ces souscripteurs paient une somme inférieure au total des prix des abonnements partiels qui donnent droit aux publications périodiques, mais ils reçoivent en outre toutes les publications non périodiques, parmi lesquelles les *Études spéciales* sont appelées sans doutes à prendre une importance considérable.

Les demandes d'abonnement, quelle que soit leur nature, doivent être adressées avec leur montant au Bureau international du Travail, à l'ordre duquel les chèques ou mandats doivent être établis.

PUBLICATIONS DÉJA PARUES

PUBLICATIONS PÉRIODIQUES RÉGULIÈRES.

	Frs suisses	Frs français Frs belges
REVUE INTERNATIONALE DU TRAVAIL. Paraît tous les mois en français et en anglais depuis le 1er janvier 1921.	3.—	5.—
BULLETIN OFFICIEL Paraît hebdomadairement en français et en anglais depuis le 8 septembre et en allemand depuis le 20 octobre 1920.	0.60	1.—
INFORMATIONS QUOTIDIENNES. Paraît tous les jours en français et en anglais depuis 15 novembre 1920.	0.50	1.—

PUBLICATIONS PÉRIODIQUES IRRÉGULIÈRES.

ÉTUDES ET DOCUMENTS.   1.—   1.50

Série A.

No 1. *Le pacte des organisations ouvrières espagnoles*, paru le 24 septembre 1920. En anglais et en français.

» 2. *Le conflit des métallurgistes en Italie. Le contrôle syndical dans l'industrie*, paru le 25 septembre 1920. En anglais et en français.

» 3. *Le congrès annuel des trade unions en 1920*, paru le 4 octobre 1920. En anglais et en français.

» 4. *Le congrès international des ouvriers et ouvrières de l'alimentation*, paru le 11 octobre 1920. En anglais et en français.

» 5. *Le gouvernement britannique et la fédération des mineurs de Grande-Bretagne. Conférence entre Sir Robert Horne et la Fédération des mineurs*, paru le 13 octobre 1920. En anglais et en français.

» 6. *Le congrès de l'Internationale ouvrière et socialiste*, paru le 14 octobre 1920. En anglais et en français.

» 7. *Le congrès international des mineurs*, paru le 19 octobre 1920. En anglais et en français.

» 8. *L'Organisation internationale du Travail. Un parallèle*, paru le 21 octobre 1920. En anglais et en français.

» 9. *Le congrès international des ouvriers sur métaux*, paru le 22 octobre 1920. En anglais et en français.

» 10. *Le gouvernement britannique et la Fédération des mineurs de Grande-Bretagne. Conférence entre le gouvernement et la triple alliance syndicale*, paru le 27 octobre 1920. En anglais et en français.

» 11. *Le conflit des métallurgistes en Italie. Le contrôle syndical dans l'industrie*, paru le 4 novembre 1920. En anglais et en français.

» 12. *Le 4me Congrès international des relieurs*, paru le 26 novembre 1920. En anglais et en français.

» 13. *La grève des mineurs en Grande-Bretagne*, paru le 21 décembre 1920. En anglais et en français.

» 14. *XVe Congrès de la Confédération générale du Travail (France)*, paru le 23 décembre 1920. En anglais et en français.

» 15. *Le congrès international des « ouvriers d'usine »*, paru le 24 janvier 1921. En anglais et en français.

» 16. *Les tendances de la législation du travail en Europe depuis la guerre*, paru le 11 février 1921. En anglais et en français.

» 17. *L'accroissement de l'effectif des syndicats au cours des années 1910-1919*, paru le 16 février 1921. En anglais et en français.

Nᵒ 18. *Congrès syndical international extraordinaire* tenu à Londres du 22 au 27 novembre 1920, paru le 15 mars 1921. En anglais et en français.

» 19. *Le programme minimum de la Confédération générale du Travail de France,* paru le 18 mars 1921. En anglais et en français.

» 20. *Congrès international des cheminots, tenu à Londres les 29 et 30 novembre 1920,* paru le 11 avril 1921. En anglais et en français.

» 21. *Le programme et l'organisation des syndicats ouvriers chrétiens de l'Allemagne (Congrès d'Essen 20-24 novembre 1920),* paru le 3 mai 1921. En français et en anglais.

Série B.

Nᵒ 1. *La production du charbon dans la Ruhr,* paru le 1ᵉʳ septembre 1920 En anglais et en français.

» 2. *Documents relatifs aux projets d'organisation internationale pour la répartition des matières premières ou des denrées alimentaires,* paru le 5 octobre 1920. En anglais et en français.

» 3. *Les conditions de travail et la production dans le bassin minier de la Haute-Silésie,* paru le 10 décembre 1920. En anglais et en français.

» 4. *La socialisation des mines de charbon en Allemagne,* paru le 25 janvier 1921. En anglais et en français.

» 5. *Le Mémoire d'Essen sur la socialisation des mines (6 novembre 1920)* paru le 28 janvier 1921. En anglais et en français.

» 6. *Les conseils d'entreprise en Allemagne,* paru le 29 janvier 1921. En anglais et en français.

» 7. *Le projet de loi sur le contrôle ouvrier en Italie,* paru le 28 février 1921. En anglais et en français.

» 8. *Une demande de contrôle ouvrier en France,* paru le 31 mars 1921. En anglais et en français.

» 9. *La réforme du Conseil supérieur du Travail en Italie. Vers un Parlement technique du Travail,* paru le 14 avril 1921. En anglais et en français.

Série C.

Nᵒ 1. *La législation britannique sur l'assurance-chômage,* paru le 26 octobre 1920. En anglais et en français.

» 2. *L'action gouvernementale dans la lutte contre le chômage en Italie,* paru le 27 octobre 1920. En anglais et en français.

» 3. *La loi bulgare sur le travail obligatoire,* paru le 2 novembre 1920. En anglais et en français.

» 4. *L'action de l'administration fédérale dans la lutte contre le chômage en Suisse,* paru le 13 novembre 1920. En anglais et en français

» 5. *L'organisation de l'assurance-chômage et du placement des travailleurs en France,* paru le 21 février 1921. En anglais et en français.

Série D.

Nᵒ 1. *Le statut du personnel des chemins de fer français,* paru le 4 septembre 1920. En anglais et en français.

Série E.

Nᵒ 1. *L'indemnisation des infirmités de guerre en France. La loi du 31 mars 1919,* paru le 28 février 1921. En anglais et en français.

» 2. *L'organisation du placement des invalides par l'obligation d'emploi dans les services publics et dans les entreprises privées,* paru le 25 avril 1921. En anglais et en français.

Série F.

Nᵒ 1. *Le cancer de la vessie chez les ouvriers travaillant dans les fabriques d'aniline,* paru le 23 février 1921. En anglais et en français.

Série H.

N⁰ 1. *Les coopératives de consommation en 1919. Danemark et Suède* paru le 8 septembre 1920. En anglais et en français.

N⁰ 2. *Le VIIᵉ congrès de l'Office coopératif belge,* paru le 25 septembre 1920. En anglais et en français.

Série K.

N⁰ 1. *Premier congrès international des syndicats des travailleurs de la terre adhérant à la Fédération syndicale internationale,* paru le 9 novembre 1920. En anglais et en français.

» 2. *Les conditions agraires en Espagne,* paru le 10 novembre 1920. En anglais et en français.

» 3. *Les petites tenures en Écosse,* paru le 12 novembre 1920. En anglais et en français.

» 4. *Les huit heures dans l'agriculture italienne,* paru le 17 décembre 1920. En anglais et en français.

» 5. *La journée de huit heures des travailleurs agricoles devant la Chambre française,* paru le 10 février 1921. En anglais et en français.

» 6. *Documents relatifs à la réglementation du travail dans l'agriculture en France,* paru le 23 avril 1921. En anglais et en français.

SÉRIE BIBLIOGRAPHIQUE.

	Frs suisses	frs franç. » belges
Des « Notes bibliographiques » hebdomadaires paraissent depuis le 10 janvier 1921.	0.30	0.50

SÉRIE LÉGISLATIVE.

1919. (Edition anglaise seulement)

50 fascicules parus.

1920

Il a semblé désirable de faire correspondre exactement la *Série législative* 1919 (édition anglaise) avec la collection publiée dans le Bulletin de l'Office international du Travail de Bâle de la même année. Un certain nombre de lois et arrêtés non compris dans cette collection seront contenus en conséquence dans la *Série législative* 1920. Dorénavant, la *Série législative* de chaque année ne comprendra que les lois et arrêtés ayant paru dans le cours de cette année.

En anglais :

Allemagne.

			Frs suisses	frs franç. belges
Nᵘˢ	1-2.	Act and order : Works Councils . . .	0.50	0.85
»	3.	Regulations : Compressed Air Work .	0.30	0.50
»	4-6.	Lead compounds : order, notice and notification	0.30	0.50
»	7.	Order : Accident Insurance	0.10	0.20
»	8.	Notification : Accident Insurance . .	0.10	0.20
»	9.	Act : Employment of Disabled men. .	0.20	0.35
»	10.	Act : Employment of Women in Public Houses	0.10	0.20
»	11.	Administrative Orders : Works Councils	0.20	0.35
»	12.	Order : Home Work	0.10	0.20
»	13.	Order : Federal Employment Board .	0.10	0.20
»	14.	Order : Federal Economic Council . .	0.15	0.25
»	15.	Act : Maternity Benefit	0.20	0.35
»	16.	Order : Strikes and Lock-Outs	0.10	0.20

Autriche.

Nᵒˢ	1-7.	Act and Instructions : Unemployment Insurance	0.30	0.50

			Frs suisses	frs franç. belges
Nos	8.	Administrative Instruction : Night work of Women and Young Persons	0.10	0.20
»	9.	Administrative Instruction : Sundays and Public Holidays	0.10	0.20
»	10.	Administrative Instruction : Contracts of employment	0.15	0.25
»	11.	Administrative Instruction : Renewal of Conventions	0.10	0.20
»	12–15.	Act and Instructions : Eight-hour day	0.20	0.35
»	16.	Act : Employment of disabled men	0.20	0.35
»	17.	Administrative Instruction : Child Labour	0.20	0.35
»	18.	Domestic Servants' Act	0.20	0.35
»	19-20.	Act and Order : Labour Councils	0.25	0.40
»	21.	Instructions : Eight Hour Day	0.15	0.25

Belgique.

			Frs suisses	frs franç. belges
Nos	1–3.	Orders : Industrial Medical Service	0.20	0.35
»	4–6.	Orders : Mines (First Aid and Safety)	0.30	0.50
»	7.	Order : Controllers of Labour	0.10	0.20
»	8–10.	Order : Dangerous Trades	0.10	0.20
»	11.	Order : Medical Service of Friendly Societies	0.10	0.20
»	12–13.	Act and Decree : Miners Old age pensions	0.20	0.35
»	14.	Act and Decrees : Old Age Pensions	0.15	0.25
»	15.	Order : Employment of young persons	0.10	0.20

Brésil.

			Frs suisses	frs franç. belges
Nos	1–2.	Decrees : Compensation for Industrial accidents	0.20	0.35

Bulgarie.

			Frs suisses	frs franç. belges
No	1.	Act : Compulsory Labour Service	0.20	0.35

Danemark.

			Frs suisses	frs franç. belges
No	1.	Act : Unemployment Funds	0.30	0.50

Espagne.

			Frs suisses	frs franç. belges
Nos	1.	Order : Hours in Coal Mines	0.10	0.20
»	2.	Regulations : Seamen's Labour	0.20	0.35
»	3.	Order : Employment Exchange	0.15	0.25
»	4–5.	Order : Eight Hour Day	0.25	0.40
»	6–7.	Decrees : Emigrants' Insurance	0.15	0.25

Etats-Unis d'Amérique.

			Frs suisses	frs franç. belges
No	1.	Act : Industrial Rehabilitation	0.15	0.25

Finlande.

			Frs suisses	frs franç. belges
Nos	1.	Act : Unemployment Funds	0.10	0.20
»	2.	Act : Commercial Assistants	0.15	0.25
»	3.	Resolution : Continuous Industries	0.10	0.20
»	8.	Decree : Employment of Women and Young Persons	0.80	1.30

France.

			Frs suisses	frs franç. belges
Nos	1–2.	Decrees : Saturday afternoon Rest	0.15	0.25
»	3.	Act : Hours in Mines	0.10	0.20
»	4.	Act : Collective Agreements (Amendment)	0.10	0.20
»	5.	Act : Seamen's Eight-hour day	0.10	0.20
»	6.	Decree : Commission of Industrial Diseases	0.15	0.25

			Frs suisses	frs franç. belges
Nᵒˢ 7.	Act : Compensation for Industrial Diseases		0.20	0.35
» 8.	Act : Industrial associations		0.10	0.20
» 9.	Act : Industrial accidents (Amendment).		0.10	0.20
» 10.	Decree : National Labour Council		0.10	0.20
» 11.	Decree : Ministry of Health		0.10	0.20
» 12.	Regulations : Seamen's Eight-hour day		0.20	0.35
» 20.	Decree : Immigration commission		0.10	0.20

Grande-Bretagne.

			Frs suisses	frs franç. belges
Nos 1.	Act : Industrial Courts		0.20	0.35
» 2.	Act : National Health Insurance		0.30	0.50
» 3.	Act : Unemployment Insurance		0.75	1.25
» 4.	Act : Mining Industry		0.25	0.40
» 5.	Act : Scottish Fishing Boats		0.10	0.20
» 6.	Regulations : Coal Mines		0.20	0.35
» 7–8.	Regulations : Unemployment Insurance		0.20	0.35
» 9.	Act : Employment of Women and Children		0.20	0.35
» 10.	Act : Lead Processes		0.15	0.25
» 11.	Act : Unemployment Insurance Amendment		0.10	0.20

Grèce.

			Frs suisses	frs franç. belges
Nᵒˢ 1.	Act : Trade Unions		0.20	0.35
» 2.	Act : Liberty to Work		0.10	0.20
» 3–4.	Act and Decree : Contracts of Employment.		0.20	0.35

Hongrie.

			Frs suisses	frs franç. belges
Nᵒˢ 1.	Order : Management of the Coal Industry		0.15	0.25
» 2.	Order : Right of Assembly		0.10	0.20
» 3.	Order : Contracts of Service of Commercial Employees		0.20	0.35

Italie.

			Frs suisses	frs franç. belges
Nos 1.	Act : Emigration		0.50	0.85
» 2.	Decree : Unemployment Insurance		0.40	0.70
» 3.	Decree : Maternity Benefit		0.10	0.20
» 4–5.	Decrees : Railways Administrative Council		0.10	0.20
» 6–7.	Decrees : Ministry of Labour		0.15	0.25
» 8.	Act : White Phosphorus (prohibition)		0.10	0.20

Lithuanie.

			Frs suisses	frs franç. belges
Nos 1.	Act : Labour Inspection		0.10	0.20
” 2.	Act : Hours of Work		0.15	0.25

Luxembourg.

			Frs suisses	frs franç. belges
Nos 1.	Decree : Works Councils		0.20	0.35
» 2-4.	Act and Decrees : Contract of service of private employees		0.20	0.35

Norvège.

			Frs suisses	frs franç. belges
Nᵒ 1.	Act : Works Councils		0.15	0.25

Pays-Bas.

			Frs suisses	frs franç. belges
Nos 1.	Decree : Superior Labour Council		0.15	0.25
» 5-6.	Decrees : Night work in Bakeries		0.10	0.20
» 7.	Decree : Occupational Diseases		0.20	0.35
» 8.	Decree : Employment of Women and Young Persons		0.80	1.30

Pologne.

			Frs suisses	frs franç. belges
Nᵒˢ 1.	Act : Eight-hour Day		0.20	0.35
» 2.	Order : Industrial Poisons		0.10	0.20

			Frs suisses	frs franç. belges
Roumanie.				
Nᵒˢ	1-3.	Acts : Ministry of Labour	0.10	0.20
»	4.	Act : Labour Disputes	0.25	0.40
Russie.				
Nᵒ	1.	Order : Wages	0.40	0.70
Royaume des Serbes, Croates et Slovènes.				
Nᵒ	1.	Order : Hours of Work	0.15	0.25
Suède.				
Nᵒˢ	1-3.	Act and Orders : Seamen's Hours of Work	0.25	0.40
»	4.	Act : Hours of Work in Bakeries	0.15	0.25
»	5.	Notification : Unemployment Benefit	0.15	0.25
»	6-8.	Acts : Conciliation and Arbitration	0.20	0.35
Suisse.				
Nᵒˢ	1.	Act : Hours of Work on Railways	0.20	0.35
»	2-3.	Act and Order : Hours of Work (Basle Town)	0.20	0.35
»	4-5.	Resolution and Instructions : Unemployment Benefit	0.40	0.70
«	6	Resolution : Federal Labour Office	0.10	0.20
»	7.	Act : Sickness and Accident Insurance	0.10	0.20
»	8.	Order : Accident Insurance	0.15	0.25
Tchéco-Slovaquie.				
Nᵒˢ	1.	Act : Home Work	0.25	0.40
»	2.	Act : Child Labour	0.20	0.35
»	3-5.	Act and Orders : Mines Councils	0.40	0.70
»	6.	Act : Mines, Allocation of Profits, etc.	0.15	0.25
»	7.	Act : Mining Arbitration Courts	0.15	0.25
»	8.	Act : Social Insurance	0.10	0.20
International.				
Nᵒˢ	1.	(France-Pologne) Convention : Emigration and Immigration	0.20	0.35
»	2.	(France-Italie) Treaty : Migration of Workers	0.20	0.35
»	3.	(France-Tchéco-Slovaquie) Convention : Emigration and Immigration	0.15	0.25
»	4-5.	(Argentine - Spain and Argentine -Italy) Conventions : Occupation et Accidents	0.10	0.20

En français :

			Frs suisses	frs franç. belges
Allemagne.				
Nᵒˢ	1-2.	Loi et ordonnance : Conseils d'entreprises	0.85	1.40
»	4-6.	Ordonnance, avis et notification : Industries du plomb	0.40	0.70
»	7.	Ordonnance : Assurances	0.10	0.10
»	8.	Notifications : Assurance accidents	0.10	0.10
»	9.	Loi : Emploi obligatoire des mutilés	0.25	0.40
»	11.	Ordonnances et loi : Conseils d'entreprise	0.20	0.30
»	12.	Ordonnance : Hardes et chiffons	0.10	0.10
»	13.	Ordonnance : Office fédéral de placement	0.10	0.15
»	15.	Loi : Secours de maternité	0.25	0.40
Autriche.				
Nᵒˢ	1-7.	Loi et règlements : Assurance contre le chômage	0.40	0.70

<table>
<tr><td></td><td></td><td></td><td>Frs suisses</td><td>frs franç.
belges</td></tr>
<tr><td>Nᵒˢ</td><td>8.</td><td>Règlement d'exécution : Travail de nuit des femmes et des adolescents . . .</td><td>0.10</td><td>0.10</td></tr>
<tr><td>»</td><td>9.</td><td>Règlement d'exécution : Repos du dimanche et des jours fériés . . . . .</td><td>0.10</td><td>0.10</td></tr>
<tr><td>»</td><td>10.</td><td>Règlement d'exécution : Contrats de travail . . . .</td><td>0.15</td><td>0.20</td></tr>
<tr><td>»</td><td>11.</td><td>Règlement d'administration publique : adoption de conventions . . . . . .</td><td>0.10</td><td>0.10</td></tr>
<tr><td>»</td><td>12–15.</td><td>Loi et règlement d'exécution : Journée de huit heures . . . .</td><td>0.30</td><td>0.50</td></tr>
<tr><td>»</td><td>16.</td><td>Loi : Emploi obligatoire des mutilés de guerre . . . .</td><td>0.25</td><td>0.40</td></tr>
<tr><td>»</td><td>18.</td><td>Loi : Contrat de travail des gens de maison . . . .</td><td>0.25</td><td>0.40</td></tr>
</table>

Belgique.

<table>
<tr><td>Nᵒˢ</td><td>1–3.</td><td>Arrêtés : Service médical du travail .</td><td>0.20</td><td>0.30</td></tr>
<tr><td>»</td><td>4–6.</td><td>Arrêtés : Mines . . . .</td><td>0.50</td><td>0.80</td></tr>
<tr><td>»</td><td>7.</td><td>Arrêté royal : Contrôleurs du Travail .</td><td>0.10</td><td>0.10</td></tr>
<tr><td>»</td><td>8–10.</td><td>Arrêtés royaux : Etablissements classés</td><td>0.10</td><td>0.15</td></tr>
<tr><td>»</td><td>11.</td><td>Arrêté royal : Service médical des mutualités . . . .</td><td>0.10</td><td>0.15</td></tr>
<tr><td>»</td><td>12–13.</td><td>Loi et Arrêté : Pensions de vieillesse pour mineurs . . . .</td><td>0.25</td><td>0.40</td></tr>
<tr><td>»</td><td>14.</td><td>Loi : Pensions de vieillesse . . . . .</td><td>0.20</td><td>0.30</td></tr>
</table>

Brésil.

<table>
<tr><td>Nᵒˢ</td><td>1–2.</td><td>Décrets : Accidents du Travail . . .</td><td>0.20</td><td>0.30</td></tr>
</table>

Bulgarie.

<table>
<tr><td>Nᵒ</td><td>1.</td><td>Loi : Travail obligatoire . . . .</td><td>0.20</td><td>0.30</td></tr>
</table>

Espagne.

<table>
<tr><td>Nᵒˢ</td><td>1.</td><td>Décret : Durée du travail dans les mines de charbon. . . . .</td><td>0.10</td><td>0.10</td></tr>
<tr><td>»</td><td>2.</td><td>Règlement : Travail des marins . . .</td><td>0.20</td><td>0.30</td></tr>
<tr><td>»</td><td>3.</td><td>Décret : Offices de placement . . . .</td><td>0.20</td><td>0.35</td></tr>
<tr><td>»</td><td>4–5.</td><td>Décret : Journée de huit heures . . .</td><td>0.30</td><td>0.50</td></tr>
<tr><td>»</td><td>6–7.</td><td>Loi . Emigration . . . .</td><td>0.15</td><td>0.20</td></tr>
</table>

Etats-Unis d'Amérique.

<table>
<tr><td>Nᵒ</td><td>1.</td><td>Loi : Rééducation professionnelle . . .</td><td>0.20</td><td>0.30</td></tr>
</table>

Finlande.

<table>
<tr><td>Nᵒˢ</td><td>1.</td><td>Loi : Caisses de chômage . . . . . .</td><td>0.10</td><td>0.10</td></tr>
<tr><td>»</td><td>2.</td><td>Loi : Employés de commerce . . . .</td><td>0.15</td><td>0.20</td></tr>
</table>

France.

<table>
<tr><td>Nᵒˢ</td><td>1–2.</td><td>Décret : Repos du samedi après-midi</td><td>0.15</td><td>0.20</td></tr>
<tr><td>»</td><td>3.</td><td>Loi : Durée du travail dans les mines</td><td>0.10</td><td>0.15</td></tr>
<tr><td>»</td><td>4.</td><td>Loi : Conventions collectives du travail</td><td>0.10</td><td>0.10</td></tr>
<tr><td>»</td><td>5.</td><td>Loi : Durée du travail dans la marine</td><td>0.10</td><td>0.15</td></tr>
<tr><td>»</td><td>6.</td><td>Décret : Maladies professionnelles . .</td><td>0.10</td><td>0.10</td></tr>
<tr><td>»</td><td>7.</td><td>Loi : Maladies professionnelles . . . .</td><td>0.20</td><td>0.30</td></tr>
<tr><td>»</td><td>8.</td><td>Loi : Syndicats professionnels . . . .</td><td>0.15</td><td>0.20</td></tr>
<tr><td>»</td><td>9.</td><td>Loi : Accidents du travail (modification)</td><td>0.10</td><td>0.10</td></tr>
<tr><td>»</td><td>10.</td><td>Décret : Conseil national de la main-d'œuvre . . . .</td><td>0.10</td><td>0.15</td></tr>
<tr><td>»</td><td>11.</td><td>Décret : Ministère de l'hygiène, de l'assistance et de la prévoyance sociale .</td><td>0.10</td><td>0.10</td></tr>
<tr><td>»</td><td>12.</td><td>Décret : Durée du travail dans la marine</td><td>0.25</td><td>0.40</td></tr>
<tr><td>»</td><td>20.</td><td>Décret : Commission permanente de l'immigration . . . .</td><td>0.10</td><td>0.15</td></tr>
</table>

			Fr. suisses	fr. franç. belges
Grande-Bretagne.				
Nᵒˢ	1.	Tribunaux industriels	0.25	0.40
»	2.	Loi de 1920 sur l'assurance	0.40	0.70
»	3.	Loi : Sur l'assurance contre le chômage 1920	1.20	2.—
»	4.	Loi : Industrie minière	0.30	0.50
»	5.	Loi : Bateaux de pêche en Ecosse	0.10	0.15
»	6.	Arrêté concernant les mines de charbon	0.30	0.50
»	9.	Loi : Emploi des femmes et des adolescents	0.25	0.40
»	10.	Loi : Saturnisme	0.10	0.10
»	11.	Loi : Assurance chômage (amendement)	0.10	0.10
Grèce.				
Nᵒˢ	1.	Loi : Syndicats	0.20	0.30
»	2.	Loi : Liberté du travail	0.10	0.15
»	3-4.	Loi et Décret : Contrat de Travail des Employées	0.20	0.30
Hongrie.				
Nᵒˢ	1.	Ordonnance : Administration de l'industrie du charbon	0.15	0.20
»	2.	Ordonnance : Droit de réunion	0.10	0.15
Italie.				
Nᵒˢ	1.	Loi : Emigration	0.85	1.40
»	2.	Loi : Placement et assurance-chômage	0.55	0.90
»	3.	Décret : Augmentation de l'allocation aux femmes en couches	0.10	0.10
»	4-5.	Décrets : Conseil d'administration des chemins de fer	0.10	0.15
»	6-7.	Décrets : Ministère du Travail	0.15	0.20
»	8.	Loi : Phosphore blanc	0.15	0.20
Luxembourg.				
Nᵒˢ	1.	Arrêté : Conseils d'usine	0.20	0.30
»	2-4.	Loi : Louage de services des employés privés	0.30	0.50
Norvège.				
Nᵒ	1.	Loi : Conseils d'entreprise	0.15	0.20
Pays Bas.				
Nᵒ	1.	Décret : Conseil supérieur du Travail	0.15	0.20
Pologne.				
Nᵒˢ	1.	Loi : Durée du travail	0.20	0.30
»	2.	Arrêté : Maladies professionnelles	0.10	0.15
»	3.	Loi : Assurance maladie	0.85	1.40
Roumanie.				
Nᵒ	2.	Loi : Conflits du travail	0.30	0.50
Suède.				
Nᵒˢ	4.	Loi : Heures de travail dans les boulangeries	0.15	0.20
»	6-8.	Loi : Conciliation et arbitrage	0.40	0.60
Suisse.				
Nᵒˢ	1.	Loi : Durée du travail dans les transports	0.20	0.30

			Frs suisses	frs franç. belges
Nos	2–3.	(Bâle-Ville) Loi et règlement : Durée du travail	0.40	0.60
»	4–5.	Arrêté : Assistance aux chômeurs	0.30	0.50
»	6.	Arrêté : Office fédéral du travail	0.10	0.15
»	7.	Loi : Assurance en cas de maladies et d'accidents	0.10	0.10
»	8.	Ordonnance : Assurance-accidents	0.15	0.20

Tchéco-Slovaquie.

Nos	2.	Loi : Travail des enfants	0.20	0.30
»	3–5.	Lois et Ordonnances : Conseils dans l'industrie minière	1.—	1.80

International.

Nos	1.	(France-Pologne) Convention : Emigration et immigration	0.20	0.30
»	2.	(France-Italie) Traité de travail	0.40	0.60
»	3.	(France-Tchéco-Slovaquie) Convention : Emigration et Immigration	0.20	0.35

En allemand :

Allemagne.

Nos	1–2.	Gesetz und Verordnung : Betriebsräte	0.50	0.85
»	3.	Verordnung : Pressluftarbeit	0.30	0.50
»	4–6.	Verordnung und Bekanntmachungen : Bleifarben	0.30	0.50
»	7.	Verordnung : Unfallversicherung	0.10	0.20
»	8.	Bekanntmachung : Unfallversicherung usw	0.10	0.20
»	9.	Gesetz : Beschäftigung Schwerbeschädigter	0.20	0.35
»	10.	Gesetz : Weibliche Angestellte in Gastwirtschaften	0.10	0.20
»	11.	Verordnungen : Betriebsräte	0.15	0.25
»	12.	Verordnung : Hausarbeit	0.10	0.20
»	13.	Verordnung : Reichsamt für Arbeitsvermittlung	0.10	0.20
»	14.	Verordnung : Reichswirtschaftsrat	0.15	0.25
»	15.	Bekanntmachung : Gesetz über Wochenhilfe	0.20	0.35
»	16.	Verordnung : Stillegung gemeinnötiger Betriebe	0.10	0.20

Autriche.

Nos	1–7.	Arbeitslosenversicherungsgesetz	0.25	0.40
»	8.	Vollzugsanweisung : Nachtarbeit von Frauen und Jugendlichen	0.10	0.20
»	9.	Vollzugsanweisung : Sonn- und Feiertagsruhe	0.10	0.20
»	10.	Vollzugsanweisung : Kündigung von Dienstverhältnissen	0.10	0.20
»	11.	Vollzugsanweisung : Erneuerung von Staatsverträgen	0.10	0.20
»	12–15.	Gesetz und Vollzugsanweisung : Achtstundentag	0.20	0.35
»	16.	Gesetz : Invalidenbeschäftigung	0.20	0.35
»	17.	Vollzugsanweisung : Kinderarbeit	0.20	0.35
»	18.	Gesetz : Hausgehilfen	0.20	0.35
»	19–20.	Gesetz und Verordnung : Arbeiterkammern	0.20	0.35
»	21.	Vollzugsanweisung : Achtstundentag	0.10	0.20

			Frs suisses	fr. franç. be
Belgique.				
Nos	1-3.	Erlasse : Arbeitsärztlicher Dienst . .	0.20	0.35
»	4-6.	Erlasse : Bergwerke (Erste Hilfe und Sicherheit)	0.30	0.50
»	7.	Erlass : Arbeitskontrolleure	0.10	0.20
»	8-10.	Erlasse : Gefährliche Betriebe	0.15	0.25
»	11.	Erlass : Ärztlicher Dienst der Hilfs- kassen	0.20	0.35
»	12-13.	Gesetz und Erlass : Altersrenten der Bergarbeiter	0.30	0.35
»	14.	Gesetz und Erlasse : Altersrenten . .	0.15	0.25
Brésil.				
Nos	1-2.	Arbeitsunfallgesetz	0.20	0.35
Bulgarie.				
No	1.	Arbeitspflichtgesetz	0.20	0.35
Danemark.				
Nos	1.	Gesetz : Arbeitslosenkassen	0.30	0.50
»	2.	Gesetz : Unfallversicherung	0.50	0.85
Espagne.				
Nos	1.	Erlass : Arbeitszeit in Kohlengruben . .	0.10	0.20
»	3.	Erlass : Arbeitsnachweisdienst	0.15	0.25
»	4-5.	Erlasse : Achtstundentag	0.25	0.40
»	6-7.	Dekret : Auswandererversicherung . .	0.15	0.25
Etats-Unis.				
No	1.	Gesetz : Berufsertüchtigung	0.20	0.35
Finlande.				
Nus	1.	Gesetz : Arbeitslosenkassen	0.10	0.20
»	2.	Gesetz : Handelsgehilfen	0.15	0.25
»	3.	Beschluss : Ununterbrochener Betrieb. .	0.10	0.20
»	4.	Beschluss : Ausnahmen von Achtstun- dentaggesetz	0.10	0.20
France.				
Nos	1-2.	Erlass : Samstagnachmittagsruhe . . .	0.15	0.25
»	3.	Gesetz : Arbeitszeit in Bergwerken . .	0.10	0.20
»	4.	Gesetz : Kollektive Arbeitsverträge (Abänderung)	0.10	0.20
»	5.	Gesetz : Achtstundentag der Seeleute .	0.10	0.20
»	6.	Erlass : Ausschuss für Berufskrankheiten	0.10	0.20
»	7.	Gesetz : Haftpflicht für Berufs- krankheiten	0.20	0.35
»	8.	Gesetz : Berufsvereine	0.15	0.25
»	9.	Gesetz : Arbeitsunfälle (Abänderung) .	0.10	0.20
»	10.	Erlass : Landesrat für die Beschaffung von Arbeitskräften	0.10	0.20
»	11.	Erlass : Ministerium für soziale Gesund- heitspflege	0.10	0.20
»	12.	Verordnung : Achtstundentag der Seeleute	0.20	0.35
»	20.	Erlass : Einwanderungskommission . .	0.10	0.20
Grande-Bretagne.				
Nos	1.	Gewerbehofgesetz	0.20	0.35
»	2.	Krankenversicherungsgesetz	0.30	0.50
»	3.	Arbeitslosenversicherungsgesetz . . .	0.80	1.35
»	4.	Gesetz : Bergbauindustrie	0.25	0.40

			Frs suisses	fr. franç. belges
Nos	5.	Gesetz : Schottische Fischerboote . .	0.10	0.20
»	6.	Verordnung : Kohlengruber	0.20	0.35
»	9.	Gesetz : Beschäftigung von Frauen, Jugendlichen und Kindern	0.20	0.35
»	10.	Gesetz : Bleivergiftung von Frauen und Jugendlichen	0.15	0.25
»	11.	Gesetz : Abänderung des Arbeitslosenversicherungsgesetzes	0.10	0.20

Grèce.

Nos	1.	Berufsvereingesetz	0.20	0.35
»	2.	Gesetz : Arbeitsfreiheit	0.10	0.20
»	3-4.	Gesetz und Erlass : Arbeitsvertrag der Privatangestellten	0.20	0.35

Hongrie.

Nos	1.	Verordnung : Leitung der Kohlenangelegenheiten	0.10	0.20
»	2.	Verordnung : Abhaltung von Versammlungen	0.10	0.20
»	3.	Verordnung : Dienstverhältnis der Handelsangestellten	0.30	0.50

Italie.

Nos	1.	Gesetz : Auswanderung	0.60	1.00
»	2.	Erlass : Arbeitslosenversicherung . . .	0.40	0.70
»	3.	Erlass : Erhöhung des Wochengeldes . .	0.10	0.20
»	4-5.	Erlass : Verwaltungsrat der Staatseisenbahnen	0.10	0.20
»	8.	Gesetz : Weissphosphorverbot	0.15	0.25

Lithuanie.

Nos	1.	Gesetz	0.10	0.20
»	2.	Gesetz : Arbeitzeit	0.15	0.25

Luxembourg.

Nos	1.	Beschluss : Errichtung von Arbeiterausschüssen	0.20	0.35
»	2-4.	Gesetz and Beschlüsse : Dienstvertrag der Privatangestellten	0.25	0.40

Norvège.

Nos	1.	Arbeiterausschussgesetz	0.15	0.25
»	2.	Gesetz : Unfallversicherung der Fischer	0.20	0.35

Pays-Bas.

Nos	1.	Erlass : Oberer Arbeitsrat	0.15	0.25
»	5-6.	Erlasse : Nachtarbeit in Bäckereien	0.10	0.20
»	7.	Erlass : Anzeige der Berufskrankheiter	0.20	0.35

Pologne.

Nos	1.	Gesetz : Arbeitstundentag	0.20	0.35
»	2.	Erlass : Gewerbliche Gifte	0.10	0.20

Roumanie.

Nos	1-3.	Gesetze : Arbeitsministerium	0.10	0.20
»	4.	Gesetz : Arbeitsstreitigkeiten	0.25	0.40

Russie.

No	1.	Gesetz : Löhne usw.	0.40	0.70

Royaume des Serbes, Croates et Slovènes.

No	1.	Verordnung : Arbeitszeit	0.15	0.25

			Frs suisses	frs franç. belges

Suède.

N^os	1–3.	Gesetz und Erlasse : Arbeitszeit der Seeleute	0.25	0.40
»	4.	Gesetz : Arbeitzeit in Bäckereien	0.15	0.25
»	5.	Bekanntmachung : Arbeitslosenunterstützung	0.15	0.25
»	6–8.	Gesetze : Arbeitsstreitigkeiten	0.20	0.35

Suisse.

N^os	1.	Gesetz : Arbeitszeit der Eisenbahner usw	0.20	0.35
»	2–3.	(Basel-Stadt). Arbeitszeitgesetz	0.20	0.35
»	4–5.	Beschluss und Ausführungsvorschriften: Arbeitslosenunterstützung	0.30	0.50
»	6.	Beschluss : Eidgenössisches Arbeitsamt	0.10	0.20
»	7.	Abänderung des Kranken und Unfallversicherungsgesetzes	0.15	0.25
»	8.	Verordnung : Unfallversicherung	0.10	0.20

Tchéco-Slovaquie.

N^os	1.	Gesetz : Heimarbeit	0.25	0.40
»	2.	Kinderarbeitsgesetz	0.20	0.35
»	3–5.	Gesetz : Betriebsräte beim Bergbau	0.40	0.70
»	6.	Gesetz : Gewinnbeteiligung im Bergbau.	0.15	0.25
»	7.	Gesetz : Bergbau-Schiedsgerichte	0.15	0.25
»	8.	Gesetz : Sozialversicherung	0.10	0.20

Série internationale.

N^os	1.	(*France-Pologne*). Ubereinkommen : Aus- und Einwanderung	0.20	0.35
»	2.	(*France-Italie*) Vertrag : Arbeiterwanderungen	0.20	0.35
»	3.	(*France-Tchéco-Slovaquie*) Ubereinkommen : Aus- und Einwanderung	0.20	0.35

1921

En français :

Allemagne.

| N^os | 1. | Ordonnance : Travaux de peinture dans la cale des navires | 0.20 | 0.35 |

En anglais :

Allemagne.

| N^os | 1. | Order : Painting of Ships' Holds | 0.15 | 0.25 |
| » | 2. | A6t : Works Balance Sheet | 8.18 | 0.20 |

Grande-Bretagne.

| N^o | 1. | Act : Unemployment Insurance | 0.20 | 0.35 |

Pays-Bas.

| N^o | 1. | Decree : Superior Labour Council | 0.10 | 0.20 |

Pologne.

| N^o | 1. | Order : Strikes and Lock-Outs | 0.10 | 0.20 |

En allemand :

Allemagne.

| N^os | 1. | Verordnung : Anstreicherarbeiten in Schiffsräumen | 0.15 | 0.25 |
| » | 2. | Gesetz : Betriebsbilanz | 0.10 | 0.20 |

	Frs suisses	frs franç. belges

Pologne.

Nᵒ 1.   Erlass: Ausstand-und Aussperrungs-
statistik 0.10   0.20

DOCUMENTS DE LA CONFÉRENCE INTERNATIONALE DU TRAVAIL

En français et en anglais.

Conférence internationale du Travail. — Première session, tenue à Washington 1919.

Compte rendu sténographique des séances . . . .   10.—   20.00
Rapport I sur la journée de huit heures ou la semaine de quarante-huit heures. (1ʳᵉ question
inscrite à l'ordre du jour de la Conférence de
Washington.) 2.50   4.50
Rapport II sur le chômage. (2ᵉ question inscrite
à l'ordre du jour de la Conférence de
Washington.) 2.50   4.50
Rapport III sur le travail des femmes et des enfants
et sur les conventions de Berne de 1906. (3ᵉ,
4ᵉ et 5ᵉ questions inscrites à l'ordre du jour
de la Conférence de Washington.) 5.50   10.00
Projets de convention et recommandations adoptés
par la Conférence internationale du Travail à
Washington 2.50   4.50
Idem (format du Bulletin) 0.75   1.25

Conférence internationale du Travail. — Deuxième session, tenue *à Gênes* 1920.

Compte rendu sténographique des séances . . .   18.00   35.00
Rapport I sur les heures de travail et répercussion
sur les effectifs et le logement. (Ire question
inscrite à l'ordre du jour de la conférence de
Gênes.) 2.75   5.00
Rapport II sur le contrat d'engagement, le placement, le chômage et l'assurance contre le chômage. (2me question inscrite à l'ordre du jour
de la Conférence de Gênes.) 1.50   2.50
Rapport III sur l'emploi des enfants à bord. (3me
question inscrite à l'ordre du jour de la Conférence de Gênes.) 0.60   1.00
Rapport IV sur la possibilité d'établir un statut international des marins. (4me question inscrite à
l'ordre du jour de la Conférence de Gênes.) . .   3.25   5.50
Projets de convention et recommandations adoptés
par la Conférence internationale du Travail à
Gênes 2.50   4.50
Idem. (format du bulletin 0.75   1.25
Procès-verbaux de la commission relative aux heu-
res de travail de la Conférence de Gênes . . .   5.75   10.00
Guide officiel à l'usage des délégués à la Conférence
de Gênes 0.60   1.00
Liste des membres des délégations à la Conférence
internationale du Travail à Gênes. 0.60   1.00
Conférence internationale du Travail. — Troisième *session (devant se tenir à Genève, 1921)* . . . .
En français, anglais, allemand, italien et espagnol.
Questionnaire II — Questions agricoles 2.50   4.50
Questionnaire IIIA — Désinfection des laines con-
taminées par les spores charbonneuses . . .   1.25   2.00
Questionnaire IIIB — Interdiction de l'emploi de la
céruse dans la peinture 1.25   2.00

	Frs suisses	frs franç. belges
Questionnaire IV — Le repos hebdomadaire dans l'industrie et le commerce	0.60	1.00
Questionnaire V — *a*) Emploi des jeunes gens au travail dans les soutes et les chaufferies.		
» *b*) Visite médicale des enfants employés à bord	0.60	1.00

PUBLICATIONS NON PÉRIODIQUES

ÉTUDES SPÉCIALES

Les conditions du travail dans la Russie des Soviets. Questionnaire méthodique et bibliographique préparé pour la mission d'enquête en Russie. En anglais et en français	8.00	18.00
L'admission de l'Allemagne et de l'Autriche dans l'Organisation permanente du Travail. en anglais, en français et en allemand	0.40	0.75
Enquête sur la production : I. Mémoire introductif. En anglais, en français et en allemand	6.00	10.00
Statut International des Marins. Communication adressée aux Gouvernements par le Bureau International du Travail. En anglais et en français	2.00	3.50
La Production et le Travail dans l'industrie minière de la Ruhr. *de* 1918 à 1920. En français et en anglais	3.00	5.00
Enquête au sujet de l'application de la loi sur la journée de huit heures dans la Marine marchande française. En français et en anglais	3.00	5.00
La liberté syndicale en Hongrie. En français et en anglais	3.00	5.00

PUBLICATIONS DIVERSES

Statuts et règlements de l'Organisation permanente du Travail. En anglais, en français et en italien .	1.50	2.50
Rapport présenté à la Conférence de la paix par la commission de législation internationale du travail. En anglais, en français	0.75	1.25
Clauses des traités de paix relatives au Travail. En anglais et en français	0.75	1.25
L'organisation internationale du Travail et la première année de son activité. En anglais et en français.		

BUREAU INTERNATIONAL DU TRAVAIL

REVUE INTERNATIONALE DU TRAVAIL

VOL. I. N° 2.   FÉVRIER 1921

PRINCIPAUX ARTICLES

PRIX : 3 francs suisses (5 francs français)

GENÈVE

1921

BUREAU INTERNATIONAL DU TRAVAIL

REVUE INTERNATIONALE DU TRAVAIL

VOL. I. N° 3.   MARS 1921

PRINCIPAUX ARTICLES

Prix du numéro : 3 francs suisses (5 francs français)
Abonnement annuel : 30 francs suisses (50 francs français)

GENÈVE
1921

BUREAU INTERNATIONAL DU TRAVAIL

REVUE INTERNATIONALE DU TRAVAIL

VOL. II. N° 1.

AVRIL 1921

PRINCIPAUX ARTICLES

Prix du numéro : 3 francs suisses (5 francs français).
Abonnement annuel : 30 francs suisses (50 francs français).

GENÈVE

1921

BUREAU INTERNATIONAL DU TRAVAIL

DIRECTEUR,
M. Albert Thomas.

Chef de Cabinet : M. G. Fleury.

DIRECTEUR-ADJOINT
M. H. B. Butler.

Division diplomatique.

Chef de division : M. E. J. Phelan.

SECTION I.
Chef de section : M. C. Pône.
SECTION II.
Chef de section (f.f.) : M. H. Grimshaw.

Division scientifique.

Chef de division : Dr. Royal Meeker.

SECTION DE RENSEIGNEMENTS ET DE TRADUCTIONS.
Chef de section : M. G. A. Johnston.
SECTION DE LA LÉGISLATION DU TRAVAIL.
Chef de section (f.f.) : Miss S. Sanger.
SECTION DES PUBLICATIONS.
Chef de section (f.f.) : M. P. Waelbroeck.

Services techniques.

SERVICE D'ÉMIGRATION ET DE CHÔMAGE.
Chef du service : M. L. Varlez.
SERVICE D'HYGIÈNE INDUSTRIELLE.
Chef du service : Dr. Prof. L. Carozzi.
SERVICE DES QUESTIONS RUSSES.
Chef du service : Dr. G. Pardo.
SERVICE DE L'ASSURANCE SOCIALE.
Chef du service : M. J. J. de Roode.
SERVICE DES QUESTIONS AGRICOLES.
Chef du service : Dr. W. A. Riddell.
SERVICE DES QUESTIONS DE COOPÉRATION.
Chef du service : Dr. G. Fauquet.
SERVICE DES QUESTIONS MARITIMES.
Chef du service : M. J. Randall.
SERVICE DE PRODUCTION.
Chef du service : Prof. E. Milhaud.

Correspondants du Bureau international du Travail.

FRANCE : M. Mario Roques, 13, rue de Laborde, Paris.
GRANDE-BRETAGNE : M. J. E. Herbert, 26, Buckingham Gate, Londres, S. W. I.
ITALIE : M. A. Cabrini, 30, via Boncompagni, Rome.
ETATS-UNIS : M. E. H. Greenwood, 618, Seventeenth Street, Washington, D. C.
ALLEMAGNE : M. A. Schlicke, Humboldtstrasse, 13, Berlin-Grünewald.

BUREAU INTERNATIONAL DU TRAVAIL

REVUE INTERNATIONALE DU TRAVAIL

VOL. II. Nᵒˢ 2-3.

MAI-JUIN 1921

PRINCIPAUX ARTICLES

Prix du numéro : 3 francs suisses (5 francs français).
Abonnement annuel : 30 francs suisses (50 francs français).

GENÈVE

1921

BUREAU INTERNATIONAL DU TRAVAIL

Le Bureau international du Travail a été institué en 1920, conformément aux dispositions de la partie XIII du traité de paix. Le Bureau est placé sous la direction d'un Conseil d'administration de vingt-quatre personnes, dont douze représentant les gouvernements, six les patrons et six les employés et les ouvriers. Les fonctions du Bureau comprennent, entre autres, la centralisation et la distribution de toutes informations concernant la réglementation internationale de la condition des travailleurs et du régime du travail. Il est également chargé par le traité de publier un périodique consacré à l'étude des questions concernant l'industrie et le travail et présentant un intérêt international.

DIRECTEUR
M. Albert Thomas.
Chef de Cabinet : M. G. Fleury.
DIRECTEUR-ADJOINT
M. H. B. Butler.

Division diplomatique.

Chef de division : M. E. J. Phelan.

SECTION I.
Chef de section : M. C. Pône.
SECTION II.
Chef de section (f.f.) : M. H. Grimshaw.

Division scientifique.

Chef de division : Dr. Royal Meeker.

SECTION DE RENSEIGNEMENTS ET DE TRADUCTIONS.
Chef de section : M. G. A. Johnston.
SECTION DE LA LÉGISLATION DU TRAVAIL.
Chef de section (f.f.) : Miss S. Sanger.
SECTION DES PUBLICATIONS.
Chef de section (f.f.) : M. P. Waelbroeck.

Services techniques.

SERVICE D'ÉMIGRATION ET DE CHÔMAGE.
Chef du service : M. L. Varlez.
SERVICE D'HYGIÈNE INDUSTRIELLE.
Chef du service : Dr. Prof. L. Carozzi.
SERVICE DES QUESTIONS RUSSES.
Chef du service : Dr. G. Pardo.
SERVICE DE L'ASSURANCE SOCIALE.
Chef du service : M. J. J. de Roode.
SERVICE DES QUESTIONS AGRICOLES.
Chef du service : Dr. W. A. Riddell.
SERVICE DES QUESTIONS DE COOPÉRATION.
Chef du service : Dr. G. Fauquet.
SERVICE DES QUESTIONS MARITIMES.
Chef du service : M. J. Randall.
SERVICE SPÉCIAL DE L'ENQUÊTE SUR LA PRODUCTION.
Chef du service : Prof. E. Milhaud.

Correspondants du Bureau international du Travail.

FRANCE : M. Mario Roques, 13, rue de Laborde, Paris.
GRANDE-BRETAGNE : M. J. E. Herbert, 26, Buckingham Gate, Londres, S. W. I.
ITALIE : M. A. Cabrini, 30, via Boncompagni, Rome.
ETATS-UNIS : M. E. H. Greenwood, 618, Seventeenth Street, Washington, D. C.
ALLEMAGNE : M. A. Schlicke, Humboldtstrasse, 13, Berlin-Grünewald.

IMPRIMERIE DE LA
TRIBUNE DE GENÈVE
RUE BARTHOLONI, 6

IMPRIMERIE DE LA
TRIBUNE DE GENÈVE
RUE BARTHOLONI, 6

IMPRIMERIE DE LA
TRIBUNE DE GENÈVE
RUE BARTHOLONI, 6